朝日新書
Asahi Shinsho 959

地政学の逆襲

「影のCIA」が予測する覇権の世界地図

ロバート・D・カプラン
櫻井祐子 訳
奥山真司 解説

朝日新聞出版

凡例

本書は、二〇一四年に弊社から刊行された作品を新書化したものである。底本には二〇一六年の第四刷を使用した。原則として、原文通りに訳している。

新書化にあたり、加筆修正を行った。

本文中の〔　〕は今回の新書化にあたり補記したものである。

日本語版によせて

メールやSNSなどのコミュニケーション・ツールが発達し、人やモノ、資金の移動はますます活発化している。進化するテクノロジーの恩恵を受ける多くの人にとって、「地図」あるいは「地理」という概念は、もはや意味をもたなくなっているようだ。グローバリゼーションによって地理は消滅し、世界は「フラット化」しているというのが、現代社会に生きる人々の共通認識となっている。

思い切ったいい方をすれば、本書はそういったトレンドに逆らい、解釈を正すことをめざしている。地理が指し示す揺るぎない事実は、世界情勢を知るうえで必要不可欠である。山脈や河川、天然資源といった地理的要素は、そこに住む人々や文化、ひいては国家の動向を左右する。地理は、すべての知識の出発点である。政治経済から軍事まで、あらゆる事象を空間的に捉えることで、その本質に迫ることができる。

私たちは、自国や周辺国だけでなく、より広い範囲の地域を知る専門家にならなければいけない。二〇一三年一二月頃から感染が世界中に拡大しているエボラ出血熱が、このことを痛感させた。日本やアメリカにとって、西アフリカは比較的遠い地域であるものの、そこで起きている脅威はもはや他人事《ひとごと》ではなくなっている。公衆衛生の問題にも、地理は大きく関係している。国や地域が距離に関係なく相互に影響を及ぼし合う世界において、地政学の重要性は確実に高まっている。

私は常に旅をしていたい人間で、一九八〇年代から、戦場ジャーナリストとして世界中を駆け巡っていた。だが、あるときからジャーナリズムに対して限界を感じるようになり、ニュースを超えたものごとを追求すべく、訪れた国の歴史や、国際関係や地政学などの理論を学ぶようになった。そのため私の著作は、旅行記的でありながら、歴史や戦略分析などにも言及するスタイルをとっており、やや特異な印象を受ける読者も多いかもしれない。本書を旅するように読み進めながら、地理が示唆する過去、現在、そして未来について考えていただければ幸いである。

第一部では、ハルフォード・J・マッキンダーやニコラス・J・スパイクマンなど、地政学の古典的思想家たちと彼らの理論を紹介する。残念ながら、ここ数十年間に地政学研究は葬り去られたと言っても過言ではなく、政治学はもはや地理を無視しつつある。それでも、一九世紀末から二〇世紀半ばにかけて活躍した地政学の思想家たちから学ぶことはたくさんあるし、彼らの理論は、今も色あせてはいない。

第二部では、アジアについて随所で触れている。アジアの未来を占う最大の試金石は、何と言っても中国経済だろう。しかし、中国経済の先行きは余断を許さず、昨今足踏み状態にある経済を成長軌道に戻せるかどうかは不明である。ただ、中国国内の動きが、対外活動の方向性を決定づけることは間違いないだろう。

日本やアメリカが対中政策を決める際に重視すべきなのは、中国の「能力」である。メディアはとかく、大統領や首相などの発言や人となりをとりあげ、それが国家戦略を決定するすべてであるかのように報じている。しかし、中国の政府高官の言動から、政策を判断することはできない。それよりも、たとえば中国は二〇年前に比べて約二倍の潜水艦を保持しているなど、進化し続ける国家の能力に注目していく必要がある。前著『南シナ海：中国海洋覇権の野望』（奥山真司訳、講談社）で、南シナ海を主な舞台とする、中国とその周辺国の動向について論じているので、興味のある読者はあわせて参照していただきたい。

アメリカについても少し触れておく。悲観的な見方をする専門家は多いが、私はむしろ楽観的に見ている。アメリカは世界の覇権国家として、当面の間は実権を握り続けるだろう。この見方は、私が現在所属するストラトフォー（ストラテジック・フォーカスティング）のジョージ・フリードマンとも一致している。EU（欧州連合）やロシア、中国の経済状況と比較するだけでも、アメリカは最も強大なパワーを持っているし、今後もそうあり続けるだろう。一方でEUは、報道されている以上に深刻な状況に陥っていると感じている。EUの不安定さは今後も継続するどころか、さらに深刻化する恐れもある。

運命論を語るわけではないが、国や地域がたどってきた歴史と地理的事実をひもとくことで、今起きているできごととの関係が明確になり、未来を知る手がかりも得られる。読者のみなさんにとって、本書が世界を新たなまなざしでとらえるきっかけとなれば、著者としてこれ以上喜ばしいことはない。

二〇一四年一〇月二七日
ロバート・D・カプラン

地政学の逆襲　「影のCIA」が予測する覇権の世界地図　目次

地図作成／加賀美康彦

序　章　失われた地理感覚を求めて

アフガニスタンとパキスタンの矛盾

現在を理解し、未来に関する質問を投げかけるのにふさわしい場所は、地上だ。それも、できるだけゆっくり旅をしながらがいい。これまでに訪れたさまざまな地域の運命について私が強烈な好奇心をもつようになったのは、この足で境界を越えるという行為を経験したからこそだ。

丸く盛り上がった丘の列が初めて地平線に現れ、イラク北部の砂漠の床からさざ波のようにせりあがって、樫《かし》やナナカマドの密生する高度三〇〇〇メートルの山にまで連なるのが見えた。私の雇ったクルド人運転手は、広大なパイ生地のような平原をふり返って、軽蔑したように舌打ちをしていった、「アラビスタン」。それから前方の丘を見やり、「クルディスタン」とつぶやくと、ぱっと明るい顔になった。

時は一九八六年、サダム・フセインの息のつまるような支配の最盛期だったが、監獄のような山間と険しい峡谷に入り込んだとたん、それまであちこちにあったサダム・フセインのポスターが忽然《こつぜん》と消えた。イラク人兵士もだ。その代わりに現れたのが、弾帯を肩にかけ、ターバンを巻き、だぶだぶのズボンを身につけたクルド人民兵（ペシュメルガ）だった。政治地図上では、まだイラクを離れていなかった。だが、山岳地帯はサダムの支配の限界を宣言していた――サダムが過酷きわまりない手段によって打破しようとした限界だ。

クルド人は山岳地帯で数十年、数百年かけてようやく自由を手に入れた。だがサダムはこれに激怒して、一九八〇年代末にイラク領クルディスタンに全面攻撃をしかけた。この悪名高い作戦で、一〇万人のクルド人市民が殺されたといわれる。もちろん、山々はこの悲劇を招いた決定的要因ではなかった。しかし、一つの背景要因だったのはたしかだ。クルディスタンが現在イラク国家の支配を事実上離れているのは、山のおかげなのだ。

山は保守的な力であり、平地を席巻《せっけん》するすさまじい近代化のイデオロギーから、土着文化をその谷間にかくまうことが多い。現代でも、マルクス主義ゲリラや麻薬カルテルが、山によって守られている。[*1] イェール大学の人類学者ジェームズ・C・スコットはこう書いている。「山地民は、逃亡中の孤立した共同体として理解するのが最も妥当である。彼らは二〇〇〇年にわたって、峡谷に隠れ、国家建設計画の抑圧を逃れてきた」。[*2]

ニコラエ・チャウシェスク（初代ルーマニア大統領）のスターリン主義体制が民衆を深くとり込んだのも、平地でのことだった。私は一九八〇年代にカルパティア山脈に何度か登ったが、共産化のしるしはほとんど見られなかった。中央ヨーロッパへの裏口を自認するこの山脈では、ルーマニア共産主義でおなじみのコンクリートとくず鉄でできた家より、木材と天然石材でつくった家屋が一般的だった。

ルーマニアをぐるっととり囲むカルパティア山脈も、クルディスタンの山脈と同じように国境をなしている。荒涼として見事なまでに空っぽなハンガリーのプスタ側からカルパティア山脈に入った私は、旧オーストリア＝ハンガリー帝国のヨーロッパ的世界を離れ、経済的に貧しい旧オスマン帝国の領土に少しずつ足を踏み入れていった。ハンガリーの無計画な共産主義に比べ、ずっと抑圧的なチャウシェスクの東洋的専制主義は、国土がカルパティア山脈に守られていたからこそ実現したのだ。

それでもカルパティア山脈は、人をまったく寄せつけないわけではなかった。何世紀もの間、商人たちは山道を抜けて商品や文化を奥地にもたらした。おかげで中央ヨーロッパとの強烈な類似性が、山脈のはるかかなたのルーマニアのブカレストやブルガリアのルセなどの都市や町にまで根づくことができた。しかし、険しい山脈も東に向かって徐々にだが確実に標高を下げ、最後にはアラビア砂漠とカラクム砂漠の床に達するのだ。

一九九九年には、カスピ海西岸に位置するアゼルバイジャンの首都バクーから、トルクメニスタンのクラスノボーツク（トルクメンバシの古称）まで、夜行の貨物船で行った。目覚めたとき目に飛び込んできたのは、長くぼんやりした海岸線だった。暗い色の粘土層の崖に沿って、白っぽい兵舎が並んでいた。

三七度の炎天下で、乗客はペンキのはげた門の前に全員一列に並ばされ、警官にパスポートを調べられ、それからがらんとした、うだるほど暑い小屋に通された。別の警官が私の胃腸薬を見つけて、麻薬の密輸かといいがかりをつけてきた。彼は私の懐中電灯をとりあげ、土の床に乾電池を投げ捨てた。その表情は、風景と同じようにどんよりとして、野生のままだった。小屋の向こうに広がる町は日陰一つなく、悲しくなるほど平坦で、物質文化の存在を示す建造物は見あたらなかった。

一二世紀に築かれたペルシア風の城壁や、彫刻や彫像で飾り立てた石油王の豪奢《ごうしゃ》な邸宅が建ち並ぶ、バクーの見せかけの西洋文明が、ふいに懐かしく思い出された。そこではカルパティア山脈や黒海や高くそびえるカフカス山脈に阻まれても、文明の痕跡《こんせき》がついえることはなかった。だが東へ旅するうちに西洋は徐々に姿を消し、カラクム砂漠を望むカスピ海という自然の境界でついに消え去った。

もちろん、地理はトルクメニスタンに希望がないことを示しているのではない。むしろ地理は、歴史的なパターンを説明しようとする試みに、一つの手がかりを示しているにすぎない。すなわち、むきだしの無防備な土地への異民族の度重なる侵入というパターンである。パルティア人、モンゴル人、ペルシア人、帝政ロシア人、ソ連人、そしてさまざまなテュルク系民族が、現れては去っていった。ここには文明の存在はほとんど感じられなかった。どの文明も永久に深く根づくことができなかったのだ。

パキスタンとアフガニスタンの間に位置するカイバル峠は、標高自体はそれほど高くない。せいぜい一一〇〇メートルほど〔一〇〇〇メートルほどとする説もある〕で、急な斜面はほとんどない。それでも一九八七年に峠を旅したときには、一時間もすると険しい岩山と曲がりくねった峡谷の、狭い火山の冥界《めいかい》に入り込んだ。インド亜大陸の実り豊かな熱帯の平地を離れ、中央アジアの寒冷な不毛の荒れ地へ、黒色土と大胆な柄の織物、こってりしたスパイシーな料理の世界を離れ、砂と粗いウール、ヤギ肉の世界へとやってきたのだ。

だが一見越えがたいカルパティア山脈に商人たちが山道から進入したように、アフガニスタン＝パキスタン国境も、その実態は見かけの地理とはちがっている。イギリス人が「北西辺境」と呼ぶこの地域は、ハーバード大学のスガタ・ボース教授によると、「歴史的に見れば辺境とはほど遠く、実はインド＝ペルシアからインド＝イスラムへと続く連続体の『中心部』だった。この意味で、アフガニスタンとパキスタンは有機的な統一体をなしており、両者が別々の国家なのは地理的矛盾である。[*3]

統一朝鮮の誕生?

私が越えた国境には、もっと人為的なものもあった。

一九七三年と一九八一年の二度、ベルリンの壁を越えて東ベルリンに渡った。高さ三メートル六〇センチのコンクリートのカーテンは、上部に太いパイプが通っていて、西ドイツ側のトルコ系とユーゴスラビア系の移民が多く住む貧困地区のぼやけた白黒写真のような風景と、東ドイツ側の第二次世界大戦の傷跡を残すさびれた建物とを分断していた。西側の落書きだらけの壁は、どこでも近づいて触れることができたが、東側は地雷原と監視塔が張りめぐらされていた。

市街地に現れたこの刑務所の庭は、当時も非常に現実離れしていたが、道徳的な面を除けば、その是非が問題にされることはなかった。なぜならあの時代、冷戦に終わりはないと、誰もが信じていたからだ。私のように、冷戦のまっただ中に育ったが第二次世界大戦の記憶はまったくない者たちにとって、ベルリンの壁は非人道的で恣意《しい》的ではあるが、山脈のようにゆるぎない存在に思われた。だが、一九八九年前半に雑誌の仕事で西ドイツの首都ボンにいたとき、たまたま書物やドイツの歴史地図を調べるうちに、そうでないことをようやく知った。書物や地図は、異なる物語を伝えていた。

北海とバルト海、アルプス山脈に囲まれたヨーロッパの心臓部に位置するドイツは、歴史家のゴーロ・マンによれば、「大きな牢獄」に閉じ込められ、つねに外に脱出したがっているダイナミックな勢力だという。だが、南北を海と山脈によって阻まれたドイツにとって、「外」とは地理的障壁のない東西方向のことだった。「このはっきりとした形をもたず曖昧《あいまい》な地理が、ここ一〇〇〇年にわたってドイツ人気質を形づくってきた」とマンは書いている。彼のいう「一〇〇〇年」は、オットー・フォン・ビスマルクによる領土拡大期と二度の世界大戦を含む、一八六〇年代から一九六〇年代までの動乱期のことだ。[*4] しかし、今に至るまでのドイツの地図上の大きさと形についても、同じことがいえる。

実際、八〇〇年のカール大帝の戴冠によって成立したドイツ第一帝国（神聖ローマ帝国）は、広大で流動的な領土をもち、過去のいつかの時点でオーストリア〔とチェコの〕全体と、スイス、フランス、ベルギー、オランダ、ポーランド、イタリア、ユーゴスラビア〔セルビア〕の一部を支配していた。当時のヨーロッパは、現在のドイツにあたる国家によって支配される宿命にあるように思われた。だが、その後マルティン・ルターが宗教改革に立ちあがると、西方教会は分裂し、ドイツ国土を主戦場とする三〇年戦争が始まった。

中央ヨーロッパは荒廃した。一八世紀のプロイセンとハプスブルク＝オーストリアの二元性や、一九世紀初めのドイツ諸邦国による関税同盟、また一九世紀末のビスマルクによるプロイセンを中心としたドイツ統一について読めば読むほど、ベルリンの壁が領土変化という継続的プロセスの一つの段階にすぎないことを、私はますます認識するようになった。

ベルリンの壁崩壊から時を置かずに倒れたチェコスロバキア、ハンガリー、ルーマニア、ブルガリアなどの政権を、私は仕事や旅行を通してよく知っていた。間近で見ると、実にゆるぎない、恐ろしい存在に思えた。だがそれらがあえなく崩壊したことで、私は重要な教訓を学んだ。どんな独裁政権も本質的に不安定だということ、また今の状態は、永遠に続くように思われても束《つか》の間のものでしかないということだ。唯一永続的なのは、地図上に占める位置だけだ。だからこそ激動の時代には、地図が重要な意味をもってくる。政治的基盤が足元から大きくゆらいでいる今の時代、地図は次に起こりそうなことを予測する歴史的論理を見抜く手がかりになる。

南北朝鮮を分断する非武装中立地帯（DMZ）では、暴力の影が色濃く感じられた。二〇〇六年に訪れたときには、韓国軍の兵士が拳を握り前腕に力を入れたテコンドーの基本姿勢をとって、北朝鮮軍兵士を睨《にら》みながら微動だにせず立っていた。どちらの軍でも、最も上背があって威嚇的な兵士が任務に選ばれていた。だが有刺鉄線と地雷原のなかで誇示された、形式化された憎悪は、まもなく歴史のかなたに消えるだろう。

ドイツ、ベトナム、イエメンなど、二〇世紀の分断国家の物語をふり返ると、分裂がどんなに長く続いても、最後には統一を促すさまざまな力が、思いがけない、ときには暴力的でめまぐるしいかたちで、すべてを圧倒するとわかる。DMZはベルリンの壁と同じで、両軍がたまたま停止した地点で民族国家を分断している、地理的一貫性を欠いた恣意的な境界線なのだ。

ドイツ再統一が実現したことを考えれば、統一朝鮮の誕生に備えるか、少なくとも想定しておいた方がいいだろう。文化と地理の力がすべてを圧倒する日が必ずやってくる。自然な境界地帯と一致しない人為的な国境は、とくに脆弱《ぜいじゃく》なのだ。

なぜアラブの春はチュニジアで始まったか

ヨルダンからイスラエルへ、またメキシコからアメリカへと、地続きの国境を渡ったこともある。この二つの国境についてはあとでとりあげる。本書ではまず、数十年、数世紀の試練に耐えて生き残った歴史学と政治学の優れた研究を通して、現実の旅とはまったく違う旅に読者を案内しよう。こうした研究は、地理を重視することによって地形図を巧みに読み解く方法を教え、大まかだが、将来の政治をのぞかせてくれる。

私は三〇年以上報道に携わってきた経験から、ジェット機と情報化の時代に失われた時間・空間感覚を、誰もがとり戻すべきだと痛感している。世論を誘導するエリートたちは、海や大陸をいとも簡単に越え、『ニューヨーク・タイムズ』の高名なコラムニスト、トーマス・L・フリードマンのいう「フラット化した世界」を、わけ知り顔で語る。

しかし本書では、もはや地理など問題でないという考えに激しく反発する思想家たちの考えを紹介しよう。まず前半で彼らの研究をくわしく説明してから、後半では彼らの叡智《えいち》をもとに、ユーラシア全体（ヨーロッパから大中東圏、インド亜大陸、中国までの地域）で過去に起こったこと、これから起こりそうなことについて考えていきたい。物理的現実をとらえる感覚が、どのようにして、なぜ失われたのかを具体的につきとめ、それから旅と観察のペースをゆるめて、今は亡き学者たちの豊かな見識の助けを借りて、失われた感覚をとり戻す方法を探していこう。それがこの旅の目的である。

地理《ジオグラフィー》という用語は、「地球の記述」という意味のギリシア語、「ゲオグラフィア」から来ている。地理は運命論と関連づけられ、そのレッテルを貼られることが多い。地理的思考は人間の選択を制約すると考えられているからだ。だが本書では、地形図や人口学のようなツールを用いることによって、従来の外交政策分析に複合的な視点をとり入れ、世界をより深く、いきいきととらえる方法を示したい。地理の重要性は、地理的決定論者でなくてもわかるはずだ。直近のできごとにとらわれると、個人や個人の下す選択が重要に思える。だが数世紀というスパンからものごとをとらえれば、地理が大きな役割を果たしていることがわかる。

中東がその好例だ。

この文章を書いている今も、モロッコからアフガニスタンまでの広い地域で、中央権力が脅かされている。独裁政権の旧体制は支持を失いつつあるが、安定した民主主義への道は前途多難だ。この大変動の最初の段階では、新しい情報通信技術の力によって、地理が打倒された。衛星テレビやSNSを通じて、アラブ世界全体の抗議者が一つのコミュニティとして結束し、エジプトやイエメン、バーレーンなどの遠く離れた地域の民主主義活動家が、チュニジアで始まった動き（ジャスミン革命）に触発された。つまり、これらの国の政治的状況には共通性があることがわかる。

だが反乱が続くうちに、それぞれの国で奥深い歴史と地理に彩られた独自の物語が生まれている。中東諸国の歴史と地理を知れば知るほど、そこで起こっているできごとが、起こるべくして起こったと思えるようになる。

暴動の口火を切ったのがチュニジアだったことも、偶然では片づけられない。古代ギリシア・ローマ時代の地図を見ると、今チュニジアがある場所には集落があって、現代の殺風景なアルジェリアとリビアとはまったく違う様相を呈している。地中海にシチリア島近くまで張り出しているチュニジアは、カルタゴやローマ帝国だけでなく、ヴァンダル、ビザンティン（東ローマ）、中世アラブ、オスマンの諸帝国の支配下にあったときも、人口が集中する中心地だった。西のアルジェリアと東のリビアは漠然とした地理的表現でしかなかったが、チュニジアは古来から文明の合流点だった。

過去二〇〇〇年にわたって、カルタゴ（現在のチュニスにほぼ相当）に近い場所ほど、発展の度合いも高かった。チュニジアの都市化は二〇〇〇年も前に始まったため、遊牧生活（中世の歴史家イブン・ハルドゥーンによれば、政治的安定を乱す元凶である）をもとにした民族的一体感はその分弱い。

実際、ローマの将軍大スキピオは、紀元前二〇二年にチュニス近郊でハンニバルを破ったあと、文明化された領土の範囲を示すフォッサ・レギア（境界溝）を掘りめぐらせた。フォッサ・レギアは、現在の中東危機とも関係がある。これはチュニジア北西岸の町タバルカから南下し、それから真東に向きを変えて、地中海の港町スファックスまで続く溝で、今もところどころ残っている。この境界線の向こう側には古代ローマ遺跡はほとんどなく、現代でも相対的に貧しく、発展が遅れ、失業率が高い傾向にある。二〇一〇年一二月に青果の露天商が抗議の焼身自殺を図り、アラブの暴動の口火を切った町シディブジッドは、スキピオの引いた境界線のすぐ向こう側にある。

これは運命論ではない。単に今起こっているできごとの地理的・歴史的背景を紹介したにすぎない。民主化を求めるアラブの暴動が始まったのは、歴史的に見てアラブ世界の最も先進的な社会、つまりヨーロッパに物理的に最も近い社会だった。だが、さらにくわしく見てみると、その社会のなかでも昔から無視され、開発の遅れに悩まされてきた地域が暴動の発端になったことがわかる。

このような知識があれば、エジプトであれ、チュニジアのような古来の文明の合流点であれ、ほかの地域で起こっているできごとをより深く理解することができる。アラビア半島の人口中心地、イエメンの動向について考えてみよう。

イエメンの不規則に広がった山がちな地形は、中央政府の力を弱め、その結果として部族集団や分離主義勢力の力を強める効果があったため、南北イエメンの統一は遠く困難な道のりだった。またシリアの台形の領土を見ると、民族や宗派的アイデンティティによって国内が分裂していることがうかがえる。チュニジアとエジプトは自然なまとまりがあるが、リビア、イエメン、シリアはそうでないことは、地理からすぐわかる。だから、チュニジアとエジプトでは比較的ゆるやかな独裁体制が国を一つにまとめていたのに対し、リビアとシリアではより急進的な政権が必要だった。

またイエメンは地理のせいで、統治自体が非常に困難な国になっている。イエメンは、山脈や砂漠によって分断された、中東特有の地形の産物である。そして、二〇世紀ヨーロッパの学者アーネスト・ゲルナーとロベール・モンターニュが「分節」社会と呼ぶ、類似した部族がゆるやかな連合を保つ社会を形成している。これらの中央集権と無政府状態の間をゆれる社会には、モンターニュの言葉を借りれば、「地域の活力を奪う」政権がつきものであり、またこうした政権は「自らの脆弱性のせいで」永続的な制度を確立することはできない。イエメンでは部族が力をもち、中央政府の力は相対的に弱い。[*5] このような地域で自由主義的秩序を構築する難しさは、こうした現実と切り離すことはできない。

政治的混乱が高まり、混迷の度を深める現代世界では、アメリカとその同盟国が何をすべきかがつねに問われている。地理は、こうした難題を多少なりとも理解する切り口になる。本書では、古い地図や古い時代の地理学者や地政学者の助けを借りて、私自身が二〇世紀末からさまざまな国境で行ってきたように、二一世紀の地球を「実地調査」していこう。太陽系圏外に衛星を飛ばし、金融市場やサイバー空間には国境すらないこの時代にあっても、ヒンドゥークシュ山脈は手ごわい障壁なのだ。

第一部

空間をめぐる競争

第一章　ポスト冷戦の世界

ベルリンの壁崩壊で失われた地理感覚

地理感覚をとり戻すためには、まずその感覚が決定的に失われた近年の瞬間がいつだったかをつきとめ、なぜ失われたのかを考え、そのことがわれわれの世界観にどのような影響をおよぼしたのかを明らかにする必要がある。もちろん、こうした感覚は少しずつ失われていくものだが、それでも喪失が鋭く感じられる瞬間があった。私にとってその瞬間とは、ベルリンの壁が崩壊した直後だ。この人為的な国境が崩れ落ちたのだから、地理と地形図（そして地形図が予示していた、地続きのバルカン半島と中東でのできごと）を重視する機運が高まってもおかしくなかった。ところがベルリンの壁が消滅したせいで、今もこれからも世界を分断し続ける真の地理的障壁が、目に入らなくなってしまったのだ。ドイツの人為的国境がとり払われたことで、人間を分断しているすべてのものを乗り越えられるという思い込みや、民主主義が東ヨーロッパを支配したのと同じくらい簡単にアフリカと中東をも席巻《せっけん》するという思い込み、そして単なる経済的・文化的な発達段階でしかない「グローバリゼーション」が、歴史と国際安全保障体制の道徳的指針になるという思い込みを、われわれは突如としてもつようになった。

当時のことを思い出してほしい。あの頃は全体主義的イデオロギーが消滅し、アメリカと西ヨーロッパの国内の安全保障は盤石《ばんじゃく》だと考えられていた。世界はおおむね平和な状態にあると思われた。

アメリカ国務省の政策企画部次長を務めていたフランシス・フクヤマは、当時の時代精神を鋭く読みとり、ベルリンの壁崩壊の数カ月前に論文『The End of History?（歴史の終わり?）』を発表した。このなかで彼は、戦争や反乱が続こうとも、ヘーゲルのいう意味での歴史は終わったと論じた。なぜなら、自由経済と民主主義の成功によって、「人類にとって最良の政治体制は何か」という論争に終止符が打たれたからだ。[*1] したがって今後は、時折の海外派兵を通じて、世界をアメリカのイメージに合ったものにしていくことだけが課題になるとした。一九九〇年代には、海外派兵はそれほど大きな代償を伴わなかった。

この冷戦直後の「思想サイクル」は、幻想の時代だった。当時は「現実主義者」「実利主義者」といった用語は、従来の狭い意味での「国益」に適《かな》わない人道的介入に抵抗する人たちを表す、非難の言葉だった。また、新保守主義者《ネオコン》やリベラルな国際主義者への風あたりは弱く、単にバルカン半島での大虐殺を阻止したがっている、善良で賢明な人々とみなされていた。

アメリカで理想主義がこれほどの高まりを見せたのは、これが初めてではない。第一次世界大戦に勝利したアメリカは、「ウィルソン主義」を掲げた。これはウッドロー・ウィルソン大統領が提唱した、外交上の理念や道徳性を重視する考え方だ。しかし、この動きはアメリカと同盟関係にあるヨーロッパ諸国の真の目的を軽視し、バルカン半島と中近東の現実をまったく無視するものだった。

一九二〇年代のさまざまなできごとが示すように、民主主義を求める世界的風潮と、オスマン帝国の専制からの解放がもたらしたものといえば、旧オスマン帝国内の地域で、狭い意味での民族意識が高まっただけのことだった。これは、冷戦が西側陣営の勝利に終わったあとに見られた現象と似ている。

当時、「民主主義」と「自由市場」という錦の御旗《みはた》の下で、自由と繁栄が世界に広がると多くの人が信じていた。世界で最も貧しく不安定な大陸で、最も人為的で理不尽な国境に苦しむアフリカでさえ、民主主義革命が今にも実現しそうだといわれていた。ヨーロッパの心臓部にあるソビエト帝国の崩壊が、テレビを介してつながっている、何千キロもかなたの低開発諸国にとって、このうえなく大きな意味があるかのように思われていた。[*2]だが、第一次世界大戦と第二次世界大戦の終結がそうだったように、冷戦での西側陣営の勝利は、民主主義と世界平和をもたらすことはなかった。むしろ次の生存競争が始まり、新しい仮面をまとった「悪」が登場することになったのだ。

たしかに、民主主義と統治の改善がアフリカ各地で実現した。だが、そこに至るまでの道のりは遠く困難で、無政府状態（西アフリカ諸国）や反乱、蛮行（ルワンダ）が長く続いた。

一九八九年一一月九日のベルリンの壁崩壊から、二〇〇一年九月一一日の国防総省《ペンタゴン》と世界貿易センターに対するアルカイダの攻撃までの長い十数年の間、アフリカが歴史の流れを大きく左右した。この一二年間は、大量殺戮《さつりく》と後手後手の人道的介入に対して、理想主義の知識人が激しく苛立《いらだ》った時代だった。こうした人道的介入は最終的には成功したのだが、その結果として理想主義者の思いあがりを招き、それが九・一一事件後の一〇年間に壊滅的な結果をもたらしたのだ。

一九九〇年代のバルカン半島とアフリカでは、地理は明らかに重要な要因だった。そして九・一一事件後に始まったこの新たな一〇年間に、地理はさらに力をとり戻し、近東でのアメリカの善意の介入を台無しにした。ボスニアからバグダードまで、つまり旧オスマン帝国西部の最も先進的な地域に対する限定的な空爆と地上侵攻から、メソポタミア東部の最も後進的な地域に対する大規模歩兵部隊による侵攻までの間に、リベラルな普遍主義の限界が明らかになり、地形図が再び重視されるようになったのだ。

中央ヨーロッパの夢

ポスト冷戦時代は、実はベルリンの壁崩壊より前の一九八〇年代に、「ミッテルオイローパ（中央ヨーロッパ）」という用語の復活とともに始まった。この用語は、のちにオックスフォード大学の歴史家ティモシー・ガートン・アッシュによって、「ソ連・東欧との政治的・文化的区別を示すための用語」と定義された。[*3]

中央ヨーロッパは、地理的事実というよりは概念だった。それはオーストリア＝ハンガリー帝国を彷彿《ほうふつ》とさせ、記憶を呼び覚ます言葉でもあった。石畳の道や切妻屋根、芳醇《ほうじゅん》なワイン、ウィーンのカフェ、クラシック音楽などを連想させる、ロマンチックなヨーロッパ文明の記憶であり、また最先端の不穏なモダニズム芸術と思想を加味した、穏やかな人道主義の伝統の記憶でもあった。

「中央ヨーロッパ」には多くの意味があるが、とりわけナチズムと共産主義によって踏みにじられ脅かされる前の、ユダヤ民族の知的世界を指していた。また、それは経済開発を意味する言葉でもあった。実際、第二次世界大戦前のボヘミアは、ベルギーより工業化が進んでいた。中央ヨーロッパは、国家としての機能を失いつつも無害だったハプスブルク帝国の保護を受け、退廃や道徳的欠陥はあったものの、他民族に対して相対的に寛容だった地域である。

一九八〇年代と一九九〇年代には、「中央ヨーロッパ」について語ることは、文化それ自体が山脈やソ連軍の戦車と同じように、地理の一部であると宣言するに等しかった。中央ヨーロッパという概念は、冷戦の地理に対する痛烈な批判だったのだ。そもそも「東ヨーロッパ」とは、共産主義を信奉し、ソ連の支配下に置かれたヨーロッパの東半分を指す言葉として、冷戦中に生まれた用語だ。東ドイツ、チェコスロバキア、ポーランド、ハンガリーは中央ヨーロッパに属しているのだから、共産主義とワルシャワ条約という国家の牢獄にとらわれるべきでないと、西側は主張した。

数年後、ユーゴスラビアで民族戦争が勃発すると、皮肉なことに「中央ヨーロッパ」は統一ではなく分割を指す用語になった。「バルカン半島」は人々の意識のなかで中央ヨーロッパから切り離され、事実上新しくも古い「近東」の一部になったのである。

「バルカン」という言葉は、旧オスマン帝国やビザンティン帝国と同じ意味で使われている。この地域は険しい山脈に発展を妨げられ、ヨーロッパの心臓部に位置するハプスブルクやプロイセンの帝国の領土に比べ、数十年、数百年も昔から、概して低い生活水準に甘んじてきた。実際、ルーマニアなどのバルカン諸国は、共産主義の支配下にあったわびしい数十年間、ソビエト帝国の北半分の「中央ヨーロッパ」が経験したことのない、厳しい貧困と抑圧に苦しめられた。

もちろん、国によって状況はちがった。衛星国のなかでも、東ドイツは真に占領された国で、それゆえ最も厳格な共産主義体制が敷かれていた。これに対して、ワルシャワ条約機構への加盟を拒否したユーゴスラビアのとくに都市部は、チェコスロバキアなどではあり得ないほど自由だった。

それでも全体として見れば、旧オスマン・ビザンティン帝国に属していたヨーロッパ南東部の諸国は、それぞれの共産主義体制下で、モンゴル侵攻の再来ともいうべき過酷な東洋的専制主義に苦しめられた。他方、カトリック教国の旧ハプスブルク帝国に属していたヨーロッパ諸国は、それよりは穏やかな急進的社会主義とポピュリズム（大衆主義）が、さまざまな度合いでおぞましく入り交じった体制の下にあった。

共産主義国だが比較的自由なカーダール・ヤーノシュ政権下のハンガリーから、全体主義的なニコラエ・チャウシェスク政権下のルーマニアに旅したとき、私はこのことを、身をもって体験している。一九八〇年代に何度もこの二国を旅した。列車がハンガリーを出てルーマニアに入ったとたん、建築物の資材の質が目に見えて劣化した。係官に荷物を略奪され、タイプライターをもち込むために賄賂を要求された。手洗いのトイレットペーパーが消え、明かりは落とされた。

バルカン半島はたしかに中央ヨーロッパに強く影響されていたが、近い中東にも同じくらい大きな影響を受けていた。アナトリアから受け継いだ、砂埃《すなぼこり》の舞う草原と殺風景な公共空間は、コソボとマケドニアの生活の一部になっていて、そこにはプラハやブダペストのような洗練された賑《にぎ》やかさはほとんど見られなかった。

そのようなわけで、戦争が勃発したのがハンガリーやポーランドといった中央ヨーロッパの単一民族国家ではなく、民族のるつぼのユーゴスラビアだったのは、まったくの偶然でもなければ、邪悪な個人がしくんだことでもなかった。歴史と地理が、それを引き起こした一因だった。

しかし、この一〇年で最も有力な論客の一人であるガートン・アッシュなどの知識人は、中央ヨーロッパを地理的指針としてだけでなく、道徳的・政治的指針として掲げることによって、ヨーロッパだけでなく全世界に向けたビジョンを提起することになった。それは、バルカン半島に限らずどんな地域も（たとえばアフリカなど）、後進的で未開のまま放置されるべきでない、という理念だ。ベルリンの壁崩壊は、ドイツだけに影響を与えるものではなく、これを機に中央ヨーロッパの夢を世界全体で実現すべきだと考えられた。この人道的アプローチこそが、一九九〇年代にリベラルな国際主義者と新保守主義者がともに支持した、コスモポリタン主義（世界市民主義）の神髄だった。

　アイザイア・バーリンの人道的立場に立った論説は、一九九〇年代の知的精神を巧みにとらえている。共産主義が敗北し、マルクス主義的ユートピアの欺瞞《ぎまん》が露呈された時期、過去四〇年間に知識階層を席巻した流行《はや》りの一元論に対する格好の解毒剤を、バーリンは与えてくれた。オックスフォード大学で教鞭《きょうべん》をとり、二〇世紀とともに生きたバーリンは、資本家階級の実利主義をつねに擁護し、政治的実験に関する「一時しのぎの妥協」を支持した。[*4] 彼は地理的・文化的、その他どんなかたちの決定論をも嫌悪し、なにごとも運命のせいにすることはなかった。彼が生涯を通じて論文や講義で明らかにした見解は、賢明な理想主義であり、共産主義への反論として、また「自由と安全は選ばれた人たちのものであって、万人のものではない」という考えへの反論として利用された。中央ヨーロッパの理想は、彼の哲学とかみ合っていた。

　中央ヨーロッパを世界的に実現するという夢は、こうした賢明で雄弁な知識人たちが力説した通り、たしかに高潔な大義であり、今後すべての西側諸国の外交政策に関わってくる問題である。だが、その前には障壁が立ちはだかっている。

ドイツ再統一がもたらす新たな戦い

この崇高なビジョンは、ある問題をはらんでいる。中央ヨーロッパは地図上に実体がないのだ（ガートン・アッシュはこの事実を直感的に察して、『Does Central Europe Exist?［中央ヨーロッパは実在するのか？］』と題した論文を書いている）[*5]。この耐えがたい事実のせいで、中央ヨーロッパという概念は、とかく悲劇的な色彩を帯びることが多かった。地理的決定論者はこの点を批判する。とくにエドワード朝時代の論客、サー・ハルフォード・J・マッキンダーと、彼の弟子ジェームズ・フェアグリーブの主張は、アイザイア・バーリンの穏やかな論調に比べて、手厳しく陰鬱《いんうつ》だった。彼らは中央ヨーロッパの概念を、「致命的な地理的欠陥」と一蹴する。

マッキンダーとフェアグリーブによれば、中央ヨーロッパは「海洋権益」をもつ海洋ヨーロッパと、大陸的な外観をもつ「ユーラシアのハートランド」（シーパワーの影響を受けないランドパワーの中核地帯）にはさまれた、「クラッシュゾーン（破砕帯）」に属するという。要するに、マッキンダーとフェアグリーブの見解では、戦略的にいえば、中央ヨーロッパにはそれ自体が存在するための「空間がない」ということになる[*6]。

中央ヨーロッパに対する称賛や、リベラルな知識人による中央ヨーロッパへの耽溺《たんでき》は、地政学からの束《つか》の間の逃避を示すものだと、マッキンダーとフェアグリーブは書いている。しかしベルリンの壁崩壊は、地政学の息の根を止めることはなく、むしろ地政学の新しい時代を開いたのだった。国家や帝国の闘争を地図上から消し去ることはできないのだ。

本書ではマッキンダーの研究、とくに「ハートランド」論文を、あとでくわしくとりあげる。さしあたってここでは、一〇〇年以上前に書かれたこの論文が、第一次世界大戦、第二次世界大戦そして冷戦の力学に、驚くほどあてはまったとだけいっておこう。二度の世界大戦が、最も根本的な論理にまでつきつめれば、「ドイツに東方のユーラシアのハートランドを支配させるべきか」という問題をめぐって争われたのに対し、冷戦は「ソ連に東ヨーロッパ（ハートランドの西端）を支配させるかどうか」という問題につきた。ちなみに、この場合の「東ヨーロッパ」には、かつてプロイセン王国の領土だった東ドイツが含まれていた。プロイセンはつねに東方に、つまりハートランドに支配を広げようとしていた。これに対して海洋同盟のNATO（北大西洋条約機構）には、西ドイツが含まれていた。西ドイツは歴史的にカトリック教国で、商工業が盛んで、北海と大西洋の方向に目が向いていた。

冷戦時代の著名なアメリカの地理学者サウル・B・コーエンは、「東ドイツと西ドイツを分ける国境地帯は……歴史上最も古いものの一つ」であり、中世時代にはフランク族とスラブ族を分けていたと指摘する。いいかえれば、東西ドイツ間の国境線には、人為的なところはほとんどなかったということだ。西ドイツが「海洋ヨーロッパの注目すべき現れ」であるのに対し、東ドイツは「大陸的なランドパワーの領域」に属していたと、コーエンは述べている。コーエンは、ドイツの分断を「地政学的に健全で戦略的に必要」だとして擁護した。なぜなら分断によって、海洋ヨーロッパとハートランド・ヨーロッパの間のたえ間ない戦いが沈静化したからだ。[*7]

マッキンダーも、早くも一九一九年に先見の明をもってこう書いている。「ドイツを通る境界線こそが……戦略的な意味でハートランドを沿岸地帯から分けているといえる」。[*8]つまり、ベルリンそのものの分割は人為的だったが、ドイツの分割には地理的な裏づけがあったということになる。

コーエンは、中央ヨーロッパを「単なる地理的表現で、地政学的実体を欠いている」と称した。[*9]つまりこの理屈によれば、ドイツ再統一は中央ヨーロッパの復興ではなく、むしろヨーロッパをめぐる（そしておそらくはハートランドをめぐる）新たな戦いをもたらすことになる。別のいい方をすれば、ドイツはどちらの方向になびくだろうか？　東方のロシアになびいて、ポーランドやハンガリーをはじめとする旧ソ連衛星国に多大な影響をおよぼすのか、それとも西方のイギリスとアメリカになびいて、海洋王国に勝利をもたらすのか？　その答えは今もわからない。なぜなら、ポスト冷戦の世界はまだ始まったばかりだからだ。

今日の統一ドイツに「武力に無関心」な傾向があることや、「軍事的解決方法への抵抗感」が根深い文化レベルで存在することを、コーエンらが正確に予測できたはずがない。こうした傾向は、状況次第で大陸に安定をもたらすかもしれないし、不安定をもたらすかもしれない。[*10]ドイツはヨーロッパの中心部を占めるランドパワー国家だというまさにその理由から、生き残るための方策として地理と戦略をつねに鋭く意識してきた。ドイツが現在の表面的な平和主義を超えて真の平和を実現するには、こうした意識をしっかりとり戻す必要がある。

実際、再統一された自由なドイツは、大西洋とユーラシアのハートランドの中間に位置する国として、自らバランサー（均衡勢力）の役割を買って出るだろうか？　その結果として、中央ヨーロッパ文化の新しく大胆な解釈が広まり、中央ヨーロッパの概念に地政学的な裏づけが与えられるだろうか？　もしそうなれば、ガートン・アッシュらは、マッキンダーとコーエンを超える信頼を勝ち得るだろう。

まとめていえば、中央ヨーロッパは寛容と高度文明の理想形として、新しい熾烈《しれつ》な覇権闘争を生き抜くだろうか？　このような闘争は、ヨーロッパのハートランドでいずれ必ず起こるだろう。二〇世紀末に非常に魅力的に思われた、一九世紀末中央ヨーロッパの活気あふれる文化は、冷徹で実体のある帝国的・地政学的現実、つまりハプスブルク＝オーストリアの行き着いた先だったのだ。リベラリズムも、つきつめれば力に依存する。それは無害な力かもしれないが、力であることには変わりない。

だが一九九〇年代の人道的介入支持者たちは、覇権闘争から目を背けていたわけでもないし、中央ヨーロッパをユートピアとして描いていたわけでもなかった。むしろ、バルカン半島での大量殺戮を阻止することによって中央ヨーロッパの復興をめざすという構想は、冷戦での勝利を無駄にしないために西側の軍事力を適切に運用してほしいという、知識人らの静かな叫びだったのだ。冷戦は結局のところ、個人の自由が守られる世界を築くという以外に、どんな目的があったのか？　人間の主体性の尊重が、当時の彼らにとって緊急の課題だった。

そのようなわけで、中央ヨーロッパを指針として、南東への介入が始まった。最初はボスニアへ、続いてコソボ、それからバグダードへ。もちろん、ボスニア介入を支持した知識人の多くは、イラクへの介入には反対したか、少なくとも疑問をもっていた。だが新保守主義者らはひるまなかった。なぜならこれから見ていくように、バルカン半島では介入が遅れても兵士の命が犠牲にならなかったため、これからの戦争では痛みを負わずに勝利を勝ちとれるという幻想を、多くの人がもったからだ。

ミュンヘンの教訓

ユーゴスラビア紛争が勃発した一九九〇年代のこの時点では、歴史と地理が執念深く再浮上したように思われた。エリートたちは、グローバルな結束などという空虚な夢を語るのはやめ、ウィーンから車でパンノニア平原を横切ってわずか数時間の、中央ヨーロッパ内陸部の複雑な歴史を話題にするようになった。地形図を見ると、サヴァ川に近いクロアチアの南部と東部は、広大なヨーロッパ平地の南境界になっていて、サヴァ川の向こう側に「バルカン」と呼ばれる山々が連なっている。

フランスとスペインの国境にあるピレネー山脈からロシアのウラル山脈まで続く広大で平坦な緑色のしみは、サヴァ川の南岸に来るといきなり黄色に、次に茶色に変わり、険しい地形が南東方向に小アジアまで続いていることを示している。山が始まる場所にほど近いこの地域は、ハプスブルク＝オーストリア軍とオスマン軍が何度も遠征した辺境地域だ。ここは西洋のキリスト教が終わり、東方正教とイスラムが始まる場所であり、クロアチアがセルビアとぶつかる場所でもある。

セルビア・クロアチア語で「辺境」を意味するクライナは、一六世紀末にオーストリアがオスマン帝国の領土拡張に対抗するために築いた軍事区域である。この辺境のオーストリア側には、オスマン朝の暴政を逃れたクロアチア人とセルビア人の難民が押し寄せた。

かくしてここは多民族地域となり、また第一次世界大戦後にオーストリア帝国の支配から解放されると、各民族のアイデンティティがさらに発達していった。セルビア人とクロアチア人は、戦間期（第一次世界大戦終結から第二次世界大戦勃発までの二〇年間）は「セルビア人・クロアチア人・スロベニア人王国」の下で統一されていた。しかし、第二次世界大戦中にナチスの占領下で分裂して激しく争い、ナチスの傀儡《かいらい》国家として独立したクロアチアでは、死の収容所で何万人ものセルビア人が殺害された。

戦後、チトーの専制的共産主義支配の下でユーゴスラビアとして再び統一されたが、一九九一年にユーゴスラビアが崩壊すると、セルビア軍が国境を越えてクライナに侵攻し、クロアチア人を民族浄化した。のちにクロアチア人がこの地域を奪還すると、セルビア系住民は再びセルビアに逃れた。戦争はクロアチアとセルビアの国境地帯からボスニアへと拡大し、そこで数十万人がむごたらしく殺された。

この土地は歴史と地理に満ちていたが、熱意あふれるジャーナリストや知識人は、それに目を向けようとしなかった。それは当然のことだった。彼らが最初に感じたのは、どうしようもない恐怖と嫌悪だったからだ。ガートン・アッシュの言葉を借りよう。

この恐ろしい一〇年間に、われわれは旧ユーゴスラビアでいったい何を学んだのだろう?……人間の本質が変わっていないということ。そして二〇世紀末のヨーロッパが、世紀半ばのホロコースト(ユダヤ人大虐殺)と変わらぬ蛮行におよんだことだ。……二〇世紀末の西側諸国の政治的スローガンは、「統一」「多文化主義」あるいは少し古風な人なら「るつぼ」だった。旧ユーゴスラビアは、その反対を行っていた。この国は、容器が回転してクリームとバターを分離する、巨大な「分離機」だった。……容器が激しく回転するうちに民族が分離し……底のフィルターからは血がぽたぽたと滴り落ちた。[*11]

こうした嫌悪感が収まると、今度はセルビアのスロボダン・ミロシェヴィッチ大統領に対する西側諸国の「宥和《ゆうわ》」が槍玉《やりだま》にあがった。ミロシェヴィッチはベルリンの壁崩壊後も政権を維持し、大邸宅や狩猟小屋、その他の特権を守るために過激なセルビア民族主義者としてイメージ刷新を図り、第二のホロコーストともいうべき虐殺を引き起こした、邪悪な共産主義政治家である。一九三八年のミュンヘン会談でのヒトラーとの宥和は、一九九〇年代にアナロジーとして何かともち出されるようになった。

実は、第二の宥和への懸念が高まったのは、このときが初めてではなかった。サダム・

フセインによるクウェート侵攻を阻止するという、一九九一年の決断の根底にあったのも、この懸念だった——サダムをクウェートで食い止めなければ、彼はおそらく次にサウジアラビアを侵攻して世界の石油供給を掌握し、この地域の人権を言語に絶するほど蹂躙《じゅうりん》するだろう。だが「ミュンヘン」が世界的に非難の意味で使われるようになったのは、一九九一年から一九九三年にかけてセルビアがクロアチアとボスニアを攻撃し、西側諸国が対処を怠ったことが、直接のきっかけだった。

ミュンヘンの教訓は、平和と繁栄の時代が続き、戦争の苦しみが遠い昔の抽象的な記憶になると、またぞろ頭をもたげ始める。一九九〇年代になると、アジアでの泥沼の地上戦は、すでに二〇年以上昔のこととして、アメリカ人の記憶から薄れていた。ミュンヘンでの宥和の根底にあったのは普遍主義であり、世界中の国や人々に配慮するという考えだった。

一九九四年のルワンダ大虐殺を止められなかった反省として、とかくこの教訓がもち出された。しかしミュンヘンの教訓がとくに叫ばれたのは、一九九五年のボスニアと一九九九年のコソボへのNATOの軍事介入に向けて、アメリカ軍の増強が進められていた時期だ。軍事介入反対派はこれに対抗してベトナムの教訓をもち出したが、この紛争では泥沼状態が一向に生じなかったため、一九九〇年代にベトナムの亡霊は完全に追放された——

少なくとも当時はそう思われていたし、そうした言説がまかり通っていた。[*12]

ベトナム戦争であれほど嫌悪された軍事力は、今や人道主義そのものの代名詞となった。「ジェノサイド（大量虐殺）に対する戦争は、怒りをもって戦われなくてはならない。なぜならこの戦争での敵は怒りだからだ」と『ニュー・リパブリック』誌の文芸局編集長レオン・ウィーゼルティアは書いている。「ジェノサイドを止めるという目的において、軍事力の行使は最後の手段ではない。それは最初の手段なのだ」。ウィーゼルティアは続けて、人道的介入では出口戦略をあらかじめ設定する必要があるという主張を、激しく非難する。

ビル・クリントン政権の気の弱い国家安全保障担当大統領補佐官アンソニー・レイクは、一九九六年に「出口戦略の原則」を成文化してしまった。「アメリカ軍を海外派兵するにあたっては、軍をどのようにしていつ引き揚げるかを、あらかじめ決めておかなければならない」。つまりレイクは、アメリカの軍事力を利用する条件として、無限の知識を要求したのだ。

「出口戦略」の原則は、戦争の本質を根本的に誤解しており、より一般的には歴史作用の本質を誤解している。この原則は、用心という名目の下に、人間社会の偶然性を否定するものだ。ものごとがどのような終わりを迎えるかは、あらかじめ知りようがないのだ。[*13]

この一例として、ウィーゼルティアはルワンダを挙げる。ルワンダでは、一九九四年の大虐殺で一〇〇万人のツチ族が命を落とした。もし西側諸国が殺戮を止めるために介入していたなら、たとえ軍事的泥沼に陥ったとしても、あの惨事よりましな結果に終わったはずだと、彼は主張する。

ウィーゼルティアは、コソボのアルバニア系イスラム教徒をミロシェヴィッチによる排除と根絶の政策から解放するための、NATOによる時機を失した限定的な空爆に対して感じた苛立ちについて述べている。空爆ではセルビアの町や都市が標的にされたが、人道的介入の支持者は、地上部隊によってコソボの町を解放することが必要だと主張した。クリントンの腰の引けた攻撃のせいで、被害はかえって拡大した。「理想主義のとりくみは、緊急支援と救助活動になってしまった。われわれは銃弾を送るべきところを、毛布を送っているのだ」。

ウィーゼルティアによれば、クリントンは「高度精密誘導兵器を用いる消極的な戦争によって、アメリカ軍兵士が殺されず、世論調査に悪影響が出ず、良心もかき乱されない」戦い方を編み出したという。続いてこう予測している。「戦争で傷つかずにすむ時代など、長続きしない。遅かれ早かれアメリカは……死傷が避けられない地域への派兵を迫られるだろう。その際問われるのは、戦闘が危険かどうかではなく、派兵の目的が公正かどうかである[*14]」。

実際、イラク侵攻が叫ばれるようになった一九九〇年代には、アメリカの軍事力がタイミングよく、存分に投射されさえすれば、歴史と地理の力を圧倒すると考えられていた。ヘンリー・キッシンジャーのような現実主義者が、非情だと非難されながら抑制を求めるのをよそに、ソマリアやハイチ、ルワンダ、ボスニア、コソボへの派兵を声高に情熱的に呼びかけたのは、理想主義者だった。

エアパワーの台頭

しかし全体として見れば、実は一九九〇年代は軍事力の一〇年間というより、エアパワー（空軍力）の時代だった。一九九一年にイラク軍のクウェート撤退を促す決め手となったのは、エアパワーだった。ただしこの紛争には、地理的条件のおかげでハイテク兵器が利用しやすかったという側面もあった。何しろ、軍事作戦は滅多に雨の降らない広大な砂漠で行われたのだから。

エアパワーは、四年後にボスニアでの紛争を終わらせるうえでもカギとなり、また多くの限界が明らかになったものの、その四年後にはミロシェヴィッチ政権の打倒にも貢献した。空爆を受けたミロシェヴィッチ政権は弱体化し、翌二〇〇〇年に退陣し、最終的にアルバニア系難民は祖国に帰還した。

アメリカ軍がボスニアとコソボへの派兵に当初難色を示していたことを端的に表す言葉として、コリン・パウエル国務長官の、われわれは山はやらないという発言が引用された。しかし制空権があれば、アメリカ軍はかなりうまく山をやれることがわかった。地理はバルカン半島で頭をもたげたが、エアパワーによってすばやくねじ伏せられたのである。その後も、空軍と海軍の戦闘機がイラクの飛行禁止区域のパトロールを続け、サダムを牽制《けんせい》した。

こうした背景の下で、アメリカの軍事力に感銘を受けたエリートの一部が、適切な時期に派兵を怠ったためにバルカン半島での二五万人の大虐殺を阻止できなかったとして、ジョージ・H・W・ブッシュとクリントン両政権に道徳的義憤を感じるようになった。これは冒険主義を招きかねない考えであり、実際そうなった。

続く一〇年間にミュンヘンの教訓は薄れ、地理は一九九〇年代に失った敬意をある程度とり戻した。一九九〇年代にエアパワーによって地図は二次元におとしめられたが、その後まもなくアフガニスタンの山脈とイラクの危険な路地裏で、三次元の地図が息を吹き返したのである。
一九九九年にウィーゼルティアは、当時リベラルな知識人の間に広がりつつあった感情を、次のように表している。

クリントンがこの悪党（ミロシェヴィッチ）の排除を戦争の目的に掲げなかった問題について、真に驚くべきことは、彼の前任者が別の悪党の排除を戦争目的に含めなかったことの尻ぬぐいを、クリントン自身がさせられたことにある。一九九一年には、サダム・フセインから数百キロメートルの地点に五〇万人のアメリカ兵が集結していたのに、ジョージ・ブッシュはバグダードへの派兵を命じなかった。将軍たちもクウェートでの「欠陥なき戦争」を終えたばかりで、犠牲者を出すことを恐れた。ブッシュ政権もイラクの「領土保全」を尊重した。まるでイラクが崩壊すれば、イラクが存続しているせいで、北部のクルド人と南部のシーア派が味わっていた苦しみに匹敵するような混乱が生じるとでもいわんばかりだった。[*15]

当時は中央ヨーロッパの想像上の境界は無限で、メソポタミアにまで広がるかのように思われた。もちろん、実際にはそうはいかなかった。しかし二〇〇六年にイラク国家が崩壊して、サダムの暴力に匹敵する宗派間の殺戮が起こった時期にも、ウィーゼルティアは「傲慢《ごうまん》についての懸念」を告白するだけの品性をもち合わせていた。戦争は支持するが、有用な提言はできそうにないと、彼は正直に書いている。自らの正当性を紙上で躍起になって主張する侵攻支持者もいたが、彼は加わろうとしなかった。[*16]

私自身もイラク戦争を紙上で支持し、ブッシュ政権に侵攻を強く要請した集団の一人だった。[*17]私はバルカン半島でのアメリカの軍事力に感銘を受け、またサダムが直接・間接的に殺害した人数がミロシェヴィッチより多かったことや、彼が大量破壊兵器を保有する戦略上の脅威とみなされていたことから、介入は正当化されると考えていた。

だが、私はジャーナリストとして報道対象にのめり込みすぎていた。一九八〇年代にイラクを取材し、フセイン政権下のイラクがハーフィズ・アル＝アサド政権下のシリアに輪をかけて暴虐的なことをこの目で見た私は、サダムの排除を強く願うようになった。

のちには、イラク戦争支持者にはイスラエルの領土拡張を擁護するという思惑《おもわく》があったのではないかと疑われた。[*18]だが、私がこの時期に新保守主義者やリベラル派と話した限りでは、彼らの眼中にあったのはイスラエルではなく、あくまでボスニアとコソボだった。[*19]バルカン半島介入は、最終的に戦略的利益をもたらし、理想主義的な外交政策を正当化するように思われた。一九九五年のボスニア軍事介入を境に、議論の焦点は「ＮＡＴＯは存在すべきか?」から、「NATOは拡大すべきか?」に変わった。NATOがのちに黒海方面に勢力を拡大できたのは、九・一一事件だけがきっかけではなく、一九九九年のコソボ紛争のおかげでもあった。

多くの理想主義者は、イラクを通して一九九〇年代の情熱を燃やし続けた。しかし、アメリカ軍の力が多くの人を魅了するうちに、地理は敗北するか、少なくともまったく関心を払われなくなった。一九九〇年代は、暴力が蔓延《まんえん》しイラクと比べ制度的にははるかに後れていたリベリアやシエラレオネのような西アフリカ諸国にさえ、民主化の見込みが十分あると考えられていた時代だった。だが、普遍主義の理想が地理やそこに暮らす人々の歴史的経験よりずっと重視されるようになったのは、軍事力、とくにエアパワーの存在が大きい。

ベトナムの悪夢

九・一一事件後のサダム・フセイン問題への対応には、ミュンヘンも影響をおよぼしていた。アメリカは真珠湾にも匹敵する攻撃を初めて本土に受けたばかりだったが、それまでの二五年間は地上戦をほとんど経験せず、被害もほとんど受けなかった。そのうえ、サダムはメソポタミアの太古からそのまま出てきたような残虐さをもつ、ヒトラーやスターリンを思わせる独裁者で、大量破壊兵器を隠蔽《いんぺい》していたか、隠蔽していると信じられていた。九・一一事件を受けて、またミュンヘンを踏まえて、今行動を起こさなければ、歴史に大きな汚点を残すことになると考えられたのだ。

しかし、ミュンヘンの教訓が行きすぎを招くと、昔に葬り去られたはずの別の教訓が復活した。それはベトナムの教訓である。ここから、ポスト冷戦の「思想サイクル」の第二段階が始まった。

このサイクルはおおまかにいえば、イラクとアフガニスタンで困難な戦争が戦われていた、二〇〇〇年代の一〇年間に当たる。このサイクルでは「現実主義者」「実利主義者」といった用語が、アメリカのイラクでの軍事的冒険に当初から懐疑的だった人たちを表す、敬意のしるしとして用いられた。逆に、「新保守主義者」は嘲笑《ちょうしょう》の意味合いを帯びた。

一九九〇年代には、世界各地の民族間・宗派間の争いは努力して克服すべき障壁とみなされたのに対し、その後の一〇年間では、こうした憎悪のある場所では軍事行動は控えるべきだったと考えられるようになった。

ベトナムの教訓がミュンヘンの教訓にとって代わった瞬間を一つ挙げろといわれれば、二〇〇六年二月二二日に、サマラ（スンニ派が多数を占めるイラク中部の都市）のシーア派の主要モスク、アル・アスカリが、アルカイダ系のスンニ派過激派組織によって破壊され、それをきっかけにイラク全土で宗派間の残虐行為が発生し、アメリカ軍の手に負えなくなった瞬間を挙げたい。このときアメリカの地上軍は、原初的な憎悪と混沌《こんとん》の力の前に、なすすべもなかった。

パナマ侵攻と第一次湾岸戦争で生まれ、ソマリアで少々傷つき、その後ハイチ、ボスニア、コソボで回復し磨きあげられた新生アメリカ軍の全能神話は、それを裏打ちしていた理想主義思想とともに、このとき一時的に打ち砕かれたのだった。

ミュンヘンの根底にあったのが、世界と遠くの他者の命に配慮する普遍主義だったのに対し、五万八〇〇〇人のアメリカ兵が戦死したベトナム戦争では、アメリカ国内に目が向いていた。ベトナムの教訓は、「悲劇を想定することで、悲劇は避けられる」ということだ。ゆるぎない情熱は、ものごとを悪い方向に導く恐れがあるとして非難された。実際、そもそも遠い東南アジアの紛争にアメリカが関わることになったのは、理想主義的な使命感のせいだった。当時アメリカは、第二次世界大戦後の繁栄の頂点にあり、平和を謳歌《おうか》していた。

ベトナム共産勢力は、二〇世紀に生まれたどんな集団にも劣らず残忍で執拗《しつよう》で、アメリカから最初の正規軍が到着するまでに、一万人以上のベトナム市民を殺害していた。アメリカにとって、これを阻止すること以上に正しい戦争があるだろうか？　アメリカ人はベトナムに足を踏み入れたとき、地理も、距離も、また二〇世紀初めの非正規戦争（米比戦争）時にフィリピンのジャングルで経験した恐ろしさも、すっかり忘れ去っていたのだ。

　ベトナムの教訓は、国家的トラウマのあとでもち出されることが多い。なぜなら、現実主義は面白みがないからだ。現実主義が尊重されるのは、現実を十分に見据えなかったせいで、状況が目に見えて悪化してからである。

　イラクはまさにその好例だった。イラクには一兆ドル〔二兆ドル以上ともいわれる〕を超える軍事費が投入され、五〇〇〇人近いアメリカ人が殺害され（三万人以上が重傷を負った）、おそらく数十万人のイラク人が命を落とした。ほかでも指摘されているように、たとえイラクがある程度安定的な民主主義体制に移行して、アメリカの事実上の同盟国になったとしても、あまりにも過大な費用が投じられた今となっては、そうした成果に倫理的価値を見出《みいだ》すのは難しい。

　イラクは、アメリカの戦力投射がつねに道徳的成果をもたらしてきたという信念を、根底からゆるがした。しかし、アメリカのような自由を愛する民主主義国でさえ、野放図に力を行使すれば道を踏み外すことを、一部の人たちは理解していた。

　こうしてリアリズムが見直されるうちに、一七世紀の哲学者トマス・ホッブズが新たな関心を集めている。ホッブズは「恐れ」に道徳的価値を認め、暴力的な無政府状態を、社会に対する最大の脅威とみなした。賢明な利己心の根幹には、非業の死への恐怖心があると、ホッブズは考える。人間は国家を樹立することにより、非業の死への恐怖を、法を犯す者だけが直面する恐怖に置き換えると彼はいう。

このような考え方は、人間の自然状態を見失った都市部の中産階級には、理解しがたいものだ。[*20] だが、ルワンダやボスニアでのできごととはちがい、崩壊中のイラクで起こったおぞましい暴力は、たった一つの組織化された「死の装置」が引き起こしたわけではなく、秩序そのものが機能を停止したせいでもたらされた。そのため、人間の自然状態がどのようなものであるかを、多くの人が想像することができた。かくして、ポスト冷戦の最初の思想サイクルのバーリンに続いて、ホッブズが第二サイクルを代表する哲学者となったのだ。[*21]

これが、ポスト冷戦時代を経てわれわれが得た認識である。第二次世界大戦後の数十年にわたって西側諸国の敵だったはずの全体主義は、実は指導者不在の状態よりよほどましだったのだ。共産主義以上に邪悪なものが存在し、イラクではわれわれ自身がそれを生み出してしまった。これは、イラクの体制変換を支持した私自身の、自戒の言葉である。

第二章　地理の逆襲

民主主義と道徳性はイコールではない

イラクでの初期の大失敗は、現実主義の教えを裏づけた。それは、「人間になし遂げられることは、地理、歴史、文化の遺産によって制約される」という、一九九〇年代に理想主義者によって軽んじられていた考えである。それでもイラク戦争反対派は、ベトナムの教訓にとらわれすぎないよう気をつける必要がある。なぜならこの教訓は、ミュンヘン宥《ゆう》和《わ》の教訓と同様、孤立主義を招く恐れがあるからだ。

中東生まれの政治学者ファウアド・アジャミによれば、人間には大したことはできないという先入観にもつながりやすいという。ミュンヘン会議が開催されたのが、第一次世界大戦で膨大な数の死者が出てから、わずか二〇年後だったことを忘れてはいけない。宥和政策をとったイギリスの首相ネビル・チェンバレンが、何が何でも紛争を避けようとしたのは無理もなかった。他方、そうした恐怖を経験したことのない非道国家のナチスドイツや大日本帝国は、このような状況を食い物にした。

ベトナムは制約の大切さを教え、ミュンヘンはそうした制約を乗り越えることの大切さを教えた。これらの教訓のどちらか一方にとらわれるのは危険だ。どちらにも等しく配慮が与えられてこそ、適切な政策が生まれる。賢明な政策立案者は、自国に課された制約を認識し、ギリギリのところで一線を踏み越えずに活動することが、優れた政治指導者の手腕だと心得ている。[*1]

つまり、真の現実主義は科学というよりは芸術に近く、政治指導者の気質が、知性と同じくらい大きな役割を果たすともいえる。現実主義の起源は、今から二四〇〇年前に、古代アテナイの歴史家トゥキュディデスが『戦史』(久保正彰訳、岩波書店)のなかで示した、人間行動に対する幻想にとらわれない洞察にまでさかのぼる。これに対し、近代現実主義を最も総括的に要約するのは、ハンス・J・モーゲンソーが一九四八年に発表した著作『国際政治―権力と平和』(原彬久訳、岩波書店)だろう。

ここで少し時間をとって、地理について本格的に議論するための土台として、ドイツからアメリカに亡命し、シカゴ大学で教鞭《きょうべん》をとった国際政治学者、モーゲンソーの著作について説明させてほしい。なぜなら、現実主義の考え方は地図を正しく理解するうえで不可欠であり、正しい理解を直接与えてくれるからだ。

モーゲンソーは著作の冒頭で、世界は「人間性に内在する力によって生み出された」と指摘する。この人間性を動かしているのは、トゥキュディデスのいう恐怖（フォボス）、利己心（ケルドス）、名誉（ドクサ）である。モーゲンソーはこう記している。「世界をよりよくするためには、これらの力に逆らうのではなく、利用しなくてはいけない」。それゆえ現実主義は、目の前の人的資源を、どんなに不完全であろうとも受け入れる。「現実主義は、抽象的な原理ではなく歴史上の前例に関心をもち、また絶対的善ではなく、より少ない害悪の実現をめざすのである」。

たとえば、全体主義政権が転覆したイラクが、どのような未来をたどるのかを考える際、現実主義者は西洋民主主義の道徳規範ではなく、地理的条件や多様な民族集団によって織りなされた、イラク自身の歴史に目を向ける。

たとえ善意があっても、望ましい結果が得られるとは限らないと、モーゲンソーはいう。彼によれば、チェンバレンは他の一般的なイギリスの政治家に比べて、個人的な権力欲に駆られず、純粋に全当事者のために平和と幸福を確保しようとしたのだが、彼の政策は数百万人にはかり知れない苦しみをもたらした。

これに対してウィンストン・チャーチルは、個人的・国家的な欲に凝り固まっていたが、彼の政策はこのうえない道徳的効果をおよぼしたという。さらにいうならば、ある国家が単に民主主義国だからといって、その国の外交政策が独裁政権の政策より優れているとか、賢明だとは限らない。なぜならモーゲンソーがいうように、民主主義国家は「大衆感情に配慮する必要があり、そのせいで外交政策それ自体の合理性が損なわれる」からだ。

民主主義と道徳性は、イコールではない。「どんな国家も、自らの願望や行動に普遍的な道徳目標をまとわせたいという誘惑に駆られ、この誘惑に長く抵抗できた国家はほとんどない。国家が道徳律に従っているとわきまえるだけならまだしも、国家間の関係において何が善で何が悪であるかを確実にわかっていると言い張るようになれば、話はまるで違ってくる」。

そのうえ、国家は個人よりもはるかに多くの道徳的制約に縛られている。モーゲンソーいわく、「たとえ世界が滅びようとも正義は行われるべきだと、個人はいうかもしれない。しかし国家は、国民の名においてそう宣言することを許されない」[*2]。個人は自分の愛する者たちに対して責任をもてばよく、またその者たちは彼が善意で犯したまちがいを許すだろう。だが国家は、その国境の内側に暮らす数千万人の国民の幸福を守らなくてはならず、しかも政策が失敗すれば、国民が理解を示してくれるとは限らない。したがって、国家は個人よりもずっと狡猾《こうかつ》でなくてはならないのだ。

人間性、つまりトゥキュディデスのいう、恐怖、利己心、名誉の宮殿こそが、紛争と抑圧のたえない世界を生み出している。モーゲンソーのような現実主義者は、紛争を避けられないことをわきまえているため、理想主義者ほど過剰に現実に反応しない。人間の支配欲が、人間のあらゆるやりとり、とくに国家間の相互作用の本質的な要素だということを、現実主義者は理解している。

モーゲンソーは、アメリカの政治家ジョン・ランドルフの言葉を引用する。「力には力をもって対抗しなければならない」。したがって現実主義者は、国際機関だけによって平和を達成できるとは考えない。国際機関は加盟国間の力関係を反映するものでしかなく、平和と戦争の問題を決定するのは、つきつめればそれぞれの加盟国なのだ。それでも、モーゲンソーによれば、勢力均衡の体制はそれ自体不安定である。なぜなら、どの国も勢力均衡を読みちがえることを恐れ、そうしたまちがいを埋め合わせるために、つねに力の優位をめざさなくてはならないのだから。

これこそが、第一次世界大戦を引き起こした原因だった。ハプスブルク＝オーストリア、ヴィルヘルム帝政期のドイツ、帝政ロシアはすべて、勢力バランスを自らの優位に傾けようとして重大な誤算を犯した。戦争の発生を防ぐには、戦争を外交政策の自然な延長線上にあるものとみなすのではなく、「自然に起こる惨事」とみなす普遍的な道徳意識をもつしかないと、モーゲンソーは述べている。[*3]

現実主義と地理の受容

二〇〇三年から二〇〇七年にかけてイラクでの暴力を目のあたりにしたことで、一時的にせよ、誰もが現実主義の考えを受け入れたか、受け入れるべきだと考えた。だがモーゲンソーの定義からいって、われわれは本当に現実主義者といえるのだろうか？　たとえば、現実主義の見地からイラク戦争に反対した人は、民主主義と道徳性を混同していないだろうか？

倫理と国益の観点からベトナム戦争に反対したモーゲンソーが、最も信頼される現実主義者だったことを忘れてはいけない。彼は学者にして知識人として生涯を送り、キッシンジャーなどの現実主義者のように、権力や地位を渇望したことはなかった。それに彼の抑制された、ほとんど平板ともいえる文体は、キッシンジャーやサミュエル・ハンティントンほど先鋭的ではない。

それでも現実主義は、モーゲンソーが主唱するような堅実な考えであっても、人を不安にさせるようにできているのだ。国家間の関係が国内問題の運営に比べて、より厳粛で制約された現実によって支配されていることを、現実主義者は知っている。国家の政治組織が法律によって規定され、合法的政府が力の行使を独占しているのに対し、世界は全体として見ればまだ自然状態にあり、ホッブズのいう、不正を罰する「リヴァイアサン（絶対的権力をもつ国家）」は存在しないからだ。[*4]

文明の虚構の下には、人間の情熱の最も陰鬱《いんうつ》な力が潜んでいる。そのため、現実主義者の考える外交における中心的課題とは、互いに対してどの程度の力を行使しても許されるかを探り合うことなのだ。[*5]「現実主義は、アメリカの伝統になじまないのです」と、ワシントンのカーネギー国際平和基金のアシュリー・J・テリスが、いつか私に話してくれた。「現実主義は道徳を意識的に超越し、この俗世界において価値ではなく利益に焦点を置いています。しかし、現実主義が死にたえることはない。なぜなら現実主義は、崇高な価値観を謳《うた》う国家が実際にはどのような行動をとるかを、的確に説明するからです」。

現実主義者は自由より秩序を重んじる。彼らが自由を重視するのは、秩序が確立されたあとだ。フセイン政権下の秩序は全体主義的ではあったが、その後の秩序が欠落した状態に比べれば、ずっと人間的だった。また、社会を改善する方法に関して世界的な合意が形成されていない現状では、世界政府はいつまでたっても実現せず、世界は多様な体制によって、また場所によっては部族・民族的秩序によって今後も支配されるだろう。

古代のギリシアや中国の現実主義者に始まり、二〇世紀半ばのフランスの哲学者レイモン・アロンやスペインの哲学者ホセ・オルテガ・イ・ガセットに至るまでのすべての現実主義者が、人間を分断している国家などの区分にこそ、戦争の原因が内在すると考えていた。[*6] 主権国家や同盟が、何もないところから生まれることはない。それらは他者とのちがいから生じるのだ。グローバリゼーションの信奉者が人間を結びつけるものを重視するのに対し、伝統的な現実主義者は人間を分断するものに目を向ける。

そのようなわけで、次は地図の話をしよう。地図とは、人間の分断を空間的に表現したものだ。人間の分断は、もとはといえば現実主義者の研究テーマである。地図は真実を伝えるとは限らず、散文と同じくらい主観的である。

イギリスの地理学者、故ジョン・ブライアン・ハーリーによれば、アフリカの広範な地域につけられたヨーロッパ風の地名は、地図製作が「権力の言説」であることを表しており、この場合でいえば、帝国主義が見え隠れしているという。またメルカトル図法の地図では、ヨーロッパが実際より大きく見える。地図上では国々が派手な色で塗り分けられ、内陸部にも支配が均一に行き渡っているかのようだが、実態は必ずしもそうではない。[*7] もちろん、地図そのものはただの物質であり、それ自体は善くも悪くもない。

歴史的にプロイセンでは、イギリスなどよりも積極的に教育に地図がとり入れられてきた。[*8] つまり、地図は危険なツールになり得るということだ。それでも地図は、世界政治を理解するうえで欠かせない。「国家権力のピラミッドは、比較的安定した地理の土台のうえにそびえる」とモーゲンソーは書いている。[*9] 現実主義とは、最もあからさまで最も不快で、最も決定的な事実を認識することなのだ。

地理は、人間の歴史そのものの背景である。地図は、製作上の歪《ゆが》みがあろうと、政府の長期的意図について、秘密会議と同じくらい多くのことを示している。[*10] 国が地図上に占める位置は、その国を何よりも、おそらく施政方針よりも強く特徴づける要因である。ハルフォード・マッキンダーによれば、地理は芸術と科学の橋渡しをし、歴史と文化の研究を、人文科学の研究者が疎《おろそ》かにしがちな環境要因と結びつけると、彼はいう。[*11] また、地理は「さまざまな一般化をひと目で」示している。

地図を眺めるのは時間を忘れるほど夢中になれる作業だが、地理は現実主義と同様、なかなか受け入れられない。なぜなら地図は、人間が平等で結束しているという考え方に対する非難だからだ。人間を多くの点で不平等にし、分裂させている地上のさまざまな環境を、地図は思い出させる。そしてこのようなちがいが、現実主義の中心的テーマである対立を生み出すのである。

政治学が学術分野として確立される以前の一八世紀と一九世紀にも、地理は尊重され、地形図を読み解くために政治、文化、経済が参照されることが多かった。こうした実利的な考え方においては、理論的概念よりも、山々や部族が重視された。というよりは、山々やそこで育まれた人間が最優先の現実であり、思想は、どれほど高揚感や力を与えるものであっても、二の次とされた。

イラク戦争のさなかに現実主義がぎこちなく受け入れられたが、われわれが無意識のうちに受け入れていたのは、実は地理なのだと私は考える。かつてのプロイセン王国で行われていたように、帝国主義教育の一環としてではなくとも、ビクトリア朝やエドワード朝でのように、よりゆるやかな意味で地理が受け入れられたのだ。

ポスト冷戦時代の最初の思想サイクルに終止符を打ったのが、エアパワーによる地理の敗北と人道的介入の勝利だったのに対し、続く第二サイクルは、地理の逆襲によって最高潮に達した。こうしてわれわれは、人間存在の陰鬱な現実に引き戻された。「社会が着実な向上を続ける」というビジョンを捨て去り、次の生存競争を受け入れ、またメソポタミアやアフガニスタンのような場所で、地理による過酷な制約を受け入れざるを得なかったのである。

しかし、この惨めな受け入れにも、よい面がある。地図を読みとる専門的な力を身につけ、またアラブの春に見られたように新しい情報技術の力を借りることで、地理の制約を多少なりとも緩和できるのだ。本書の目的はそこにある――地図を正しく理解すれば、地理にとらわれすぎずにすむ。孤立主義の元凶は、狭い視野だけでなく、地理を無視した軍の過剰展開にもあるのだから。

なぜアメリカは繁栄し、アフリカは貧しいのか

しかし、まず必要なのは、地理学そのものの重要性を認識することだ。イギリスの地理学者、W・ゴードン・イーストは、「自然は押しつけ、人間は打ち破る」と書いている。たしかに人間の行動は、地理によって押しつけられた物理的特性に制約される。[*12] だが、こうした枠組みは非常に大まかなため、人間の営みによって操作できる余地は十二分にある。リビアの部族の空間的配置とイエメンの山脈は、今後も両国の政治動向において重要なカギを握るだろうが、それでもアラブ人は、どんな集団にも劣らず民主化を推進する能力をもっている。地理はものごとのあり方を決めるというよりは、特徴づけるといった方が近い。地理はしたがって、決定論と同義ではない。しかし、地理は経済力と軍事力の分布と同様、国家の行動の重要な制約要因であり、扇動要因でもある。

第二次世界大戦初期の偉大なオランダ系アメリカ人の戦略研究家で、イェール大学の国際関係学教授を務めたニコラス・J・スパイクマンは、一九四二年に「地理はつべこべいわない。地理は単に地理なのだ」と書いている。そしてこう続ける。

地理は、国家の外交政策の最も基本的な要因である。なぜならそれは、最も永続的な要因だからだ。閣僚はつねに入れ替わり、独裁者さえこの世を去るが、山脈はなにごとにも動じずにそびえている。疲弊した軍隊を指揮して一三州を守ったジョージ・ワシントンのあとを継いだのは、大陸中の資源を自由に使えるフランクリン・D・ルーズベルトだったが、今も大西洋はヨーロッパとアメリカを隔て、セント・ローレンス川の港は冬場には氷によって閉ざされる。全ロシア皇帝《ツァーリ》アレクサンドル一世は、共産党員ヨシフ・スターリンに、権力だけでなく、海への出口を求める終わりなき奮闘を引き継いだ。(フランスの陸軍大臣)マジノとクレマンソーは、カエサルとルイ一四世から、ドイツとの無防備な国境に対する懸念を受け継いだ。[*13]

さらにいえば、大西洋は九・一一事件後も重要性を失っていない。アメリカは大西洋があるからこそ、ヨーロッパとは異なる外交・軍事政策を進めざるを得ない。同様に、ロシアは歴史を通じて不安定で、不規則に広がった大陸国家である。一三世紀にモンゴルの遊牧民に襲撃される以前から度重なる侵攻を受けており、時間と距離と気候だけを味方にして、海への出口を増やそうとしてきた。そして、ヨーロッパとウラル山脈の間にこれといった地理的障壁がないために、東ヨーロッパはベルリンの壁という人為的境界が崩壊した今もなお、過去数世紀と同じようにロシアの脅威にさらされているのだ。

それに、ドイツとの国境に対する不安が、フランスをむしばんできたのも事実だ。この不安は、第二次世界大戦の終わりに、アメリカがヨーロッパの平和を保障したことでようやく薄らいでいる。

ドイツが大陸の大国でイギリスが島国であること以上に重要な、ヨーロッパ史の中心的事実はあるだろうか？　ドイツが軍国主義から初期の平和主義までの道をたどったのは、身を守る山脈をもたず東西が無防備だという、危険な立地条件に対処するためだった。これに対してイギリスは、国境が安泰で海洋志向が強いため、近隣国に先駆けて民主主義体制を発達させ、同じ言語を共有するアメリカと、大西洋をまたぐ特別な関係を築くことができた。

アメリカ合衆国建国の父の一人、アレクサンダー・ハミルトンは、イギリスがもし島国でなかったなら、ヨーロッパ大陸と同じくらい威圧的な軍事組織をもち、「ほぼ確実に独裁者の絶対権力の餌食になっていただろう」と書いている。[*14] それでいてイギリスは、ヨーロッパ大陸に近い島であり、したがって歴史のほとんどを通じて侵略の危険にさらされてきた。そのためイギリスは、英仏海峡（イギリス海峡）と北海の対岸に位置する、フランスはもとより、ベネルクス諸国の政治情勢に、何世紀もの間、強い戦略的関心を寄せてきた。[*15]

なぜ中国は、つきつめればブラジルより重要な国なのか？　これも地理的位置のせいだ。ブラジルは、たとえ中国と同じだけの経済成長を遂げ、同じ規模の人口をもっていたとしても、中国のように海と大陸をつなぐ主要な海上交通路を支配していない。また、中国のように国土の大半が温帯域に位置し、疫病と無縁で、爽やかな気候に恵まれてもいない。中国は西太平洋に面しているうえ、石油と天然ガスの豊富な中央アジアまで続く陸の奥行きがある。ブラジルにはこうした競争優位がない。南米大陸内で孤立しており、ほかの陸塊から地理的に離れている。[*16]

なぜ、アフリカはこれほど貧しいのだろう？　アフリカは二番目に大きな大陸で、ヨーロッパの五倍〔約三倍とする説もある〕もの面積があるが、サハラ以南の海岸線の長さはヨーロッパの海岸線の四分の一程度でしかない。そのうえこの海岸線には、アラブ世界やインドと活発に交易していた東アフリカの港を除けば、天然の良港がそれほどない。アフリカの川は、海から入れるものは少なく、ほとんどが内陸の高原から多くの滝や急流を伴いながら海岸平野に一気に注ぎ込んでいるため、内陸部はとくに沿岸部から隔離されている。[*17]

そのうえサハラ砂漠のせいで、長い間北方からの人的交流を阻まれ、古代以降の偉大な地中海文明と接触をほとんどもたなかった。それに、赤道の両側には密生した森林がギニア湾からコンゴ盆地まで続き、豪雨と強烈な暑さにさらされている。[*18] こうした森林は文明を育まず、自然の境界にもならないため、ヨーロッパの植民地帝国は、必然的に人為的な国境線を引くことになった。自然界はアフリカの近代化への道に過酷な障壁を与えたのだ。

世界で経済的に最も立ち遅れた国のリストを調べると、内陸国の割合が高いことに気がつく。[*19] 熱帯国（南北両緯度二三・四五度以内）が一般に貧しく、中高緯度国が最も所得が高いことに注目してほしい。また、温帯域に位置し東西の広がりをもつユーラシアが、南北に広がるサハラ砂漠以南のアフリカ（サブサハラ・アフリカ）よりも豊かなことにも留意してほしい。東西方向は気候条件が同じなので、植物栽培や家畜化の新技術が急速に広まりやすく、技術拡散がはるかに容易なのだ。

世界の最も貧しい地域が、高い人口密度を支える土壌をもちながら、港や鉄道の起点から遠いために経済成長を支えられない地域なのは偶然ではない。インド中央部とアフリカ内陸部が、この最たる例だ。[*20] 地理学者の故ポール・ウィートリーは、「サンスクリット語を話す舌は、標高五〇〇メートルを超えると凍えて話せなくなった」ため、インド文化は実質的に低地での現象だったと述べ、地理的決定論を見事に総括している。[*21] 地理が人々の運命に多大な影響を与えている例はほかにも多くあり、本書でも合間に紹介していこう。

だがその前に、アメリカについてもいくつか例を挙げておきたい。なぜならアメリカが繁栄を維持し、全人類的な利他主義思想をもつようになった究極の要因は、地理にあるからだ。アメリカ第二代大統領ジョン・アダムズがいうように、「アメリカ人は特別な神の導きを受けたわけではなく、本質的に他国人と何ら変わらない」[*22]。歴史家のジョン・キーガンは、アメリカとイギリスが自由の擁護者たり得るのは、「自由を脅かす内陸国」の攻撃から海によって守られているからだという。

ヨーロッパ大陸に二〇世紀半ばまで見られた軍国主義と実利主義に対して、アメリカ人は自国の思想の方が優れているという優越感をつねにもっていたが、こうした思想はヨーロッパ人の気質ではなく、競合する国家や帝国が狭い大陸にひしめき合う地理が生み出したものだった。ヨーロッパ諸国は軍事的誤算を犯したとしても、海の向こうに撤退することはできない。そのため、普遍的道徳に根ざした外交政策をもつことができず、戦後アメリカの覇権に支配されるまで互いに武装していた[*23]。

アメリカ人が理想主義に耽《ふけ》ることができるのは、二つの大洋にはさまれているからだけではない。二つの大洋を通じて、世界の政治と商業の二大動脈に自由に行き来できるようになったからでもある。すなわち大西洋を隔てたヨーロッパと、太平洋を隔てた東アジアであり、その間に豊かなアメリカ大陸が広がっている[*24]。しかし、二つの大洋によってほかの大陸から何千キロも隔てられているせいで、アメリカは強烈な孤立主義思想をもつようになり、それは今に至るまで続いている。

実際アメリカは、南北米大陸の勢力圏外では、二〇〇年近くにわたって大国政治を必死に避けていた。一九四〇年にヨーロッパの国家体制が崩壊してもなお、アメリカは第二次世界大戦に参戦しようとしなかった。ようやく重い腰を上げたのは、一九四一年に真珠湾を攻撃されてからである。終戦後、アメリカは再び世界から身を引いたが、ソ連の侵略行為と北朝鮮による韓国への攻撃を受けて、ヨーロッパとアジアにアメリカ軍を戻した。[*25] 冷戦終結以降アメリカの外交政策エリートは、半孤立主義と理想主義に基づく介入主義の間をゆれ動いてきた。こうしたすべては、つきつめれば二つの大洋のせいなのだ。

地理が示す〝謙虚な運命〟

地理は「征服されたのではなく、忘れ去られただけ」だと、ジョンズ・ホプキンス大学の政治学者ヤクブ・J・グリギエルは書いている。[*26]「科学技術が地理の影響を打ち消したというのは、もっともらしい詭弁《きべん》でしかない」とは、英米両政府の軍事戦略アドバイザーを長く務めた、コリン・S・グレイの言葉である。

しかし、イラクとアフガニスタンで明らかになったように、地理はほかにもさまざまな影響をおよぼしている。「ある地域に持続的に影響や支配を行使するには、武装兵士がそこに物理的にいる必要がある」とグレイは説明する。地理が本格的に意味を失ったと心底信じている人は、兵站《へいたん》、つまり大量の人員と資材を一つの大陸から別の大陸へ輸送する技術について、何も知らないのだろう。

二〇〇四年に、私が海兵隊第一師団とともにイラクを陸路で縦断した際に目の当たりにしたのは、人員と資材を船で北米からペルシア湾までの数千キロ輸送する兵站演習の、ほんの一部分にすぎなかった。アメリカの軍事史家ウィリアムソン・マーレーは、一九九九年に発表した分析のなかで、アメリカは来るべき新世紀に、二つの大洋によって押しつけられた「厳しい地理的現実」に向き合わなくてはならないと書いた。アメリカは大洋にはさまれているせいで、遠隔地への派兵は難しく、法外なコストがかかる。空中「奇襲」によって迅速に終息させられる戦争や救出作戦もあるが（たとえば一九七六年にウガンダのエンテベ空港でイスラエル軍が行った、ハイジャック機の乗客救出のための奇襲作戦など）、その場合でも地形は重要である。地形によって、戦闘のペースと手法が決まるからだ。

一九八二年のフォークランド紛争がゆっくり展開したのは、海上という環境で戦闘が行われたせいだったし、一九九一年の湾岸戦争では、クウェートとイラクの平坦な砂漠がエアパワーの有効性を高めた。また第二次湾岸戦争時には、イラクの広大で人口の多い地域を空軍によって掌握することの限界が露呈し、アメリカ軍は地理の逆襲を受けた。航空機は、爆撃はできても、大量の物資を運搬したり地上を統制することはできないのだ。[*27] それに航空機を飛ばすには、比較的近い場所に基地がなくてはならない。

大陸間弾道ミサイルと核爆弾の時代にあっても、地理は重要である。モーゲンソーが指摘するように、イスラエルやイギリス、フランス、イランなどの中小国は、アメリカ、ロシア、中国のような大陸規模の国からの報復に耐えられないため、核攻撃をちらつかせても本気度に欠ける。したがって、敵国に周りを囲まれた小国、たとえばイスラエルなどが生き残るには、極端に受動的か、極端に攻撃的な姿勢をとる必要がある。これも、主として地理のせいである。[*28]

しかし、地理と山々や部族を一緒くたに受け入れることは、グローバリゼーションに抵抗する民族間・宗派間の分裂に否応なく翻弄される世界に目をつぶることになる。事情はそれよりずっと複雑だ。グローバリゼーションによって、地方主義《ローカリズム》がかえって息を吹き返している。地方主義は多くの場合、民族意識や宗教心をもとにし、特定の土地と結びついているため、これを説明するには地形図を参照するのがよい。マスメディアと経済統合の力によって、個々の国（地理の導きに逆らって人為的につくられた国を含む）の力が弱まり、一部の重要地域で対立のたえない不安定な世界がむき出しになった。個々のイスラム国家は、内部では国内勢力によって脅かされているが、情報通信技術によって、汎《はん》イスラム主義運動がアジア・アフリカのイスラム圏全体で勢いを増している。

たとえば、地中海とインド亜大陸にはさまれた最も地理的一貫性に欠ける国、イラクについて考えてみよう。たしかに、イラクはアメリカの侵攻を受けて崩壊した。だが、サダム・フセインの専制政治そのものが、地理によって生み出されたといえる。なぜなら、一九五八年の最初のクーデター以降のイラクの独裁者は、強烈な民族・宗派意識に沸き立つクルド人とアラブ人のスンニ派とシーア派からなる、自然の国境をもたない国家を一つにまとめるために、代を追うごとに抑圧の度を増す必要があったからだ。

しかし、この考え方にこだわりすぎてもいけない。実際、イラクでのできごとは、民主主義を求める声を受けて起こったというよりは、クルディスタンをイラクのほかの地域から隔離している山脈と、メソポタミア平原の中央のスンニ派と南部のシーア派を分けている障壁の方が、大きな影響をおよぼしたのかもしれない。

だが未来のことは誰にもわからず、イラクが安定した民主主義国になる可能性も否定できない。ヨーロッパ南東部の山脈は、オーストリア＝ハンガリー帝国を貧しく後進的なオスマン帝国から切り離し、バルカン半島で何世紀にもわたって民族・宗派集団を分離してきたが、内戦を阻止しようとする西側諸国の介入がそこでくじかれることはなかった。こうした地理の力は、人間にはなすすべもない無慈悲な力ではない。むしろ、地理的事実が究極的に指し示す運命を謙虚に受けとめ、外交政策への過度ののめり込みを避けることが大切なのだ。これは私自身への自戒でもある。こうしたのめり込みを抑えれば抑えるほど、アメリカの参加する介入は効果をあげ、政策立案者は世論を制して今後も同様の行動をとる余裕ができるのだ。

こうして地理を俎上《そじょう》に載せることで、私自身が危うい立場に立たされることは自覚している。したがって、アイザイア・バーリンが一九五三年に行い、翌年「歴史の必然性」という題名で発表した講演の警告を心にとめておきたい。

彼はこのなかで、地理や環境、民族的特性といった大きな非人格的な力が、われわれの人生や世界政治の方向性を決定するという思想を不道徳で卑劣なものとして非難する。バーリンは、「国家」と「文明」を、それを体現している個人よりも「実体のある」ものとみなし、「伝統」や「歴史」のような抽象概念を「われわれよりも賢明」なものとみなしているとして、アーノルド・トインビーとエドワード・ギボンを批判している。[*29]

バーリンは、個人とその道徳的責任を最も重要なものととらえ、人間は自らの行動や運命を、土地や文化といった要因のせいにすることはできないと主張する。人間の動機は歴史における非常に重要な要因であり、より大きな力がはたらいているといって否定できるような幻想ではない。地図は過去と現在を読みとる行為の出発点であって、終着点ではないと、バーリンは力説する。

もちろん地理や歴史、民族的特性は未来のできごとに影響を与えるが、決定はしない。これらはバーリンがあらゆる決定論を総攻撃した際、まっ先に退けた要因だ。しかし、こうした要因を十分考慮しない限り、今日の外交政策の諸問題はけっして解決できないし、賢明な選択を下すこともできないのだ。

地理や民族、宗派などの要因を指針としていれば、冷戦後のバルカン半島や、二〇〇三年のアメリカ侵攻後のイラクで起こった暴力を予期できていたかもしれない。とはいえバーリンの道徳的課題は、アメリカ軍をどこに派兵すべきか、すべきでないのかという、過去二〇年間の論争に一つの視点を与えるという意味で、非常に意義深いものだ。

ではどうすればいいのか？　歴史の形成において地理が担う役割を認識することと、その事実を強調しすぎる危険を、どのように折り合わせればいいのか？　これに答えるには、レイモン・アロンの「『確率的決定論』の真実に根ざした厳粛な倫理」という考え方を参考にするのがいいだろう。

ここでのキーワードは「確率的」だ。つまり、ひとまず地理に集中することによって、部分的または消極的な決定論にしたがうということ。集団間、地域間に明らかなちがいがあることを認識しつつも、過度の単純化を避け、多くの可能性を残しておくということだ。

イギリスの歴史家ノーマン・デイビスも書いている。「ものごとを引き起こすのは、決定論、個人の力、またはランダムな要因のいずれかではなく、それらすべての要因がくみ合わさったものだと、私は考えるようになった」[*30]。

バルカン半島への介入はおおむね支持したが、イラク介入には反対したリベラルな国際主義者は、この微妙なちがいを実際に理解していた。彼らはぼんやりとではあるが、重要な地理的事実を直感的に理解した――旧ユーゴスラビアが旧オスマン帝国内の中央ヨーロッパに隣接する最も先進的な西端地域に位置したのに対し、メソポタミアは帝国の最も混乱した東端に位置したということだ。この事実が、今に至るまで政治的展開に影響をおよぼし続けているため、イラクへの介入は困難をきわめるのだ。

それでは、この人間の謙虚な運命、すなわち地理の隠れた手は、どのような未来をもたらすのか？　今後起こり得る危険について、地図はどのようなことを教えてくれるのか？

まずは二〇世紀の偉大な学者たちの視点に立って、世界史の大きなパターンに地理が与えた影響をふり返り、次に古代の偉人の目を通して、とくに地理と人間の介入について考えよう。続いて、近代の最も先見性が実証された、興味をそそる地政学理論を掘り下げ、それらをもとに未来の世界について考えていこう。

第三章　ヘロドトスとその継承者たち

地形が文明を形づくる

二〇世紀中頃、ハンス・J・モーゲンソーがシカゴ大学の政治学部で教えていた頃、同じ大学の歴史学部で非凡な業績をあげている教授が二人いた。ウィリアム・H・マクニールとマーシャル・G・S・ホジソンである。

モーゲンソーが現代における現実主義を定義したのに対し、マクニールは世界史における、ホジソンはイスラム史における現実主義を、それぞれ膨大な著作を通して定義した。彼らの研究では、つねに地理が参照された。マクニールとホジソンの著作をひもとくと、学者たちが専門分野にとらわれず、彼らの地平線が無限に広がっているように思えた、そう遠くない昔のことが思い出されて感慨深い。専門化は独自の成果をもたらしてはいるが、学術界はシカゴ大学の二人の教授が身をもって示した教訓から多くを学べるはずだ。すなわち地理はそれ自体、幅広く考えるための手段になるということだ。

ウィリアム・ハーディ・マクニールは、一九六三年に著作『The Rise of the West: A History of the Human Community（西洋の台頭：人間社会の歴史）』を発表した。この本の最も重要な目的は、文明がそれぞれの運命を独立的にたどったという、イギリスの歴史家アーノルド・トインビーやドイツの歴史家オスヴァルト・シュペングラーの見解に異を唱えることだった。マクニールはこれに代わって、文化や文明がたえず作用をおよぼし合い、この相互作用こそが世界史の主要なドラマを形づくってきたと論じている。この本のテーマはほかならぬ、諸民族の地図全体にわたる大移動である。

簡単にいうと、紀元前四五〇〇年から四〇〇〇年頃にかけて、北方から中央ヨーロッパと西ヨーロッパに移動した人々は、いわゆるドナウの耕作者になった。他方、初期に南方から移動してきた放牧民や農民は、北アフリカを渡ってジブラルタル海峡に至り、「ドナウの洪水に出くわした」。しかし、ヨーロッパに昔からいた狩猟民が滅ぼされることはなく、むしろ民族や文化の混交が生じたと、マクニールは書いている。[*1] こうした導入部分を経て、核心部分に入っていく。

これら地中海地方の南北方向の人口移動は、いわゆる肥沃《ひよく》な三日月地帯（地中海東部からペルシア湾におよぶ、三日月形の農業地帯）とアナトリアに端を発した。これらの地域では、主に地理的要因から政治が不安定だった。「エジプトは人間の交通路と同じ方向に川が流れ、通行を邪魔することはなかった。だが、イラクは太古の時代から辺境地域にあり、また人間が通ることがあらかじめ決められていた道に、川が直角に交わって、通行を妨げていた」とイギリスの旅行作家フレヤ・スタークは書いている。[*2]

実際メソポタミアは、歴史上の最も血なまぐさい移動ルートを横断しているのだ。灌漑《かんがい》用水を何キロも先から運んでくれる、チグリス・ユーフラテス川の下流域のゆるやかに傾斜した土地に「豊かな平原の都市が出現したとたん、それらは周辺の蛮族にとって魅惑的な略奪の対象になった」。

そのうえ、メソポタミアの灌漑可能な土地のほとんどが開墾され、集落同士で畑が接するようになると、境界争いを解決したり、干ばつの際に水を分配する中央権力が存在しなかったため、地域は慢性的な戦争状態に陥った。こうした混乱のさなかに、サルゴン(紀元前二四〇〇年頃)などの征服者が、耕作地帯の周縁部からメソポタミアに侵入した。マクニールによれば、征服軍は集権的体制を築くことはできたものの、数世代後には軍人としての生活を放棄し、都市の「より安穏とした贅沢《ぜいたく》な暮らし」を選んだ。そのようなわけで、新しい征服者が到来するたび、歴史がくり返されたのである。

古代イラクで興った文明は、内部からの崩壊を防ぐために、いつしか息がつまるような暴政を敷くようになった。これが、ティグラト・ピレセル一世（紀元前一二～一一世紀）、アッシュールナツィルパル二世（紀元前九世紀）、センナケリブ（紀元前八～七世紀）など、残虐さと誇大妄想狂、集団国外追放で悪名高い暴君たちが生まれた背景である。[*3] このパターンは、侵略と分裂に見舞われやすく、歴史のほとんどを通じて相当な暴政を必要とした地域に見られるもので、サダム・フセインによって頂点に達した。

とはいえ、過度に限定的な結論は禁物だ。たとえば一九二一年から一九五八年の間、イラクでは議会制度がそれなりに機能しており、状況が少しちがえばその後も持続したかもしれなかった。マクニールやスタークは、歴史的・地理的傾向だけに言及しているため、決定論のそしりを免れる。[*4]

地理はメソポタミアでの途方もない暴政と官僚制度の基盤にあったが、逆にエジプトでは、地理のせいで支配はそれほど抑圧的にならなかったと、マクニールは説明する。「砂漠はエジプトの地に防衛しやすい明確な境界を与え、ナイルは自然の背骨と神経系を与えた」ため、ナイル川沿岸ではメソポタミアほどの圧政は必要ではなかった。彼はさらに続ける。「エジプトの王たちにとって、外部者の侵入から国境を防御することが深刻な問題だったことはほとんどない」。

実際、エジプトはメソポタミアに比べ、移動ルートに対して有利な位置関係にあったため、西方のリビア人と東方のアジア人による侵入は、大した問題にならなかった。南部は川の両岸に広がる殺風景な砂漠によって遮断され、北には地中海があった。エジプト人が四〇〇〇年間「侵略軍を一度も見たことがなかった」というのは、おそらく本当なのだろう。[*5]そのうえナイル川は航行しやすく、川の流れは船を北へ運び、北から南に吹く風が帆を張った船を南へ運んだ。かくして文明は、エジプトで夜明けを迎えることができた。

マクニールによれば、「これに対してメソポタミアの支配者たちは、中央権力を強化するために自然に存在する手段を利用することができず、エジプトがもっていた自然の区切りに代わる人工的な手段として、(抑圧的な)法律と官僚的な行政機構を、時間をかけて苦しみながら構築していかなければならなかった」。そのうえチグリス・ユーフラテス川の気まぐれな洪水と灌漑の整備という厄介な問題にも、威圧的な官僚機構によって対処する必要があった。

ナイルはこうした洪水とは無縁だった。[*6]今日も、エジプトとイラクでは長期独裁政権が続いているが、イラクの方がはるかに抑圧的なのは、古代に、そして地理に理由の一端がある。

中東のかなたでは、マクニールが「周辺」文明と呼んだインド、ギリシア、中国の文明が、「古代に文明化された世界の外れに」あった。インド文明はインダス川、ギリシア文明はミノア時代のクレタ島文化に活力の源があった。しかし三つの文明のどれもが、野蛮な侵略者から地理によって保護されながらも、それらとの交流によって活性化された。

ギリシアとインドは、北部の山脈に「よく守られ、ステップ騎兵の影響を直接受けずにすんだ」。中国は、人を寄せつけない砂漠や高山そして圧倒的な距離によって、さらに隔離されていた。中国文明発祥の地である黄河流域は、中東とインドの心臓部から何千キロも離れていた。そのため、北アフリカからトルキスタンまで広がる砂漠の大中東圏が文化的均一性を増す一方で、独自性あふれる三文明、とくに中国文明は、独立して発展することができたという。[*7]

マクニールによれば、古代ギリシアと中東、インドの各文明の間の境界の満ち引きが、古代を通じてユーラシアの微妙な文化のバランスを保っていたが、中世になると北方のステップ民族、とくにモンゴル人の襲来によってバランスが崩れた。[*8]とくに一三、四世紀には、主にモンゴル人を介してシルクロードが繁栄し、太平洋から地中海までのユーラシアの諸文明間にゆるやかな交流が生まれた。しかし、中国は西方の文明から地理的に隔離された、独自の文明圏を形成した。そこでは、チベット、モンゴル、日本、朝鮮が「中央の国」に視線を向け、それぞれが程度の差こそあれ、独自の文明を生み出した。

だが、高地砂漠という厳しい環境的制約に阻まれた「チベットとモンゴルでは、原始文明を超えるものは生まれなかった」とマクニールは書いている。チベット仏教徒は「彼らの信仰の起源であるインド仏教をつねに意識し」ていたため、中国化を拒み、競合するインド文明の伝統を積極的にとり入れた。[*9] マクニールによれば、歴史はまさに流動性の見本であり、ものごとは安泰で整然とした地理的秩序が保たれているように見えるが、実は小さな変化や文化交流がつねに起こっているという。

マクニールの『The Rise of the West（西洋の台頭）』は、文明の孤立性よりも文明間の交流に重点を置いているという点で、シュペングラー、トインビー、のちにはハーバード大学教授サミュエル・ハンティントンの『文明の衝突』（鈴木主税訳、集英社）と一線を画し、文明が主に地理によって形づくられるという考えで読者を魅了する。文明は正確に定義可能な地形によって生み出され、独自のアイデンティティをもつに至り、それから他の文明と交わり、新たな混合文明を形成する。このようにして、歴史が織りなされていくのだという。[*10] マクニールはこのプロセスを、比喩的に説明する。

文明はいわば山脈のようなものだ。山脈は地質時代から何十億年もかけて隆起するが、侵食の力によってゆっくりと、だが否応なく、周囲と同じ高さにまで削られていく。文明もこれと同じで、人類の歴史というずっと短期間の間に、侵食を免れない。文明の勃興を促した特殊な状況が消え去り、周囲の民族が文明の成果を借用したり手を加えたりして、より高度な文化を生み出すうちに、文明は侵食されていく。[*11]

文明間の侵食や借用というマクニールの考えは、二〇世紀初めのドイツの歴史家オスヴァルト・シュペングラーのいう純粋性を脅かすものだ。シュペングラーは、優れた高度文化に特徴的な「土地との深い結びつき」を強調し、神聖なる宗儀や教義の内的発展は「それらが生まれた土地に呪縛されて残る」と主張する。なぜなら、「土地から断絶するものはすべて硬直し、硬化する」からだという。

このことは必然的に、ある問題を提起する。今こうしている間にも、ますます世界文明に近づき、ますます土地から切り離されつつある西洋の都市文明は、今後どのように発展し、最終的にどのような運命をたどるのか、ということだ。この問題はあとでとりあげることとして、さしあたってはマクニールの論を続けよう。

西洋はなぜ台頭したのか

人類史の夜明けまでさかのぼるヨーロッパの物語は、地理の優位性を示している。マクニールによれば、西ヨーロッパはいわゆる暗黒時代の技術開発を通して、きわ立った地理的優位性を手に入れた。広大で肥沃な平原と、多くの天然の良港をつくる入り組んだ海岸線、平原を北へと流れ、地中海地域の向こうにまで交易圏を拡大した航行可能な河川、そして豊富な木材・金属資源である。[*12] ヨーロッパは寒冷で雨の多い厳しい気候だが、マクニールと同じく肝心な点では運命論者でなかったトインビーは、こう書いている。「安楽さは文明に不利にはたらく。……環境が安楽であればあるほど、文明への刺激は弱くなる」。[*13]

ヨーロッパは、生活するには厳しいが、輸送と商業面で自然の節点を提供する地理に助けられて発展した。文明とはいろいろな意味で、自然環境に対抗しようとする勇敢で不屈の試みである。たとえば西ヨーロッパの沿岸地域は、スカンジナビアにほど近く、たえずその軍事的圧力にさらされていたため、イギリスとフランスで国家形成が促された。そのうえイギリスは、大陸の封建的な王国に比べて小さく「国境線がはっきりしていた」ため、封建国家ではなく国民国家を近隣諸国に先駆けて実現することができた。[*14]

もちろん北極圏など一部の環境はあまりにも過酷なため、文明は崩壊するか、進歩を止めてしまう。だがトインビーによると、その前にまず、文化的偉業が見られるという。一例として、エスキモーは冬に氷上でアザラシを狩る能力などを身につけた。だが、こうした生存のための技術をいったん獲得したあとは、環境を制して本格的な文明を発達させることはできていない。トインビーと、現代の地理学者ジャレド・ダイアモンド教授も、中世のグリーンランドのバイキングやイースター島のポリネシア人、アメリカ南西部のアナサジ族、中央アメリカのジャングルのマヤ族の文明が、過酷な環境で経験した困難と没落について書いている。[*15]

ヨーロッパは北半球の温帯域に属し、アフリカや中東、ユーラシアのステップ地帯、北米に比較的近いにもかかわらず、文明の発展を促す適度に厳しい環境があったように思われる。ヨーロッパ人は航海術などの分野で何世紀もかけて技術を磨き、貿易風を活用するようになった。[*16] バスコ・ダ・ガマがインド洋のモンスーンを利用する技術を習得すると、ユーラシアの外縁部が、ヨーロッパの支配するシーレーン（海上輸送路）の焦点になった。しかしマクニールの物語では、西洋が台頭したのは、ヨーロッパが困難な物理的環境の下で物質的発展を遂げたからだけではない。彼の言葉を借りれば、「未開の」空間が埋められたためでもあった。[*17]

マクニールは「文明の未開への容赦のない侵入」を、こう説明する。

世界の多様な文明をつくりあげ、文明間の接触の頻度を高め、過去三、四世紀間に起こった世界のめざましい一体化の地ならしをしたのは、この侵入だった。[*18]

ダ・ガマ、コロンブス、マゼランなどによる探検旅行が始まると、世界中の主に温帯域の比較的空白の多かった空間が、文明によって本格的に埋められるようになった。この動きは産業・輸送・情報通信革命の段階を通じて続き、われわれが今経験しているグローバリゼーションの間も続いている。その間、ロシアと中国とハプスブルク帝国が、比較的空白の多かったユーラシア中央部の平原や高原を分割し、最終的にステップ民族を打倒した。また、北米大陸の西部辺境が暴力的に獲得され、ヨーロッパが植民地化によりサブサハラ・アフリカを侵食し、先住民を服従させた。[*19]

主として都市化がますます進む西洋文化の下で、世界はようやく統一されたと、マクニールはいう。

共産主義は、東方正教キリスト教の全体主義的傾向の延長線上にあり、したがって自由主義とはかけ離れていたが、それでも西洋工業社会のイデオロギーだったことに留意してほしい。ナチズムも急速に近代化し、インフレーション（物価上昇）に苦しむ西洋の病理として現れた。マクニールのいう「統一」とは政治的なものではなく、幅広い文化、地理、人口動態における傾向である。

『西洋の台頭』の中心的テーマは、地図上の空いている空間の占拠だが、これが相対的な意味でしか通用しないのは明らかである。逆方向から来た二本の線路が合流し交差したからといって、その間に空いている空間や人口のまばらな空間が存在しないということにはならない。辺境地域は正式には埋められたかもしれないが、世界の人口密度や電子的にやりとりされる情報量は爆発的に上昇している。そして現代世界の政治ドラマを形づくる要因の一つが、これらの上昇率なのだ。マクニールの時代には、文明化した地域が互いから数週間しか離れていない状態を、統一された世界とみなすことができた。[*20] だが現代のように、どんなに辺鄙《へんぴ》な場所でも数日ないし数時間しか離れていない世界で、地政学はどう変わるのだろう?

埋め尽くされる地理空間

ある意味では、世界は一八、九世紀に統一されたが、人口動態と情報通信技術という点から見れば、二一世紀初頭の世界は当時とまったく別の世界になっている。現代の中心的なドラマは、これから見ていくように、空間の占拠が着実に進み、国家や軍隊が身を隠す場所がますますなくなる、真に埋められた地理空間がつくられていくことである。近代初期の機甲部隊は、敵に到達するために何キロも旅したが、今ではミサイルの射程圏が敵と重複している。だがこのような状況でも、地理は消滅するどころか、その重要性は高まる一方なのだ。

この議論を別の視点からとらえるために、再びモーゲンソーに立ち戻ろう。モーゲンソーは一八世紀と一九世紀にアフリカ、ユーラシア、北米西部の比較的空白の多かった地理空間にヨーロッパの諸帝国が進出したことによって、大国政治の目が地球の周縁部に向けられるようになり、その結果、大国間の衝突が緩和されたと書いている。たとえばロシア、フランス、アメリカは、遠隔地への帝国主義的拡大に関心を向ければ向けるほど、互いに関心を払わなくなり、ある意味で世界はますます平和になった。[*21] しかし、一九世紀末には西洋の大国や帝国による統合が完了し、互いを犠牲にすることでしか領土を拡大できなくなった。[*22] モーゲンソーは次のように要約する。

三つの大陸を中心に世界全体で勢力均衡が図られるようになった今、一方では大国の勢力圏とその中心部、他方では周縁部やその他地域の空いた空間が、互いに分断されている。この分断は、必然的に消滅しなくてはならない。勢力均衡の周縁部は、今や世界全体の境界と一致する。[*23]

モーゲンソーの世界観が、冷戦初期の張りつめた時代に危険を警告しているのに対し、彼の大学の同僚マクニールの世界観は、もう少しあとの安定期に示されたもので、希望を告げている。
古代中国の漢王朝は……帝国的官僚機構を設けることによって、交戦国間の混乱に終止符を打った。こうした機構は、時に崩壊したりわずかに修正されることはあったが、ごく最近まで存続していた。二〇世紀の交戦国も、紛争解決のために同様の方法をとろうとしているようだ。[*24]

一九八九年のベルリンの壁崩壊は、マクニールの楽観主義をたしかに裏づけたように思われた。だが今日の世界は、冷戦時代と同じくらい危険だといってもいいだろう。なぜなら、地理空間がさまざまな方法で埋められつつあるからだ。

中国を例にとってみると、毛沢東は大きな犠牲を払って、中国を近代国家として統一した。中国は今も経済力と軍事力を急速に拡大し、モーゲンソーの予想をはるかに超える規模でユーラシアのチェス盤を埋めつつある。その一方で、辺境地域でも都市化が進んでいる。シュペングラーは土地や農耕生活の放棄を、文化が衰退している証しとしてとらえるだろうが、都市圏の無秩序な拡大と増加は、マクニールが直感したように、宗教とアイデンティティの激しく厄介な変質を招いている。[*25]

たとえばイスラムは、伝統的な土着宗教としての特徴が薄れ、拡大家族や親族から離れて人間関係が希薄なスラムに暮らす人々の行動を統制するために、より厳格な、またはより観念的な信仰に変容している。その結果、イスラムの分派がテロで世界をゆるがすことはあっても、かつて田舎だった中東のメガシティやその他の都心部は、貧しくはあるが犯罪発生率は総じて低く抑えられている。キリスト教も、アメリカの南部と西部では郊外生活のストレスに対処するため、より観念的な信仰に変わっている。他方、ヨーロッパ都市部では伝統的な民族主義に代わって、ゆるやかな自然信仰が根づきつつある。

この背景には、EU（欧州連合）の超国家という概念が、エリート以外にとっては抽象的な意味しかもたないことが背景にある。しかし、戦争はもはや一八世紀ヨーロッパのような「国王の気晴らし」ではなくなり、ナチスドイツのような大規模な、またはアルカイダのような小規模な、民族主義的・宗教的狂信の手段と化している。[*26]

このことと、国家や準国家の過激化したエリートの手に核兵器が渡るという、恐ろしい展望とを考え合わせてみよう。こうした危険で不穏な変化のさなかで、古くからの地理的要因が頭をもたげ、欧米やロシア、イラン、インド、中国、韓国、日本の間に緊張をもたらしている。

本書では、こうしたすべてについてくわしく考えたい。文明間の相互作用に関するマクニールの論文が、今日ほど意義をもったことはなかった。だが、世界文化が生まれれば世界が政治的に安定すると考えるのはまちがっている。空間には今なお大いに意味がある。なぜなら、空間はかつてないほど混雑しており、そのためかつてないほど価値を増しているからにほかならない。

ヘロドトスの世界が世界史のカギを握る

マクニールが学者として地球全体を見渡したのに対し、マーシャル・ホジソンの研究対象は大中東圏に限定されていた。とはいえ、四六歳で亡くなったホジソンの、没後六年を経た一九七四年に完全版が刊行された三部作『The Venture of Islam: Conscience and History in a World Civilization（イスラムの冒険：世界文明における意識と歴史）』は、きわめて意欲的な著作である。このほぼ忘れ去られたシカゴ大学の歴史家は、現代のジャーナリストの間でもほとんど知られていない。

しかし、彼はこの記念碑的な研究において、世界史のより大きな流れのなかでイスラムを地理的・文化的にとらえていると、マクニールは指摘する。ホジソンの文体は、ともすれば学術的で文意をとりづらいが、それさえ我慢すれば、なぜイスラムがアラビアと北アフリカにとどまらず、インド洋沿岸帯全域と、ピレネー山脈から天山山脈までの地域にも伝わり、根づき、あれほどめざましく急速に広まったのかという疑問に答えてくれる。[*27]

ホジソンが『イスラムの冒険』の大半を、メディアの関心が主に冷戦に向いていた一九五〇年代と一九六〇年代に執筆したことは、注目に値する。彼は第一巻で、世界のヨーロッパ中心的な視点がつねにまちがっており、その偏見は初期の地図製作上の慣行にも表れていると指摘して、主題を明らかにしている。[*28]「視覚的に激しく歪曲した世界地図が普及したために、この不合理は隠されていた。メルカトル図法は高緯度ほど面積が誇張されるため、『ヨーロッパ』という不自然なくくりが『アフリカ』全体よりも大きく見え、ユーラシアのもう一つの半島であるインドが実際よりもかなり小さく見える」。

ホジソンは続いて、彼が「エクメーネ」と呼ぶ南方と東方の地域に、読者の目を向ける。これは古代ギリシア語で「人類が居住している地域」という意味の言葉で、北アフリカから中国西部まで広がるアフリカ・アジア陸塊の温帯域を指す。ホジソンはこのベルト地帯を「ナイル＝オクサス」(オクサス川はアムダリア川の古称)とも呼んでいる。[*29]これらの言葉の定義は曖昧《あいまい》で、時に矛盾することもある。たとえば、ナイル＝オクサスはエジプトを西端とする地域だが、エクメーネはそれよりさらに西の、地中海のアフリカ沿岸帯から始まる地域を意味する。

だが肝心なのは、ホジソンがこの本を執筆した冷戦の最盛期の厳密な区分では、中東がアナトリアともインド亜大陸からもはっきり区別されていたにもかかわらず、この本では地形や文化によって規定された、より有機的な地理が示されていることなのだ。ヨーロッパ文明と中国文明にはさまれたこの広大な乾燥地帯、まさに古代ギリシアの歴史家ヘロドトスが『歴史』（松平千秋訳、岩波書店）で描いた世界が、世界史のカギを握るのだとホジソンは示唆する。

イスラムの勃興

グローバリゼーションによって国境、地域、文化間の区別が消え去ろうとしている今の時代、ホジソンが意図的に大まかかつ柔軟に定義したこの地理的概念が、とても参考になる。なぜなら、地形図上では国境を示す実線や太線が意味をもたないことを、この概念は示唆しているからだ。こうしてホジソンは、イスラムが出現した古代末期の流動的な世界を、また中国とインドが大中東圏（かつてのエクメーネ）内でますます存在感を増している今日の世界を、生き生きと描き出した。ちなみに、ペルシア湾岸の首長国も同様の方法でアフリカに進出し、今や定着した人為的な区分を消し去っている。

「イスラム文化がのちに形成されることになる地域は、消去法でほぼ特定することができた」と彼は説明する。「それは、ギリシアとサンスクリットの伝統が根を下ろさず、ヨーロッパとインド半島の支配を最終的に外れた地域である。……つまり、枢軸時代（紀元前八〇〇年から前二〇〇年頃）の、地中海とヒンドゥークシュ（アフガニスタン）にはさまれた地域だ。そこではギリシア語とサンスクリット語が、せいぜい局所的または一時的に広まったにすぎなかった」。この温帯下部に約四八〇〇キロにわたって広がる、大中東圏の幅広いベルト地帯では、二つの地理的特徴によって高度文化の発達が促された。一つは、アラビア半島と肥沃な三日月地帯がエクメーネの両端を結ぶ交易路上という商業的に重要な位置を占めていたこと、そしてもう一つが乾燥した気候である。

後者について補足しておこう。ホジソンによれば、この地域では水不足のせいで農業から得られる富は少なく、生産性の高い土地の所有が集中しなかったため、農村の生活はオアシスの都市生活に比べ、不安定で質が低かった。富と権力は、中東の長い交易路の「接合点」にいた商人、とくに交易路が紅海、アラビア海、ペルシア湾の海上交通の発着点近くを通り、インド洋貿易の莫大《ばくだい》な流れにアクセスできたアラブの商人の手に集中した。そして貿易と取引を中心とするこの世界では、安定した経済生活を送るうえで、倫理的な行動と「公正な取引」が最重要とされた。

北方のビザンティン帝国とサーサーン朝帝国がアナトリアとペルシアでそれぞれ弱体化すると、アラビアと肥沃な三日月地帯では、ただ「農期の循環」を円滑にするためだけの信仰に代わって、倫理観を重視する信仰が誕生する舞台が整った。イスラムは砂漠の宗教、商人の宗教として誕生したのだ。[*30]

当時のアラビア半島中西部で最も重要な交易の中心地は、紅海沿岸のヘジャズ地方の中心都市、メッカだった。メッカは二つの主要な交易路の十字路にあった。一つはイエメンやインド洋の港と地中海を南北に結ぶルートで、メッカはその真ん中に位置した。もう一つは、紅海の対岸のアフリカの角とペルシア湾のメソポタミアやイランを東西に結ぶルートだ。メッカはペルシアやイラク、小アジアの諸都市の宗教や哲学（ゾロアスター教、マニ教、ヘレニズム文明、ユダヤ教など）からもちろん影響を受けていたが、イランのサーサーン朝の勢力の中心地から十分離れていたため、独立性を保つことができた。

メッカには大規模なオアシスはなかったが、ラクダに飲ませるだけの水はあった。また、丘によって紅海の海賊から守られ、地域の部族の聖なる証しが祀《まつ》られた聖廟《せいびょう》カアバがあり、四方八方から巡礼者を集めていた。これが、預言者ムハンマドの生まれた、大まかな地理的環境である。メッカは砂漠の後進地域の野営地などではなく、脈動する国際的な中心都市だったのだ。[*31]

もちろん、ホジソンはイスラムを地理だけによって説明しているわけではない。宗教はまさにその性質上、物質的世界よりも精神的世界をよりどころとしている。とはいえホジソンは、地理がどのようにして宗教の台頭と伝播《でんぱ》に寄与したかを説明している。イスラムの場合、交易路が通る乾燥した土地という地理的条件が、商人とアラブ遊牧民の行動パターンに影響をおよぼした。

アラブ遊牧民は、北方のシリア、北東のイラク、南方のイエメンという三つの農耕地に囲まれ、それらの地域の奥には「政治的奥地」、つまり高地地方が控えていた。シリアはアナトリア高原、イラクはイラン高原をそれぞれ六世紀と七世紀に支配し、イエメンはアビシニア高原（現代のエチオピア）との間に、いくぶん弱い相互関係があった。イスラムは、のちにこれら地域の大部分に広まるが、こうした農耕文明、とくに肥沃な三日月地帯の二大イスラム圏であるシリアとイラクが、共同社会としての独自性を保ち、イスラム勢力の中心地として敵対するようになったことは、地理的要因だけでは説明しきれない。[*32]

ホジソンの大作の最初の二巻は、古代末期と中世時代を一気にふり返ることで、西洋植民地主義の産物とみなされている現代の中東諸国が興った経緯を説明し、これら諸国が実は一般に考えられているほど人為的な国ではない理由を説明している。先に述べたように、海とアトラス山脈に囲まれたエジプト、イエメン、シリア、イラク、モロッコ、また古代カルタゴを継承するチュニジアなどの近代国家はすべて、平坦な砂漠に引かれた人為的な国境線で区切られてはいるものの、それらの正当な前身である諸文明の古い要塞《ようさい》なのだ。

トインビーはアラブ社会の分断を嘆き、「イスラムの普遍国家が現れる前に、西洋化されてしまった」と述べている。[*33] しかし、イスラムは世界文明になったからといって、一つの政治的実体になる運命にあったわけではない。なぜならホジソンが指摘するように、この文明にはイスラム以前からの豊かな歴史をもつ人口中心地が多くあり、それらが植民地独立後に息を吹き返したからだ。

イランの高原地帯は、ホジソンのいう通り、つねにメソポタミアの政治と文化に深く関わっていた。これは二〇〇三年のアメリカによるイラク侵攻以降、とくにはっきり感じられるようになったことであり、だからこそイランは、この地域に再び迎え入れられたのである。実際、ペルシアとメソポタミアの国境はたえず移動しているが、ユーフラテス川が国境をなしていた時期が長い。そして、この川は現在イラクの中心を流れている。

ホジソンにとってイスラムは、アフロ・ユーラシア社会、つまり太古のエクメーネを中心とした旧世界全体に影響をおよぼしている、最も重要な知的・文化的・地理的動向を明らかにするための手段なのだ。『イスラムの冒険』は地理だけの研究ではない。たとえば、ホジソンは地形を説明し、そのほかの知的・宗派的伝統を明らかにしたのと同じくらいの労力をかけて、スーフィーの神秘主義を説明している。だが、こうして地理の視点を議論にとり入れることによって、彼は、地理が政治やイデオロギーと絡み合いながら歴史の本質を織りなしていることを示したのだ。

オスマンを例にとってみよう。オスマンは最終的に一三世紀末に、同じテュルク系国家のセルジュークをアナトリアで破った〔勝利の決め手となったのはキョセ・ダグの戦い（一二四三年）とする説もある〕。オスマンは、ロシアや原始的なモンゴルともちがって「一枚岩の軍事カースト制度」を敷いていたがゆえに、彼らが支配できる地域には必然的に「本質的な地理的限界」があった。オスマン人は伝統的に単一の大軍をもち、皇帝がつねに自ら指揮をとった。

彼らは地中海北東部の黒海に近い都市で、巨大な官僚機構の本部が置かれていた首都、コンスタンチノープルから領土を支配する必要があった。「そのため大遠征の範囲は、一シーズンかけて行進できる距離に限られた」。したがって北西はウィーンまで、南東はモースル（イラク）までが、オスマンの地上での領土拡大の地理的限界だった。軍隊は、年によってはソフィアやアレッポで冬を越して到達範囲を拡大したが、その場合は重大な兵《へい》站《たん》上の問題が生じた。しかし全体として見れば、官僚機構と個人の全権力がコンスタンチノープルに集中するこの絶対主義的体制のせいで、首都の地理的位置がすべてを決定する最も重要な要因になってしまった。これはある意味で、人間が自ら運命を切り拓《ひら》く力をもつ状況の逆である。そしてそのことが、結果的にこの軍事国家の衰退を招いた。

オスマン軍が地理的限界まで到達してしまうと、兵士は報酬を得られなくなり、必然的に士気も低下した。これほど集権的な体制でなければ、帝国は地理に翻弄《ほんろう》されずに安泰を保てたかもしれない。海軍に関しても、絶対主義体制のせいで地理的位置がすべてを支配するようになった。オスマンのシーパワーは本拠地に近い黒海と地中海にほぼ集中していたため、インド洋ではポルトガルに対するほんの「一時的な」勝利をあげることしかできなかった。[*34]

ホジソンは、シカゴ大学歴史学部の同僚マクニールのような現代的な学者ではなく、飽くなき科学的探究を志向する、古い世界の知識人だった。細かな問題を深く探究しながら、大局観を失わない彼の研究姿勢は、クエーカー教徒らしい一途さがもたらしたものだったのかもしれない。彼が主な研究対象とした古代ギリシアのエクメーネは、偶然にもマクニールの世界史研究の題材の多くと重なり、また前に述べたように、ヘロドトスが紀元前五世紀に著した『歴史』の背景をなしている。

地中海東岸とイラン・アフガニスタン高原にはさまれたこの地域が今日ニュースを賑《にぎ》わしているのは、偶然ではないのだろう。なぜならエクメーネは、ユーラシアとアフリカの陸塊の合流地点であり、紅海とペルシア湾を経由するインド洋への出口を多く提供するため、戦略的にこのうえなく重要な地域であるとともに、民族・宗派集団の衝突がたえない地域でもあるのだから。ヘロドトスの『歴史』は、とどまるところを知らないこの混乱を巧みにとらえている。

マクニールとホジソンが二一世紀にもなお意味をもつという私の議論では、ヘロドトスが中心を占める。なぜなら、紀元前四九〇年から四八四年頃、ペルシアの臣民として生まれたギリシア人のヘロドトスは、ギリシア・ペルシア戦争の顚末《てんまつ》を、地理と人間の決断が絶妙にバランスしたものとして終始語っているからだ。彼は、今の時代にこそ必要な部分的決定論を提唱する。彼が描き出すのは、たとえ個人の情熱が深刻な政治的結果を招こうとも、地理が背景としてつねに影響をおよぼしている、そういった世界なのだ。ヘロドトスは、来るべき世界をそれほどの驚きをもたずに迎えるために、われわれがとり戻さなくてはならない感覚を体現している。

運命との戦い

「習わしこそ万物の王」とは、ヘロドトスがギリシアの詩人ピンダロスを引用していった言葉だ。

初めは土地とそこに暮らす人々の歴史的経験、その経験から生じる慣習や思想だけが存在する。ヘロドトスは文明とその地理、神話、寓話《ぐうわ》の記憶を、また、人々がよりどころとしていたつくりごとの記憶さえをも後世に伝えた。政治的指導者がその土地に備わっているものを理解すればするほど、悲劇的なまちがいを犯しにくくなることを、彼は知っていた。

ヘロドトスのきわ立った強みは、人間が実にいろいろなことを信じてしまうことを、強烈に思い起こさせてくれる点にある。科学や技術をもたずに暮らしていた古代人が、われわれとはちがうものを、われわれよりもはるかに鮮烈に目にし、耳にしていたという事実を通して、彼は次の信念を明らかにする。古代人にとって風景や地理は、われわれには想像もできないほどリアルなものだったのだ。

たとえばフィリピデスの物語がある。彼はペルシアとの戦いに救援を求めるために、使者としてアテナイからスパルタに送られた職業走者だ。フィリピデスはアテナイ人に伝えた。「私はスパルタに向かう道中のパルテニオン山で牧羊神パンに会い、同胞たちに伝えてくれと頼まれた。あなたがたはなぜパンの声に耳を傾けないのですか。パンはアテナイ民のよき友で、これまで幾度も何度も役に立ってきたし、これからも役に立つというのに?」」。アテナイ人はフィリピデスが真実を語っていると確信し、のちに運命が好転すると、アクロポリスの丘の下にパンを祀る神殿を建てたという。

これはただの魅惑的な物語ではない。アテナイ人がヘロドトスに語った真実かもしれないのだ。走者はおそらくパンを見たと信じていたのだろう。彼はたしかにパンを見たのだ。

彼の疲労が極限に達していたことを考えれば、彼が見た神の姿はおそらく彼の信念体系のなかにある神殿であり、人間が今や失ってしまった自然的要素への畏怖《いふ》だったのだろう。

もしもわれわれが合理主義と世俗主義のせいで、フィリピデスが見たものをもう想像することすらできないのなら、啓蒙主義に逆行し、今日の地政学に影響をおよぼしているさまざまな宗教運動を理解することも、それらから身を守ることもできないだろう。地球上の空間は埋め尽くされたが、それでもスラムや貧民街の新しい地理や何の変哲もない地形が、これまでとは当然ちがう方法で、同じくらい強烈な心理的影響を人間におよぼしている。この新しい地理と、そこでの空間の重要性、そしてそのことがわれわれの精神に与える影響を理解するためには、まずヘロドトスが描いた古代の風景を理解することが助けになる。*35

ヘロドトスの『歴史』の醍醐味《だいごみ》は、東方のペルシアと小アジアの山岳高原の彼方《かなた》に控える、文化に満ちたギリシアの諸島の魅力にある。これは地理的決定論のようにも思える。東はアジアから西はギリシアまでの人々は、一〇〇〇年もの間戦いをくり広げ、それはギリシアとトルコの緊張をはらんだ関係として現代に受け継がれている。こうした緊張が一九二〇年代以降は全面戦争に拡大していないのは、主として一九二〇年代に起こった大量の人口移動の結果、二つの整然とした単一民族国家ができたからだ。別のいい方をすると、地理の導きのまま民族浄化が行われたあとで、ようやく平和が支配したのだ。しかし、これがヘロドトスの示した考え方なのではない。

むしろ人間の心のはたらきと、それにつきまとう人間の陰謀に敏感になれと、ヘロドトスは教えているのだ。ペルシア王ダレイオスの妻アトッサは、寝屋で夫の虚栄心をくすぐり、ギリシアを侵略するよう訴える。だが実は、アトッサのギリシア人の医師が故郷に戻ることを願って、彼女の胸の腫れ物を治す条件として、王に戦争をもちかけるよう彼女をそそのかしたのだ。すべては地理次第だが、人間の私利私欲の前にはひとたまりもない。

ヘロドトスの『歴史』は、最も深いところで運命《モイラ》の複雑さを理解することの大切さを説いた。ギリシア語のモイラには、「運命を割りあてる者」の意味がある。運命を乗り越える英雄たちのエピソードが、ヘロドトスの物語の「上部構造」をなしている。ホジソンも『イスラムの冒険』の序文にこう書いている。「ヘロドトスは、ギリシア人とペルシア人の偉大な行為の記憶を後世に伝えるために、『歴史』を書いたという。それは、われわれが敬意を払ってやまない、比類なき行為である」[*36]。

ホジソンはこうして、人間が自らの運命を最終的にコントロールする力をもっていることをはっきり示している。一人ひとりの人間の苦闘を認めずして、歴史の研究に人道主義をとり入れることはできないと、ホジソンはいう。ホジソンは、グローバルな勢力という性格をもつが、メッカでの個人の行動から始まった「道徳的かつ人間的に重要な伝統の複合体」として、イスラムの物語を紡いでいるのだ。

そのようなわけで、運命に対する人間の戦いについて再び考えよう。地政学とそこから派生した準決定論的な理論という、起伏の激しい地形に足を踏み入れるにあたって、ヘロドトス、ホジソン、マクニールの考えは大きな力になる。実のところ、歴史の大まかな枠組みはすでに予言されており、これからも予言されるだろう。個人が歴史を変え得ることを信じる者たちにとって、これは控えめにいっても不穏な考えだ。だが、これから見ていくように、これが真実であることに変わりはない。

これからとりあげる顔ぶれに、リベラル派の人道主義者は不安を感じるかもしれない。彼らは哲学者にはほど遠く、むしろ地理学者、歴史家、戦略家であり、「地図がほぼすべてを決定し、人間の営みが入り込む余地はほんのわずかしかない」というスタンスをとった。彼らにとって人間の営みは、あくまで軍事的・商業的支配を考えるうえで意味があった。それでも、これから紹介する彼らの理論は、未来の世界の問題に立ち向かうための枠組みを打ち出し、その枠組みのなかで何ができるかを考えるうえで、指針を与えてくれるだろう。

第四章　ユーラシア回転軸理論

世界大戦を予言した地理学者

世界的な大混乱の時代には、政治的地図の永続性について人々がもっている前提が試され、地理に対する考え方が改められる。とくにそういえるのは、地理が戦略と地政学の最も重要な基本だからだ。ナポレオンのいうように、戦略とは、軍事的・外交的手腕をもって時間と空間を利用する技術である。

地政学は、国家戦略を決定するために国が考慮に入れなくてはならない外部環境についての研究である。その環境とは、生存と優位を求めてともに争う、他国の存在である。[*1] 簡単にいえば、地政学は人間の分断に地理がおよぼす影響のことだ。[*2] 一国の地理を理解すれば、その国の外交政策がわかると、ナポレオンもいっている。[*3]

モーゲンソーは地政学を、「地理的要因を絶対的原理に仕立て上げるエセ科学」と呼んだ。第二次世界大戦終戦直後に著書を執筆していたとき、彼の念頭にあったのは、イギリスの地理学者ハルフォード・マッキンダーだった。マッキンダーが二〇世紀の変わり目に発表した諸理論は、第二次世界大戦中に再び注目を集め、ナチスによって「生存圏《レーベンスラウム》」という考えを正当化するために悪用された。[*4] 地政学の目的は勢力均衡を実現することにあるが、ナチスは勢力均衡の転覆を試みたため、ナチスによるマッキンダーの利用は、マッキンダー自身の考えを曲解するものだったといえる。むしろ勢力均衡は各国の安全を保障するため、自由の礎になるというのが、マッキンダーの考えなのだから。[*5]

そう考えると、モーゲンソーはマッキンダーに厳しすぎるのかもしれない。いずれにせよ、モーゲンソーがマッキンダーを嫌悪していたことと、彼が著作のなかでマッキンダーの理論を注意深く説明していること自体、マッキンダーが西洋の地政学的思想に長年多大な影響をおよぼしてきたことの表れである。とくに現代のように、アメリカ軍が大中東圏と北東アジアにまだ大規模駐留している時代には、マッキンダーはとかく糾弾されがちだが、それでも彼の理論は大きな意味をもち続けている。とはいえ、彼の著作の根底には、読者をいくぶん不安にさせるような事実が潜んでいて、それにとらわれすぎる危険があるのもたしかだ。

マッキンダーに天賦《てんぷ》の才があったのは疑いない。彼の生涯かけた研究でのモットーは、

「地理は学問の専門化に対するゼネラリストの反撃である」[*6]。地理の知識をもっていれば、世界情勢をきめ細やかに理解できることを、彼は一八九〇年の著作で例を挙げて説明している。

たとえば「ラホールから麦のサンプルが来る」と聞いた人が、ラホールがどこにあるかも知らないとしよう。地名辞典で調べれば、パンジャブの州都だとわかる。……地理の知識がまったくなければ、ラホールがインド（現在はパキスタン）にあることがわかって、それでおしまいだ。でも地理の適切な教育を受けた人なら、パンジャブという地名から……おそらく多くのことを読みとれるはずだ。まず、ラホールがインドの北の隅にあることを知っているだろう。雪深い山々の麓《ふもと》、インダス水系の中流域に広がる大平原の農地がありありと目に浮かんでくる。モンスーンや砂漠を、灌漑《かんがい》用水路で山脈から運ばれる水を、思い描くことだろう。土地の気候や、種まきと収穫の時期もわかっている。脳内地図では、カラチやスエズ運河が生き生きと動き出す。一年のうちのいつ頃に、積み荷がイングランドに届くかを計算できる。そんなふうにしてパンジャブは、スペインやイタリアなどのヨーロッパの大国と、規模や人口で並ぶ存在になり、その市場からイギリスに送られる輸出品をありがたく思うだろう[*7]。

マッキンダーの思想やいい回しは、これから見ていくように、実に魅惑的なのだ。

近代地政学の父、サー・ハルフォード・マッキンダーの名を轟《とどろ》かせたのは、著書ではなく、ロンドンの『ジオグラフィック・ジャーナル』(一九〇四年四月号)で発表された論文『The Geographical Pivot of History(地理学から見た歴史の回転軸)』だった。

このなかでマッキンダーは、山脈の間や河川の流域沿いに自然の幹線道路が存在するという地球のレイアウトが、国家ではなく、帝国の発展を必然的に促すこと、そして「ユーラシアのハートランド」の形成を促す中央アジアの存在が、世界の偉大な諸帝国の運命のカギを握る回転軸になることを説明する。

この考えが現代の地政学にもつ意義を考える前に、まずはマッキンダーが、どのようにして彼の結論に達したかを説明しておきたい。歴史と人間定住のパターンそのものをとり入れた彼の論文は、ヘロドトスやイブン・ハルドゥーンの著作を彷彿《ほうふつ》とさせる地理学の原型だからだ。

マッキンダーは大胆な叙事詩的大作を予期させる文章で、論文を始める。

はるか後世の歴史家が、われわれが今通り過ぎようとしている数世紀をふり返り、今日われわれがエジプトの王朝時代をかいつまんで説明するように概略するとすれば、彼らはおそらく過去四〇〇年間をコロンブスの時代と呼び、一九〇〇年のすぐあとにその時代が終わったというだろう。[*8]

マッキンダーは、中世のキリスト教的世界が「狭い地域に閉じ込められ、野蛮な外敵に脅かされていた」のに対し、アメリカ時代、いわゆる発見の時代になると、ヨーロッパは「たいした抵抗に遭わずに」海を越えて領土をほかの大陸に拡大できるようになったという。しかし現代以降(彼は一九〇四年の視点に立って書いている)、つまりコロンブスの時代以降、「われわれは再び閉ざされた政治システムに向き合う必要が生じ」、しかもそのシステムは、今や「世界的規模」の現象になっている。これを敷衍《ふえん》して、マッキンダーは続ける。

あらゆる社会的勢力の爆発は、これまでのようにわれわれをとり囲む未知の空間と野蛮な無秩序に向かって放散されるのではなく、(これからは)地球の向こう側から鋭いこだまとなってはね返ってくるだろう。そして、世界の政治的・経済的有機体の脆弱《ぜいじゃく》な部分は、その結果として砕け散るだろう。[*9]

彼は、ヨーロッパの帝国が領土を拡大できる空間が地球上にもう残っていないことを察し、ヨーロッパの戦争が、今後は必然的に世界的な規模で戦われることを理解していた。その予言は、第一次および第二次世界大戦によって的中する。

発見の時代が一九〇〇年までにほぼ終了する一方で、前に述べたように、二〇世紀から今日に至るまで、閉ざされ混み合ったチェス盤がますます埋められつつある。人口だけでなく、兵器の到達範囲までもが、地上を隅々まで網羅するようになっている。この新しく混み合った地図がおよぼすさまざまな影響についてはあとでくわしく説明するが、そのためにまず、マッキンダーと彼のユーラシア回転軸《ピボット》理論に立ち戻ろう。

マッキンダーは、ヨーロッパの歴史をアジアに「従属」するものとしてとらえるよう、読者に促している。ヨーロッパの文明は、アジア民族による侵略との戦いから生まれたものでしかないと、マッキンダーは考える。また、彼はマクニールにさかのぼること数十年前に、ヨーロッパが文化現象になったのは地理の力によるところが大きいと指摘した。ここでは多くの国を育んだ山脈や渓谷、半島が複雑な地形をなし、東方には広大で危険の潜むロシアの平地が広がっている。

ロシアの平地は、北方の森林地帯と南方のステップ地帯に分かれていて、初期のポーランドとロシアの国家は、北方の森林に守られるようにして確立したとマッキンダーは説明する。なぜなら南方の無防備なステップ地帯の遊牧民が、五世紀から一六世紀にかけて立て続けに現れ、周囲を侵略するようになったからだ。フン族、アヴァール人、ブルガール人、マジャール人、カルムイク人、クマン人、ペチェネグ人、モンゴル人などがそれである。

ハートランドのステップ地帯では、土地はどこまでも平坦で、気候は厳しく、植生は草に限られ、その草でさえ強風に運ばれた砂にやられる。こうした過酷な環境に揉《も》まれた頑丈で残虐な人種は、どこに行っても身を守るものがなく、自らが滅ぼされないためには出くわしたすべての敵をその場で滅ぼす必要があった。

近代フランス国家は、こうしたアジア人に対抗するために、フランク人、ゴート族、ローマの属州が形成した連合から生まれた。同様に、ヴェネツィア、教皇国、ドイツ、オーストリア、ハンガリーをはじめとする成長著しいヨーロッパの大国はすべて、アジアのステップ地帯の遊牧民との危険な邂逅《かいこう》を通して勃興するか、成長するかした。マッキンダーはこう書いている。

暗黒時代の数世紀間に、北欧の異教徒の海賊船が北の海で暴れ回り、サラセン人やムーア人の異教徒たちが地中海で海賊行為をはたらいた。また、アジアのテュルク系騎馬民族が、こうした敵対的な海上勢力によってとり囲まれたキリスト教の半島の中心部を襲撃した。このような状況をふり返ると、われわれは近代ヨーロッパが、あたかも臼と杵《きね》のようにしてつくりあげられたことを、多少なりともうかがい知ることができる。この杵にあたるのが、ハートランドの陸上勢力だった。*10

ロシアが歴史の中心を担う

ロシアは森林地帯によって多くの凶暴な軍から守られていたが、一三世紀にはモンゴルの黄金軍団《オルド》の餌食になった。ロシアはこうしてヨーロッパのルネサンスからとり残され、苦い劣等感と不安感に永遠に苛《さいな》まれることになる。ロシアは、森林を除けば侵略から身を守る自然の障壁を何らもたない最後の陸上帝国であるため、残虐に征服されることの意味を深く身に刻み、領土を拡大、維持するか、少なくとも隣接する「影のゾーン」を支配しなければならないという強迫観念にとらわれるようになった。

中央アジアのモンゴル人の侵略によって、ロシアだけでなくトルコ、イラン、インド、中国、また中東のアラブ諸国の北端までもが破壊され、変容を遂げた。一方、ヨーロッパの多くの地域はそれほど壊滅的な被害を受けなかったため、世界政治の操縦席に着くことができた。[*11] 実際、ヨーロッパがサハラ砂漠によってアフリカの大部分から遮断されていたことを考えれば、コロンブスの時代までの中世ヨーロッパの大局的な運命は、大体においてアジアの草原でのできごとによって左右されていたと、マッキンダーはいう。それはモンゴルだけでなく、一〇世紀から一一世紀にかけてハートランドのステップ地帯を飛び出し、中東の大部分を制圧したセルジューク朝の動向でもあった。セルジューク朝がエルサレム巡礼を行うキリスト教徒を迫害したために十字軍が起こり、マッキンダーはこれをもって、ヨーロッパ全体の近代史が始まったと考える。

マッキンダーはこのようにして、北方を氷、南方を熱帯海洋によって囲まれ、辺縁に四つの周辺地帯をもち、それらすべてが中央アジアの広大な平原とモンゴル・テュルク系遊牧民の近くに位置する、ユーラシアの姿を描き出そうとした。四つの周辺地帯のそれぞれが、世界の四大宗教の勢力圏と一致するのは偶然ではない。なぜならマッキンダーによれば、信仰もまた地理の影響を強く受けるからだ。

四つの地帯のうち二つは「モンスーン地域」と呼ばれ、そのうち東の太平洋に面した地域は仏教を、南のインド洋に面した地域はヒンドゥー教をもたらした。三つ目の周辺地帯は、西側を大西洋に面するヨーロッパそのもので、キリスト教の中心地である。

だが、四つの周辺地帯のうち最も脆弱《ぜいじゃく》なものはイスラム発祥の地であり、「アフリカに近いせいで湿気を奪われ……オアシスを除けば……人口が希薄」（一九〇四年時点）な中東である。森林がなく、砂漠がほとんどを占め、そのため遊牧民による侵略と、その結果としての混乱や革命が起こりやすいうえ、湾や海に周りを囲まれているせいで、とくにシーパワーに恩恵を受ける一方で脅かされる。

マッキンダーの完全に地理的な観点からすると、大中東圏は究極の不安定な中間地帯であり、地中海世界とインド、中国文明の間の無秩序に広がる通過点として、世界のパワーポリティクス（権力政治）における決定的な方向転換のすべてがここに刻み込まれている。このようなマッキンダーの説明は、三つの信仰告白的宗教（ユダヤ教、キリスト教、イスラム教）を生み出し、現代まで地政学において中軸的な役割を果たし続けてきた大中東圏を、古代世界のエクメーネと位置づけた、のちのホジソンによる説明とも符合する。

しかし、巨大石油会社やパイプライン、弾道ミサイルなどが登場する前の時代に執筆したマッキンダーは、地理学から見た地球の回転軸が、中東から少し離れた場所にあると考えていた。彼はひとまず、中東から離れて議論を進める。

コロンブスの時代に喜望峰経由で、つまり中東を迂回《うかい》してインド洋に出る航路が発見された。そのため、中世時代には「南方を通過不能な砂漠、西方を未知の海に囲まれ、北方と北東を氷や森林によって覆われ、東方を騎馬民族」に脅かされていたヨーロッパが、突如としてインド洋を渡って新世界で重要な発見をし、南アジアの周辺地帯全体に出られるようになったと、彼は書いている。

西ヨーロッパの民族が「外洋を海軍で覆いつくす」間にも、ロシアがやはりめざましい勢いで領土を拡大し始め、「北方の森林から姿を現して」コサック兵でステップ地帯をモンゴルの遊牧民から守るようになった。そのようなわけで、ポルトガル、オランダ、イギリスの船乗りたちが意気揚々と喜望峰を回る間にも、ロシアはシベリアに侵入し、小作農を送り込んでステップ地帯の南西部を小麦畑に変え、イスラムのイランの世界を包囲していったのである。トインビーなども数十年後にこの点を指摘しているが、最初に指摘した一人はマッキンダーだった。[*12]

ヨーロッパとロシアの対立は、アテナイやヴェネツィアなどの自由で進歩的なシーパワー国家と、スパルタやプロイセンなどの反動的なランドパワー国家が敵対するという、典型的な構図だった。海は、遠くの港との接触を通してコスモポリタン的な精神をもたらすとともに、自由主義と民主主義が根づくのに不可欠な、鉄壁の安全な国境線にもなるのだ。

一九世紀には、蒸気機関の発達とスエズ運河の開通によって、ユーラシアの南の周縁部でシーパワーの機動性が高まったと、マッキンダーは指摘する。またこの頃には鉄道が発達して、シーパワーのために「海上通商の支線」の役割を果たすようになっていた。だが鉄道は、ランドパワーのためにも同じ役割を担い始める。そして、それまで道路建設に必要な石材や木材が不足しているせいで発展を阻まれてきたユーラシア内陸のハートランドにおいてほど、このことが重大な意味をもつ場所はなかった。

そしてとうとう、彼は主要な論点に到達する。

こうして歴史における大まかな流れをざっと追ってくると、ある地理的な関係が一貫して存在することが明らかにならないだろうか？　船では行き来できないが、太古の昔には騎馬民族の攻撃にさらされ、今日鉄道網で覆われようとしているユーラシアの広大な地域こそが、世界政治の中軸地帯なのではないだろうか？

つまり、一一世紀から二〇世紀にかけて世界史に最も重大な影響を与えたともいわれるモンゴルの遊牧民に代わって、二〇世紀初めには拡大ロシアが歴史の中心的役割を担い始めたことを、マッキンダーは見抜いていたのだ。かつてモンゴル人がユーラシアの周辺地帯（フィンランド〔ハンガリーとする説もある〕、ポーランド、トルコ、シリア、イラク、ペルシア、インド、中国）の門を激しく叩《たた》いたように、今やロシアが、鉄道の発達によって一体性を増した領土を背景に、同じことをするだろう。「（勢力均衡の）計算における地理的要素は、人間的要素よりも測定しやすく、ほとんど不変」だとマッキンダーはいう。ロシア皇帝や、(一九〇四年時点での)未来のソ連人民委員のことは忘れよう。地理や技術がおよぼす、より深い構造的な力に比べれば、こうした力などとるに足りないものだ。

とはいえ、世界情勢がマッキンダーの予測通りに動いたわけではない。彼が有名な講義を行ってから二週間と経たずに、日本海軍が日露戦争の最初の戦いで、満州の南の入り口の旅順港を攻撃し、陥落させた。戦争は一年後に日本海海戦での日本軍の圧勝をもって終結した。要するに、マッキンダーがランドパワーの重要性を高らかに謳いあげたのに対し、二〇世紀初めの紛争で世界最大規模のランドパワー国家を打ち負かしたのは、シーパワー国家の日本だったのだ。[*13]

それでも、マッキンダーの決定論にも思える理論のおかげで、われわれは二〇世紀前半の二度の世界大戦だけでなく、後半のソ連の台頭とその影響圏の拡大にも、十分備えることができた。歴史家のポール・ケネディが指摘するように、東ヨーロッパからヒマラヤ山脈とそのかなたまで広がるマッキンダーの「周辺地帯」は、この時期苦しい戦いを強いられた。[*14]ロシア革命からソ連解体までの間に、中央アジアとシベリアには七万二〇〇〇キロもの鉄道が敷設され、マッキンダーの主張を裏づけることになった。[*15]

そのうえ冷戦の封じ込め政策は、大中東圏からインド洋沿岸に至る周辺地帯のアメリカ軍基地に、大きく依存していた。実際、アフガニスタンとイラクの周辺地帯に対するアメリカの戦力投射と、中央アジアとカフカスの政治的宿命をめぐるアメリカとロシアの間の緊張は、マッキンダーの説の正当性をさらに高める結果となった。

マッキンダーは結びの段落で、中国がロシア領土を征服する不安について述べ、もしそうなった場合、今度は中国が主要な地政学的勢力になると警告している。ロシアの最東部に対する政治的支配にひずみが生じるなか、中国がシベリアの一部に大量の移住者を送り込み、この地域をなし崩し的にロシアから奪おうとしている現状を見れば、この点についても、マッキンダーが正しかったことがわかる。

先を見据えた警告

マッキンダーは決定論と帝国主義の第一人者として、一貫して攻撃されてきたが、どちらの非難もかなり不当である。生涯を通じて教育者だった彼は、もともと過激なたちではなかったし、思想的な偏向もなかった。たしかに帝国主義的ではあったが、それは当時イギリスが世界帝国を運営しており、人類が発展できる可能性が、ロシアやドイツの影響圏よりイギリスの保護領での方が高いと考えていたからにすぎない。彼は、当時の人々と同じ偏見にとらわれていたのだ。

彼が決定論者だというのは、単に地理が彼の研究テーマであり、地理が本質的に決定論的だというだけのことだ。マッキンダーはとくに、国力を疲弊させたボーア戦争（一八九九年～一九〇二年）後に、イギリス帝国主義を擁護するようになった。[*16] しかし、彼が一九一九年に発表した著作『マッキンダーの地政学：デモクラシーの理想と現実』（曽村保信訳、原書房）の主題は、地理的な宿命は人間の営みによって克服できる、というものだった。伝記作家のW・H・パーカーは、マッキンダーの主張を次のようにいいかえている。「しかし長い目で見れば、環境の影響に寄り添う者が、それに逆らう者に勝利するのだ」。[*17]

これこそが、レイモン・アロンの「確率的決定論」の神髄であり、ほとんどの人が抵抗なく受け入れられる考えだろう。[*18] 実際アロンは、マッキンダーが自然科学者ではなく社会科学者として、地理は技術革新を通じて克服できると信じていたと擁護している。[*19] この問題について、マッキンダーが最終的にどのような考えをもつに至ったかを疑いなく示すために、『デモクラシーの理想と現実』の冒頭部分を紹介しよう。

一九世紀に登場したダーウィンの進化論にすっかり魅了された人間は、自然環境に最もよく適応した組織が生き残る、という考えに凝り固まるようになった。しかし（第一次世界大戦の）厳しい試練をくぐり抜けるうちに、そうした単純な運命論を乗り越えることこそが人間の勝利だと、われわれは気づかされたのである。[*20]
マッキンダーは、あらゆるかたちの自己満足を嫌った。そのわかりやすい例として、再び『デモクラシーの理想と現実』の冒頭部分を引用したい。

このようなとき（一九一九年）には、疲弊した人間たちがもう戦争はしないと固く心に誓ったからというだけの理由で、永久的な平和が訪れると信じたい誘惑に駆られる。しかし国際関係の緊張は、ゆっくりとではあるが、再び高まっていくだろう。ワーテルローの戦いのあとも、平和な時代が数十年続いた。一八一四年のウィーン会議に列席した外交官のなかで、将来はプロイセンが世界を脅かすなどと予測した者が、いったいいただろうか？　未来の歴史の川床には、これ以上の洪水は起こらないと考えていいものだろうか？　もし後代になって、われわれが今ウィーンの外交官の見識を軽蔑しているのと同じように、子孫にわれわれ自身の見識を軽蔑されたくなかったら、この重要なことを心に深く刻んでおくべきである。[*21]

このように、マッキンダーは単純な運命論者ではなかった。地理と環境は克服することができる。ただしそのためには、最大限の知識と敬意をもって地理と環境に向き合わなくてはならないと、彼は教えているのだ。圧倒的な説得力と文章力によって、陰鬱《いんうつ》なビジョンを描き出したため、まるであらかじめ定められた運命を突きつけられたような錯覚を起こさせる。だが実のところ、彼はそうした運命を乗り越えるよう、われわれを駆り立てているのだ。彼は、悲劇を回避するために大変な努力が必要だと知っている、留保つきの決定論者なのだ。

　決定論の裏には、凝り固まった考えや強きに流れがちな傾向、そして歴史の皮肉をものともしない不遜な姿勢がとかく見え隠れする。だが、マッキンダーはそれらとは無縁だった。彼は一九〇四年に「回転軸」理論を発表して以来、まるでとりつかれたように理論を見直し続け、当時のできごとや、それらが理論に与えた影響を考慮に入れて、理論に深みと洞察を加え続けた。

　『地理学から見た歴史の回転軸』が素晴らしいのは、何といっても人々がヨーロッパの大陸体制（大陸封鎖令）にとらわれていたエドワード朝時代に、早くも世界規模の体制の出現を予期した点にある。[*22] この大陸体制は、一〇〇年ほど前のナポレオン戦争後のウィーン会議に始まったもので、当時終焉《しゅうえん》を迎えようとしていたのだが、マッキンダーなどのごく少数の人たちを除いては、誰もそのことに気づいていなかった。

『地理学から見た歴史の回転軸』の発表から一〇年を経て起こった第一次世界大戦という大変動においては、東の前線ではドイツ（プロイセン）とロシア帝国が、西の前線ではランドパワー国家のドイツとシーパワー国家のイギリス・フランスがぶつかり合った。そのため、「ハートランドをめぐる戦いが起こる」というマッキンダーの説が漠然とながらも裏づけられたが、それに伴いこの説はより複雑になり、調整が加えられた。

『デモクラシーの理想と現実』は、マッキンダーがまるまる一冊の本を費やして『地理学から見た歴史の回転軸』を刷新したものであり、パリ講和会議と同年に発表された。戦争で数百万人の命が失われたにもかかわらず、「シーパワー国家とランドパワー国家の間の問題はまだ最終的な解決に至っておらず、チュートン（ゲルマン）民族とスラブ民族の対決は、まだ決着がついていない」ことを、彼は会議の列席者たちに思い知らせた。[*23]『地理学から見た歴史の回転軸』は単なる理論だったが、『デモクラシーの理想と現実』は修正され拡張された理論であり、先を見据えた警告でもあった。

「世界島」の閉ざされたシステム

マッキンダーが第一次世界大戦後の時代の出発点としたのは、人間が史上初めて、「地球上のすべての陸地の政治的所有権が……明らかにされた……閉ざされたシステム」のなかで生きようとしているという鋭い見識だった。この新しい世界地理では、地上の陸地が「巨大な岬」、彼の言葉でいえば「世界の岬」を形成している。これはイギリス諸島とイベリア半島から南下して、西アフリカの出っ張りと喜望峰を回り、それからインド洋を横断してインド亜大陸と東アジアまで続く地域をいう。彼はユーラシア大陸とアフリカ大陸を一つの地政学的単位として、「世界島」と名づけた。この単位は、時間とともにますます一体化が進むのである。[*24]

一つの海が地表面積の一二分の九を占め、一つの大陸、つまり世界島が地表の一二分の二を占めている。それに南北アメリカを便宜上二つの島として、それらと多くの小さな島々を合わせれば、残りの一二分の一になる。[*25]

さらにいえば、ユーラシア（アフリカを除く）は世界の人口の七五％を占め、世界の富の大半、つまりＧＤＰ（国内総生産）の六〇％とエネルギー資源の四分の三を占めている。[*26]

マッキンダーの論文の暗黙の前提となっているのは、今後ヨーロッパがユーラシアの他地域とアフリカから独立した実体ではなくなり、ユーラシアが地政学的計算において最も重要な地域になるということだ。「旧世界は一つの島、いいかえれば一つの単位になった。

それは地球上で群を抜いて大きな地理的単位である」。

ポルトガル領モザンビークとドイツ領東アフリカ、オランダ領東インドを除けば、ナポレオン戦争末期以降は、イギリスのシーパワーがこの「世界の岬」のすべてを包囲していた。マッキンダーは、イギリスによるインド洋（「岬の主要な海」）の支配を、地中海に対するローマの支配になぞらえている。後者では、ライン川の境界にローマの軍団が配置されていたのに対し、前者は、イギリス軍がインドの北西国境を帝政ロシアの侵入から守っていた。[*27]

ユーラシアとアフリカの広がり全体を一つの有機体とみなす、マッキンダーの「閉ざされたシステム」の概念が世界に与えた影響と、二〇世紀を通じてそのシステムがさらに閉ざされていったという事実は、私自身の研究の中心点をなしており、今後もこの点を発展させた、さまざまな研究が生まれることだろう。

しかし閉ざされたシステムでさえ、その内部は地理によって分割されていることに留意したい。たとえば、このシステム内のインド洋は世界経済の動脈であり、たとえ将来ソマリアの石油や天然ガスがタンカーによって中国に運ばれるようになったとしても、その内部はやはり地理によって分割されているのだ。実際、地理は閉ざされたシステム内でかえって重要性を増す。なぜならこうしたシステムでは、アフガニスタンの過酷な地形の影響が世界島の隅々にまで政治的影響をおよぼすといったことが起こるからだ。
ではここで、マッキンダーが世界島の運命を握ると考えた「ハートランド」が、具体的に何を意味していたのかを考えよう。

ハートランドを支配する者は世界を制する

次のよく引用される、壮大にして簡潔な金言は、マッキンダーの主張の出発点であるとともに、要点でもある。

東ヨーロッパを支配する者はハートランドを制し、
ハートランドを支配する者は世界島を制し、
世界島を支配する者は世界を制する。[*28]

ここでまず気がつくのは、マッキンダーが、完全に決定論的なスタンスをとっておらず、人間の営みがもたらすできごとをただ予測するだけでなく、そうしたできごとに反応してもいるということだ。彼が『地理学から見た歴史の回転軸』を発表した一九〇四年から、『デモクラシーの理想と現実』を発表した一九一九年までの間に、第一次世界大戦の大虐殺が起こり、『デモクラシーの理想と現実』が印刷に回されたのは、戦後のパリ講和会議が開催されている最中だった。戦争の結果、オーストリア＝ハンガリー帝国とオスマン帝国が崩壊したため、ベルサイユに集まった外交官は、民族自決の名の下に東ヨーロッパの地図を書き換えることを主な目的の一つとしていた。

そのようなわけで、マッキンダーはこの著書のなかで、一五年前の『地理学から見た歴史の回転軸』では触れなかった大義を掲げている。すなわち、「ドイツとロシアの間に、独立国家からなる層が存在することが、きわめて重要である」。その理由を彼はこう書いている。「われわれがドイツが半分入ったロシア帝国の支配に反対したのは、ロシアが半世紀にわたって東ヨーロッパとハートランドの両方を支配する、威圧的な勢力だったからだ。われわれが純然たるドイツ帝国の支配に反対したのは、ドイツが東ヨーロッパの主導権をロシア帝国から奪ったうえ、反乱を起こすスラブ人を制圧し、東ヨーロッパとハートランドを支配しようとしたからだ」。

つまり、マッキンダーの一九一九年時点での見解では、ドイツと、とくにロシアのランドパワーの主な源泉だった東ヨーロッパこそが、ハートランドを得るためのカギだった。当時ロシアは「インドの陸側の門を叩いていた」ため、結果的にイギリスのシーパワーに対抗することとなり、またそのイギリスは喜望峰を回り、スエズ運河を通って「中国の海側の門を叩いていた」。北はエストニアから南はブルガリアまでの、東ヨーロッパの新興独立国家からなる防波堤を提唱することによって、マッキンダーは彼自身の概念とジェームズ・フェアグリーブの「クラッシュゾーン（破砕帯）」の概念に、特別な意味合いをもたせた（クラッシュゾーンとは、フェアグリーブが一九一五年の著作で提唱した概念で、ハートランドを起源とするランドパワー国家か、西ヨーロッパを起源とするシーパワー国家のいずれかによって侵略されがちな地域を指している）[*29]。なぜなら、もしこれら新興の主権国家が存続することができれば、精神的そして地政学的な意味での中央ヨーロッパが出現するチャンスがようやく訪れるからだ。

マッキンダーはさらに踏み込んで、東ヨーロッパの東方の白ロシア（ベラルーシ）、ウクライナ、ジョージア、アルメニア、アゼルバイジャン、ダゲスタンの諸国によって、ボルシェヴィキ・ロシア（彼は「ジャコバン帝国」と呼ぶ）の意図をくじくことを提唱した。実際、一九九一年のソ連崩壊後には、マッキンダーの構想と驚くほど似た、一連の新興独立国が誕生している。[*30]

しかし少なくとも当初は、この点においてはマッキンダーが誤っていたことが実証された。彼はトインビーとちがって、民族自決の原則に基づいて決定された国境をもつヨーロッパが、ドイツによって支配される可能性があるとは考えていなかったように思われる。

ドイツはほかのどの民族国家よりも大きく、地理的に有利な位置にあり、強力で、実際一九三〇年代から四〇年代初めにかけて東ヨーロッパを征服している。この事態を受けてロシアは、マッキンダーのいう緩衝地帯を構成するこれら新興独立国を征服して、一九四五年から一九八九年までの間、国家の牢獄に閉じ込めたのである。精神的な中央ヨーロッパが、ロシアとドイツという二大ランドパワー国家にはさまれて存続できるという希望が芽生えたのは、ようやくここ数十年のことである。

それでは、筋金入りのリアリストであるマッキンダーは、なぜ突然軟化して、いわば「ウィルソン的」民族自決の原則を事実上支持するようになったのか？　その理由は、政治学者のアーサー・バトラー・デューガンが示唆するように、マッキンダーは大胆な決定論的理論を提唱してはいたが、彼は時代の寵児《ちょうじ》として「彼自身が意識する以上に『世論の動向』に左右されていた」からだ。[*31]

マッキンダーはもともとリベラルだったか、少なくともこの時点でリベラルに鞍替《くらが》えしていた。彼はイギリス連邦が、異質だが対等な諸文化と民族の連合になるだろうと予想していた。また、民主主義国の同盟こそが、ユーラシアの中心を占める帝国主義的超大国に対する最善の防衛策になると信じていた（つまり、NATOとソ連の対立を予見していた）。[*32]

マッキンダーのウィルソン的原則への傾斜は、『デモクラシーの理想と現実』から始まった。実際、この傾斜が「ハートランド」理論の修正における最も重要な点だった。ハートランド理論は、当初『回転軸』論文のなかで「ハートランド」という用語を使わずに説明された。実はこの用語は、フェアグリーブが一九一五年の著作『Geography and World Power（地理と世界大国）』で初めて使った造語である。

マッキンダーは「ハートランド」に、一九〇四年の論文で示した中央アジア内の中軸地帯に加えて、一九一九年には「チベットとモンゴルの高原地帯を流れるインドと中国の大河の上流域」と、スカンジナビアからアナトリアまで南北に広がり、東ヨーロッパと中央ヨーロッパを含む、多数の国からなる広いベルト地帯を含めた。その結果、新しいハートランドは冷戦時代の絶頂期のソビエト帝国におおよそ近いものになった[*33]。または、ソビエト帝国にノルウェー、トルコ北部、イラン、中国西部を加えたものといってもいい。

中国の人口の大半は国土の西部ではなく、モンスーンの影響を受ける沿岸地帯に集中しているため、マッキンダーのハートランドは人口が比較的希薄で、中国、インド、ヨーロッパの西半分の人口密集地帯に囲まれた、ユーラシア内陸部の大部分にあたる。中東（とくにアラビア半島と肥沃《ひよく》な三日月地帯）は人口が多いわけでも、ハートランドの一部でもなかったが、マッキンダーの一九一九年の論文によれば、今や世界島の運命を大きく握るとされた。なぜなら、この地域はヨーロッパからインドへ向かう、またハートランドの北部から南部へ向かう「移動地帯」であり、アラビア半島周辺の海域からもアクセスできたからだ。[*34] しかしアラビアの運命は、ヨーロッパの運命と同様、ハートランドに大きく左右される。そして、ハートランドのなかでアラビアに最も近い地域は、イランなのだ。このことは、今この時代に心にとめておくべき教訓である。実際、イラン高原はきわめて重要であり、このことについてはあとでくわしく説明する。

この点に関する興味深い例外は、ギリシアだ。ギリシアは地理的にいうと、ドイツとロシアの間の緩衝地帯を構成する独立諸国に含まれるが、マッキンダーは一九一九年の拡大版ハートランドからギリシアを除外している。なぜなら、ギリシアは海に囲まれ、シーパワーを利用しやすいからだという。

ギリシアは、第一次世界大戦後にドイツの支配からいち早く解放された国の一つだが、マッキンダーはここでも先見の明を示している。「ハートランドの大国がギリシアを所有すれば、おそらく世界島をも支配することになるだろう」[*35]。実際、これは危うく実現しかけた。親欧米派と共産主義ゲリラの間で戦われた激しい内戦を経たギリシアは、緩衝国のなかで第二次世界大戦後にソ連の衛星国にならなかった唯一の国であり、のちにはトルコとともに、NATOの戦略的に重要な南方の境界線を形成した。そして、ソ連はその後冷戦で敗北したのである。

話を戻すと、マッキンダーによれば、数億人の国民を抱える自己完結的な社会で、したがって平和的な発展が可能なインドと中国に比べて、ヨーロッパと中東はハートランドにずっと大きな影響を受ける。こうしたことからマッキンダーは、未来が「インドと中国のモンスーン地帯」によって大いに左右されると予測したのである。[*36]

しかし、そもそもなぜハートランドがこれほど重要だというのか？　ユーラシア内陸部の広大な低地と高地の支配が、本当に世界大国になるためのカギなのか？　たしかにこの地域は石油や戦略的鉱物、金属資源が豊富だが、それだけのことだろうか？　マッキンダーの理論は極度に機械論的だが、東半球の国家と民族の空間的配置を説明する手段になるのだ。ユーラシアの一方の端ともう一方の端との関係を説明するには、沿岸部より中心部を基準として説明する方がわかりやすい。ハートランドは世界島の周辺勢力を左右する要因ではなく、それを知るための材料とみなすのがよい。

『デモクラシーの理想と現実』の終わり近くで、マッキンダーはこう断定している。第一次世界大戦後、もしもソ連がドイツより早く復興すれば、ソ連はハートランドに軍隊を配置する能力をもつ「世界最大のランドパワー国家になるはずだ[*37]」。ソ連は実際に早く復興を遂げ、また第二次世界大戦後にもよみがえり、マッキンダーが示唆した通り、世界屈指のシーパワー国家であるアメリカと対立するようになったのだ。ソ連がそれまでどうしても支配できなかったハートランドの小さな一部分であるアフガニスタンを最終的に侵攻したのは、シーパワーを求めてのことだった。その結果として、ソ連はアフガニスタンで泥沼のゲリラ戦に引きずり込まれ、クレムリンの帝国全体が崩壊した。

現在も規模を大幅に縮小したロシアが、以前と同じハートランド、つまりベラルーシ、ウクライナ、カフカス、中央アジアを再び統合しようとしている。まさにこの動きが、マッキンダーが理論をしたためてから一世紀を経た今の時代にも、主要な地政学的ドラマの一つをなしているのである。

第五章　ナチスによる歪曲

地理を実践してきたドイツ

ランドパワーの継承者であるドイツとロシアは、シーパワーの継承者たるイギリスとアメリカに比べて、何世紀にもわたって、より地理的な観点からものごとをとらえてきた。モンゴルの黄金軍団がもたらした荒廃をけっして忘れることがなかったロシアにとって、地理とは「拡大なくしては侵略されるのみ」を意味する言葉だった。

領土はいくらあっても足りなかった。ロシアが冷戦中に東ヨーロッパの衛星国からなる帝国を必要としたこと、また旧ソ連邦諸国をとり戻し、旧ソ連を再構成しようとして軍事力を使用し、破壊工作を行い、エネルギーパイプラインを張りめぐらせたことは、すべて深い不安の表れだった。

しかしドイツは、少なくとも二〇世紀半ばまでは、ロシアよりさらに強く地理を意識していた。ヨーロッパのドイツ語圏は、暗黒時代から現代に至るまで地図上でたえず変動しており、ドイツ国家がようやく統一されたのは、一八六〇年代からのオットー・フォン・ビスマルク政権下でのことである。

ヨーロッパのど真ん中に位置し、ランドパワー国家でもありシーパワー国家でもあるドイツは、外洋に面した西ヨーロッパと、ハートランドであるロシア・東ヨーロッパとの結びつきをもつことにこだわった。ドイツがデンマークやハプスブルク＝オーストリア、フランスに勝利したのは、ビスマルクの鋭い地理感覚、具体的には地理的限界の認識に支えられた戦略の才によるところが大きかった。彼のもとで、ドイツはスラブ圏の東部と南東部にはけっして足を踏み入れようとしなかった。第一次世界大戦でこうした用心深さを公然と捨て去ったドイツは敗北し、その結果、自国の地理的な脆弱《ぜいじゃく》性と可能性を、さらに強く意識するようになった。

これまで歴史を通じて地図上でつねに形を変え、北方の海と南方のアルプス山脈にはさまれ、東西の草原が侵略と拡大の両方に門戸を開いていたドイツは、文字通り地理を実践してきた。空間の政治的・軍事的支配に関する学問である地政学、ドイツ語でいう「ゲオポリティーク」を生み出し発展させたのは、ほかならぬドイツ人である。そしてドイツの破滅をもたらしたのは、こうした地理学の理論だった。このようなことから、第二次世界大戦以降何十年もの間、ドイツ人の間では地理と地政学は信用ならないものという考え方が根強かった。

先人たちによる地政学研究の拡張と誤用は、フリードリヒ・ラッツェルの研究とともに本格的に幕を開けた。ラッツェルは一九世紀末ドイツの地理学者・民族誌学者で、「生存圏」の概念を提唱した人物である。ちなみにこの用語を最初に用いたのは、一九世紀初頭のドイツ系アメリカ人で、ジャーナリスト、政治学教授、投機家のフリードリヒ・リストだった。

ラッツェルに話を戻すと、彼はチャールズ・ダーウィンの著作にも多大な影響を受け、人口の規模や構成に応じて国家の境界線がたえず変化するという、有機的でやや生物学的な地理感覚をもつようになった。一般に国境線は静的であり、永続性、正当性、安定性の象徴とみなされるが、ラッツェルはとくに国家間の関係の段階的な拡大、収縮、非永続性に目を向けた。彼にとって、地図はまるで生き物のように息づいており、ここから国家が有機的・生物学的存在であり、国家が拡大するのは自然の摂理だという考えが生まれた。

ラッツェルの教え子の一人で、スウェーデンの政治学者ルドルフ・チェレンは、「ゲオポリティーク」という用語の生みの親である。熱狂的な民族主義者だったチェレンは、ロシアがバルト海の比較的温暖な海を求めて領土を拡張することを恐れ、こうしたロシアの意図に対抗するために、スウェーデンとフィンランドも拡張主義をとるべきだと考えた。

　チェレンの主張は、グスタフ二世アドルフやカール一二世などの偉大な王たちが遂げた栄光を懐かしむ貴族階級や上流中産階級のうしろ盾を得たものの、世論の支持はほとんど得られなかった。スカンジナビアでは一九世紀末と二〇世紀初頭でさえ、大国志向は遠い過去のものだったのだ。そこで、チェレンはドイツにすべての望みを託し、彼がとくに嫌悪したロシアとイギリスにドイツを対抗させようとした。

　チェレンが描いた未来の「ドイツ帝国」には、中央・東ヨーロッパの全域と、フランス沿岸部のドーバー海峡の港、ロシアのバルト海地方、ウクライナ、小アジア、メソポタミア（まもなく大鉄道でベルリンと結ばれる予定だった）が含まれていた。チェレンは、ラッツェルの概念を用いて人間社会を人種的・生物学的に分類し、民族という観点から国家を構想して、力強く活力に満ちた民族には、とくに大きな生活空間が必要だと主張した。ナチスの殺人者が自らの行動を正当化するために利用したのは、ラッツェルとチェレンの思想に潜む、もっともらしさと大言壮語だった。

　よくも悪くも思想には大きな力があり、曖昧《あいまい》な思想はとくに大きな危険を秘めている。正当な地理学は、人間が世界の諸問題に対処するうえでどのような障害があるかを教えてくれるのに対し、ラッツェルとチェレンの思想は、個人を否定し、さまざまな人種の集団によって個人を置き換えるという、正当性を欠いた地理学だった。

ナチスの地政学

カール・ハウスホーファーは、このような背景のなかで登場した。ナチスの地政学者ハウスホーファーは、マッキンダーの熱心な賛美者だった。マッキンダーの研究をハウスホーファーが不幸にも曲解した経緯や、ナチスのゲオポリティークがおよぼした脅威については、一九四二年に刊行され、ほとんど忘れ去られている政治学の古典的研究、ロベルト・ストローズ・フーペの『Geopolitics: The Struggle for Space and Power（地政学：空間と権力をめぐる闘争）』にうまくまとめられている。

オーストリア系アメリカ人のストローズ・フーペは、ペンシルベニア大学で教鞭《きょうべん》をとり、冷戦時代にトルコを含む四カ国の大使を歴任し、一九五五年にはフィラデルフィアに外交政策研究所を設立した。ちなみに、私は二〇年ほど前からこの組織の研究員を務めている。

ストローズ・フーペの著作は、第二次世界大戦で連合国が優勢になる前に書かれたものである。ナチスのゲオポリティークの危険性を彼の第二の祖国であるアメリカの国民に伝えるとともに、よき勢力がナチスとはまったくちがう方法で地政学を活用できるように、地政学とは何であり、なぜ重要なのかを説明しようとする試みでもあった。ストローズ・フーペはこのように、知的貢献という個人の営為を通して連合国の勝利に貢献し、マッキンダーと地政学自体の評判を保ったのである。

元陸軍少将カール・ハウスホーファー博士は、一八六九年ミュンヘンに生まれた。彼の祖父、叔父、父は地図製作法や旅行に関する著作をものしており、彼はこの血をしっかり受け継いでいる。ハウスホーファーはバイエルン軍に入隊し、一九〇九年に日本軍の砲術の教官に任命された。日本滞在中にこの国の軍事的台頭に感銘を受け、ドイツは日本と同盟を結ぶべきだと提唱した。

第一次世界大戦では旅団長として従軍し、このとき彼の助手を務めていたのが、ナチスの副総統となったルドルフ・ヘスだった。彼はのちに、ヘスに数冊の著作を捧げている。戦後、ハウスホーファーがミュンヘン大学の地理学と軍事科学の教授に任命されると、ヘスは彼を追って大学に入学した。

ハウスホーファーが「飛ぶ鳥を落とす勢いの扇動者」アドルフ・ヒトラーに会ったのは、ヘスを通してだった。ハウスホーファーは、一九二三年にミュンヘン一揆《いっき》が未遂に終わり、ヒトラーがランツベルク刑務所に収監されていた際に、彼と面会して地政学の講義を授けた。当時『わが闘争』(平野一郎、将積茂訳、角川書店)を執筆中だったヒトラーは、直感力はあったが断片的にしか教育を受けていなかったため、実世界のことをよりくわしく知る必要があった。そのような彼の知識の欠落を埋めてくれる存在として、大学教授のハウスホーファーに白羽の矢が立ったのだ。

ナチスの外交政策と生存圏の理想を明らかにした『わが闘争』の第二巻第一四章は、おそらくハウスホーファーの影響を受けて書かれ、そのハウスホーファーは、ラッツェル、チェレン、そしてとくにマッキンダーの思想に感化されていた。東ヨーロッパとユーラシアのハートランド周辺に住む、内陸に閉じ込められた民族が外へ向かう推力こそが、世界の歴史をつねにつくってきたと、マッキンダーは書いている。[*1]

ハウスホーファーが、どのようにして同時代人のマッキンダーに魅了されるようになったのか、その経緯をストローズ・フーペは説明している。マッキンダーはランドパワーにとりつかれていたが、シーパワーの重要性を軽視したわけではけっしてない。それでも彼は、ドイツがランドパワーでハートランドを襲撃すれば、それをイギリスのシーパワーで阻止できる見通しはほとんどないと考えていた。そして、ドイツはいったんハートランドを手に入れれば、世界島の征服に必要な大規模な海軍を構築するだろう、と。

二〇世紀のシーパワー国家が工業化の恩恵を存分に生かすためには、内陸に向かって、かつてないほど幅広く、奥深く到達する必要があるとマッキンダーはいう。工業化時代は、大国間の弱肉強食の世界だった。ところが、ハウスホーファーはこのマッキンダーの考えを、「それとは逆のドイツの視点に無理矢理あてはめ、ドイツが世界大国になるには、ドイツとロシアの『広域圏』を統合するしかないと結論づけた。それは、まさにイギリスが恐れていた展開だった」とストローズ・フーぺは書いている。
ストローズ・フーぺによると、ハウスホーファーはマッキンダーのハートランドを説明するにあたり、「世界征服者のゆりかご」とか「エルベ川からアムール川まで広がる巨大な要塞《ようさい》」といった、陰鬱《いんうつ》で神秘的でつかみどころのない表現を用いている。つまりハートランドとは、ドイツ中部から満州、極東ロシアに至る地域で、ドイツはここを手に入れさえすれば、重要な軍需工場を内陸奥深くに避難させるとともに、陸軍と海軍であらゆる方向を攻撃することができるとされた。[*2]
マッキンダーがユーラシアで勢力均衡を保つ必要から、東ヨーロッパに独立国家からなる緩衝地帯を設けることを提唱したのに対し、ハウスホーファーはマッキンダーの考えを逆転させ、「そうした諸国の消滅」を主張した。ストローズ・フーぺによれば、ハウスホーファーはこの地帯を「国家の小片……断片」と呼び、そこに暮らす人々は「狭い空間」のことしか考えず、「まぎれもない衰退の兆候」を示していると決めつけた。ストローズ・フーぺはさらに続けて、イギリス帝国を解体して、ソ連を民族的構成要素に分割する必要があるという、ハウスホーファーの「整然とした論理」についても説明する。

この構想の成否は、大ドイツ圏を実現できるかどうかにかかっていた。ドイツは民族自決権をもつ唯一の国だと、ハウスホーファーはいう。なぜなら「ドイツ人の三人に一人はドイツ国境の外で、外国の支配下で暮らしている」からだ。ここで、ストローズ・フーペはドイツのゲオポリティークが、「単純きわまりない」結論ありきの「イデオロギーの空中ブランコに乗った曲芸師」の世界だと警告する。ドイツの新世界秩序は、日本覇権下の大東亜共栄圏と、アメリカ支配の「汎《はん》アメリカ」、ドイツの支配するユーラシアのハートランド、「イタリアの影の支配下にある地中海・北アフリカ地域」の存在を前提としていた。しかしハウスホーファーにとっては、これはあくまで中間段階にすぎなかった。マッキンダーがいうように、ハートランドは世界島を、したがって世界を支配するのだから。[*3]

ストローズ・フーペは、マッキンダーのハートランドという概念には「エドワード朝時代のイギリス人の、非常に個人的な視点が色濃く表れている」と指摘する。マッキンダーの世代にとって、ロシアはほぼ一世紀の間イギリスの敵だったため、ロシアがいつかオスマン帝国を吸収し、インドを攻撃するのではないかという恐怖を、イギリスの政治家は拭いきれなかった。だからこそマッキンダーは、ロシアとヨーロッパ沿海部の間に独立国家の緩衝地帯を置くことに執着したのだ。「マッキンダーの構想は、『世界支配か破滅か』というドイツの病的な哲学にピタリとあてはまった。マッキンダーの学説には、ワーグナー崇拝者が焦がれるような運命論的な響きがあるのだ」。とはいえストローズ・フーペは、最終的にマッキンダーの名誉を救っている。

軍隊が戦場から戻る前に書かれたマッキンダーの著作は、超然とした冷静さに裏打ちされた気品に満ちており、大局的な歴史的観点をけっして見失うことがない。ドイツのマッキンダー崇拝者たちに悲惨なまでに欠けているのは、個人への信頼である。ハウスホーファーは歴史の形成における英雄の役割をやたらと強調するが、彼の念頭にあるのは市井の人々の名もなき闘争ではなく、戦場での集団的な犠牲行為なのだ。[*4]

ストローズ・フーペとマッキンダーは人間の営為と個人の高潔さを信じたが、ドイツのゲオポリティークにはそのような思想が欠けていたのである。

ゲオポリティークの教訓を生かせ

マッキンダーの手にかかると、ハートランドは地政学をわかりやすく説明するための手段になるが、ハウスホーファーの手にかかると、ハートランドは狂信的で夢想的なイデオロギーになる。ストローズ・フーペはこのことを非常に深刻に受けとめ、アメリカ国民にもこの点について喚起している。

ハウスホーファーは「理路整然とした帝国論という、アドルフ・ヒトラーの空虚な称賛では得られなかったものを、ナチスに与えた」と、ストローズ・フーペはいう。マッキンダーが勢力均衡による自由の確保という観点から未来を見たのに対し、ハウスホーファーは勢力均衡を完全に覆すことを目標とした。

ハウスホーファーによれば、国境は生ける有機体であるからして、国境の安定を求めるのは衰退に向かう国だけであり、永久的な要塞によって国境を守ろうとするのは退廃した国だけである。活力に満ちた国は、むしろ道路を建設する。こうした国にとって、国境は一時的な停止点でしかないという。このように、ドイツのゲオポリティークは「空間」をめぐる永続的な争いを前提としており、したがってそれは、ニヒリズム（虚無主義）と同類である。

ハウスホーファーは過激な世界観はもっていたが、これといった定見をもたなかった。彼はある社説で、一九三九年の独ソ不可侵条約を熱狂的に歓迎し、ドイツとロシアのランドパワーを統合する必要性を説いた。そのくせヒトラーが一九四一年にロシアに侵攻すると、別の社説のなかで、ハートランドを獲得する手段として侵攻を称賛した。もちろん、当時のドイツには、ヒトラーの決定を批判する者は皆無だった。それに、ハウスホーファーがナチスの一般的な戦略的展望を代表するようになったのは事実だが、彼とヒトラーとの特別なつながりが必要以上に強調されていることを示す、ゆるぎない証拠がある。[*5]

いずれにせよ、戦局が悪化するとハウスホーファーは総統に疎まれるようになり、一九四四年にはダッハウ強制収容所に収監された。同年、ハウスホーファーの息子で同じく地政学者のアルブレヒトは、陸軍のヒトラー暗殺計画に関わっていたとして逮捕され、翌年処刑された。これは、ハウスホーファーと家族が収監されたあとのことだった。それに、ハウスホーファーの妻がユダヤ系だったという事実がある。夫妻はヘスの計らいによってナチスの人種法から守られていたが、そのヘスも、一九四一年にイギリスとの単独講和を交渉するため、ヒトラーの了解を得ずにイギリスへ単独飛行し、そのまま終戦まで幽閉された。

ハウスホーファーは、自らが加担した世界大戦での途方もない大虐殺や破壊を次第に知るようになり、人生の矛盾に押しつぶされた。彼の人生は、権力者にとり入ろうとする者たちにつきものの危険を戒める、重要な教訓である。ドイツ敗北後、連合国によって戦争犯罪を追及されると、ハウスホーファーは妻と自害を遂げた。

ストローズ・フーペの著作には、ただハウスホーファーをおとしめ、マッキンダーの名誉回復を図るだけでなく、地政学を真剣に受けとめるようアメリカ人に呼びかけるという狙いがあった。悪意をもった何者かが地政学を利用して、アメリカを打ち破る恐れがあったからだ。彼は次のように結んでいる。

ナチスの戦争機構は征服の手段である。これに対してゲオポリティークは、その手段を用いる者たちに何を、どのように征服すべきかを伝える基本計画である。ゲオポリティークの教訓を生かすにはもう遅いが、しかし遅すぎることはないのだ。[*6]

ストローズ・フーペは、根っからの現実主義者だった。彼は、全体主義国家の征服計画を支えていた知的根拠を暴くだけでは飽き足らなかった。マッキンダーの論法に重要な点で欠陥がある一方で、ハウスホーファーの論法は歪《ゆが》められてはいるが、確かな現実に根ざしているという不都合な真実を、ストローズ・フーペは知っていた。だからこそ彼は、二つの海にはさまれているおかげで栄光ある孤立を保っているアメリカに、地理学への理解を深め、ナチスがハウスホーファーの助けを借りて覆そうとしたユーラシアの勢力均衡を安定させ、維持する役割を、戦後世界で果たすべきだと訴えたのだ。

ハートランド理論そのものに関しては、ストローズ・フーペはもともと非常に懐疑的で、エアパワーの軍事・商業利用が進むうちに意義を失うかもしれないと指摘している。しかし彼は、工業化時代の技術によって大国が有利になると考えた。大工場、鉄道、戦車、空母を最も存分に活用できるのは、奥行きの深い広大な領土をもつ大国である。「現代の歴史は、ラッツェル、シュペングラー、マッキンダーらが予想した帝国や超国家への道を、否応なくたどっているように思われる」[*7]。

もちろん、脱工業化時代には小型化が進み、大国だけでなく個人や無国籍集団までもが力を手に入れ、そのせいで地政学は複雑さを増し、緊張をはらむようになっている。

ストローズ・フーペはハウスホーファーのニヒリズムに惑わされて、彼を頭ごなしに却下するようなことはなかった。なぜなら国境そのものが、政治的・軍事的分断に悩まされる世界を象徴しているからだ。「主権国家は、少なくとも成立当初は組織化された勢力である。国家の歴史は戦争に始まる。したがってその国境は、『よい』ものであれ『悪い』ものであれ、戦略的な境界なのである」とストローズ・フーペは書き、続いてイギリスの政治家、ジョージ・ナサニエル・カーゾンの言葉を効果的に引用する。「居住可能な地球がますます狭くなる」につれて、国境戦争が数と激しさを増し、それとともに「一つの国家の野心が別の国家の野心と、相容《あいい》れない方法で鋭く衝突するようになる」[*8]。つまり、衝突が永久的に続くというハウスホーファーの前提は、完全に誤ってはいないということになる。戦争を経たあとでさえ、時を置かずに人間性の悲劇がくり返されており、また軍事技術の進歩によって時間と距離が短縮されたために、世界地図上に「空間」の危機が訪れているのだ。[*9]

空間の危機は、マッキンダーの「閉ざされたシステム」という概念の延長線上にあり、あとでくわしくとりあげる。さしあたってここでは、その結果として、大国が拮抗《きっこう》する世界における究極の善の源泉たるアメリカが、けっして地政学から身を引くわけにはいかないというストローズ・フーペの訴えが、さらにさし迫ったものになっていることを心にとめておきたい。地政学と「空間」をめぐる競争は、永遠に続くのだ。自由主義国家は、ハウスホーファーのような者たちに地政学を独占させないよう、心してこの役割を果たさなくてはならない。

第六章　リムランド理論

歴史は温帯域でつくられる

ナチスの手から地政学を奪い、その名誉を回復し、それをアメリカの利益のために利用する必要性を戦時中に訴えたのは、ロベルト・ストローズ・フーペだけではなかった。一八九三年にアムステルダムに生まれた、ニコラス・J・スパイクマンもその一人である。オランダが中立を通した第一次世界大戦中、彼は海外特派員として近東や極東を広く旅した。戦後、カリフォルニア大学バークレー校で学士と修士号を取得し、そこで教職に就き、それからイェール大学に移って、一九三五年に大学付属の国際問題研究所を設立した。[*1]

彼は教え子たちに、アメリカが世界で直面する危険と機会を評価するための最も重要な手段として、地理を認識するようつねづね教えていた。一九四三年にガンのため四九歳で亡くなったが、その前年に『America's Strategy in World Politics: The United States and the Balance of Power（世界政治におけるアメリカの戦略：アメリカと勢力均衡）』を発表している。この本はマッキンダーの著作以上に、冷戦後の世界を理解するための枠組みを与えてくれる。マッキンダーより後代に生きたスパイクマンの思想は、ある意味でマッキンダーの考えを時代に合わせて更新したものともいえる。ストローズ・フーペ、モーゲンソー、ヘンリー・キッシンジャーなど、二〇世紀半ばにヨーロッパからアメリカに移住した人々と同様、スパイクマンも、多くのアメリカ人の考え方を特徴づけていた理想主義や感傷主義とは無縁だった。

地理がすべてだと、彼は断言する。アメリカが偉大なのは、その思想のおかげではなく、大西洋と太平洋に面しているという、「位置的に世界で最も恵まれた国」だということが大きい。[*2] 地理の非情さと、その結果として起こる空間をめぐる闘争から逃れることはできないとスパイクマンはいい、「国際社会は……法と秩序を守る中央権力のない社会である」と述べている。いいかえれば、世界は無法状態にあるということだ。したがって、すべての国が自衛のために戦わなくてはならない。政治家は正義、公正、寛容という普遍的価値を求めて奮闘するかもしれないが、それは力の追求を妨げない限りにおいて可能なことだ。

スパイクマンにとって力の追求とは、すなわち生き延びることだった。「力の追求は、道徳的価値を実現するために行われるのではない。力の獲得を容易にするために、道徳的価値が用いられるのだ」。これは、カール・ハウスホーファーがいったとしてもおかしくない言葉であり、そのことに大きな悲劇がある。

とはいえ、両者の根本的なちがいを見失ってはいけない。マッキンダーやストローズ・フーペと同様、スパイクマンが信奉したのは、支配ではなく、「均衡した勢力」がもたらす「安全」だった。このちがいが、すべてのちがいの原点となっている。なぜなら、スパイクマンが注意深くいうように、「勢力均衡」は、平和を維持するという意味で「自然の法則やキリスト教倫理」にも通じるものがあるからだ。[*3]

ストローズ・フーペがナチスの地政学的理論をミクロにとらえ、またそうすることによってマッキンダーを擁護しているのに対し、スパイクマンは世界地図をマクロにとらえ、ナチスによる世界支配の実現性を分析し、戦後世界の勢力配置を大まかに示した。その手始めとして、彼はアメリカがどのようにして大国になったかを説明している。

スパイクマンはこう書いている。「歴史は気候が温暖な温帯域でつくられる。南半球には温帯域の陸塊が非常に少ないため、歴史は北半球の温帯域でつくられるといってもいいだろう」。もちろん彼は、サハラ砂漠以南のアフリカ（サブサハラ・アフリカ）と南米の南回帰線以南（コーノ・スール）の重要性を軽視しているわけではない。運輸と情報通信技術の発達によって、すべての地域が互いに影響を与え合っている現代では、これら地域の重要性はかつてないほど高まっている。そうではなく、彼は単に北半球のほかの地域、とくに温帯域に比べれば、世界全体に与える影響力が小さいといっているだけだ。

マッキンダーとほぼ同じ時代に生きたジェームズ・フェアグリーブによれば、温帯域は熱帯地方に比べて太陽エネルギーが少なく、その分気候の多様性や、種まきと収穫の時期のちがいに対処するための努力が必要になる。その結果、温帯域では、人間が「多様な力を身につける」のだという。また、南極圏には切れ目のない海の環に囲まれた巨大な大陸があるのに対し、北極圏にはほぼ切れ目のない陸地の環に囲まれた海があり、しかもその陸地は、人間の生産性が最も高い陸地である。

ストローズ・フーペはさらに踏み込んで、歴史は「北緯二〇度から六〇度の間」でつくられるという。この地域には、北米、ヨーロッパ、大中東圏、北アフリカ、ロシアの大部分、中国、インドの大半が含まれ、マッキンダーが「荒野地帯」と呼ぶ、ハートランドとそれに隣接するユーラシアの周辺地帯にほぼ相当する。そう考えると、アメリカに関する重要な事実は、カナダ北極圏の南に位置することと、ヨーロッパの啓蒙運動まで都市文明に占領されていなかった、比較的空白の多い温帯域の最後の大きな空間を占めているという二点に集約される。

さらにスパイクマンによれば、アメリカが当初繁栄したのは、東海岸の河口や入り江が「港として絶好の条件を多く備えていた」からだった。[*4] この見解によれば、初期のアメリカの自由を支えていたのは、つきつめれば地理だったということになる。アメリカが大国の地位を占めているのは、「新世界の外での活動にとりくめる余力」をもち、東半球の勢力均衡に影響をおよぼすことができる、西半球の地域覇権国だからだ。[*5] これはきわめて稀《まれ》な能力であり、あたりまえのことと思ってはいけない。それは、ラテンアメリカの特殊な地理的事情あっての力なのだ。世界には半球規模の覇権国はほかにない。中国やロシアもちがう。アメリカがどのようにしてこの地位を手に入れたかを説明するために、スパイクマンは、マッキンダーがほとんどとりあげなかった南米を地政学の俎上《そじょう》に載せている。

マッキンダーの理論はユーラシア、とくにハートランドに注目したという点で、冷戦の地理を理解するうえで欠かせない。これに対してスパイクマンは、より有機的な地球観をもっており、その意味で地球上のすべての場所が互いに影響を与え得るこの時代にあっては、マッキンダーより重要な意味をもつのだ。

アメリカが西半球の覇権を維持するには

新世界の戦略的・地理的な中心地は、スパイクマンのいう「アメリカの地中海」、つまりメキシコ湾を含む大カリブ海にある。アメリカは一八九八年の米西戦争（アメリカ・スペイン戦争）を通じて、ヨーロッパの植民地から「中海《なかうみ》」であるカリブ海の絶対的支配権を獲得し、パナマ運河の建設に着手することで世界的な大国になったのだ。

「アメリカの地位を深刻に脅かす勢力は、この地域から生じることはない」と彼はカリブ海沿岸について書いている。「どの島も小さめで、中央アメリカの地形はバルカン半島に似て……小規模な政治単位に有利にはたらく。メキシコやコロンビア、ベネズエラのような大規模な国でさえ、地形や気候上の理由、それに戦略的原材料の不足から、海軍大国にはなれない」。こうした諸国は、アメリカ海軍がカリブ海の東端を封鎖すれば世界市場から遮断されてしまうため、つまるところ、アメリカに生殺与奪の権を握られていることになる。

スパイクマンの強みは、本章でとりあげるほかの思想家と同様、今起こっているできごとの本質を見抜き、基本的な真実を明らかにする能力にある。そしてスパイクマンによれば、西半球の地理に関する基本的事実とは、アメリカ大陸が北米と南米に分かれているのではなく、実はアマゾンを中心とする赤道ジャングル以北と以南の地域に分かれていることである。コロンビアとベネズエラ、ギアナ地方は南米の北岸にあるが、実質的に北米とアメリカ地中海の一部をなしている。地政学的にはカリブ海世界に属し、アマゾンのジャングル以南の国々とは同じ大陸を分け合っているが、ほとんど関わりをもたない。ヨーロッパ地中海と同様、アメリカ地中海は陸地を分断するよりは、むしろ結びつけているからだ。

北アフリカが地中海世界の一部であり、サハラ砂漠によって遮断されているために本当の意味でアフリカの一部になれないのと同様に、南米の北部沿岸はカリブ海世界に属し、本来の南米とは地理によって分離されている。また、南米の南半分は、地理のせいで地政学的重要性が薄いと、スパイクマンは説明する。南米の西海岸は、太平洋とアンデス山脈の間で押しつぶされている。そのアンデス山脈は、中国をインド亜大陸から分離しているヒマラヤ山脈、カラコルム山脈、パミール山脈の「結び目」を除けば、世界で最も高い山脈である。

アンデス山脈の渓谷は、北米の東海岸から西方へ向かう通り道になっているアパラチア山脈の渓谷に比べると、狭くて数も少ない。この地域の河川は航行不能なため、チリやペルーなどの国は、東アジアと太平洋を隔てて一万三〇〇〇キロほど離れているだけでなく、アメリカの東西両海岸からも数千キロ離れており、世界的に重要な連絡路や歴史的な移動経路にはなり得ない。したがって、大規模な海軍を構築することができない。南米のうち、温帯に位置するのはチリの中央部と南部だけだ。

ヘンリー・キッシンジャーはかつてチリを、「南極に突きつけられた短剣」と呼んだという。南米の東海岸もほかの地域から遠く離れ、孤立している。南米は、北米の真南ではなく東に少しずれているため、木々の生い茂るアマゾンのはるか南方、リオデジャネイロからブエノスアイレスに至る南米の大西洋岸の人口密集地帯は、ニューヨークからはリスボンと同じくらい遠いのだ。

このようにアメリカは、アメリカ大陸の地中海を支配し、膨大な距離と広い帯状の熱帯林によって南米の中心部から切り離されているため、西半球にはその力に挑戦する国がほとんどいない。アメリカにとって南米のコーノ・スールは、スパイクマンにいわせれば、「大陸の隣国」というよりは「海外領土」に近いのだ。[*6]

しかしこうした事情も裏を返せば、アメリカの不利にはたらく。カリブ海は陸地を分断せず結びつけており、コロンビアから中央アメリカとメキシコを通ってアメリカに至るコカインとマリファナの輸送経路が、この一例だ。アメリカを西半球の裏庭から脅かす、いわゆる麻薬戦争は、地理の重要な教訓である。

ベネズエラの大衆主義者で反米急進派の絶対的指導者、故ウゴ・チャベス大統領についても同じことがいえる。彼は単にロシアとイランと同盟関係にあっただけでなく、カリブ海沿岸の「止まり木」からロシアとイランと同盟を結んでいたからこそ、アメリカのグローバル権益を侵害する存在だったのだ。もし彼がコーノ・スールにいたなら、これほどの脅威にはならなかっただろう。

グローバリゼーションの進展によって、アメリカはカリブ海周辺の不安定なラテンアメリカ諸国と、不安になるほど緊密な関係をもつようになっている。かつてはカリブ海地域といえば、アメリカ海軍に支配されているが、アメリカ社会の主流からは隔離された地域だった。しかし、今ではアメリカ社会にすっかり溶け込んでいる。スパイクマンの概念は、もちろん詳細までは予測できたはずがないが、こうした動向を見事にいいあてている。

スパイクマンはストローズ・フーペと同様、第二次世界大戦中の戦局が連合軍側の優勢に傾く前に書いていたため、彼の心に最も重くのしかかっていたのはナチスの世界的脅威だった。だから、彼はアメリカが南米から分離されていることを、地理的に非常に重要なこととみなした。カリブ海沿岸さえ支配すれば、南米を支配する必要がない。このことは、アメリカの大きな戦略上の強みだった。だが、この地域がヨーロッパの敵国によって脅かされることがあれば、これといった地の利がないことは、逆に弱みになる。

リオデジャネイロ以南のコーノ・スール（スパイクマンのいう「等距離ゾーン」）には、南米大陸の最も生産性の高い農業地帯と、南米の人口の四分の三、そして当時の南米の最も重要な二つの共和国、ブラジルとアルゼンチンの主要都市が含まれていた。ユーラシアと比べて地理的重要性が低いという点を考慮に入れても、コーノ・スールが敵対国の包囲戦略にとり込まれれば脅威になると、スパイクマンは懸念していた。

アメリカ大陸の地理のおかげで、アメリカは西半球の覇権国として台頭できたが、同じ大陸が自由な北米と枢軸国に支配された南米に分裂するようなことがあれば、アメリカの優位に終止符が打たれるだろう。「多くの孤立主義者が、西半球を防衛するという政策を受け入れたのは、それがドイツとの衝突を避ける方法のように思われたからだ。しかし、たとえアメリカがヨーロッパの支配をめぐるドイツとの戦争を避けられたとしても、南米の覇権をめぐるドイツとの闘争を避けられたはずがないという事実を、彼らは見すごしていた」[*7]。

枢軸国はその後敗北したが、スパイクマンの警告は今も生きている。ヨーロッパ、日本、中国は「等距離ゾーン」に貿易を通して深く入り込んでおり、対米貿易が全体に占める割合が二〇%を切っているこの地域で、アメリカが今後も支配的な外部勢力でいられる保証はどこにもない。それに、ニューヨークからブエノスアイレスまでの飛行時間は一一時間、つまりアメリカから中東に行くのと同じだけの時間がかかる。スパイクマン自身は戦争に勝利することに執着していたが、彼の地理へのひたむきな集中は、われわれが暮らすこの世界について多くを教えてくれる。

ハートランドからリムランドへ

マッキンダーより三〇年ほどあとに生まれたスパイクマンは、このイギリスの地理学者をよりどころとして仰ぎ、インスピレーションを得ていた。スパイクマンの主な関心は、マッキンダーと同様ユーラシアにあり、ラテンアメリカはそこからの長い脱線だった。マッキンダーの著作は、ハートランドを支配するランドパワー国家とシーパワー国家の間に戦いが起こることを示唆し、その戦いでは、ハートランドに根ざしたランドパワー国家が優位に立つはずだった。スパイクマンは、シーパワー国家とランドパワー国家のどちらが重要かという点についてはマッキンダーと考えを異にしていたが、明らかにマッキンダーに精神的影響を受けていた。

またスパイクマンは、ハートランドをソビエト帝国とほぼ同じ意味で使っている。ここが世界のカギを握る地域であり、ここをめぐって、たえ間ない闘争がくり広げられることになると彼は考えた。この山脈と高地のベルト地帯の北と中央にハートランドが位置し、南にはヨーロッパと南アジア、東南アジア、中国、日本の人口大国と、石油の豊富な中東が位置する。

このユーラシアの周辺地帯、とくに沿岸地帯が、スパイクマンのいう「リムランド」である。リムランドこそが世界的勢力になるためのカギだと、スパイクマンは主張する。なぜマッキンダーのハートランドではないかといえば、海洋志向のリムランドはユーラシアを支配するだけでなく、外部世界と接触するうえで重要な地域でもあるからだ。[*8]

もちろん、二人ともいわんとする趣旨は同じである。マッキンダーは、ハートランドを制する者がリムランドを獲得するのに最も有利な位置につけており、リムランドがシーパワーを通じて世界支配へのカギをもたらすといっているのだ。現に彼はこう書いている。「もしも長期的視点をとるならば、いつか巨大な大陸の大部分が単一の勢力の下で統一され、そこが無敵のシーパワー国家の基地になる可能性を、依然として考慮に入れるべきではないのか?」。いうまでもなく、これはソ連が夢見たことだった。ソ連は、アフガニスタン侵攻を通じてインド洋の温かい海への進出を試み、一九八〇年代にはパキスタンの不安定化を企て、そうしてシーパワーとランドパワーを結びつけようとしたのだ。[*9]

それでも、スパイクマンはリムランドを重視しているという点で、マッキンダーより分がある。大中東圏のリムランドが混乱し、南アジア全域と朝鮮半島が緊張しているという世界の現状を考えれば、リムランドに重点を置き、地政学の複合的な視点をもつスパイクマンの思想は、今の時代にも十分通用する。マッキンダーの理論体系が、二〇世紀初頭の世界と第一次世界大戦を基盤としているのに対し、スパイクマンは、次の大戦の現実を見据えて議論を展開した。当時、ハートランドはアメリカの同盟国ソ連の手中にあったため、問題ではなかったが、リムランドは枢軸国によって脅かされていた。

枢軸国は戦争に敗北したが、リムランドをめぐる争いは冷戦にまでもち越された。ソ連はハートランドの大国として、ヨーロッパや中東、朝鮮半島などのリムランドを脅かし、これに西側のシーパワー国家が対抗した。その結果、一九四六年にアメリカの外交官でロシア専門家でもあったジョージ・ケナンのいわゆる「長文電報《ロング・テレグラム》」をもとに、対ソ「封じ込め」政策を柱とする冷戦政策が策定されたのである。この政策はスパイクマンとマッキンダー、両者の考えを彷彿《ほうふつ》とさせた。

封じ込めとは、ソ連が「包囲」と呼んだ戦略の、周辺部のシーパワー国家による呼び名である。[*10] 西ヨーロッパの防衛、イスラエル建国、アラブ諸国の穏健化、革命前のイランの近代化、そしてアフガニスタンとベトナムでの戦争はすべて、共産主義帝国がハートランドからリムランドへ支配の手を伸ばすのを阻止することを狙っていた。

地理が支配する「多極的」世界

スパイクマンは一九四二年の視点から第二次世界大戦後の世界を展望し、地理学を通して気がかりな知見を示している。連合軍が劣勢に立たされ、ヒトラーの戦争機構の破壊が最優先事項だった時期にも、スパイクマンはドイツを非武装化することの懸念を声高に主張した。「ウラル山脈から北海までをロシアに支配されるのは、同じ地域をドイツに支配されるのに比べて、大した改善とはいえない」。

イギリスの安全保障にとって、英仏海峡にロシア軍の飛行場があるのは、ドイツ軍の飛行場があるのと同じくらい危険なことだ。したがってヒトラーを排した後に、強力なドイツの存在が必ずや必要になる。同様に、三年後には日本軍と熾烈《しれつ》な沖縄戦を戦うことになったにもかかわらず、スパイクマンはロシアと、とくに台頭する中国という大陸勢力と対抗するために、戦後に日本と同盟を組むことを提唱した。

日本は食料の純輸入国で、石油・石炭生産が不足しているが、伝統的に海軍大国であるため、脆弱《ぜいじゃく》とはいえアメリカにとって利用価値が大きい。日本は東アジアの沖合の大きな島として、イギリスがヨーロッパで果たしているのと同じ役割を、アメリカのために担えるはずだ。中国が弱体化し、まだ日本軍による蹂躙《じゅうりん》を耐え忍んでいた一九四〇年代初頭に、スパイクマンは中国に対抗するうえで、日本を同盟国にもつことの大切さを早くも強調したのだ。

中国が近代化し、活性化、軍事化すれば……日本のみならず、「アジアの地中海（南シナ海)」における西洋列強の地位をも脅かすようになる。中国はこの中海の沿岸帯の大部分を支配する大陸国家になる。中国の地理的位置は、わが国が「アメリカの地中海(カリブ海)」に占める位置にも匹敵するだろう。中国が強大化すれば、この地域への中国の現在の経済進出が政治的な含みを帯びることはまちがいない。この海域が、イギリスやアメリカや日本の海軍ではなく、中国の空軍によって支配される日が来ることは、容易に想像できる。[*11]

スパイクマンの最も説得力ある主張は、おそらくヨーロッパに関する提言だろう。彼はヨーロッパをドイツによって支配されることにも、ロシアに支配されることにも反対していたが、いかなる状況下でもヨーロッパが統一されることにも異を唱えた。たとえヨーロッパの連邦化が平和的・民主的に実現したとしても、アメリカにとってはヨーロッパ諸国間の勢力均衡の方が望ましいと考えたのだ。「ヨーロッパ連邦は、大西洋の大国としてのわが国の立ち位置を大きくゆるがす勢力となり、西半球におけるわが国の地位は大幅に低下するだろう」。

今もEUは発展段階にある。単一通貨圏を生み出しはしたが、各国の強力な指導者が、協調的だが独立的な外交政策をそれぞれに追求しているため、スパイクマンの予言が誤っていたと判断するのは時期尚早である。それでもヨーロッパの統合が進めば進むほど、アメリカとの緊張が高まることはすでに目に見えている。独自の軍隊と単一の外交政策をもった真のヨーロッパ超国家は、アメリカの盟友になる一方で、南米南部の等距離ゾーンにおける支配的な外部勢力になるかもしれない[*12]（もっとも、ヨーロッパの現在の財政危機を見る限り、その可能性は低そうだが）。

スパイクマンが、マッキンダーとも冷戦の封じ込め政策とも著しく異なるのは、この点である。[*13]封じ込め政策は、ソビエト共産主義に対する防波堤としてのヨーロッパ統一を促したが、その基盤は自由社会のリベラルな理想と地政学にあった。ジョージ・ケナンは長文電報をしたためるにあたって、西側の理念や生き方が、ソビエト共産主義の全体主義に最後には勝利すると信じていた。だからこそ、同じ信念をもつヨーロッパ民主主義国の政治・経済同盟創設を支援すべきだと考えたのだ。

しかしスパイクマンは、筋金入りの現実主義者のケナンよりも、さらに輪をかけて冷徹だった。

スパイクマンは、状況分析に地理以外の要素をいっさい含めなかった。ハウスホーファーのように民主主義と自由社会を信じていなかったからでは**ない**。単にそうした信念が、地政学的分析においては大した意味をもたないと考えていたのだ。

スパイクマンは自分のなすべき仕事が、世界をよりよくすることではなく、そこで起こっていることについての知見を提供することだとわきまえていた。彼がケナンの政策と冷戦にとらわれずに、その先を見通すことができたのは、この冷徹な感性のおかげだった。だからこそ、彼は一九四二年に、今の時代について書くことができたのだ。

丸い地球と立体的な戦闘という観点から、政治と戦略を考えられる政治家だけが、周辺部への攻撃から自国を守ることができる。シーパワーを補完するエアパワーと、戦力の本質である機動性を備えた国にとっては、遠すぎて戦略的に意味をもたない地域や、離れすぎていてパワーポリティクスに無関係な地域など存在しないのである。[*14]

別のいい方をすると、エアパワーと、世界中どの地域にもすばやく展開できる軍隊をもつアメリカにとっては、世界のすべての地域が意味をもつ。しかも、エアパワーとも関係の深い情報通信技術の発達により、アメリカに限らず、マッキンダーの「閉ざされたシステム」内のすべての人にとって意味をもつのだ。とはいえ地球というシステムは、一つの覇権国が支配するには大きすぎるため、スパイクマンのいうように「勢力が地域に分散し」、大きな勢力圏が影響をおよぼし合うようになる。

彼は複数の覇権国が併存する世界を直感的に予想したが、その世界観は今日何かと話題に上る「多極的」な世界を彷彿とさせる。そのような世界はすでに経済的・政治的には実現しているが、アメリカがほかの軍事大国から遠く離れているせいで、軍事的にはまだ実現していない。しかし、アメリカ、ＥＵ、中国、インド、ロシアといった地域大国と、トルコ、イラン、インドネシア、ベトナム、ブラジルといった中間国が割拠するこの新しい世界は、スパイクマンの主張を十分裏づけているといえよう。[*15]

こうした世界では、どんな力学が作用するのだろう？　スパイクマンは未来予測の手法を駆使して、まずは地図をさまざまな角度から検討する。彼の洞察のうち最も興味深いものは、北極点を中心とする世界地図に関する洞察だ。「二つの重要な特徴がはっきりと見てとれる。陸塊が北半球に集中していることと、その陸塊が北極を中心としてアフリカと喜望峰、南米とホーン岬、オーストラリアに向かって、ヒトデのように放射状に伸びていることだ」。この地図では、陸地がどこにでもある。他方、南極点を中心とする地図では、どこにでもあるのは海だ。北極中心の地図を見ると、北半球の大陸は寄り集まっているが、南半球の大陸は分散していることがわかる。この図法では、南半球の大陸間の距離は誇張されるのだが、それでもオーストラリアが南米から、また南米がアフリカから遠く離れていることがよくわかる。このように、北米とユーラシアの地理的に近い関係がダイナミックで、「世界政治の基線をなしている」のに比べると、南半球の大陸間の関係はずっと重要度が低い。

ここでもスパイクマンは、南米とアフリカがそれ自体重要でないとはいっていない。単に大陸間の関係について語っているのだ。南米とアフリカが地政学的に重要な意味をもつのは、北半球の大陸と関わりをもつ場合に限られる。だが、この極点を中心とする地図によって真に明らかになるのは、北米とユーラシアの有機的な関係である。

北米の西海岸と東アジアは、広大な太平洋で隔てられていると、普通は考えられている。だが、北極海航路をとって北のアラスカへ飛び、それから南に方向を変えて極東ロシアから温帯域の日本や韓国、中国に飛べば、あっという間だ。

北極圏は、とくに温暖化が進めば、今後数十年のうちにシーパワーとエアパワーに新たな意味を与えるだろう。アメリカ西海岸とアジアの都市間は、超音速輸送機によって今の三分の二の時間で行き来できるようになる。北極海航路の利用が加速すれば、アメリカ、ロシア、中国の一体化はさらに進むだろう。地理はより身近になり、意外なことにかえって重要性を増すだろう。[*16] グローバリゼーションによってあらゆる壁がとり払われれば、国同士の接触はますます頻繁に、緊密になり、その結果、政治的な対立も協力も起こりやすくなる。

いったん世界が「閉ざされた政治システムになれば、最終的な地理的現実が明らかになる」とマッキンダーはいう。[*17]その現実とは、世界島が一つの地政学的単位であり、周辺の海に浮かぶ大陸の衛星のなかで、北米が最も重要な衛星だという認識である。マッキンダーがここで言及しているのは、北半球のことだ。ユーラシアの主な陸塊のすべてとアフリカの大部分は、すべて北半球に含まれるからだ。

スパイクマンのリムランド理論は、このシナリオにぴったり合致する。ヨーロッパの周辺地帯、中東、インド亜大陸、極東が、莫大《ばくだい》な人口、経済開発、炭化水素資源（石油や天然ガス）に支えられて、ユーラシアのインド洋と太平洋の沿岸地域を支配している。ロシアは北極圏の海域の温暖化に助けられたとしても、これら地域によってハートランドとしての力を抑え込まれているのだ。[*18]北極圏が北米と世界島の北端をつなぐ民間航空機や軍用機の交通の要衝になる一方で、大インド洋は、アフリカと中東を東アジアとつなぐ世界島の商業・軍事交通の海洋高速道路になるだろう。

それでもユーラシアのリムランドは、厳密に政治的な意味では統合されない。複数の地域覇権国が併存する現状では、マッキンダーとスパイクマンがともに恐れていた危険である、単一のランドパワー国家によるユーラシアの支配、または単一のシーパワー国家によるユーラシアのリムランドの支配が実現しそうな気配はまるでない。シーパワーを増強している中国でさえ、アメリカ、インド、日本、オーストラリアなどの海軍によって抑止されれば、この偉業を達成できそうにない。

しかしこれから見ていくように、この微妙な勢力バランスの世界、通商と経済の力が軍事力を凌駕《りょうが》する世界は、地理が支配する地政学の世界でもあるのだ。このことは、これまでになく混雑する世界中の海で、とくに顕著である。この海洋世界をよりよく理解するために、次章では、一九世紀末から二〇世紀初頭に活躍した、別の思想家に目を向けよう。

第七章　シーパワーの魅惑

「旺盛な帝国主義」に駆られて

マッキンダーがランドパワーに重点を置いていたのは、鉄道・道路交通における新しい技術的動向を考慮に入れたからだった。だがマッキンダーよりやや年上の同時代人である、アメリカ海軍少将アルフレッド・セイヤー・マハンは、同じ理由からシーパワーの重要性を説いた。マハンは支配権をめぐる戦いでは、シーパワーがランドパワーより重要で、しかも国際秩序の安定をそれほど脅かさないと考えた。「海軍が内陸部に行使できる強制力には限界がある」ため、自由への脅威にはならないとマハンはいう。

マハンは、ユーラシアのハートランドが帝国の地理的な回転軸になるのではなく、むしろインド洋と太平洋が世界の地政学的運命を握る「ちょうつがい」になると考えた。海洋国家はこれらの海があるからこそ、ユーラシアのリムランド全体に戦力を投射でき、また鉄道と道路の輸送網を利用して、中央アジアの内陸部の政治情勢にも介入できるからだ。インド洋と太平洋沿岸のリムランドを重視したニコラス・スパイクマンは、マッキンダーと同じくらい、マハンにも大きな影響を受けていた。

マッキンダーはハートランドを支配するロシアの強さに脅威を感じていたが、マハンはマッキンダーの『地理学から見た歴史の回転軸』論文の四年前に刊行した著書『The Problem of Asia（アジアの問題）』のなかで、ロシアがインド洋の温かい海から遠く離れていることを根拠に、ロシアの脆弱《ぜいじゃく》性を明らかにした。ロシアは「外洋からどうしようもないほど離れているため、富の蓄積に不利な立場にある。そのため、ロシアが不満を抱くのは自然で当然なことであり、不満は攻撃に転じやすい」。こうしてマハンは、ロシアの国民性の奥底にある心理的伏線を、地理をもとに明らかにしている。

マハンはロシア南部とインド洋北部に位置する国々をアジアの「係争地」と呼び、「ロシアのランドパワーとイギリスのシーパワーの間の紛争地帯」と説明する（スパイクマンが四〇年後にリムランドと呼んだ地帯である）。この係争地に関して、中国、アフガニスタン、イラン、トルコが重要な役割を担っていると、マハンは指摘する。彼が早くも一九〇〇年に、現代の地政学のカギを握る中軸国家を特定できたのは偶然ではない。地理は不変なのだから。

これらのリムランド諸国がことごとく巻き込まれた冷戦の時代には、地理の導きもあって、ユーラシア南端の諸国をロシアから守るための封じ込め政策が策定された。地理を参照することによって、ユーラシアのハートランドから太平洋沿岸の温かい海まで広がる国家・文明である中国の重要性が明らかになる。また地理によって、中東の命運を握る二つのハートランド国家として、アフガニスタンとイランが浮かび上がる。

ちなみに、海軍戦略においてとりわけ重要な、アラビアとインドにはさまれた地域を指す用語として、一九〇二年に「中東」という言葉を初めて用いたのもマハンだった。インド洋沿岸帯の中央に位置し、後方をヒマラヤ山系によって保護されているインドは、海から中東と中国に侵入するうえできわめて重要な位置にある。他方、遠く離れたアメリカはシーパワーを利用することで、「閉ざされたシステム」内で、マハン風の手段を通じてユーラシアに影響を与えることができる。[*1]

海洋を中心に据えるマハンの考え方には、欠陥もある。ロベルト・ストローズ・フーペが『地政学』のなかで説明するように、「イギリスとアメリカがマハンの教えにしがみつくのを見て、彼ら（ハウスホーファーやその他のドイツの地政学者）はドイツにとって絶好の機会が到来したと考えた。アングロサクソンの大国がこのマハン風の原則（安全を保障するだけでなく、臨戦態勢を敷く必要がないという点でも、非常に魅力的な原則）をもとにした防衛政策を進める限り、ドイツは全面戦争を組織するのに必要な空間を確保できた」[*2]。いいかえれば、マハンのシーパワーの原則は攻撃的ではあったが、ユーラシアの安全保障に集中していたせいで、ランドパワー国家がイベリアからウラル山脈までのヨーロッパをすばやく包囲できることを十分考慮に入れなかったのだ。

だがマハンは自らを正当化して、こう書いている。「海洋の正当な利用と支配は、富を蓄積する手段の一環にすぎない」[*3]。それでも彼の考えは、ヨーロッパ内の勢力均衡を維持するよりも、アメリカが全世界でシーパワーを拡大するのに好都合だったことはまちがいない。ストローズ・フーペの言葉を借りれば、マハンは「旺盛な帝国主義」に駆られ、アメリカのパワーの最終目標を、神の使命としての「海から輝く海へ」の領土拡大だけでなく、カリブ海と太平洋を支配し、圧倒的な世界大国になることにも置いていた。国家は走るのをやめれば倒れてしまうため、領土を拡大するか、さもなくば衰退するのみだというのが、その根拠だった。彼は戦術家として、こうした単純明快な方針を好むことが多かった。「戦列艦の大艦隊」つまり圧倒的な艦隊を通じて海軍力を結集し、量で圧倒する戦術を好んだ[*4]。

しかし、一八八三年からの二〇年間で一九冊もの著書を発表したマハンの思想を、単純にとらえることはできない。旺盛な帝国主義はその一面でしかなかった。彼は民主主義の擁護者でもあり、民主主義は軍事支出拡大には不都合だと考えていたにもかかわらず、専制支配より民主主義支配が望ましいと公言した。

彼は、アメリカに大規模の艦隊が絶対的に必要だとは、必ずしも考えなかった。制海権を掌握するには同盟が不可欠であり、むしろイギリスと手を組むべきだ。戦争は国家の不自然な状態だが、国家は痛ましくも戦争に備えなくてはならないとした。また、マハンはグローバル・コモンズ（どの国家にも支配されない公共領域）を守るための、海洋同盟の多国籍体制を構想した。したがって、彼を型にあてはめて考えないことが重要である。[*5]

マハンは一八九〇年に発表した『海上権力史論』（北村謙一訳、原書房）のなかで、彼の構想の全貌を説明した。この著書はウィリアム・マッキンリーとセオドア・ルーズベルト両大統領の考えに影響をおよぼし、第一次世界大戦前の海軍力増強のきっかけとなった。海洋は文明の「巨大なハイウェイ」つまり「広場」であり、とくに「水路での旅行や交通は陸路よりつねに容易で安価だった」ため、いつの時代も海軍力は世界的な政治闘争の勝敗を分ける要因だったと、マハンは述べている。彼の議論の強みは、その独創性と網羅性にあった。[*6]

マハンはこの大作の冒頭で断言する。「平和を好み利を愛する国は、先見の明がない。そしてとくに今の時代、十分な軍事対応力に欠かせないのは、何をおいても先見の明である」。マハンは主戦論者でもなければ、専制政治を擁護したわけでもない。それでも「民主的な政府に先見の明、つまり国の立ち位置を鋭く把握する能力があるかどうかは疑問である」と彼はいう。世界中の友好国の港がいつまでもちこたえるかはわからないからだ。
一般に平和な国は、悲劇に対する感受性を養わないことがもたらす悲劇を知らない。そのうえ、平和な国の歴史家は海について無知で、陸地にこれほどの影響をおよぼし、陸地の安全保障と繁栄をもたらす大洋について何も知らないのだ。だからこそ、海上戦の歴史について書くことが急務なのだと、彼はいう。それはとくに櫂船《かいせん》から蒸気船へ（そして現代の原子力空母や潜水艦へ）の技術進歩が起こったにもかかわらず、海上戦の原則が変わっていないからだ。

制海権の重要性

マハンは、帆船の時代が「正式に始まった」一六六〇年から、アメリカ革命が終わった一七八三年までの時代をふり返る。ジョージ・ワシントンが、アメリカが独立戦争で勝利した理由の一つとしてフランスが制海権を握っていたことを挙げたと、マハンは指摘する。もっともその二〇年前、フランスはシーパワーを疎《おろそ》かにしたせいで、七年戦争に敗北しているのではあるが。マハンはさらに昔にさかのぼって海軍戦術を概説し、人間の歴史における海の重要性を強調する。

ハンニバルが「あの長く危険なガリア遠征で、経験豊かな兵を半数以上失う」羽目になったのは、ローマが制海権を握っていたためだった。「他方ローマの軍団は、ハンニバルの拠点であるスペインとイタリアの間の海を、妨害を受けることも苦しむこともなく通過した」。第二次ポエニ戦争では、ローマが地中海を支配していたことがカルタゴの敗北の決定的要因だったため、大きな海上戦はなかったとマハンは指摘する。地中海を平坦な砂漠にたとえ、陸地を砂漠の床からそびえる山脈にたとえれば、強力な海軍は砂漠を通じて山脈間を自由自在に行き来できる軍隊に相当すると、マハンは書いている。

ローマにはこのような力があった。しかし海は特異な要因であり、水兵は「はるか昔から特殊な人種だった」ために、「海軍はしかるべき敬意を払われていない」。「海軍は軽歩兵隊のようなものだ」とマハンは続ける。「港間の交通路を確保し、敵の交通路を妨害する一方で、陸地に支障がないよう海を一掃し、人間がこの世界で暮らし、繁栄できるように砂漠を支配する」のだから。[*7]

マハンによれば、そのため重要なのは「個々の船や護衛艦隊を撃破することではなく、圧倒的な制海権を手に入れて、敵軍の旗を海から一掃するか、逃亡者の旗にしてしまうことである」。また「もし国が、その立地条件のおかげで陸からの攻撃に対して自国を守る必要がなく、陸路を通じて領土拡大を求める必要もない場合、海にすべての目的を結集できるため、大陸に国境をもつ国々よりも有利な立場に立てる」[*8]。

イングランドとアメリカはそのような位置にあり、どちらも長期にわたって世界的支配を経験してきた。だが、アメリカの地理的位置には大きなデメリットもあると、マハンは示唆する。たしかにアメリカは、広大で資源に恵まれた温帯域に位置する島国であるため、国土を荒廃させるようなユーラシアの勢力闘争とは無縁でいられた。だが同時に、アメリカがこうした闘争に影響力を行使できないのは、ユーラシアのとくに太平洋岸の港から大きな距離によって隔てられているせいでもある。

マハンがこの本で予見したように、中米のパナマ運河が完成すれば、アメリカの商船と軍艦がユーラシアの両端とより深いつながりを結べるようになる。しかしそれでも距離は広大であり、それがアメリカに「莫大《ばくだい》な出費」を強いるだろう。パナマ運河の真の効果は、「地域交通の終着点であり要衝」であるカリブ海を「世界最大のハイウェイの一つ」に変えることにあると、マハンは指摘する。アメリカだけでなくヨーロッパ諸国の船も、太平洋に出るために運河を通過するようになるからだ。またそのせいで、アメリカが「国際的ないざこざから無関係でいることは、難しくなる」[*9]。

アメリカは地峡の運河を支配した結果、運河を保護し周辺海域近を支配するために、中米とカリブ海沿岸の近隣国とより緊密なつながりをもつ必要が生じた。また、運河によって物理的にアジアに近づき、船舶輸送を通じてヨーロッパとの関わりが深まった結果、ついに孤立主義が衰え、政府高官たちの間に力強いリベラルな国際主義が芽生えたのだ。

しかし、たしかに地理は大きな役割を果たしたが、この展開は運命づけられてはいなかった。パナマ運河はさまざまなできごとの結果として実現したのであり、またそのできごとの一つひとつが、人間の営為によってもたらされたものだった。米西戦争、ヨーロッパの覇権国の誕生を阻止した大国政治、ニカラグアではなくパナマを選んだ舞台裏の取引、中米の熱帯域での疫病の根絶、そして何よりも人間の莫大な労力と想像力である。ここでも、地理は人間の選択が行われる背景を形づくっているのだ。

そして、マハンは明らかに人間の選択を感化しようとしていた。彼の大作が刊行された一八九〇年は、アメリカ軍がインディアン戦争に事実上の（忌まわしい）勝利を収めてアメリカ大陸を統一した年であり、またスペインとの戦争で西太平洋の帝国を獲得してカリブ海の支配を得る数年前でもあるという、絶好のタイミングだった。

マハンは、アメリカが地球規模のシーパワーで武装することを提唱した。彼は地理学者であり歴史家、戦術家でもあった。彼の帝国主義的な感性は、明らかに地理的理解に支えられており、だからこそスパイクマンは彼を高く評価した。スパイクマンは、アメリカが西半球から東半球に影響力を行使できる地理的に有利な位置を占めているがゆえに、世界の権力闘争に必然的に関わらざるを得ないことを、マハンと同様、直感的に理解したのだ。

アメリカの受動的な海軍戦略

世界の権力構造が変化しつつあることの証拠として、今ではインドと中国の戦略家がむさぼるようにマハンを読んでいる。今やアメリカ人より彼らの方が、ずっと熱烈にマハンを信奉しているのだ。中国とインドが海上での武力衝突を想定して艦隊を建造するのをよそ目に、ヨーロッパの海軍はシーパワーを保安活動の手段としかみなしていない。

たとえば二〇〇四年に北京で開かれたあるシンポジウムでは、「登壇する学者という学者がみなマハンを引用したことが……彼の影響力の大きさを物語っていた」と、ともにアメリカ海軍大学の教授である、ジェームズ・R・ホームズとトシ・ヨシハラは書いている。「そして彼らはほぼ例外なく、マハンの最も好戦的な響きのある教えを引用した。つまり制海権は、共通海域から敵軍の旗を一掃する圧倒的な力になるという教えである」[*10]。

それ以来、とくに中国の恐れるインドがシーパワーを増強していることを受けて、中国海軍は規模と範囲を拡大し、中国政府はマハンへの傾倒をますます強めている。インドはインドで、同様のマハン的観点から中国をとらえている。その一方でアメリカ海軍は、別の理論家を信奉しているように思われる。

マハンと同時代のイギリスの歴史家ジュリアン・コーベットは、マハンに異議を唱えはせず、むしろ艦隊の規模を縮小しながら戦力を高めるという、より受動的な海軍戦略の手法を提唱した。ある国が制海権を失っても、（マハンのいうように）別の国が必ずしもそれを獲得するわけではないと、コーベットは強調する。海洋同盟は弱く分散しているように見えても、適切に編成されれば「現実的な戦力」をもつようになる。

　コーベットは、必要に応じてすばやく結集して艦隊を構成できる船の集まりを、「現存艦隊《フリート・イン・ビーイング》」と呼んだ。現存艦隊は、敵軍の艦隊を支配したり撃沈したりする必要はない。基地を占領し隘路《あいろ》を警備するだけで、同様の効果をあげられるのだ。こうした見かけ上有能な艦隊は、限定的な防衛態勢をとるうえで「積極的で活発な役割」を果たせると、コーベットはいう。[*11] 偶然にも、コーベットの著書が刊行されたのは、イギリス王立海軍が当時同盟国だった日本とアメリカのシーパワーの高まりを利用して、世界中で軍事プレゼンスを縮小したあとのこと（一九一二年）だった。

　今ではアメリカが、一〇〇年前のイギリスと同じ立場に立っている。アメリカ海軍は量的に縮小傾向にある。冷戦時代は約六〇〇隻の艦艇を保有していたが、一九九〇年代にその数は三五〇隻、今や二八〇隻に減少しており、予算削減とコスト増大から、今後数年ないし数十年で二五〇隻にまで減少する可能性がある。このような事情から、アメリカはインドや日本、オーストラリア、シンガポールといった国と海軍同盟を結んでいるのだ。

アメリカ海軍は二〇〇七年一〇月に、『二一世紀のシーパワー構築に向けた協調戦略』と題した文書を発表した。これはコーベットの主張に近いもので、海洋支配を強調するマハンとはちがい、協力関係に重点を置いている。「貿易、金融、情報、法律、人々、統治の相互依存的なネットワークでつくる、平和的なグローバル体制を築くことが、アメリカの国益に最も適《かな》うのである」。アメリカ海軍が見るように、世界はますます結びつきを強めている。世界の人口が集中する沿岸地帯の脈動する人口中心地は、非対称攻撃や自然災害などで混乱に陥りやすい。大国同士の紛争さえも、受動的で非対称な戦いになりつつあるという。

この文書では、従来型の海上戦や陸上戦はほとんどとりあげられず、中国の海軍力増強については言及すらされていない。むしろ「集団的安全保障」の精神が色濃く映し出されている。「どの一国も、全海域を安全に保つのに必要な資源をもっていない」。そして、全海域のなかで戦略的に最も重要なのは、西太平洋とインド洋だと指摘する。[*12]

このように、スパイクマンとマッキンダーのいうユーラシアのリムランドと世界島の沿岸地帯は、二つの軍事的現実に直面しているように思われる。一方ではアメリカ海軍が、縮小傾向にあるがまだ圧倒的な艦隊によって、アフリカから北東アジアまでの同盟国とともに、コーベットの精神で警備を行い、安全な貿易環境を確保するために海を守っている。他方では、主に中国、次いでインドが、マハン的な思想を盾に、増大する軍事力を誇示している。アメリカの帝国主義的野心の象徴たるマハンを、中国が受け入れたがために、アメリカ海軍は彼の思想を払拭《ふっしょく》できずにいる。どれほど逃れたいと願おうとも、パワーポリティクス（権力政治）の葛藤は永遠に続くのだ。

「拡大が本質的に誤っていると主張することは、過去三五〇年間のすべての大国が、国際システムのしくみを理解できなかったと断言するに等しい」と、シカゴ大学の政治学者ジョン・ミアシャイマーが書いている。続けて、世界的な覇権国が存在しない無政府体制では「海洋覇権の安全保障上のメリットが非常に大きいため、強力な国家は例外なくアメリカを模倣して、それぞれの地域を支配しようとするだろう」と彼はいう。[*13] ミアシャイマーの名声を考えれば、マハンの最盛期はまだこれから訪れると考えていいかもしれない。

ユーラシアの沿岸地帯が、アメリカだけでなく、野心を果たそうとする中国やインドなどの艦艇でますます混み合い、また北極海航路の利用可能性がかつてないほど拡大して、ユーラシアと北米の距離が縮小しているなか、世界規模の覇権争いは速度と激しさを増すばかりである。そのようなわけで、続いて閉ざされた地理的システムの特徴について考える必要がありそうだ。

第八章　空間の危機

距離の終焉

メリーランド州アナポリスのアメリカ海軍兵学校で客員教授を務めていた数年前、私は国家安全保障上の課題についての講座を受けもっていた。このとき課題図書として、イェール大学のポール・ブラッケン教授の著書『Fire in the East: The Rise of Asian Military Power and the Second Nuclear Age（東の戦火：アジア軍事力の台頭と第二次核時代）』を士官候補生諸君に読んでもらった。このブラッケンの著書は一九九九年の刊行当時ほとんど売れなかったが、簡潔で先見の明にあふれる力作で、本文で直接言及されてはいないが、マッキンダーとスパイクマンの精神を大いに受け継いでいる。

冷戦後にアメリカ政府が実施した国家安全保障の見直しにおいて、コンサルタントを務めたブラッケンは、ユーラシアで時間と距離が崩壊し、空白が着実に埋められつつある様子をこの本で描き出した。ウィリアム・マクニールも彼の壮大な人類史の後半で同じことを警告しているが、この動向が一層激しくなった時期に執筆したブラッケンは、「空間の危機」を宣言するに至った。ブラッケンは、ハンガリー系アメリカ人の偉大な数学者、ジョン・フォン・ノイマンの考えを参考にしている。

かつては人口が希薄な地理空間が、軍事進出や技術進歩に対する安全装置の役割を果たしていたが、今や地理が敗北しつつあるのではないかと、フォン・ノイマンは懸念していた。軍事兵器と戦略の発達によって、地政学的地図上の距離が圧縮されるなか、きわめて「限られた地球の規模」が、ますます不安定要因になることは避けられない。「この変化はゆるやかなため、見逃されがちだ」とブラッケンは警鐘を鳴らしている。*1

ここで、ブラッケンの持論を数ページにわたって要約させてほしい。私自身の議論を展開するうえで、大いに参照する必要があるからだ。

アメリカ人やヨーロッパ人はグローバリゼーションに目を奪われがちだが、ユーラシアではナショナリズムと軍事力に関心が向いている。ミサイル発射実験や核実験、細菌戦争計画、化学兵器の開発が進められているのは、「アジアが繁栄し、自由化が進んだことの証左」だとブラッケンはいう。西洋が「気づいていない」のは、戦争技術と富の創出が、いつの時代にも密接に結びついているということだ。

アジアの経済力の高まりは、軍事力の高まりをもたらしている。冷戦の初期にはアジアの軍事力は総じて停滞していて、第二次世界大戦型の軍隊は国家の統合を主な目的としていた。「当時の軍隊は、民族主義を必修科目とする巨大な学校であり、大衆教化の手段だった」。兵士は戦闘技術を磨くより、刈り入れを手伝うことの方が多かったという。

各国の国軍は膨大な距離によって互いから隔てられていたため、内向き志向だった。だが国家の富が蓄積し、情報技術革命が起こると、アジアの軍隊は、石油に恵まれた中東諸国から太平洋岸の新興経済諸国に至るまでのすべての地域で本格的な軍産複合体を生み出し、ミサイルや光ファイバー、モバイル機器を駆使して軍事力を構築していった。ユーラシア諸国では、それとともに官僚機構の求心力が高まったため、軍は国内政治から国外に目を向ける余裕ができ、殺傷力と専門性を高めていった。かつては危険に直面すると山間部に退却した軍隊が、今では電子センサーで国境を監視し、大量破壊兵器を実戦使用できる態勢を整えている。地理は緩衝材の役割を果たすどころか、けっして脱出できない牢獄になっているのだ。[*2]

「イスラエルから始まり北朝鮮まで途切れなく続くベルト地帯の諸国（シリア、イラン、パキスタン、インド、中国を含む）が、核兵器や化学兵器を組み立て、弾道ミサイルを開発している。多極的な恐怖の均衡が、従来の戦域や政治の舞台、西洋による地域の分類を超えて、一万キロ弱にわたって弧状に広がっている」。ブラッケンは「距離の終焉《しゅうえん》」がやってきたと警告する。

たとえば日本を例にとって考えよう。一九九八年に北朝鮮が発射したミサイルが日本上空を通過して太平洋に落下して以来、日本はもはや聖域でなくなり、列島ではあるが、アジア大陸の軍事空間の重要な一端を担うようになっている。「アジア」という概念は、一六世紀初めのポルトガル人に始まり、数世紀にわたってこの地域に来航した西洋の海洋諸大国がつくりあげたものだ。

その後冷戦が始まると、この概念は個々の地域に分解された。だが、一九七〇年代に東アジアに経済発展の波が押し寄せると、「環太平洋」という大きなくくりが形成された。アジアが奇跡的な経済発展を遂げられたのは、軍事的な圧力にさらされていなかったからだ。そしてそれは、軍事覇権国アメリカによって平和が保障されていたからにほかならない。

アジアの「閉所恐怖症」

最近では、アジアが一つの有機的単位に戻りつつあるなか、アメリカの力は徐々に低下し、中国やインドなどの伝統的な国家が軍事力を伸ばしている。地域的な単位が消滅し、アジアは全体として拡大している。また人口が増え、ミサイルの射程距離が延びているせいで、アジアはますます「閉所恐怖症」が強くなっている。同盟体制のないまま兵器が蓄積されているため、アジアは不安定さを増しているのだ。[*3]

ブラッケンが説明するように、アジアは広大であるがゆえに、これまで同盟がほとんど意味をもたなかった。各国の軍隊は、他国の有事に駆けつけるには遠く離れすぎていた。この点で、多くの強力な国家が狭い半島にひしめき合うヨーロッパとはちがっている。だが、最近は事情が変わりつつある。ユーラシア全体で、歩兵部隊に代わってミサイルや大量破壊兵器が製造されている。さまざまな国の海軍や海兵隊の最新技術を搭載した哨戒《しょうかい》部隊が、インド洋や西太平洋の母港から遠く離れた海域に到達している。

中国、日本、インド、イスラエルなどは、衛星や水中音響機器を利用した通信網を開発している。インドは世界一高い山脈によって中国と隔てられているため、これまで歴史の大半にわたって中国を安全保障上の懸念とみなしていなかった。だが最近では、自前の衛星と偵察機を使って、チベットでの中国軍の動きをつぶさに追跡している。またインド海軍は、本土から一二〇〇キロ東に離れたアンダマン諸島に極東司令部を設置して、遠く離れた海域での中国海軍のプレゼンスに対抗している。「アジアがその工業力に見合った軍事力を身につけるにつれ」、アジア大陸はまさに「ユーラシアの縮小するチェス盤」になり、ミスや誤算の余地がなくなりつつあると、ブラッケンは書いている。[*4]

この縮小するチェス盤に、ブラッケンは「破壊的技術」という不安定要因を加味する。つまり、現在の指導体制やグローバルな権力構造を持続させるのではなく、「現状を混乱させることで、それらを弱体化させる」技術であり、コンピュータウイルスや大量破壊兵器、とくに核爆弾や細菌爆弾などがこれにあたる。ブラッケンは次のように述べる。

破壊的技術は状況を一変させ、現在の優位を覆し、新しいスキルを養い、新たな戦略を生み出す。こうして不確実性が増す結果、既存の秩序はゆらぎ、従来とは異なる指導力が求められるようになる。[*5]

実際、こうした破壊的技術や宗教的熱狂に助けられて、イラン高原は一三〇〇キロ離れたパレスチナに一気に近づいた。そして、イランはこの動向の氷山の一角でしかない。先に指摘したように、中国、北朝鮮、インド、パキスタンなどは、西側の最新兵器を購入するだけでなく、破壊的技術を自ら開発しているのだ。かつて第三世界と呼ばれていた地域が戦術的核兵器を保有するようになった今、アメリカ軍が二度の湾岸戦争以前にサウジアラビアとクウェートに維持していたような大規模な前進基地は、敵の攻撃にひとたまりもないだろう。

こうしたなか、アメリカはユーラシアのリムランド周辺への戦力投射を妨げられ、結果的に地域の軍事バランスがより不安定で多極的になっている。アメリカがこれまで軍事力を維持できたのは、世界の主要地域に軍事装備を集結しておけたからだ。だが敵国は、核兵器と生物化学兵器を使用すれば、こうした前進基地を破壊するか、少なくとも一時的に使用不能にすることができる。「アジア最大の軍事力をもつ国がアジアの国ではない（つまりアメリカである）という、非対称な状況を今後も維持できるかどうかは、軍備管理にかかっている」。旧第三世界諸国が破壊的な軍事力を開発している現状で、このことは大きな問題をはらむようになっている。

アメリカとソ連は数十年にわたり、「政治工作や暗黙の脅迫、抑止、シグナリング、警告、その他の心理的優位」を示すためだけに核兵器を用い、実際に爆発させることはなかった。今や多くの国がこのやり方を模倣しているが、そのなかには貧困への怒りに突き動かされた国や、この種の兵器の使用を責任をもって管理する官僚的な管理機構を欠く国も含まれる。冷戦中は、二超大国が「冷静さと理性」をもって核兵器を扱った。しかし、ブラッケンのいわゆる「第二次核時代」には、ユーラシアは核兵器保有国を含む貧困国がひしめく狭い空間になり、事情はさま変わりするだろう。[*6]

「ミサイルと大量破壊兵器がアジアに拡散している様子は、アメリカの西部開拓時代に六連発銃が普及したときのことを彷彿《ほうふつ》とさせる」とブラッケンはいう。安価で殺傷力の高い六連発銃は、平衡装置の役割を果たしていた。銃のおかげで、体の大きさや体力がそれほど重要でなくなったからだ。六連発銃が西部開拓時代に男たちの勢力バランスを変えたように、「貧者の核兵器」やその他の破壊的技術が、世界の勢力バランスを一変させようとしている。*7

アジアに核兵器が拡散することで「ヨーロッパ中心主義が薄れ」、その結果、グローバリゼーションのプロセスが一気に加速する。*8 ユーラシア諸国は、ヨーロッパ諸国と同じくらい互いと緊密に関わり合うようになる。ヨーロッパでは、多くの強力な国家が狭い空間に窮屈そうに閉じ込められ、戦争をくり返しながら、勢力均衡政治の実践を通じて平和を生み出してきた。冷戦中とはちがって超大国が大量の熱核弾頭をもたない今、相互確証破壊（ＭＡＤ）は必ずしも平和と安定をもたらさなくなっている。

また、混雑したメガシティが乱立する世界では、国同士が想像もできないほど莫大《ばくだい》な損害を互いに与えられるようになる。したがって閉ざされた地理空間では、大規模な暴力行為を阻止するために、勢力均衡の外交術を実践できる有能な指導者が必要になる。

人類が、多次元的な瀬戸際戦術の世界に足を踏み入れつつあるのはたしかだ。地図が縮小することによって、冷戦時代に設定された人工的な地域が消え去るだけでなく、特定の中軸地域とそれに隣接する周辺地帯という、マッキンダーとスパイクマンの概念までもがゆらいでいる。ユーラシアは最新技術を通して、有機的統一体に組み替えられたのだ。

たとえば、中国や北朝鮮がイランに軍事支援を与えれば、ユーラシア大陸の外れに位置するイスラエルは、何らかの軍事行動に出るだろう。ガザ地区に落ちる爆弾は、テレビの生々しい映像を通してインドネシアの群衆をたきつけることもある。アメリカ空軍は、インド洋中央部のディエゴガルシア島の基地から、内陸のアフガニスタンを攻撃できる。

かつては各国の軍隊がそれぞれの地域内で活動していたが、将来中国とインドの海軍は、アデン湾から南シナ海を経由して日本海まで、つまり航行可能なリムランドの全域に沿って、戦力を投射するようになるだろう。ユーラシアのある地域の政治情勢が別の地域に影響を与え、それが再びはね返っている例は、数え切れないほどある。これは地理の重要性を否定するものではなく、地理に他の要因を加味する必要があるというだけのことだ。地理は、かつてのように支配的な力をもたなくなっている。

過密都市で高まる民族主義

マッキンダーとスパイクマンの懸念を高めているのは、ブラッケンの力説する破壊的技術だけではない。ユーラシアの閉所恐怖症を悪化させている都市人口の増加そのものも、大きな不安要因である。一九九〇年代の冷戦後の最初の思想サイクルには、一八世紀末のイギリスの経済思想家トマス・ロバート・マルサスの思想は過度に悲観的で運命論的だとして、多くの知識人に嘲笑《ちょうしょう》されていた。なぜならマルサスは、人類を自分の考えに基づいて行動する意志をもった個人の集合としてではなく、物理的環境に反応して受け身に生きているだけの種として扱うからだ。

「人口が幾何級数的に増加するのに対し、食料供給は算術級数的にしか増加しない」という、マルサスの理論自体はまちがっていた。だが時が経つにつれ、世界の食料品価格とエネルギー価格が乱高下し、カラチやガザなどの隔離された地域に暮らすホームレスが急増するなか、経済思想家として人口動態と貧困者の生活の質が政治に与える影響に初めて注目したマルサスが見直され始めている。

ヨルダン川西岸とガザ地区では、人口の半数が一五歳未満だ。大中東圏の人口が今後二〇年間で八億五四〇〇万人から一二億人超に増加し、その中央に位置するアラブ世界の人口がほぼ倍増すると見込まれているにもかかわらず、イエメンなどの地域では地下水の供給が大幅に不足している。このことが政治に衝撃的な影響をおよぼすようになれば、「マルサス主義」という言葉が再び脚光を浴びるにちがいない。

ここでマルサスの正しさを証明するつもりはないが、彼の大まかな世界観は、ユーラシアで空白が消失するというブラッケンの考えによくマッチしている。各国政府は、ミサイルや、近代的で外向き志向の軍隊によって力を高めているが、その一方で貧しい生活環境や物価の周期的な高騰、水不足、住民の声に応えない公共サービスなどに悩まされる人口過密のメガシティは、民主主義と過激主義の温床と化している。

メガシティが、二一世紀の地理の中心になる。世界には人口が一〇〇〇万人以上の都市はすでに二五あり、二〇一五年までに四〇都市に増えると予測されているが、そのうち二都市を除けば、すべて旧第三世界に属する。世界最大のメガシティは人口三五〇〇万人の大東京圏で、最下位がナイジェリアの人口一二〇〇万人弱の都市、ラゴスだ。二五都市のうち、一三都市が南アジアと東アジアに位置する。大中東圏のメガシティはカラチ、テヘラン、イスタンブール、カイロである。

重要なのは、旧第三世界にはリストにもうすぐ載りそうな都市がたくさんあり、人口の半数以上が都市環境に暮らし、この割合は二〇二五年に三分の二に高まるということだ。人口一〇〇万人以上の都市は世界に四六八もある。将来の都市部の人口増のほとんどが発展途上国、とくにアジアとアフリカに集中する。現代は、世界人口の多くの割合がスラム環境で暮らす時代なのだ。マッキンダーの活躍した二〇世紀初めには、都市生活者が世界人口に占める割合は一四％にすぎなかった。

一四世紀チュニジアの歴史家で地理学者のイブン・ハルドゥーンは、『歴史序説』（森本公誠訳、岩波書店）のなかで都市化のプロセスを説明している。連帯意識の強い砂漠の遊牧民が、物質的な快適さを求めて定住を始め、強力な支配者や王朝を生み出し、彼らが安全を提供することで都市が繁栄する。しかし個人が富を蓄積し影響力を高めるうちに、集団の連帯意識が失われ、また権威を保つために必要な贅沢《ぜいたく》が、やがて帝国の衰退を招くという。[*9]このプロセスが、史上初めて地球規模で進行している。

ユーラシア、アフリカ、南米の人口が、開発の後れている農村から都市中心部に移り住むうちに、巨大都市やメガシティが形成される。その結果、大都市圏の首長は中央から統治することが困難になり、無秩序に広がる人口密集地帯は、実質的に郊外や周辺の自立的な単位に分裂する。こうした単位の指導者は、情報通信技術を通じて、遠方で生まれた理想や思想によって突き動かされていることも多い。イスラム過激派は、過去半世紀にわたって北アフリカと大中東圏全体で進行中の、都市化の物語の一部なのだ。二〇一一年にアラブの諸政権を転覆させた急進的な民主化要求デモも、都市化に一因があった。

アラブ人と聞いて、遊牧民やステップ砂漠のオアシス民を想像するのはもう古い。アラブ人は多くの場合都市に、それも人口過密の荒廃した都市の人混みに暮らしている。彼らの激しい宗教的感情は、見知らぬ他者に揉《も》まれて暮らす、都市生活の人間味のなさから来ているのだ。

昔の農村では、拡大家族の暮らしのしきたりや習慣の自然な延長線上に、宗教があった。だがイスラム教徒は都市に移住するうちに、スラムの匿名性のなかに投げ込まれた。家族をつなぎとめ、若者たちが犯罪に手を染めないようにするために、宗教はより厳格でイデオロギー性の強い形態に生まれ変わる必要があった。都市化による新しい過激な民族主義と宗教の蔓延《まんえん》を前にして、国家は弱体化するか、多少は譲歩することになった。こうして、伝統的な地理を超越した新しい共同体が確立し、独自の空間パターンを生み出すようになっている。歴史上の大きな変化は、ひっそりと進行することが多いのだ。[*10]

過密都市がひしめき、各国のミサイルの射程圏が重なり合い、グローバルなメディアに煽《あお》られたユーラシアと北アフリカでは、リムランドとハートランドの都市間を、噂《うわさ》や半端な真実が衛星チャンネルを介して高速で飛び交い、群衆を激高させるだろう。また群衆は、ツイッター〔現X〕やフェイスブックなどのソーシャルメディアを通して力を手に入れ、独裁者が否定してきた真実を知って立ち上がるだろう。人口の密集したメガシティによって地形図が埋め尽くされる新しい時代に、カギを握るのは群衆である——そしてこの場合の群衆とは、個性をかなぐり捨て、誘惑的な集団的シンボルに走る、大規模な集団なのだ。

群衆あるいは暴徒のなかにさえいれば、危険と孤独を免れることができる。民族主義、過激主義、民主主義への切望はすべて、群衆が生まれる過程の副産物であり、したがって孤独から逃れたいという気持ちの表れなのだ。従来型の権力構造を破壊し、新たな構造を打ち立てようとする人々を動かしているのは、つきつめればツイッターやフェイスブックによって和らげられた孤独である。孤独は、見知らぬ人たちに囲まれ、本当の友人や家族が少ない都市生活に特有の性質だ。したがって二一世紀の旧第三世界に現れる新興都市には、個人の激しい渇望が吹き荒れるだろう。

アメリカの小説家トマス・ピンチョンがいうように、インターネットはバーチャルな群衆に保護を与え、「間抜けな口ひげをたくわえた二〇世紀の古くさい暴君が夢見るしかなかった、大規模な社会統制を約束している」[*11]。他方、メディアはよくも悪くも今この瞬間の怒りや恍惚《こうこつ》や美徳など、つまり現在性《げんざいせい》を増幅させる。いいかえれば、マスメディア時代の政治的活動は、かつて経験したことがないほど激しくなるだろう。なぜなら、そこでは過去と未来が消し去られるからだ。

情報通信技術による群集心理の増幅は、二〇一一年のアラブの春にも作用していた。アラブの春は、表向きは個人の尊厳を要求して独裁政権を攻撃したが、根底にはこのような心理があったのだ。

群集心理が地政学的に最も大きなインパクトをおよぼすのは、主にユーラシアのメガシティである。そして地理の圧縮によって、新しく危険なイデオロギーが最も拡散しやすい状況ができあがる。また、人々は大衆教育によって運命論の呪縛から解放されるが、多くの人が十分な教育を受けられないまま放置されるため、結果的に不安定は助長されるだろう。

メディアは、この過程で重要な役割を果たすだろう。冷戦時代にソ連人とアメリカ人が互いに対してもっていた嫌悪感が、冷たく漠然としていて人種的偏見とは無縁だったことを思い出してほしい。それはなぜかといえば、当時は情報化時代が始まってまだまもない頃で、両者は海や北極圏のツンドラによって隔てられていたからだ。

だが、現在のそして将来の大型液晶デジタルテレビのせいで、あらゆるものがますます近づき、個人的な意味をもつようになっている。再度ブラッケンを引用しよう。

西洋人が理解に苦しむのは、なぜアジア（や中東）の人々があれほどまでの熱情をもって宗教的・民族的論争に臨むのかということだ。グローバルなマスメディアに助長され、国民の目を国内の問題からそらそうとして国外にスケープゴート（身代わり）を求める政治家の論理にも煽られて、仲間内の騒動はまたたく間に地域全体に飛び火する。

国の指導者は、国民に有言実行を迫られる。これは自らの一存で核兵器を使用できる者たちにとって、実に危険な状況である。[12]

西洋の識者は民族主義を「危険なまでに過小評価している」と、ブラッケンは警告する。彼らは民族主義を、経済・社会的前進によって遠ざかりつつある過去に逆行する動きとみなしている。「二一世紀の最も重要な課題として、民族主義がアジアを席巻する破壊的技術と組み合わさったときに、何が起こるかを理解しなくてはならない」。パキスタン、インド、中国などの新たな核保有国は、貧困層や下位中産階級が人口に占める割合が高いため、軍隊に代わってミサイルや核兵器が軍事力のシンボルとして群衆の崇拝対象になっている。それゆえ、恨みがましく激しやすい者たちの間で民族主義が高まるだろう。[13]

国家威信の象徴としてミサイルを保有することによって民族主義を強め、国力を高める国があるかと思えば、多様な民族・宗教・宗派集団や民主的普遍主義を信奉する集団が結びつくにつれて、国力を弱める国も出てくるだろう。また国によっては、長びく戦争とそれに伴う難民の流出、都市化によって荒廃した広大な地域を統治するうちに統制能力を失い、グローバリゼーションとの戦いにゆっくりと、着実に敗北することもあるだろう。ひと言でいえば、技術進歩と人口増加によってユーラシアの地図が縮小するにつれて、人為的な境界がゆらぎ始めるということだ。

無国籍の権力

二一世紀の地図を理解することは、大いなる矛盾を受け入れることでもある。大量破壊兵器で武装して軍事力を高める国がある一方で、とくに大中東圏では弱体化する国もある。後者では、特定の地域とその文化的・宗教的伝統に根ざした準国家の軍隊が生まれ、地域内で国軍をしのぐ戦闘能力をもつようになっている。

南レバノンのヒズボラ（シーア派イスラム主義の政治組織）、スリランカ北部でかつて活動していたタミル・イーラム解放の虎、インド東部と中央部の共産党毛沢東主義派集団ナクサライト、パキスタン北西部の親タリバン勢力やその他のパシュトゥーン人部族集団、アフガニスタンのタリバン本体、そしてイラクのとくに二〇〇六年から二〇〇七年の内戦で活躍した民兵組織は、こうした特有の地形に根ざした準国家の地上部隊の例だ。精密誘導ミサイルが数百キロ離れた建物をピンポイントで破壊し、隣の建物を無傷で残すことができる時代に、ターバンを巻いた民兵の少人数部隊は、複雑に入り組んだ山岳地帯の地形を利用して、超大国を悩ませることができるのだ。こうした民兵組織は、地理の逆襲の好例だ。

だがたとえ超大国であっても、ミサイルはどこかから発射しなくてはならないため、陸上か海上の基地が必要であり、結局は地理の呪縛から完全に逃れることはできない。スパイクマンのいうインド洋のリムランドは、アメリカがイランとアフガニスタンというハートランドの二国の奥深くをミサイルで狙う艦艇を配置する際に重要となる。現代のアフガニスタンはアレキサンダー大王の時代と同様、部族間の紛争によって激しく分裂している。スパイクマンとマッキンダーが二〇世紀初頭に示した概念は、古代の概念と併存して、今なお大きな意味をもつのだ。

広大で貧しい過密都市を統治するという重圧のせいで、国家運営がかつてないほど厄介な仕事になっている。このことは、硬化した独裁政権が崩壊する原因でもあり、新しい民主主義国家が脆弱《ぜいじゃく》な原因でもある。パキスタンのような国家は、公共サービスを提供し、国民を自爆テロ犯から守るのがやっとでも、大量破壊兵器を保有することができる。ナイジェリア、イエメン、ソマリアなどは、国としてほとんど機能しておらず、準国家の民兵組織に牛耳られている。パレスチナ人、とくにガザ地区の住人は、国家樹立のために必要な妥協を受け入れず、現状に抗議するために暴力に訴える。

レバノンのヒズボラも同じだ。ヒズボラはベイルートの政府をいつでも望むときに転覆させることができるが、あえてそうしない。国家は特定の原則にしたがわねばならず、そのため狙われやすくなるからだ。

そのようなわけで、このメガシティとマスメディアの時代には新しい現象が見られる。それは、無国籍の権力だ。「国家は重荷である」と、ジョンズ・ホプキンス大学のヤクブ・グリギエル准教授は書いている。そのため準国家の集団は、「統治する責任を負わずに、権力だけを求めるのだ」。

現代の情報通信・軍事技術を利用して、こうした集団は組織化し、海外に支援を求め、殺傷兵器で武装して、国家が独占していた暴力手段を獲得している。産業革命では大きいこと（航空機、戦車、空母、鉄道、工場など）がよしとされたのに対し、脱産業革命では小さいこと（小型爆弾やプラスチック爆弾など）がものをいう。国家に属さない小規模な集団は、新時代の小型化技術の恩恵を受けている。実際、国家をもつべきでない理由は増える一方だと、グリギエルはいう。

国家が互いを破壊する能力が高いほど、また大国の力が大きければ大きいほど、国家をもつことは、とくに既存権力に挑戦しようとする集団にとっては危険になる。[*14]

国家的地位ではけっして実現できない宗教的熱情やイデオロギー的過激主義に触発され

た、絶対主義的目標を掲げる者たちには、国家はまるでなじまないと、グリギエルは続ける。現代のスラムへの人口大移動によって、人々が伝統的な地方との間にもっていたつながりが断ち切られ、広大なユーラシアのリムランド南部全域でこのような過激化が促されている。こうした集団は、マスメディアを利用して要求を発表し、そうした運動を通してアイデンティティをさらに強化し、国家への忠誠心を必ずしももたない大勢の同志を結集している。

つまり、この状況をしばし冷静に考えてみれば、ユーラシアが冷戦時代の区分によって細かく分かれていた状態を脱し、一つの大きな地域としてまとまりをもち始めたことがわかるだろう。このユーラシアの地図には、以前はほとんど存在しなかった交流や通信の節点が所狭しと描かれている。都市圏の拡大やミサイル射程圏の重複、マスメディアを通じたイデオロギーの拡散に加えて、中東と中央アジアを、ロシアからインド洋沿岸を経由して中国までの残りのユーラシアとつなぐ、新しい道路や港、エネルギーパイプラインが急ピッチで建設されているのだ。多くの文明がひしめき合い、抑圧された集団を擁護する世論の声が高まるなか、静かな舞台裏の外交がかつてないほど必要とされている。

このように、今やわれわれはマッキンダーの「閉ざされた政治システム」に暮らしていて、ブラッケンが指摘するように、そのシステムは二一世紀に入ってからますます閉ざされているのだが、地図もまたエントロピーの法則から逃れることはできない。つまり、いつか平衡状態が訪れ、メガシティだけでなく、地形図上の人間の生活圏がますます見分けがつかなくなり、同じ熱情に席巻されるようになる。その結果、オハイオ州立大学の政治学教授ランドール・L・シュウェラーによれば、世界は過剰な刺激と、「個人の過激主義と国家の独善的態度を気がかりなほど多量に投与」され、「一種の倦怠感に支配される」だろう。[*15] いいかえれば、世界はかつてないほど味気なく、危険になるということだ。

しかし、味気なさが完全に定着するまでの間は、混乱とパワーシフト、そして地理によって説明できる自然な地政学的進化が起こるだろう。

ここまで多くの歴史家、地政学者、その他の思想家から学んだすべてを念頭に置きながら、ここからはとくにユーラシア超大陸を中心として、さまざまな地域について深く考えてみたい。以後の章では、彼らの価値観と理論をベースに議論を進める。

マッキンダーのハートランドに隣接し、多大な影響を受けているヨーロッパ、マッキンダーのハートランドそのものであるロシア、今後数十年のうちにハートランドの一部とスパイクマンのリムランドの一部を支配するかもしれない中国、リムランドの中核地域であるインド亜大陸、ハートランドとリムランドが合流する地域にあるイラン、ホジソンのエクメーネにほぼ相当するトルコとアラブ中東地域、そしてマッキンダーのユーラシアと世界島に挑戦する最大の衛星大陸、北米について見ていこう。本書では予測を行うのではなく、むしろ地理が歴史にどのような影響を与えるかを説明することを通して、将来の世界がどのようになるかを大まかに示していければと考えている。

第二部

二一世紀初めの世界地図

第九章　ヨーロッパの統合

深まる内部分裂

現代の地政学では、たえず激変と進化にさらされている中東から中国までの地域に、当然ながら焦点が置かれている。ヨーロッパ情勢は考慮の外に置かれ、単なる金融記事として扱われがちである。だが、これはまちがいだ。EUの人口は五億人で、中国、インド〔二〇二四年時点ではインドが第一位〕に次ぐ世界第三位であり、一六兆ドルという経済規模はアメリカを上回る。ヨーロッパの西端は北米の心臓部と向かい合っているし、コーノ・スール（南米の南回帰線以南）には、アメリカからと同じ距離しか離れていない。ヨーロッパの東端はアフリカ・ユーラシアと接している。

ヨーロッパは「陸の半球」である東半球の中心に位置し、極東ロシアと南アフリカから等距離にある[*1]。実際、世界政治の説明はヨーロッパから始めなくてはならない。マッキンダー、スパイクマン、モーゲンソー、そしてこれまでとりあげた何人かの思想家は、ヨーロッパの視点から世界をとらえていた。したがって、彼らの時代から現代までの間に、世界がどのように発展してきたかを考えるためには、彼らの視点を出発点とするのがいいだろう。

ヨーロッパについて考えることは、ロシアと中国、インド亜大陸、大中東圏の地理について系統的に考えることにもなる。二一世紀の地政学を理解するためには、二〇世紀から、すなわちヨーロッパから始める必要があるのだ。

マッキンダーによれば、ヨーロッパはアジアの襲撃者の流入によって命運を左右されてきた。そして実際、二一世紀のヨーロッパは東方の諸国、とくにロシアとの関係に大きな影響を受ける。中央・東ヨーロッパが共産主義の残骸からよみがえり、豊かで安定したベルト地帯を形成できれば、ヨーロッパはロシアから守られ、いつしか中央ヨーロッパの復活という夢が実現するだろう。この夢は、リベラルな知識人とマッキンダーがともに抱いてきた夢である。

ヨーロッパは、より広く深い統合を追求するなかで、内部分裂にも悩まされている。内部分裂は、最近ではギリシアの債務に対するドイツの憤懣《ふんまん》などのように、経済というかたちで表面化することが多いが、実は地理が時間を超えて姿を現したものなのだ。その地理

ビア
ロシア
パ平原
ワルシャワ
ランド
カルパティア山脈
ガリー
ハンガリー
大平原
ルーマニア
ドナウ川
黒海
カフカス
カン
ブルガリア
コソボ
ギリシア
エーゲ海
イオニア
海
クレタ島

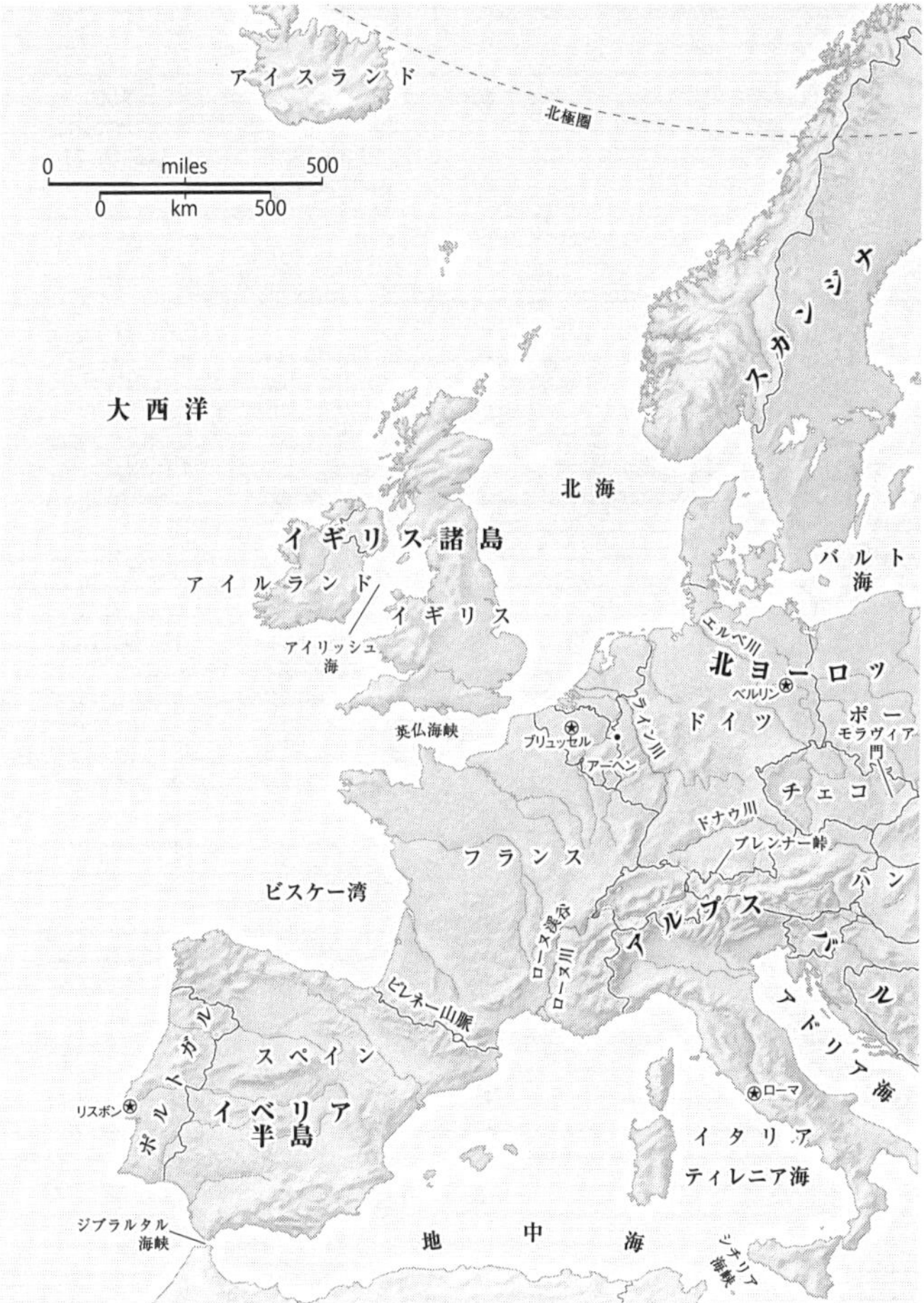
アイスランド
北極圏
0 miles 500
0 km 500
大西洋
北海
スカンジナ
イギリス諸島
アイルランド
イギリス
アイリッシュ海
バルト海
エルベ川
北ヨーロッ
ベルリン
ドイツ
ポー
モラヴィア門
ブリュッセル
ライン川
アーヘン
英仏海峡
チェコ
ドナウ川
ブレンナー峠
フランス
ハン
ビスケー湾
アルプス
ローヌ渓谷
ローヌ川
バル
ピレネー山脈
アドリア海
スペイン
ポルトガル
リスボン
イベリア半島
ローマ
イタリア
ティレニア海
ジブラルタル海峡
地中海
シチリア海峡

とは、北ヨーロッパに属するドイツと、地中海・バルカン地域のギリシアが、異なる発展パターンをたどってきたという事実である。今後ヨーロッパは、主に技術を通じて人口移動が進み、南方のアフリカ、東方のアジアとますます密接に絡み合いながら歴史を形成していくだろう。

しかし、ヨーロッパ内部では多様性が許容される。別のいい方をすると、ヨーロッパは現時点で従来型の軍事的脅威にさらされていないからこそ、小さなちがいのナルシシズムにとらわれるようになるのだ。そのせいで、統一ヨーロッパがアメリカに挑戦するというスパイクマンの懸念は、現実のものにはならないかもしれない。

異なる言語集団と民族国家の形成を促してきた、多様な海や半島、川の流域、山塊などの複雑で魅惑的な地理の力によって、ヨーロッパは汎《はん》ヨーロッパ的な諸機関が存在するにもかかわらず、今後もますます政治的・経済的亀裂を深めるだろう。ヨーロッパが将来も大いにニュースを賑《にぎ》わすであろうことは、地図から明らかだ。

オックスフォード大学の考古学者バリー・カンリフの言葉を借りれば、ヨーロッパはアジア大陸の「西の突起物」であり、一一世紀から二〇世紀の間に世界政治を支配するようになった巨大な半島である。このことは地理によってあらかじめ定められていたと、マクニールはいう。カンリフは、マクニールの説をさらにくわしく説明する。

ヨーロッパは、アフリカの砂漠と北極圏の氷床にはさまれた「快適な」生物地理区に位置し、メキシコ湾流の影響で気候が温暖で、木材、石材、金属、毛皮の資源が豊富である。最も重要なことに、ヨーロッパの海岸線は入り組んでいて、天然の良港に恵まれ、諸島や群島が密集している。海岸線の全長は三万七〇〇〇キロと、地球一周ほどの長さがある。実際、ヨーロッパはほかのどの大陸や亜大陸よりも、単位面積あたりの海岸線の長さが長い。*2

また四つもの閉鎖海・半閉鎖海（地中海、黒海、バルト海、北海）に面しているせいで、比較的狭い半島内に押し込められるかたちとなっている。ライン川、エルベ川、それにもちろんドナウ川をはじめ、多くの河川が半島を横断して流れるという、有利な地形をもっている。

中央ヨーロッパを提唱したイタリアの作家クラウディオ・マグリスが熱狂的に語るように、ドナウ川は「ドイツ文化をギリシア神話の冒険精神の夢に誘《いざな》い、東へ向かわせ、他の文化と混ぜ合わせて無数の融合文化を生み出している」*3。また、モラヴィア門やブレンナー峠、フランス中央部から南部のローヌ川流域までの広大な平野は、ヨーロッパ各地を結ぶ回廊になっている。

このように、陸地と海との境界面が非常に入り組んでいて、外洋から守られているという地形に助けられて、ヨーロッパの諸民族は海を利用して活力と機動性を手に入れ、またヨーロッパ内部には、個性豊かな風景が生み出されてきた。そしてその結果、著しく多様な人間社会が生まれ、最終的にパワーポリティクス（権力政治）が芽生えたのである。

アテナイ人、スパルタ人、ローマ人、イベリア人、フェニキア人、スキタイ人、その他の古代の蛮族などによる戦争から、近代のフランス人、ドイツ人、ロシア人の間、そしてプロイセン人、ハプスブルク人、オスマン人の間の紛争に至るまで、実に多くの戦いがここではくり返されてきた。しかしこのような分断はあっても、旅人は何世紀もの間、大西洋から黒海に至る平野の回廊などを通って、さしたる苦もなくヨーロッパ全体を横断することができた。そのことがヨーロッパのまとまりと、マグリスの文章が見事に表しているような優越感をもたらした。[*4] さらにヨーロッパが全体として狭いことも、まとまりを強める一因となっている。ヨーロッパの端から端、リスボンからワルシャワまでは二四〇〇キロ〔二八〇〇キロともされる〕しかないのだ。

つまり地理は、第二次世界大戦後の主権の統合を通じた、リベラルな人道主義の地理的表れである「ヨーロッパ」という概念に、実体を与えているともいえる。この平和的な流れと、歴史を通じて起こっている壊滅的な軍事衝突への反動は、数百年におよぶ物質的・知的進歩の賜物《たまもの》でもある。それでもここには、時に対立する複数のヨーロッパがたしかに存在するのだ。今日通貨危機というかたちで見られる経済分裂は、実はヨーロッパの歴史と地理にその起源がある。

分断の歴史

ベルリンの壁崩壊の直前と直後には、先にも述べた通り、中央ヨーロッパの概念が、多民族寛容と歴史的リベラリズムの象徴として、またバルカン半島とその向こうの第三世界地域がめざすことができる目標、めざすべき目標として、知識人によって称賛されていた。だが二一世紀のヨーロッパの政治的中心は、中央ヨーロッパではなく、そのやや北西の、ベネルクス諸国から南下してフランス・ドイツ国境を通り、アルプスの入り口までの地域にある。欧州委員会という行政機関があるブリュッセル、欧州裁判所があるハーグ、条約が結ばれたマーストリヒト、欧州議会があるストラスブールなどがこの地域に含まれる。実際これらの都市は、北海から南に向かう線上に並んでいる。この地域は「九世紀のカロリング朝の中心地であり、主要な交通路だった」と、著名な現代ヨーロッパ史研究者の故トニー・ジャットはいう。[*5] 現代に萌芽《ほうが》しつつあるヨーロッパの超国家は、中世ヨーロッパの中核地帯にその中心があるのだ。

カール大帝時代のカロリング朝の首都アーヘンが、今もヨーロッパの中心に位置するのは偶然ではない。なぜなら、ヨーロッパの海と陸地がこれほど豊かに深く交わり合うのは、旧世界の文明の背柱に沿ったこの地帯をおいてほかにないからだ。ベネルクス諸国は外洋に面しているが、英仏海峡への入り口とオランダの一連の島々が強力な防護壁になっているおかげで、小国に見合わないほどの優位に恵まれている。この北海沿岸部のすぐ背後には、治水工事を施された多くの河川や水路があり、それらのおかげで交易や移動が盛んになり、その結果として政治が発展した。北西ヨーロッパの黄土土壌は水はけがよく肥沃《ひよく》で、森林という自然の盾に守られている。

また、北海とアルプス山脈にはさまれた寒冷な気候は、アルプスの南側の温暖な気候に比べてずっと厳しく、おかげでとくに後期青銅器時代以降、人間の意志力が鍛えられた。古代末期にはガリアやアルペンフォールラント（アルプス前地）、低地の沿岸部に、フランク人、アラマンニ人、サクソン人、フリジア人が住み着いた。ここに九世紀にはフランク王国と神聖ローマ帝国が誕生した。またブルゴーニュやロレーヌ、ブラバント、フリースラント、そしてトリーアやリエージュといった都市国家が誕生した。これらすべてがローマ帝国にとって代わり、今日EUの機構を動かしている政体となったのである。

もちろん、こうした諸国の前にはローマ帝国が、そしてその前には古代ギリシアが存在した。ウィリアム・マクニールの慎重に選んだ言葉でいえば、ローマとギリシアはともに、エジプトとメソポタミアに始まり、ミノアのクレタ島とアナトリアを通じて地中海北岸に広がった「古代に文明化された」世界の「控えの間」をなしていた。温暖で治水工事がなされたナイルやチグリス・ユーフラテスなどの川の流域に文明が根づき、暮らしは快適だが技術的に遅れていたレバント（東部地中海沿岸地方）や北アフリカ、ペロポネソス（ギリシア）半島、イタリア半島の比較的温暖な地域に広がった。

ヨーロッパ文明は当初地中海沿岸で開花したが、のちに技術が進歩して人々の移動性が高まるにつれ、さらに北方のより寒冷な地域に広がった。ここにローマ帝国が紀元前数十年に成立し、史上初めて政治的秩序を確立して、南東のカルパティアから北西の大西洋に至る地域、つまり中央ヨーロッパの大部分と北海沿岸部、英仏海峡沿岸部の地域の安全を保障した。ユリウス・カエサルが「オッピドゥム（城砦都市）」と呼んだ大規模な集落が、この森林に覆われ水に恵まれた無秩序に広がるヨーロッパの黒土の中心地帯全域に出現し、中世と近代の都市の原型となった。[*6]

ローマ帝国が領土を拡大し続けたため、北ヨーロッパのいわゆる蛮族は比較的安定した状態を保っていたが、いったん帝国が崩壊すると、今もおなじみの民族や民族国家が数世紀にわたって形成され、三〇年戦争後の一六四八年に締結されたヴェストファーレン条約によって、この体制が確立された。

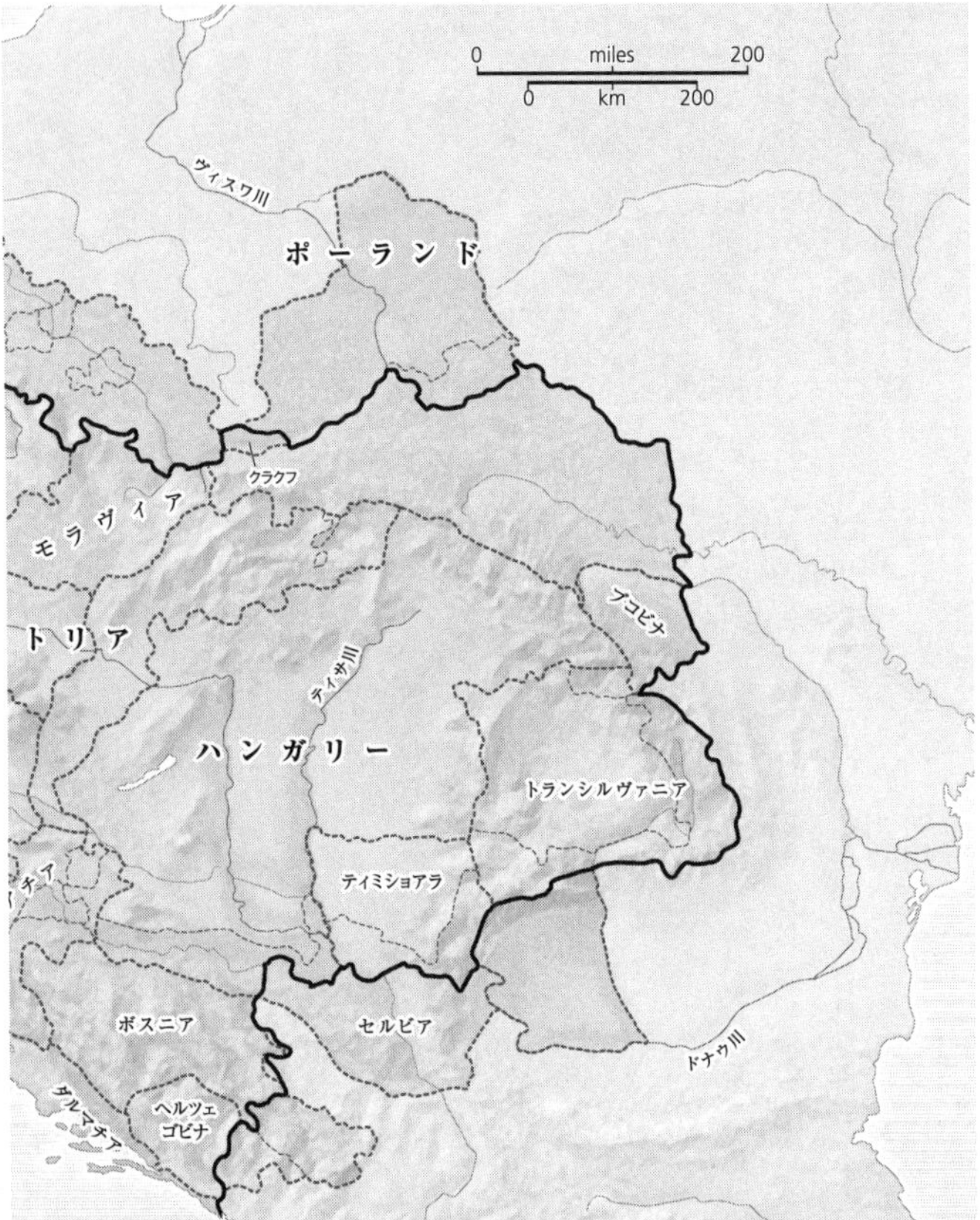
0 miles 200
0 km 200
ヴィスワ川
ポーランド
クラクフ
モラヴィア
ブコビナ
ティサ川
ハンガリー
トランシルヴァニア
ティミショアラ
ボスニア
セルビア
ヘルツェ
ゴビナ
ドナウ川
オスマン帝国

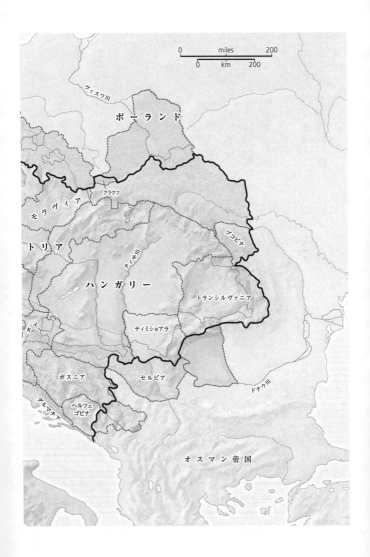

ハプスブルク帝国
1648年から1913年までに獲得した領域（一部はこの間に奪われる）
1914年の国境線
オーストリア領ネーデルラント
ドイツ
エルベ川
ライン川
セーヌ川
ボヘミア
ヴュルテンベルク
ドナウ川
フランス
ロワール川
ブルゴーニュ伯領
オース
フォアアールベルク
チロル
ザルツブルク
シュタイアーマルク
ケルンテン
ゴリツィア
トレント
ヴェネツィア
カルニオラ
ロンバルディア
マントヴァ
ローヌ川
イストリア伯領
パルマ
モデナ
アドリア海
トスカーナ
教皇領
テベレ川
地中海
イタリア
ナポリ王国
ティレニア海

歴史家のウィリアム・アンソニー・ヘイはこう書いている。「ステップ地帯やヨーロッパ周辺部の遊牧民族からの圧力を引き金にしてドミノ反応が生じ、定住文化に暮らしていた集団が、ローマの権力崩壊によってぽっかり空いた真空地帯に押し出された」[*7]。このようにローマ帝国の崩壊は、ステップ民族の西方への移動とあいまって、中央・北西ヨーロッパにおける国家的集団の形成を促した。

古代ヨーロッパを特徴づけていたのは、何よりも地中海の地理的影響力だった。だがローマが北ヨーロッパと近東の奥地を失い、その影響力が「薄れ」たことで、中世時代の世界が始まった[*8]。アラブ人が北アフリカを征服すると、地中海の統一力はさらに失われた[*9]。一一世紀のヨーロッパの地図には、すでに現代の地図の輪郭が表れている。フランスとポーランドはほぼ現在の形をしており、神聖ローマ帝国という姿を借りた統一ドイツがあり、(中心にプラハをもつ)ボヘミアがチェコ共和国を彷彿《ほうふつ》とさせる。こうして、歴史は北へと動いた。

地中海社会では、政治の分野で革新的な試みが見られたものの、フランスの歴史家で地理学者のフェルナン・ブローデルの言葉を借りれば、全体としては「伝統主義と硬直性」が漂っていた。地中海の土壌はやせていたため、富裕者の支配する大規模な農場が有利だった。そして、そのことが硬直的な社会秩序をもたらしたのだ。他方、土壌がより豊かな北ヨーロッパの森林開拓地には、非公式な封建的主従関係を主体とする、より自由な文明が生まれ、新しい移動技術やその後の新技術をよりよく活用できる風土があった。[*10]

ブローデルの説明は決定論のように聞こえるかもしれないが、それでも過去のヨーロッパを形成してきた大まかな底流をよく説明しているように思われる。たしかにヤン・フスやマルティン・ルター、ジャン・カルバンなどの人間の営為は、宗教改革にとって、ひいては啓蒙運動においてもきわめて重要な役割を果たした。こうした動きのおかげで北ヨーロッパは力強く台頭して、近代の歴史の操縦席に着くことができたのだ。それでも、個人の行動力や産業化の背景にあった、広大な河川と海へのアクセスや石炭と鉄鉱石の鉱床に恵まれた黄土土壌がなければ、すべてが起こり得なかった。

最終的に閉鎖海の地中海に優る世界的な航路の開拓を促したのは、より寒冷な大西洋の気候だった。ポルトガルとスペインは、半島から大西洋に突き出した位置にあるおかげで、大西洋貿易からいち早く利益を得たが、啓蒙以前の段階にあったこれら社会は、近くに控える北アフリカのイスラム教徒(と彼らによる占領)に恐怖を覚え、海洋競争でオランダ、フランス、イギリスに後れをとった。そのようなわけで、ちょうどカール大帝の神聖ローマ帝国がローマ帝国を継承したように、鉱物資源に恵まれたカロリング朝の中核が現代のEUというかたちで競争に勝ち抜き、北ヨーロッパが南ヨーロッパを継承した。それは、地理の力によるところが大きかった。

中世には地中海そのものが、西のフランク王国と東の東ローマ（ビザンティン）帝国に分割された。今日のヨーロッパを特徴づけるとともに、苦しめているのは、南北の分断だけでなく、これから見ていくように東西の分断、そして北西と中央の分断でもある。

ドナウ川流域の移動経路を考えてみよう。この経路はハンガリー大平原とバルカン半島を通り、黒海を越え、ポントスステップとカザフステップを経由して、はるか東方のモンゴルや中国まで続いている。[*11] この地理的事実と、さらに北方のロシアへの平坦でスムーズな交通路が、主に東方のスラブ人とテュルク人による度重なる侵略を促した。こうした侵略は、マッキンダーが論文『地理学から見た歴史の回転軸』のなかでくわしく説明したように、ヨーロッパの政治的運命に多大な影響を与えてきた。

このように、カロリング朝ヨーロッパと地中海ヨーロッパと並行して、東方からの侵略の結果としてビザンティン＝オスマン・ヨーロッパ、プロイセン・ヨーロッパ、そしてハプスブルク・ヨーロッパが生まれた。これらの地域は地理的にきわ立った特徴をもち、今に至るまでそれぞれ異なる経済発展のパターンをたどってきた。このようなパターンのちがいは、通貨を統合したからといって消えるものではない。

たとえば、ローマ帝国は四世紀に東西に分裂し、ローマはそのまま西ローマ帝国の首都になったが、東ローマ帝国の首都はコンスタンチノープルに置かれた。西ローマ帝国は、北方からバチカンまで続くカール大帝の王国、すなわち西ヨーロッパにとって代わられた。他方、東のビザンティン帝国は、ギリシア語を話すキリスト教正教徒が多く暮らしていたが、一四五三年に東から移動してきたオスマン人がコンスタンチノープルを陥落させてからは、イスラム教徒によって占められるようになった。これら東西帝国間の境界線は、第一次世界大戦後に多民族国家ユーゴスラビアになる地域を走っていた。一九九一年に暴力的に解体されたユーゴスラビアは、少なくとも当初は一六〇〇年前に起こったローマの東西分裂をそのまま反映していた。

スロベニア人とクロアチア人はローマ・カトリック教徒で、オーストリア＝ハンガリーから西ローマ帝国までの伝統の継承者だった。セルビア人は東方正教徒で、東ローマ帝国のオスマン＝ビザンティンの遺産を継承していた。旧ユーゴスラビアの北東部にあり、ルーマニアを二つに分断しているカルパティア山脈は、東西ローマ帝国間の境界線を強化し、のちにはウィーンのハプスブルク皇帝たちとコンスタンチノープルのオスマン人のスルタンたちの間の分断を強化するはたらきがあった。[*12] この険しい山脈にも交通路や交易路が存在し、これらを通じて中央ヨーロッパの豊かな文化が、東ローマ帝国やオスマン帝国の支配下にあったバルカン半島の内陸部にまで伝わった。

しかしカルパティア山脈は、アルプス山脈のようなはっきりとした境界線ではなかったものの、一つのヨーロッパから別のヨーロッパへのゆるやかなバランスのシフトを示していた。南東ヨーロッパは、北西ヨーロッパに比べて貧しいだけでなく、プロイセンの伝統をもつ北東ヨーロッパと比べても貧しかった。いいかえればバルカン半島諸国は、ベネルクス諸国と比べて貧しいだけでなく、ポーランドやハンガリーなどと比べても貧しかったのだ。

東方へのパワーシフト

ベルリンの壁が崩壊したことで、これらの分断がくっきりと浮き彫りになった。ワルシャワ条約機構は、軍事占領と計画経済の導入による貧困の強制を特徴とする、モスクワの支配する本格的な東の帝国だった。クレムリンの支配下にあった四四年間、プロイセン・ヨーロッパ、ハプスブルク・ヨーロッパ、ビザンティン＝オスマン・ヨーロッパは、「東ヨーロッパ」と総称されるソ連の牢獄に閉じ込められていた。その間、西ヨーロッパではEUが具体的なかたちをとり始めていた。最初に仏独中心の欧州石炭鉄鋼共同体（ECSC）が設立され、続いて欧州経済共同体（EEC）が、そして最終的にEUが発足した。

EUはフランス、ドイツ、ベネルクス三国のカロリング朝ヨーロッパを基本に、イタリアとイギリス〔二〇二四年時点では離脱〕が加わり、のちにギリシアとイベリア二国が加わったものである。冷戦時代に有利なスタートを切ることができたおかげで、NATO内のカロリング朝ヨーロッパは、北西のプロイセン・ヨーロッパとドナウ川流域の中央ヨーロッパよりも大きな力をもつようになった。これらの地域は歴史的には同じくらい繁栄していたが、後者はワルシャワ条約機構に加盟していた。

　こうした展開のすべては、第二次世界大戦後期のソ連による中央ヨーロッパ侵攻を機に始まった。このことは、アジア人の侵略がヨーロッパの運命を形づくるとした、マッキンダーの説を彷彿とさせる。ただし、こうした決定論を過度に信奉しないよう気をつけなくてはならない。なぜならアドルフ・ヒトラーという一人の男の行動がなければ、そもそも第二次世界大戦は起こらず、ソ連の侵攻は起こらなかったはずなのだから。

　だが、ヒトラーはたしかに存在した。今日のヨーロッパには、次のような状況がある。カロリング朝ヨーロッパが支配しているが、統一ドイツが復活したために、ヨーロッパ内の勢力均衡点は、プロイセン・ヨーロッパと中央ヨーロッパの合流地点のやや東方にシフトし、ポーランドとバルト海諸国、ドナウ川上流域が、ドイツの経済力によって活性化されている。一方、地中海沿岸部とビザンティン＝オスマン・バルカンは、後れをとっている。

地中海世界とバルカン半島世界が合流するのは、山がちな半島国のギリシアである。ギリシアは一九四〇年代末に共産主義から救い出されたが、今もEU加盟国内で経済的・社会的に最も困難を抱えた国の一つだ。

ホジソンのいう近東エクメーネの北西端に位置するギリシアは、古代には地理の恩恵を受けていた。エジプトとペルシア＝メソポタミアの冷酷な体制は、距離によって和らげられて人間味のあるものになり、そうした風土が結実して西洋が生み出されたともいえる。しかしギリシアは、北ヨーロッパ諸国によって支配される今日のヨーロッパでは不利な側、すなわち東洋化された側に位置する。ブルガリアやコソボといった国に比べればはるかに安定し繁栄しているが、それは共産主義の災いを免れたからこそだ。ギリシアでは企業のほぼ四社に三社が家族労働に頼る同族企業のため、最低賃金法は適用されず、経営者と血縁関係にない者は昇進できない[*13]。これは文化や歴史、地理に深く根ざした現象である。

そして、先に述べたようにワルシャワ条約機構が崩壊すると、それまで拘束されていた諸国は、ほぼ地図上の位置通りの経済的・政治的発展経路をたどった。ポーランドとバルト海諸国、ハンガリー、そしてチェコスロバキアのボヘミア側が最も発展し、南のバルカン半島諸国は欠乏と混乱に苦しめられた。

プロイセン、ハプスブルク、ビザンティン＝オスマンによる支配が遺《のこ》した伝統は、二〇世紀のあらゆる紆余曲折《うよきょくせつ》をものともせず、今なお意味をもっている。これらの帝国は、マッキンダーのいうように、東方のアジア諸国からの人口移動に影響を受けていたという点で、何よりも地理によって生み出され、育まれたのだ。

南下するヨーロッパ圏

そこでもう一度、一一世紀ヨーロッパの地図を眺めてみると、中央には統一ドイツを思わせる神聖ローマ帝国が位置する。それをとり囲むのがブルゴーニュ、ボヘミア〔一一世紀には帝国の一部となった〕、ポメラニア、エストニア、そして南西のアラゴン、カスティーリャ、ナバラ、ポルトガル〔一一二九年にカスティーリャ王国から独立〕の地域国家だ。

では、二一世紀ヨーロッパの諸地方の成功物語を考えてみよう。たとえばバーデン＝ヴュルテンベルク（ドイツ南西部）、ローヌ・アルプ（フランス南東部）、ロンバルディア（イタリア北西部）、カタルーニャ（スペイン北東部）などである。これらのほとんどが、北部人の地方であり、ルーマニアやブルガリアといったバルカン半島諸国のEU加盟に嫌悪を抱き、いわゆるうしろ向きで怠惰な地中海南部諸国を見下している。[*14] これは中央対周辺地帯の図式で、例外はあるが、一般に中東と北アフリカに地理的に近い周辺地帯が敗者となっている。

ただし、バーデン＝ヴュルテンベルクやカタルーニャのように、ブリュッセルに本部を置くヨーロッパ超国家の恩恵を受けて、自国政府の最大公約数的で画一的な統治から解放され、歴史に根ざした経済的・政治的・文化的なニッチ分野を占めることで繁栄できた地方もある。

豊かな北ヨーロッパ諸国は、負け組の周辺地帯に対してだけではなく、社会の変動そのものに対しても不安を抱いている。ヨーロッパ諸国の国民人口と労働力人口は低迷していて、社会の高齢化が進んでいる。ヨーロッパ全体では、二〇五〇年までに働き盛りの生産年齢人口が二四％減少する一方、六〇歳以上の人口は四七％も増加する見通しだ。その結果、高齢化が進むヨーロッパの福祉国家を支えるために、開発途上国からの若年人口の流入が進むだろう。

ヨーロッパでのイスラム教徒の影響力の高まりは、メディアによって誇張されがちではあるが、実際にヨーロッパ主要国の人口に占めるイスラム教徒の割合は、現在の三％から今世紀中頃にはその三倍以上の一〇％に増加すると予測される。一九一三年にヨーロッパの人口は中国より多かったが、二〇五〇年になるとヨーロッパ、アメリカ、カナダの合計人口が世界人口に占める割合はわずか一二％になり、第一次世界大戦後の三三％から大きく減少するだろう。[*15] ヨーロッパがほかのアジア・アフリカ諸国に人口面で圧倒されつつあるのはたしかであり、ヨーロッパの人口自体においても、アフリカと中東出身者の占める割合が増加している。

実際、ヨーロッパ圏は南下しつつあり、地中海世界全体を再びのみ込もうとしている。このような動きは過去にも、ローマ帝国の支配下で、またビザンティンとオスマン帝国の支配下で見られた。北アフリカは、独裁政権が数十年にわたって経済・社会的発展を抑え込み、政治的過激主義を推進してきたせいで、地中海北岸から事実上遮断されている。北アフリカがこれまでヨーロッパに与えたものといえば、せいぜい経済移民くらいのものだ。

だが、北アフリカ諸国が手探りで民主化を進めるうちに、近隣のヨーロッパ諸国との政治・経済交流が、少なくとも短期的に活発化することはまちがいない（また、北アフリカの改革路線によって新しい経済機会が生み出されれば、アラブ人移民の一部は母国に戻るだろう）。地中海は植民地独立以来、アフリカ・ヨーロッパ世界を仕切る壁だったが、これからは両世界をつなぐ架け橋に変わるのだ。

ヨーロッパは、一九八九年の民主化革命後、東方に拡大してソ連の旧衛星国をのみ込んだように、現在は南方に拡大してアラブ革命をのみ込もうとしている。チュニジアとエジプトは、EUに加盟するつもりは毛頭なく、周辺諸国がEUとの関係を深めるなか、EUの影響力が届かない影のゾーンになりつつある。したがって今後はEUそのものが、かつてないほど困難で扱いにくいプロジェクトになると考えられる。このことは、赤道アフリカを北方の諸国から遮断するサハラ砂漠がヨーロッパの真の南境界をなしているという、マッキンダーの見解とも一致する。[*16]

しかし、EUは分断や不安、拡大の痛みに苦しめられてはいるものの、今も脱工業化社会の主要な中心地である。そのためEU内で現在進行している東方へのパワーシフトが、国際政治のカギを握るだろう。これから説明するように、ヨーロッパの運命を最も明らかに示しているのは、ドイツ、ロシア、そして人口わずか一一〇〇万人のギリシアなのだ。

地理的優位を強化するドイツ

EUの影響力は、ドイツ統一という事実そのものによって、ドイツが分裂していた時代よりも薄まっていく。何しろ統一ドイツはヨーロッパ中心部という、地理的・人口動態的・経済的に有利な位置を占めているのだ。ドイツの人口は現在八二〇〇万人、これに対してフランスは六二〇〇万人、イタリアはほぼ六〇〇〇万人である。GDP（国内総生産）はドイツが三兆六五〇〇億ドル、フランスは二兆八五〇〇億ドル、イタリアは二兆二九〇〇億ドルだ。

もう一つ重要な点として、フランスの経済影響力が主に冷戦時代の西ヨーロッパ諸国に限られているのに対し、ドイツの経済影響力は、西ヨーロッパ諸国に加えて旧ワルシャワ条約機構加盟国にまでおよんでいる。これはドイツの中央に近い地理的位置と、東西両ヨーロッパとの貿易面での結びつきによるものだ。[*17]

海洋ヨーロッパと中央ヨーロッパの両方にまたがるという地理的位置に加え、ドイツには経済を重視する風土がある。ドイツ銀行の上級エコノミスト（当時）のノルベルト・ウォルターが、こう語ってくれた。「ドイツ人は金融活動だけでなく、真の経済活動で優位に立つことを好むのです。私たちはこれまで何十年もの間、顧客を大切にし、ニーズを発掘し、ニッチを開拓して関係を育んできました」。こうした能力は、きわめてドイツ的な活力によって強化されている。

政治哲学者のペーター・コスロフスキが、私に説明してくれた。「ドイツ人は第二次世界大戦後にゼロからスタートしたため、強引なまでに現代主義的です。この国では現代主義と中産階級の文化が、イデオロギーにまで昇華されているのです」。それに統一ドイツは、北ヨーロッパの繁栄をうまく活用できるような空間的配置をとっている。一七世紀の三〇年戦争後に多くの小国が独立した伝統が、今なおドイツの連邦体制の指針となっている。首都という一つの大きな「圧力鍋」のなかですべての都市が画一的に統治されるのではなく、各都市の小さな鍋が、ベルリンが再生したこの時代にも生き残っている。

鉄道網が各地に公平に張りめぐらされているため、たとえばハンブルクはメディア、ミュンヘンはファッション、フランクフルトは金融の中心地として、それぞれ栄えている。またドイツは一九世紀後半にようやく統一されたため、各地が地方色を色濃く残しており、それが今日のヨーロッパでは、大きな強みになっている。

最後に、ベルリンの壁崩壊は長い歴史から見ればつい最近のことで、その影響が現れるのは何十年も先になるが、それでもドイツを中央ヨーロッパと再び結びつけることにより、一〇世紀の第一帝国と一九世紀の第二帝国、つまりほぼ神聖ローマ帝国に相当するものを、ごく目立たない非公式なかたちで再現したことになる。

ベルリンの壁崩壊のほかに、ドイツの地理的優位を強化している要因は、一九九〇年代半ばに実現した、ドイツとポーランドの歴史的和解である。ズビグネフ・ブレジンスキー元国家安全保障問題担当大統領補佐官もこう書いている。「ドイツの影響力は、ポーランドを通して、北のバルト諸国、東のウクライナとベラルーシにまで広がっていけるようになった」。いいかえれば、ドイツはヨーロッパの拡大によって、また中央ヨーロッパが独立的な存在として再び出現したことによって、力を高めているのだ。[*18]

ロシアは東欧を再び威圧する

この動向においてカギとなるのは、ヨーロッパ、とくにドイツの疑似平和主義がどの程度もちこたえるかということだ。ヨーロッパが軍事的解決方法に嫌悪を抱くのは、戦争と荒廃に打ちひしがれたからだけではないが、冷戦中の数十年間、超大国アメリカによって安全を保障され、今に至るまで明白な従来型の脅威を感じてこなかったこともまた事実である。「ヨーロッパの脅威は、制服を着た兵士というかたちではなく、ぼろを着た難民というかたちでやってくる」と、ドイツ系アメリカ人の学者でジャーナリストのジョセフ・ジョフィも指摘する。[*19]

しかし、もしマッキンダーのいうように、ヨーロッパの命運が今もアジアの歴史に、それもロシアの復活にかかっているとしたらどうだろう？[*20] この脅威はたしかに存在する。なぜなら第二次世界大戦の末期に、ソ連が東ヨーロッパに帝国をつくりあげるきっかけとなった要因が、今も消えていないからだ。その要因とは、リトアニア、ポーランド、スウェーデン、フランス、ドイツがロシアと敵対してきたという歴史であり、だからこそロシアは、歴史的ロシアと中央ヨーロッパにはさまれた空間に、ロシアのいいなりになる政権を集めた緩衝地帯を設けることを切実に必要としているのだ。

もちろん、今のロシアは新たな緩衝地帯をつくるために、地上部隊を投入して東ヨーロッパを再び占拠するようなことはない。だが、ヨーロッパがロシアの天然ガスを必要としていることを利用して、政治的・経済的圧力をかけ、今後数年以内に旧衛星諸国を再び威圧するだろう。

ロシアはヨーロッパのガスの二五%、ドイツの四〇%、フィンランドとバルト海諸国のほぼ一〇〇%を供給しているのだ。[*21] さらに、ロシアが現在のヨーロッパの歴史的な経済・通貨危機に乗じて、大陸内での影響力を大いに高めることも考えられる。ロシアは投資活動とエネルギー供給国としての重要な役割を通して、弱体化し分断しつつあるヨーロッパで存在感を増すだろう。

では戦争主義を放棄したドイツは、多少なりともロシアの影響力に屈し、その結果、東ヨーロッパが属国化し、NATOの形骸化が一層進むのだろうか？　それともドイツは犠牲者なき疑似平和主義を維持しながらも、さまざまな政治的・経済的手段を通じてロシアにそれとなく抵抗するだろうか？

前者の場合、マッキンダーやその他の地理学者の懸念が現実のものになる。つまり、地理的には中央ヨーロッパは存在しなくなり、単に海洋ヨーロッパ、大陸ヨーロッパと、それらにはさまれたクラッシュゾーン（破砕帯）だけが存在する。

他方、後者のシナリオが実現すれば、ヨーロッパは多層的な運命をたどることになろう。その場合、中央ヨーロッパが第一次世界大戦以来初めて完全な姿で復活、開花し、ドイツとロシアにはさまれた諸国も、マッキンダーが期待した通り繁栄し、ヨーロッパに平和が訪れる。またロシアは、東はウクライナやジョージアまでの諸国がヨーロッパの仲間入りをするという現実に順応する。かくしてヨーロッパという概念が、歴史的自由主義の地政学的表現として、とうとう現実のものになるだろう。

ヨーロッパはローマ帝国崩壊後、中世に数世紀かけて政治的に再編成された。そして、第一次世界大戦が勃発した一九一四年から一九八九年まで続いた「長期ヨーロッパ戦争」が終了した今、ヨーロッパはこの概念の実現を求めて再編成を続けるだろう。

ゆらぐギリシア

実際、ヨーロッパは歴史を通じて地理的に大きくかたちを変えてきた。一五世紀半ばに大航海時代が到来し、交易が大西洋を越えて広がると、ヨーロッパは西方に活動範囲を広げた。その結果、ケベックやフィラデルフィア、ハバナのような都市は、経済的に西ヨーロッパに近い存在になった。一七世紀末にオスマン帝国が北西方向にウィーンまで兵を進めると、バルカン半島はヨーロッパ亜大陸の大部分から切り離された。最近ではもちろん、旧共産主義諸国のEU加盟が認められたことによってヨーロッパ圏は東方に拡大し、またヨーロッパ諸国が地中海南岸の北アフリカ諸国の政治的・経済的安定に協力するうちに、南方にも拡大している。

そしてこうした再編成のうち、ヨーロッパ統合プロジェクトの健全さを測る最も重要なバロメーターになるのが、ギリシアである。ギリシアはバルカン半島のなかで地中海に自由に出られる唯一の地域として、二つのヨーロッパ世界を一つに結びつける位置にある。地理的にはブリュッセルとモスクワからほぼ等距離にあり、文化的には正教とビザンティン帝国の遺産を受け継いでいるため、ヨーロッパと同じくらいロシアとも近い。

ギリシアは近代以降、政治面での後れに苦しめられてきた。一九世紀半ばのヨーロッパの市民革命が、主に中産階級に端を発した政治的自由をめざす活動だったのに対し、ギリシアの独立運動は、主として宗教に根ざす民族運動だった。一九九九年のコソボ戦争では、ギリシア政府は中立的な立場をとったが、国民はセルビア人を支持し、圧倒的多数がヨーロッパではなくロシア側についた。そして冷戦中、共産圏に属していなかったヨーロッパ諸国のなかで、現在経済的に最も苦しんでいる国がギリシアである。

ギリシアは太古の昔から、ヨーロッパが終わり、そして始まる場所だった。ヘロドトスが『歴史』でギリシアとペルシアの戦争を描いたことで、西対東という「二項対立」の構図ができあがり、それが二〇〇〇年以上経った今も続いている。[*22] ギリシアは、冷戦初期にかろうじて西側陣営にとどまっていたが、それは国内で右派と共産主義勢力が内戦をくり広げていたからでもあり、またチャーチルとスターリンの間で結ばれた協定によって、最終的にギリシアのNATO加盟が決定したためでもあった。

マッキンダーが書いているように、ギリシアはユーラシアのハートランドの域外にあり、したがってシーパワーに容易にアクセスできる。だがハートランドの大国が、何らかのかたちでギリシアを手に入れれば、「それとともに世界島の支配も手に入れるだろう」[*23]。もちろん、ロシアにはギリシアを近いうちに支配するつもりなどない。それでも、もしチャーチルとスターリンの交渉がちがう方向に転んでいたなら、冷戦中にどのような事態が起こっていたかを考えるのは興味深い。もしギリシアが共産圏に属し、アドリア海の向こうのイタリアを脅かし、東地中海全体と中東にも脅威を与えていたなら、ロシアは戦略的にどれほど有利になっていただろう。

二〇一〇年に始まったギリシアの金融危機は、この国が政治的・経済的に立ち後れていることを端的に示すできごととして、EUの通貨制度をゆるがした。この危機に端を発した南北ヨーロッパ間の緊張は、ヨーロッパ統合プロジェクトに突きつけられた、ユーゴスラビア紛争以来の重大な挑戦だった。ギリシアの事例がはっきり示しているように、ヨーロッパ統合は今なお進行中の真に野心的なプロジェクトであり、今後も空間の危機にゆらぐ世界で、南方と東方の変化や激震によって影響を受けるだろう。

第一〇章　拡大するロシア

けっして見くびってはいけない

カフカス山脈は歴史を通じてロシア人、とくに熱烈な民族主義者に恐怖と畏敬《いけい》の念を与えてきた。黒海とカスピ海をつなぐ地峡、一〇〇〇キロ弱にもおよぶ標高五五〇〇メートル級の山の連なりのなかで、ヨーロッパが次第に消滅し、とくに北方の広大で平坦なステップ地帯からやってきた旅人たちを、きらめく美しさで魅了している。

ここは一七世紀以降、ロシアの入植者が誇り高き諸民族の征服を試みてきた場所である。ロシア人は、ここで穏健なイスラムや執念深いイスラムに遭遇した。ロシア人をじらし、脅かしてきたカフカス。ロシア人がこの山脈に示す複雑な感情的反応が、ロシアの物語の全貌《ぜんぼう》を理解する手がかりになる。

ロシアは地球ほぼ半周分の経度一七〇度にわたって広がる、傑出したランドパワー国家だ。ロシアの外洋への出口は主に北方にあるが、そこは北極圏の氷によって一年のうち何カ月も閉ざされている。ランドパワー国家はつねに不安に苛《さいな》まれていると、マハンは示唆する。国土を守る海がないためにつねに満たされず、拡大を続けるか、逆に征服されるかのどちらかしかない。ロシアには、とくにこれがあてはまる。広大な平地には自然の境界がほとんどなく、何の防御もない。ロシア人が内陸部の敵に対して抱く恐怖心こそが、マッキンダーの主な研究テーマである。

これまでロシアは、一九世紀にはフランスを、二〇世紀にはドイツを阻むために、中央・東ヨーロッパに進出してきた。インドのイギリス軍を阻止し、インド洋に不凍港を得るためにアフガニスタンに進出し、中国を阻止するために極東に進出した。またカフカス山脈は、大中東圏に噴出する政治的・宗教的問題から安全を確保するために、ロシアにとって支配しなくてはならない障壁となっている。

ロシアに関するもう一つの重要な地理的事実は、厳しい寒さだ。（アラスカを除く）アメリカの最北端は、カナダとの国境の北緯四九度線である。だがロシアの大部分は北緯五〇度線以北にあるため、ロシア人は、主にアメリカ国境沿いに集中しているカナダ人よりも、さらに寒冷な気候のなかで暮らしているのだ。「高緯度、外洋からの距離、山脈による遮断効果、大陸度」といった要因のせいで、ロシアの気候は非常に寒冷で乾燥していて、通年での大規模な定住に適さない。[*1] だがカフカスと、北朝鮮国境に近い極東ロシアは、この原則の例外である。したがってカフカスのもう一つの魅力は、北緯四三度線の比較的温暖な気候にある。[*2] ロシアの気候と風土はおそろしく過酷で、そのことがロシア人の国民性と歴史を理解するためのポイントとなるのだ。

厳しい寒さはロシア人に「苦しみに耐える力と、一種の共同体主義、それに公益のために個人の犠牲を厭わない心をもたらした」と、ロシア史家のフィリップ・ロングワースは書いている。また、北半球の高緯度地域では生育期間が短く、種まきも刈り入れも大急ぎで行わなくてはならないため「農民間の依存関係」が生まれ、「田畑での長時間におよぶ厳しく非常に骨の折れる労働と、子どもたちの動員」が欠かせなかったと、彼は述べている。

さらに、寒冷な気候のせいで利益率が低かったため、新興のロシア国家のエリートは広大な地域を支配する必要があり、その結果として農民たちの自発的な労働意欲が阻害され、それがひいては日常生活の「暴力的傾向」を生んだという。[*3] ロシアの共産主義と、近年までの個人の自由の軽視は、極寒の風景に根ざしていた。土地の開墾、氷原の教会や砦《とりで》、正教の祈りはすべて、悲痛な共同体主義が生まれる素地になった。

北極圏と北極海にはさまれたロシアの北部地帯は、凍《い》てつき樹木も生えないツンドラである。夏に凍土が溶けると地表がぬかるみ、巨大な蚊が大量発生する。ツンドラの南方には、世界最大の針葉樹林帯であるタイガが、バルト海から太平洋沿岸部まで続いている。最後にシベリアと極東ロシアのこうした地域のうち、約四〇％が永久凍土で覆われている。最後に南ロシアには、西のハンガリー平原からウクライナ、北カフカス、中央アジアを通り、はるかかなたの満州まで広がる、世界最大の草原地帯のステップ地帯が含まれる。

ロシア研究者のW・ブルース・リンカーンは、これを「大草原の道」と呼んだ。[*4] マッキンダーによると、ロシア人は、もとは森林の囲いに潜み、自分たちの安全のために、中世盛期から近代初期にかけて南方と東方のステップ地帯から流入したアジアの遊牧民を探しあて、制圧しなくてはならなかった。とくにモンゴル人がいつまでも居座り、屈辱を与え続けたせいで、ロシアはルネサンスからとり残された。

またこの状況のなかで、東方正教徒のスラブ人は一体感と活力、目的意識をもつようになり、こうしたメンタリティに助けられて、最終的に「タタールのくびき」（モンゴルによるロシア圧政の時代）から脱し、その後の数百年間で広大な領土を獲得することができたという。[*5] タタールのくびきによって、ロシア人は「暴政への耐性を高め」るとともに、窮乏に慣れ、「侵略に対する被害妄想的な恐れ」に苛まれるようになったと、歴史家のG・パ

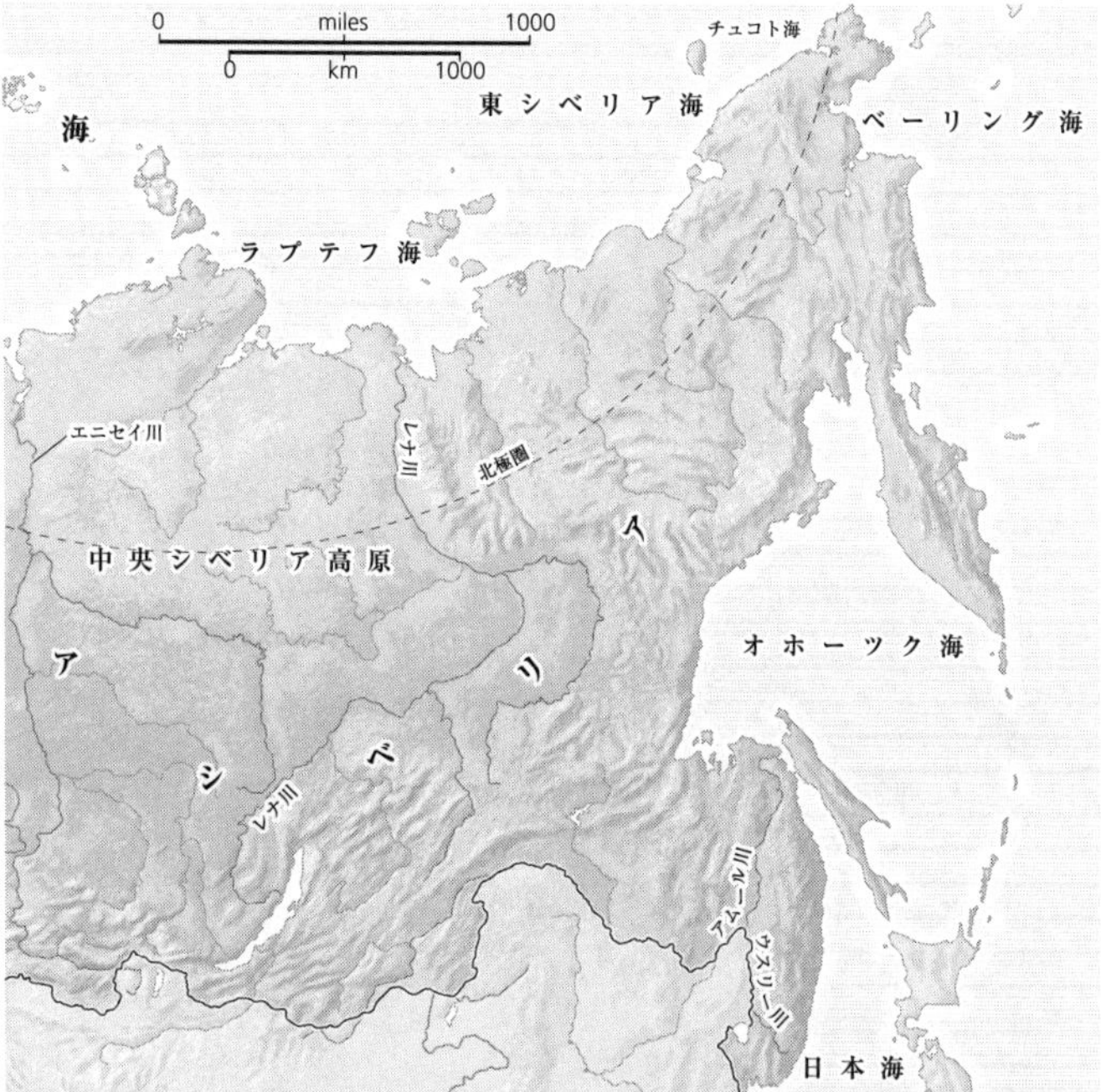
0 miles 1000
0 km 1000
チュコト海
東シベリア海
ベーリング海
海
ラプテフ海
エニセイ川
レナ川
北極圏
中央シベリア高原
ア
シ
ベ
リ
ア
オホーツク海
レナ川
アムール川
ウスリー川
日本海
モンゴル
国
カザフスタン
シルダリヤ川
シムケント
キルギス
タシケント
フェルガナ盆地
フェルガナ
ドゥシャンベ
タジキスタン
中国
ホログ
アフガニスタン

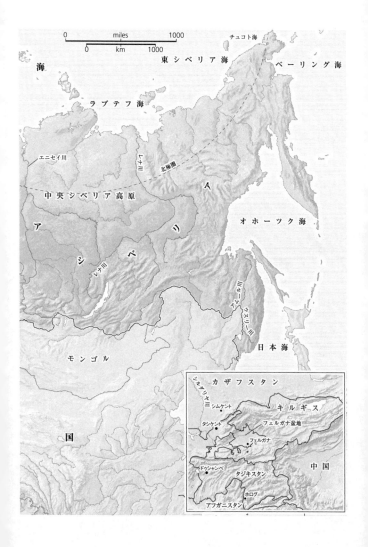

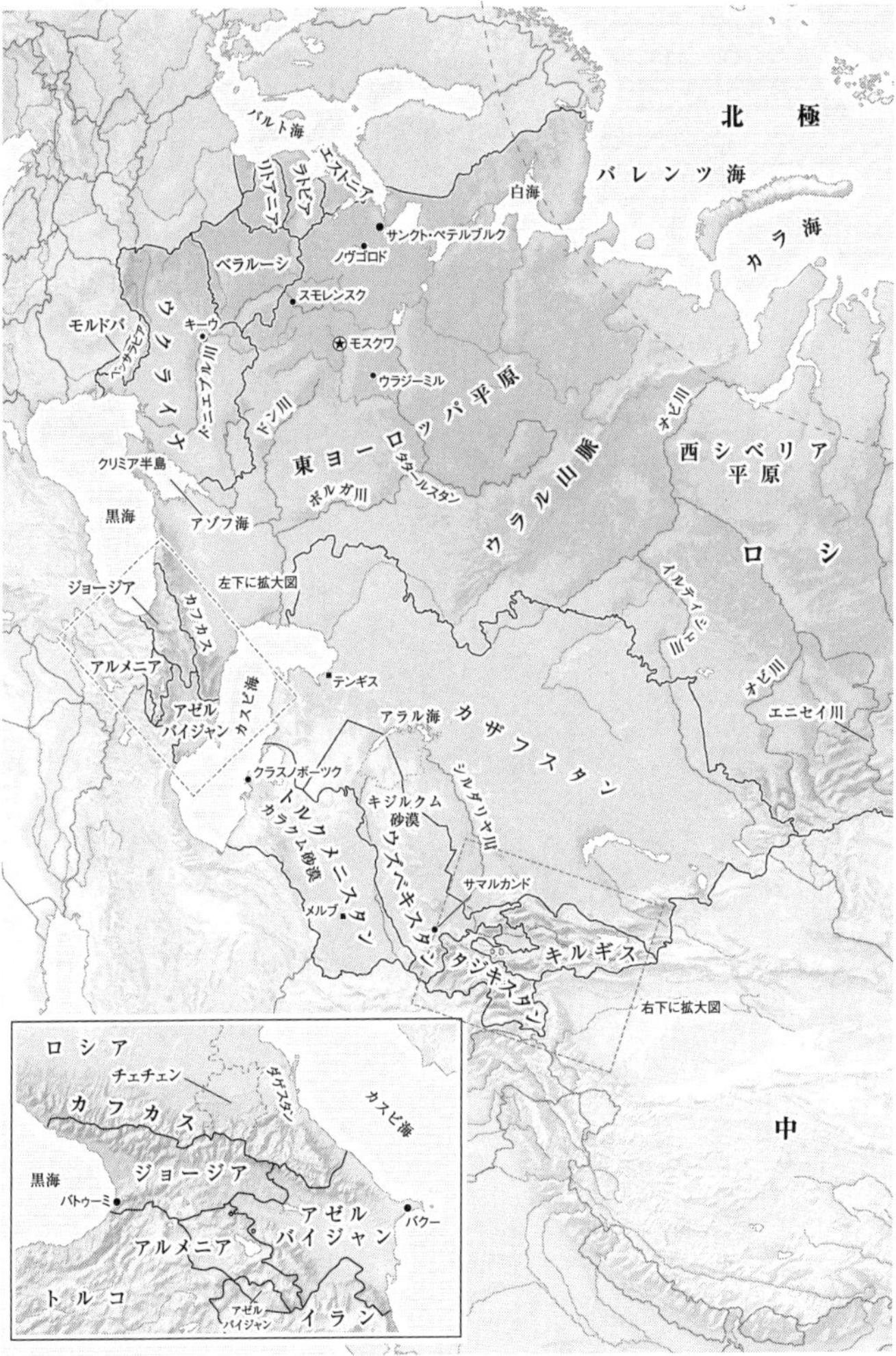
北極
バレンツ海
カラ海
白海
バルト海
エストニア
ラトビア
リトアニア
サンクト・ペテルブルク
ノヴゴロド
ベラルーシ
スモレンスク
モスクワ
ウラジーミル
キーウ
モルドバ
ウクライナ
ドニエプル川
ドン川
東ヨーロッパ平原
タタールスタン
ヴォルガ川
ウラル山脈
オビ川
西シベリア平原
ロシ
クリミア半島
黒海
アゾフ海
左下に拡大図
ジョージア
カフカス
アルメニア
アゼルバイジャン
カスピ海
テンギス
アラル海
カザフスタン
イルティシ川
オビ川
エニセイ川
クラスノボーツク
トルクメニスタン
カラクム砂漠
キジルクム砂漠
ウズベキスタン
シルダリヤ川
サマルカンド
メルブ
タジキスタン
キルギス
右下に拡大図
中
ロシア
チェチェン
ダゲスタン
カスピ海
カフカス
黒海
ジョージア
バトゥーミ
アゼルバイジャン
バクー
アルメニア
トルコ
アゼルバイジャン
イラン

トリック・マーチは説明する。[*6]

不安はロシア人の典型的な国民感情である。「彼らが国民としてのルーツと正当性を歴史に求めようとしたのは、無防備な東ヨーロッパ平原のせいでもある」と、アメリカ議会図書館館長のジェームズ・H・ビリントンが、ロシア文化を論じた大作『聖像画《イコン》と手斧《ておの》：ロシア文化史試論』（藤野幸雄訳、勉誠出版）に書いている。彼によれば、ロシア人の思考を支配しているのは「歴史ではなく、地理」だという。

季節変化が厳しく、数少ない河川から遠く離れ、降水量と土壌の肥沃度《ひよく》が土地によってまちまちなことが、一般の小作農の生活に大きな影響を与えていた。彼らにとって、現れては去って行く遊牧民の征服者は、いつも代わり映えのしないよそよそしい海に浮かんで、無意味な動きをくり返す浮遊物と大差ないように思われた。[*7]

いいかえれば、ヨーロッパから極東まで続く、自然の境界がほとんどない真っ平らな地形と、過密都市とは対照的な過疎集落が、長い時間をかけて無政府状態の素地を形成していった。そこではあらゆる集団が、つねに不安を抱いていた。

ステップ地帯の敵を避けて森林に暮らすロシア人は、精霊信仰《アニミズム》と宗教に逃げ場を求めた。

正教の春の復活祭は「ロシア北部では特別な熱狂をもって迎えられた」とビリントンは書いている。復活するのは昇天したキリストだけでなく、自然でもあった。長く暗い冬が終わりに近づき、木々が雪を落として、葉をつけ始める頃だ。

東方正教会のキリスト教には、自然信仰の精神が少なからず感じられる。ロシア共産主義と、ボルシェヴィキ（ロシア社会民主労働党の左派。共産党の前身）による全体性の重視は、ロシアの宗教がかたちを変えたものだった。二〇世紀初頭のロシアの知識人ニコライ・ベルジャーエフは、それを「世俗版の正教」と呼ぶ。ビリントンの著書の題名が示すように、聖像画は正教信仰の力と安心、崇高な目的を、悩める辺境民に鮮やかに思い出させ、手斧は「大ロシアが森林を従属させるのに欠かせない基本手段」だった。[*8] ロシアの宗教的・共産主義的全体性は、ステップ地帯に近い無防備な森林の無力感に端を発したものだといえる。そしてこの無力感があるからこそ、ロシア人は征服の必要をしっかり胸に刻み込んだ。だが国土が平坦で、アジアと大中東圏まで途切れなく続いているせいで、ロシアは逆に征服されたのである。

さまざまな帝国が勃興、拡大、崩壊、消滅するなか、ロシア帝国も拡大し崩壊したが、その都度必ず復活した。[*9] 地理と歴史は「ロシアをけっして見くびってはいけない」と警告する。ソビエト帝国解体後、現代のロシアが部分的に復活しているのは、いつも通りの展開なのだ。

大陸帝国をめざす

ロシア最初の大帝国であり、東ヨーロッパ最初の大規模な統治組織でもあったキエフ大公国は、九世紀中頃〔九世紀後半ともいわれる〕、ロシアの歴史都市のなかで最も南に位置する、ドニエプル川沿いのキーウに興った。このためキエフ大公国は、南のビザンティン（東ローマ）帝国と頻繁に行き来することができ、その影響でギリシア正教をとり入れ、国民を正教徒に改宗させた。先に述べたように、この宗教はロシアの厳寒の風土のなかで、いつしか熱狂的な信仰になった。

またキエフ大公国は、スカンジナビアの（北方から川を下ってきた）バイキングと、東方の先住民族スラブ人で構成される国家になることを、地理的に運命づけられていた。そしてこの地域の土壌は貧弱で、食料供給を確保するために広大な土地を征服する必要があったため、いつしかバイキングとビザンティンという二つの強力な地域勢力が結集して帝国が形成された。このようにして、地理的・文化的概念としてのロシアが生まれたのである。

キエフ大公国は、ステップ地帯の遊牧民とつねに戦っていた。とうとう一三世紀半ばには、チンギス・ハーンの孫バトゥ・ハーンの指揮するモンゴル軍によって滅ぼされた。モンゴル人は放牧地を数年続きの干ばつにやられ、食料と移動手段として飼っていた馬の新しい牧草地を求めて、西方に進出したのだ。こうしてユーラシアのハートランドの獲得をめざす、ロシア帝国による初めての拡大の試みは打ち破られた。

その結果、さまざまな動きとその反動、政治劇などの人間の営為を通じて、ロシアの歴史は次第に北方のスモレンスク、ノブゴロド、ウラジーミル、モスクワといった都市を中心に展開するようになった。先に述べたように、中世後期の数世紀の間、ロシアは専制政治下にあり、モンゴルからの圧力もあって強迫観念にとらわれていた。この間に、最大勢力の都市として浮上したのがモスクワである。モスクワが傑出したのは、ボルガ川の中上流域の河川を結ぶ連水陸路上という、交易に有利な立地にあったからだ。

しかし、歴史上のこの段階でタタール人の徘徊《はいかい》するステップ地帯を避けたために、ロシアは人を寄せつけない広大な森林の開拓を進め、国家としての一体感を増すことができたのである。[*10] モスクワ大公国は敵に包囲され、事実上内陸に閉じ込められていた。東方には広大なタイガ、ステップ地帯、モンゴルしかなく、南方はステップ地帯のテュルク人とモンゴル人に阻まれ、黒海に自由に出られなかった。西方と北西にはスウェーデン人、ポーランド人、リトアニア人がいて、バルト海へのアクセスを阻んでいた。

「雷帝」ことイヴァン四世（在位一五三三年～一五八四年）が支配していた海岸は、北極海の入り江の白海だけで、しかもそれは極北にありほとんど使えなかった。果てしない平原の中央に位置し、四方を脅かされたロシアは、戦争を起こす以外に選択の余地がなく、イヴァン四世の下で実際にそれを実行した。イヴァン雷帝は怪物であり国民的英雄でもあった人物として、とかく物議を醸した。当時のロシアでは、絶対主義が混乱を鎮める唯一の手段だったことを、イヴァンは示した。イヴァンはロシア始まって以来の大帝国主義者だったが、この役目は、歴史と地理によって彼に押しつけられたものともいえる。

一四五三年に東ローマ帝国のコンスタンチノープルがオスマンによって攻略されたために、ギリシア人の難民が北方のモスクワへ逃れ、帝国の建設に不可欠な政治的・軍事的・行政的な専門知識を伝えた。その後イヴァンが一五四七年にツァーリ（皇帝）として戴冠すると、タタール人のカザン・ハン国を滅ぼすことによって、ウラル山脈へのアクセスを得た。のちにはエルティシ川近くのテュルク系国家シビル・ハン国を破り、シベリア征服に向けて大きく前進した。

このときのイヴァンの残虐さと狡猾《こうかつ》さには、ロシア人がアジア人との数世紀にわたる「忍耐強く従順なやりとり」を通して学んだことが、すべて集約されていた。[*11] ロシアはこの広大な土地を速やかに席巻し、それから六〇年も経たない一七世紀初頭には、太平洋の縁海であるオホーツク海に早くも到達した。

イヴァンは南方と南東、とくにイスラム教徒のアストラハン・ハン国に目を向けた。これはキプチャク・ハン国の分派で、ボルガ川の河口を含み、カフカス、ペルシア、中央アジアとの交通の要衝にあった国である。ここにテュルク遊牧民でキプチャク語群の言語を話す、ノガイ族が住んでいた。ノガイ族はモスクワ大公国と政治的には敵対関係にあったが、交易関係があったために、イヴァンの兵が主要な交易路の安全を保ってくれるのを歓迎した。

広大な草原ではモンゴル人とタタール人が、時に重複する軍隊によってロシア人と戦い、その一方ではロシア人と交易も行った。そしてカフカスは、ロシア人を苦しめていた平地よりもさらに過酷で複雑だったため、ロシア人の目には、ことさら魅惑的に映った。だからこそ彼らは、この山脈にあれほど執着してきたのだ。

イヴァンは疲れを知らなかった。南方で勝利を収めた直後に、現在エストニアとラトビアがある地域で戦争を起こし、バルト海に拠点を得ようとしたが、ハンザ同盟とリヴォニアのドイツ騎士団に敗れた。ロシアは当時、中東とアジアに新たに得た領土から影響を受けていた一方で、この敗北によって西洋からは決定的に切り離されることになる。

一六世紀末と一七世紀初めのロシアの大陸帝国をめざす最初の試みでは、コサックが名をあげた。ロシアは当初カフカスで足場を固める手段として、コサックを利用した。コサ

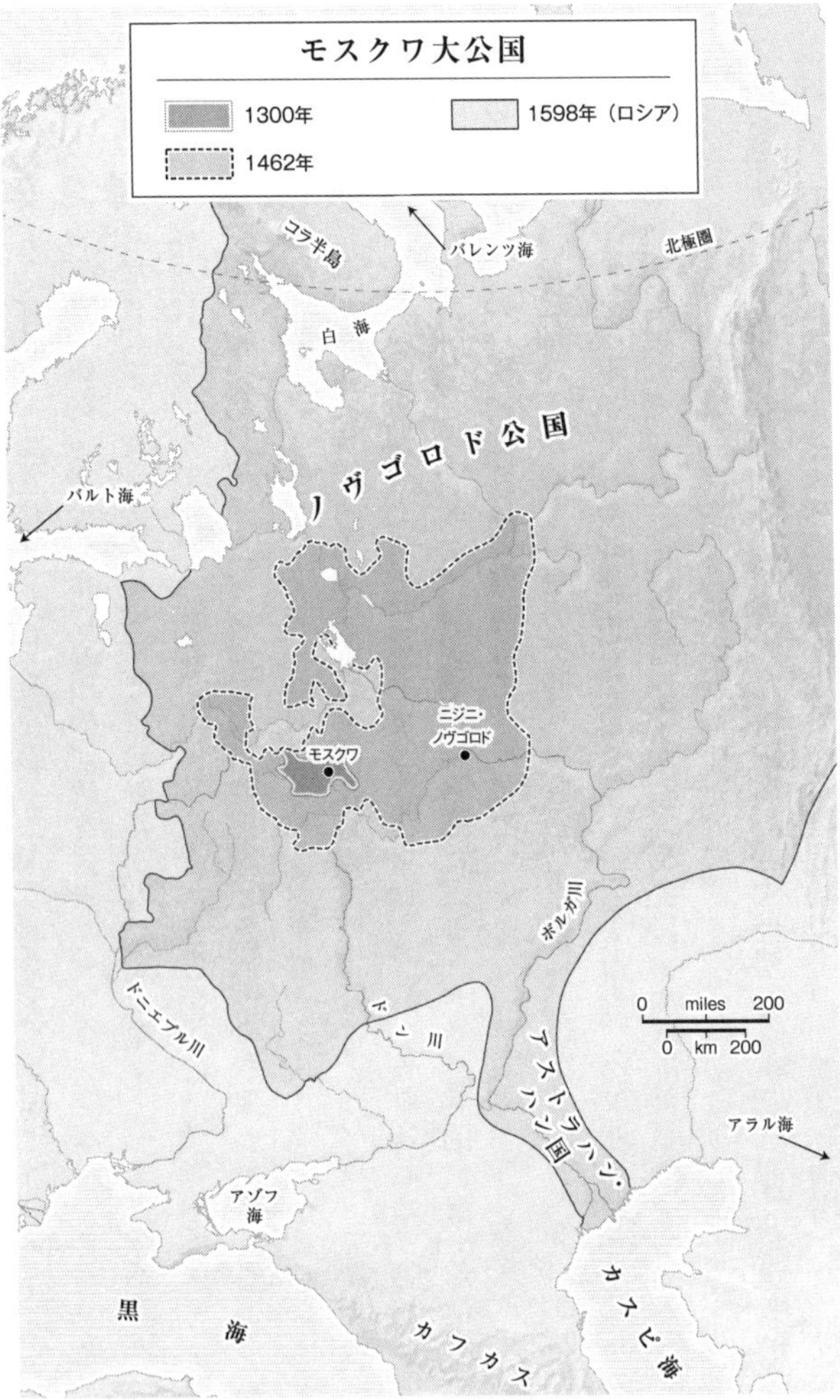
モスクワ大公国
1300年
1462年
1598年（ロシア）
コラ半島
バレンツ海
北極圏
白海
ノヴゴロド公国
バルト海
ニジニ・ノヴゴロド
モスクワ
ボルガ川
ドニエプル川
ドン川
0 miles 200
0 km 200
アストラハン国
アラル海
アゾフ海
黒海
カフカス
カスピ海

ックまたはテュルク語の「カザーク」という言葉は、もとはタタール人の自由な兵士を指していたが、のちには母国の過酷な状況に絶望してウクライナのステップ地帯に移住したロシア人、リトアニア人、ポーランド人を指すようになった。混乱した旧モンゴル辺境地帯で盗賊、商人、開拓者、傭兵《ようへい》として生計を立てていたが、強靱《きょうじん》で安あがりなことを見込まれ、イヴァンの軍隊の非正規部隊を形成するようになった。コサックは、ドン川やドニエプル川の流域を中心に拠点を築いていった。[*12]

イヴァン四世の帝国は、雷帝死去後に実権を握ったボリス・ゴドゥノフ（在位一五九八年～一六〇五年）の下で、とくにボルゴグラード、ウラル山脈、カザフステップの南東方向に拡大を続けた。しかし、その後モスクワ大公国が衰退すると、スウェーデン人、ポーランド人、リトアニア人そしてコサックが、帝国の残骸からかけらを切り出した。

モスクワ大公国は、モスクワを「第三のローマ」と位置づけ、ローマ帝国とコンスタンチノープルの正当な継承者を自任していた。そのため、ロシア動乱時代の始まりを告げたモスクワ大公国の衰退は、あたかも世界と文明全体が終わるかのような印象を与えた。しかし、ロシアは滅びたのではなかった。わずか数年後の一六一三年には、ミハイル・ロマノフがツァーリに据えられ、新たな王朝とロシア史の新たな章が幕を開けたのである。

ランドパワー国家の宿命

近代ロシアに性格を与え、ロシア帝国主義の国家機構やその他の行政機構を整備したのは、ロマノフ朝だった。モスクワ大公国の行き当たりばったりの略奪に比べれば、これは大きな進歩だった。三〇〇年にわたるロマノフ朝の支配の下で、ロシアはポーランドとリトアニアを征服し、スウェーデンを破り、ナポレオンのフランスを撃退し、ウクライナを奪還し、オスマンに勝利してクリミアとバルカン半島に進出し、カフカス、中央アジア、シベリアから中国、太平洋岸まで支配権を拡大して正式に確立した。

またロシアは、クリミア戦争(一八五三年~一八五六年)と日露戦争(一九〇四年~一九〇五年)の敗北から立ち直った。そして、大いなる拡大と大いなる後退というロシア史の壮大なテーマに違《たが》わず、ロマノフ朝は一八一二年にナポレオンの大陸軍に侵攻されてポーランドと西ロシアを失うも、数週間後には復活してフランスを中央ヨーロッパに退却させ、ナポレオン軍を撃退したのである。

ロマノフ朝にとって、一七世紀末と一八世紀初頭にロシアを支配したピョートル大帝は、モスクワ大公国にとってのイヴァン四世のような存在だった。ピョートルは、地理が多くの要因のうちの一つでしかないことを、自らの行動によって証明した傑物だった。もちろん、ピョートルの功績のうち歴史上最もよく知られているのは、一七〇三年にバルト海沿岸にサンクト・ペテルブルクの建設を開始したことと、それに伴いスウェーデン帝国との間で過酷な戦争を戦ったことである。スウェーデンは、ベラルーシ〔ポーランドとする説もある〕のマズールィ沼沢地を渡ってロシアに侵攻したが、ロシアは対抗策として焦土作戦を展開し、乾燥地帯で作物を焼き払った。ちなみにこれは、ロシアがのちにナポレオンとヒトラーに対しても用いた作戦である。

しかし、ロシアの政治的・文化的アイデンティティを変えるために、バルト海沿岸部を統一して、ヨーロッパに面した新しい首都をそこに建設するというピョートルの偉大な試みは、最終的に頓挫《とんざ》した。なぜならどの方向に征服を進めようとも、ロシアは厳密にいえばユーラシアの国だったからだ。ロシアはおそらく原型的なユーラシア国であり、またモンゴル人などによる侵略の歴史と地理に逆らって、ヨーロッパ国になろうとした唯一のユーラシア国だった。

ロシア人は、劣等感を感じることなど何もなかったはずだ、誰しも自分以外の存在にはなれないのだから。彼らはきわめて過酷な大陸の土地から帝国をつくりあげ、レバントとインドの門を叩《たた》いて、フランスとイギリスの帝国に脅威を与えた。ロシア軍はインド亜大陸との国境により近い、中国に続く古代シルクロード上のタシケントとサマルカンドを占領している。

フランスとイギリスの海洋帝国が、海外で容赦ない敵と対峙《たいじ》したのに対し、ロシアは自国の領土内で敵に遭遇していたため、早くから用心し警戒することを学んだ。この国は、つねに何らかのかたちで戦っているのだ。ここでもカフカスがわかりやすい例になる。

北カフカスに住むイスラム教徒のチェチェン人に対して、ロシアは一八世紀末にはエカチェリーナ二世の軍隊を、一九世紀にもツァーリたちの軍隊をさし向けて戦い、もちろん現代も闘争は続いている。これはグルジアなどの、南方のより従順な地域がツァーリの支配下に入ってからずっとあとのことだった。

チェチェンが好戦的なのは、岩がちな山の土壌では生計を立てにくく、また野生動物から羊や山羊を守るために、人々がつねに武器を携行していたからだ。交易路がカフカスを横断しているため、チェチェン人は案内人でもあり、追いはぎでもあった。[*13]

ボルシェヴィキは北カフカスの民族の独立精神を恐れて、すべての民族を単一の共和国にまとめてから分割する代わりに、言語的・民族的パターンと一致しない人為的な単位をつくりあげた。さらにスターリンは、ドイツと共謀したとして、チェチェン人、イングーシ人、カルムイク人などを一九四四年に中央アジアへ追放した。[*14] カフカスは、ロシア帝国主義を頑強にするのに大いに役立った。他民族の征服が至上命令であるランドパワー国家は、こうして鍛えられていくのがつねである。

マッキンダーはこれらの動向や、一九世紀後半に急ピッチで進められたロシアの鉄道建設にも触発されて、回転軸理論を打ち立てたのだった。一八五七年から一八八二年までの間に二万四〇〇〇キロ以上の鉄道が建設され、モスクワは、西はプロイセンの辺境地帯、東はニジニ・ノヴゴロド、南は黒海北岸のクリミアと結ばれた。

さらに一八七九年から一八八六年の間に、カスピ海東岸のクラスノボーツク（トルクメンバシの古称）から、東方のペルシアとアフガニスタン国境に近いメルブまで、八〇〇キロ超の鉄道が建設された。この線は一八八八年にはさらに北東に延びて、サマルカンドに到達した（またメルブから南方のアフガニスタン国境近くまで、別の支線が建設された）。

帝国の新しい動脈に助けられて、ロシア軍は中央アジアのステップ地帯の南、今日のトルクメニスタンとウズベキスタンにまたがるカラクム砂漠とキジルクム砂漠に進撃した。これらは、当時最盛期にあったイギリス軍が駐留していたインド亜大陸に近かったため、ロシアの帝国主義的活動は、ロシアとイギリスのアジア覇権をめぐる戦い、いわゆる「グレートゲーム」にくみ込まれた。

その間、カスピ海西岸のバクーと黒海沿岸のバトゥーミを結び、カフカスを横断する鉄道が建設された。そして一八九一年には、ウラル山脈からシベリアと極東を越え、いくつもの森林、山脈、沼地、永久凍土層を越えてはるばる太平洋まで到達する、六四〇〇キロ超の鉄道の建設が着工された。

一九〇四年時点で、ロシアには合計六万一〇〇〇キロを超える鉄道が敷かれ、サンクト・ペテルブルクから、ロシアとアラスカを隔てるベーリング海峡まで、一一の時間帯（経度にして一六五度）を行き来できるようになった。この最新のロシア版「マニフェスト・デスティニー（明白なる運命）」を駆り立てていたのは、やはり不安という感情だった。あらゆる方向を探索、攻撃しなければ、逆に征服されるという、ランドパワー国家につきものの不安である。

中国——最も危険な地政学的ライバル

ユーラシアの地形図には、ロシアの物語を解明する重大な事実がはっきり表れている。西のカルパティア山脈と東の中央シベリア高原の間には、低地平原しかない。ウラル山脈があることはあるが、この大陸全体におよぶ平坦な地形のなかでは、小さな突起でしかない。マッキンダーのハートランドを含むこの平原は、北極海の白海とカラ海の入り江からカフカスへ、そしてアフガニスタンのヒンドゥークシュ山脈とイランのザグロス山脈にまでおよぶ。そのためロシア帝国は、その近くのインド洋に面した暖かい海岸を得られるかもしれないという、かすかな望みをつないできた。

だが、ロシアがこの大平原の中心地帯を越えて山脈の奥深くに進出したのは、カフカスとアフガニスタンの山脈だけのことではない。一七世紀初頭から二〇世紀にかけて、ロシア人のコサックや毛皮の罠猟《わな》師、貿易商人らは、果敢にもシベリアの西部からエニセイ川を越えて東部へ、そして極東までたどり着いた。ここは七つの大山脈を含み、一年のうち九カ月を霜で覆われる、四〇〇〇キロにもおよぶ極寒の平原である。

ベラルーシとウクライナの征服が、ロシアと密接な関係があり、共通の歴史で結びついている土地という意味で起こるべくして起こったのに対し、ロシアがシベリアにつくりあげたものは、まったく新しい「北方の河川帝国」だった。[*15] 東シベリア以東でくり広げられたドラマには、ロシア史上最も過酷な経験が凝縮されている。

エニセイ川は、氾濫《はんらん》すると川幅が五キロ弱にもなり、モンゴルから北極圏までを五五〇〇キロ近くにわたって南北に流れる、世界で六番目に長い川である。この川はウラル山脈にも増して、二つのロシアを区切る真の境界線だ。川の西岸には低地平原が数千キロも続き、東岸には数千キロにおよぶ高原と雪がちの山脈がある。

最初、冒険者たちは動物の毛皮に惹《ひ》かれて、この氷河の僻地《へきち》にやってきた。のちに目あては天然資源になった。石油、天然ガス、石炭、鉄、金、銅、黒鉛、アルミニウム、ニッケルをはじめとする多くの金属や鉱物、そしてシベリアの水量豊かな川でつくられる電力だ。

エニセイ川が東西シベリアを分断しているように、壮大なレナ川は東シベリアと極東ロシアを分けている。実際、シベリアの大河が南から北へ流れるのに対し、それらの支流は「大木の……重なり合う枝のよう」に東西に広がり、素晴らしい連水陸路のシステムをつくっている。[*16]

この土地に点在する鉱山は、帝政ロシアとソ連時代の刑罰制度の中核をなしていた。シベリアの地理を背景として、過酷な強制労働により戦略的資源の採掘が進められたことによって、ロシアはいつしか道義的にいかがわしい資源大国になりあがったのである。

ロシアが一七〇〇年代初頭にいきなり大国として浮上した背景には、ウラル山脈の森林地帯の豊富な鉄鉱石資源があった。この土地でとれる鉄鉱石は、近代戦争に欠かせない大砲やマスケット銃の製造に適していた。同様に、一九六〇年代半ばの北西シベリアでの巨大な油田とガス田の発見によって、ロシアは二一世紀初頭にエネルギー超大国として浮上した。[*17] シベリアの征服は、別のできごととも関係があった。ロシアはこの征服をもって太平洋の地政学に、そして日本と中国との紛争に引き込まれることになったのだ。[*18]

イルティシュ川、オビ川、エニセイ川、レナ川が南から北へ流れるのに対し、アムール川は西から東へ流れ、ウスリー川と合流して、今日の極東ロシアと中国の満州の境界線をなしている。アムーリアと呼ばれるこの辺境地域は、帝政ロシアと清との間で一七世紀中頃に争われた地域だ。当時、ロシア人の略奪者がこの地域に侵入し、その後ロシア・ツァーリ国の兵が、またのちに清が台湾と本土の一部の征服に気をとられていた隙《すき》に、ロシアの外交官がここにやってきた。

このプロセスが最高潮に達したのは、弱体化した中国の衰退する清王朝が、一八六〇年に北京条約で九一万平方キロの領土をロシアに割譲し、国境線を現在の位置に移すことを強いられたときだった。[*19]しかし中国が強大化し、ロシアが相対的に弱体化している今、国境線に再び圧力がかかっている。この地域の石油、天然ガス、木材などの資源を利用するために、中国の移住者や企業が北に移動しているのだ。

地理のせいで、ロシアと中国の関係はいつの時代にも緊張をはらんできた――もっとも現時点では、両国の戦術的でやや反米的な同盟によって、緊張は覆い隠されている。だが、ロシア連邦軍参謀総長ニコライ・マカロフは、二〇〇九年七月に行った発表で、次のように述べたと伝えられている。「NATOと中国は……わが国の最も危険な地政学的ライバルである[*20]」。

こうした地理的条件は、忘れられがちな事実を思い出させてくれる。ロシアが歴史的に東アジアの権力闘争に深く関わってきたということだ。一九〇四年から一九〇五年の日露戦争は、日本がロシアに対し、満州における中国の主権（と日本の朝鮮半島介入の自由）を認めるよう要求し、ロシアがこれに異議を唱えたことが、一つの発端となった。日露戦争の帰結は、ロシア帝政にとってはもちろんのこと、また満州人が歴史的遺産とみなしていた土地を奪われたという点で、清にとっても大きな屈辱だった。しかしロシアは敗北したとはいえ、中国が狙っていたアムール地方とウスリー地方をまだ支配していた。

ロシアは日露戦争でサハリン（樺太）の南半分と南満州の一部を失ったが、ロシアが極東の支配を本当の意味で手放さざるを得なくなったのは、一九一七年にロシア革命が起こり、社会が混乱したためだった。その結果、中国、日本そして新興の極東大国アメリカが、西はバイカル湖から東はウラジオストク港までのシベリア横断鉄道を掌握し、ウラジオストクは一九一八年から一九二二年までの間、日本の占領下に置かれた。この時期、八万人の日本兵がアムール地域を占拠した。

ハートランド大国の出現

ベラルーシでも反革命派との間に内戦が起こったが、レーニンの赤軍が次第に盛り返し、新しいソ連国家は周縁部の領土を奪還することができた。とくに、中央アジア砂漠のテュルク系民族の居住地域を奪還したことは大きい。なぜならここは、インドのイギリス軍によってアフガニスタンを通じて攻撃されることを、ボルシェヴィキが懸念していた地域だったからだ。

ボルシェヴィキは、世界中の労働者の連帯というイデオロギーを標榜《ひょうぼう》してはいたが、無秩序に広がるランドパワー国家につきものの「古くからの問題」に直面すると、現実主義的な対応をとった。その問題とはもちろん、周縁部に対する攻撃という脅威である。ロシアを支配する者はみな、いまいましいほど平坦な領土が四方の近隣国に入り込むという問題に対処しなくてはならなかった。このために、ボルシェヴィキはかつてのツァーリたちと同様、ロシア帝国主義を推進することになったのである。

モルドバ人、チェチェン人、グルジア人、アゼルバイジャン人、トルクメン人、ウズベク人、カザフスタン人、タジク人、キルギス人、ブリヤート・モンゴル人、タタール人などが、すべてボルシェヴィキの支配下に入った。ボルシェヴィキはソ連邦の共和国をそれぞれに与えるなど、彼らに共産主義の恩恵を授けるという大義名分を掲げることで、征服を正当化することができた。[*21]

ボルシェヴィキは、首都をバルト海沿岸のサンクト・ペテルブルクから東のモスクワに戻し、それによってロシアという存在の中核につねにあった、アジア的な実体をとり戻した。ピョートル大帝によって敷かれ、バルト海の「西に開く窓」からロシアを支配した半近代的な体制に代わって、モスクワ大公国の歴史的な半アジア的中枢であるクレムリンから支配する国家が生まれた[*22]。

新生ソ連はロシア、ウクライナ、ベラルーシの連邦構成三共和国と、自治共和国および小区域で構成されていた。しかしこうした共和国の多くは、民族的境界と一致せず（たとえばウズベキスタンには多くのタジク人少数派が、タジキスタンには多くのウズベク人少数派がいた）、内戦なくしては、分離独立はあり得なかった。かくしてソ連は、諸民族の牢獄になったのだ。

二〇世紀のソ連は、かつてないほど多くの不安の種を抱えるなか、以前に輪をかけて攻撃的になった。一九二九年にソ連の歩兵・騎兵部隊と戦闘機が満州の西端に侵攻し、中国領内を通る鉄道を掌握した。一九三五年には中国西部の新疆《しんきょう》を事実上の衛星国化し、また外モンゴルはモンゴル人民共和国となって、ソ連と緊密な関係を結んだ。他方ヨーロッパ・ロシアでは、スターリンは一九三九年の独ソ不可侵条約の締結によって、ポーランド東部、フィンランド東部、ベッサラビアそしてリトアニア、ラトビア、エストニアのバルト三国を併合することができた。ロシアはソビエト連邦の名の下で、今や中央ヨーロッパから朝鮮半島にまで広がる領土を支配していた。

一九四一年にヒトラーがヨーロッパ・ロシアの平原を横断して東方に侵攻した際、ドイツ軍はモスクワ郊外とカスピ海にすぐ手の届くところまで進撃したが、一九四三年初めに、スターリングラード（ボルゴグラードの旧称）でようやく進撃は食い止められた。戦争末期にソ連は報復を行い、モンゴルによるキエフ大公国への略奪以来、数世紀におよんだ地理的不安を発散した。

ナチスドイツとファシスト日本が崩壊すると、ソ連は共産主義衛星国の体制を構築して、ヨーロッパの東半分を実質的に手に入れた。これら諸国の忠誠はほとんどの場合、ソ連駐留軍によって確保された。ヒトラーの戦争機構の兵站《へいたん》が、その一世紀前のナポレオンの兵站と同様、ヨーロッパ・ロシアの広大さに対処できずに破綻《はたん》するのをよそ目に、ソビエト軍は平坦な平原の西方で勢力を大幅にとり戻していった。

こうして築かれたソ連の東ヨーロッパ帝国は、独ソ不可侵条約によってロシアに保証された領土のすべてを含み、中央ヨーロッパ中心部の奥深くにまで、つまり一六一三年から一九一七年まで続いたロマノフ帝国より遠くまで広がっていた。[*23]また東端部では、日本の北方に位置し極東ロシアにつながる、サハリンと千島列島を手中に収めた。

他方、日本による占領と、その後の毛沢東の共産党と蔣介石《しょうかいせき》の国民党の権力闘争のせいで混乱し弱体化した中国国家は、大規模なソ連軍の満州駐留を許可し、親ソ連の外モンゴルの独立を承認し、朝鮮半島の北半分に親ソ連の共産主義政権が誕生するのを許さざるを得なかった。

朝鮮半島では、ソ連の強力なランドパワー（まもなく共産化する中国のランドパワー）がアメリカのシーパワーと衝突し、第二次世界大戦の五年後に朝鮮戦争の勃発を招いた。第二次世界大戦の結果として、アメリカというかたちをとるマハンとスパイクマンの強大なシーパワー国家と並んで、ソビエト・ロシアのかたちをとるマッキンダーのハートランド大国が出現したためである。ユーラシアの周縁部の大中東圏と東南アジアは、アメリカのシーパワーとエアパワーの圧迫を感じていたものの、ヨーロッパと中国の命運は、ソ連がハートランドにどれだけ勢力を伸ばしてくるかにかかっていた。モスクワの共産主義イデオロギーとワシントンの民主主義理念の対立の陰に隠れていたが、実はこれこそが、冷戦の究極の地理的真実だったのである。

ソフトパワーが外交の要に

冷戦は無限に続くかのように思われたが、結局はロシア史の一段階にすぎず、おなじみのロシアの地理の宿命に導かれて終結したのだった。ミハイル・ゴルバチョフによる一九八〇年代の共産主義体制の改革を通じて、体制の実態が明るみに出た。

この帝国は、しょせんステップ地帯やロシアの森林、平原の山がちな周縁部に暮らす従属民族を寄せ集めた、硬直的な帝国でしかなかった。実際、帝国がよりどころとしていたイデオロギー的前提に大いに欠陥があることをゴルバチョフ自身が公言すると、体制全体が瓦解《がかい》し始め、一七世紀初頭のモスクワ大公国と二〇世紀初頭のロマノフ帝国のヨーロッパで見られたように、周縁部がロシアの中央部から離脱していった。

一九九一年にソ連が正式に解体されると、ロシアはエカチェリーナ二世の治世以前の時代以来の最小規模にまで縮小した。ロシアの原型であるキエフ大公国の中心地、ウクライナさえも失った。しかしウクライナとバルト諸国、中央アジアを失い、カフカスとチェチェン、ダゲスタンでは軍事的に不安定な状況が続き、外モンゴルがモスクワの勢力下を離れて独立国家となったとはいえ、ロシアの領土はほかのどの国よりも大きく、陸の国境はフィンランド湾からベーリング海にまでおよび、まだ世界の時間帯の半分近くを網羅していた。とはいえ、この広大で無防備な領土を、旧ソ連の半数超にまで減ってしまった人口によって防衛する必要があった[*24]（当時のロシアの人口は、小国のバングラデシュより少なかった）。

ロシアは過去の平時にはないほど、地理的に脆弱《ぜいじゃく》になった。シベリア全域と極東を合わせても、人口はわずか二七〇〇万人だった[*25]。ロシアの指導層はこの危機的な状況を直ちに分析した。ソ連解体から一月と経たずに、ロシア外相アンドレイ・コズイレフは政府機関誌『ロシースカヤ・ガゼータ』に告げている。「地政学がイデオロギーにとって代わろうとしていることを、われわれはたちどころに理解した」[*26]。エジンバラ大学名誉教授ジョン・エリクソンはこう書いている。「地政学は、ソ連時代にはつねに悪者扱いされていたが、ソ連崩壊後のロシアでは猛烈に勢力を盛り返している」。

地政学が、資本主義的軍国主義の手段として叩かれていた時代は終わった。ロシアでは学問分野としての地政学が復権しただけでなく、マッキンダー、マハンそしてハウスホーファーさえもが名誉を回復している。保守派のロシア共産党党首ゲンナジー・ジュガーノフは、ロシアは「ハートランド」の支配をとり戻さなくてはならないと、「新マッキンダー主義風に臆面もなく」宣言した[*27]。過去の浮き沈みの多い歴史と、新たな地理的脆弱性を考えれば、ロシアが生き残るには修正主義をとり、二六〇〇万人のロシア民族がまだ居住する旧ソ連邦諸国のベラルーシ、ウクライナ、モルドバ、カフカスと中央アジアを、密《ひそ》かにであれあからさまにであれ、とり戻すしかなかった。

経済崩壊の瀬戸際にあり、弱体化し屈辱に苛まれていた一九九〇年代の失われた一〇年間に、ロシアはそれでも新しい拡大のサイクルに足を踏み出そうとしていた。当時ロシアの超民族主義者ウラジーミル・ジリノフスキーは、南カフカスとトルコ、イラン、アフガニスタンのすべてをロシアの支配下に入れるべきだと主張した。ジリノフスキーの過激主義はロシア国民の賛同を得られなかったが、彼がロシア人の思考の底流に脈打つ、重要な信念を読みとっていたことはまちがいない。実のところ、ロシアが二一世紀初めから地理にとりつかれるようになったのは、ユーラシアでの立場が弱いからこそなのだ。

もちろん、ソ連邦が再建されることはあり得ない。だが中東とインド亜大陸の境界に届く、よりゆるやかな連合ならば、実現する目はある。しかしそのためには、どのようなスローガンで人々を駆り立てればいいのだろう？　ロシアはいったいどのような理念で、次の拡大の波を道義的に正当化できるのか？

アメリカの政治学者ズビグネフ・ブレジンスキーは、著書『地政学で世界を読む：21世紀のユーラシア覇権ゲーム』（山岡洋一訳、日本経済新聞社）のなかで、ロシアが一九九〇年代に旧ソ連の非ロシア系人口を呼び戻すために、共産主義に代わる思想として、一九世紀のユーラシア主義を再び喧伝《けんでん》するようになったと書いている。[*28]

ユーラシア主義は、ロシアの歴史的・地理的人格になじむ考え方だ。ヨーロッパと極東にまたがるが、どちらにも根を下ろしていないロシアは、ほかのどの国よりもよくユーラシアを体現している。さらに、空間の危機にゆらぐ二一世紀の閉ざされた地理のせいで、大陸的統一体または有機的統一体としてのユーラシアの概念が現実味を帯びてきている。

しかし、地理学者と地政学者にとってユーラシアが以前にも増して有用な概念になっているからといって、グルジア人、アルメニア人、ウズベク人などが、民族的アイデンティティに伴う感情的なしがらみをきれいさっぱり捨てて「ユーラシア人」を自認するとは思えない。カフカスのカフカスたるゆえんは、民族的アイデンティティと民族紛争のるつぼであることだ。そしてこのアイデンティティは、冷戦時代のソ連の勢力圏が崩壊するなかで、さらに豊かに発展する可能性を秘めている。

同じことが中央アジアの大部分についてもいえる。たとえロシア人とカザフ人が、何らかの「ユーラシア連合」を組んで対抗意識を抑えたとしても、ユーラシア主義は命を捧げるような大義には思われないし、またとくにウクライナ人、モルドバ人、グルジア人などがヨーロッパ人になることを切望している現状では、脅威を与えるような大義でもない。だが、もしユーラシア主義が、ほんのわずかでも民族間の隔たりを埋めて安定に寄与するならば、それだけでも意義があるとはいえないだろうか?

地理はすべてを説明するわけではないし、すべてを解決するわけでもない。地理とは単に不変の条件にすぎず、思想の戦いはそうした条件を背景にしてくり広げられる。アメリカやイギリス、インド、イスラエルなどのように、地理によって国民が結びつけられている国でさえ、民主主義や自由、シオニズム（ユダヤ人の祖国回復運動）などの理念が、国民性の基本をなしている。

またかつてのエジプトのホスニ・ムバラク独裁政権や、日本のかつての与党である自民党〔二〇一二年の単行本執筆時点〕のように、政権が求心力を失い、国民が地理以外に団結するよりどころをもたなくなるとき、国家は深刻な停滞感に見舞われる。地理のおかげで安定しているだけの国家になってしまうからだ。したがって、帝国と共産主義を失ったロシアが、ただでさえ少ないロシア人の人口がさらに急減している現状で、かつての従属民族を呼び戻すには、地理を超えた高揚と団結を促すような理念を掲げる必要がある。

実際、出生率が低く、死亡率は高く、妊娠中絶が増え、移民が増えないなか、ロシアの総人口は現在の一億四一〇〇万人から、二〇五〇年には一億一一〇〇万人に減少すると予想される。他方、ロシア国内の名目的イスラム社会は拡大しつつあり、今後一〇年以内に人口の二〇%を占めるようになる。これら社会はモスクワやサンクト・ペテルブルクだけでなく、北カフカスやボルガ・ウラル地方にも拠点があるため、都市型テロリズムを展開する能力をもっているだけでなく、地方分離主義を促す傾向もある。

チェチェン人の女性が一生の間に産む子どもの数は、ロシア人女性の二・三倍以上だ。たしかに地理的アイデンティティに訴えるだけでは、キエフ大公国やモスクワ大公国、ロマノフ朝そしてソ連に匹敵するようなロシア帝国は、おそらく復活できないだろう。カーネギー国際平和財団モスクワ・センター所長のドミトリー・トレーニンは、二一世紀には

「惹きつける力が強いる力をしのぐ」ため、「ソフトパワーがロシア外交の要になるだろう」という。いいかえれば、ロシアは真の改革を経ることによって、ユーラシアの周縁部全体にわたって影響力を行使できる立場に立つということだ。

ロシア語は、今もバルト諸国から中央アジアまでの地域の共通語であり、ロシア文化は「プーシキンからポピュラー音楽まで」いまだに人気が高い。ロシアの知的復興が進めば、ロシア語のテレビ局は「ロシア語圏のアルジャジーラ（アラビア語と英語の衛星テレビ局）になるだろう」。このように考えると、ロシアが自らの地理的運命を再び実現するうえでよりどころとなる理念は、自由民主主義をおいてほかにないのだ。[*29]

プーチンの思惑

トレーニンの分析には地理的な一面がある。ロシアはユーラシアの中心地帯よりも、その先端部であるヨーロッパと太平洋を重視すべきだと、彼はいうのだ。ヨーロッパとの協力関係に重点を置くことで、ロシアは西向きの姿勢に変わるだろう。ロシアの人口分布図を見ると、領土が一一の時間帯を網羅しているにもかかわらず、圧倒的多数のロシア人が、ヨーロッパに近い西端に住んでいることがわかる。したがって、人口動態に見合った真の政治的・経済的改革を進めることによって、ロシアは正真正銘のヨーロッパ国家に生まれ変わるだろう。

太平洋に関しては、「ロシアはウラジオストクを二一世紀の首都にすることを検討してもいい」とトレーニンは書いている。ウラジオストクは国際的な海港であり、世界中で最も経済的に活発な地域である北京、香港、ソウル、上海、東京に近い。[*30] 実際、旧ソ連が極東を環太平洋地域への玄関口とみなさず、天然資源を採取すべき地域とみなしていたせいで、ロシアは一九七〇年代に始まり現在まで続く東アジアの経済発展の蚊帳《かや》の外に置かれているのだ。[*31] これを是正すべきときが来ていると、トレーニンはいう。

環太平洋諸国のなかで、日本と韓国に続いて市場資本主義をとり入れたのは、ロシアではなく中国だった。その結果として、中国はユーラシアの大国として浮上している。中国政府は中央アジアに一〇〇億ドルの借款を与え、ベラルーシを通貨スワップ協定によって救済し、大陸の向こう側のモルドバに一〇億ドルの融資を行い、極東ロシアに勢力圏を築いている。

ロシアはこれに対抗する戦略として、政治的にはヨーロッパ、経済的には東アジアとの結びつきを深めればよい。こうすれば、ロシアは旧ソ連邦諸国が真に魅力を感じる国になり、カフカスと中央アジアでの問題を解決できるだろう。旧ソ連邦諸国の国民が欲しているのは、ユーラシアの西端と東端で得られる自由と生活水準なのだ。

実はロシアには一世紀前にも、同じような運命を切り拓《ひら》くチャンスがあった。もしも一九一七年というとくに脆弱な時期にボルシェヴィキが権力を奪取していなければ、ロシアがスターリン主義の怪物国家にならずに、二〇世紀の間にフランスやドイツをやや貧しく、堕落させ、不安定にしたような、それでいてしっかりヨーロッパに根を下ろした国家へと進化した可能性は否定できないし、実際その可能性は高かったといえる。

そもそもロシアの旧体制は、小作農階級は別として、そのひどくドイツ的な帝国と、フランス語を話す貴族、サンクト・ペテルブルクというヨーロッパ的な首都のブルジョア議会が示すように、西向き志向だったのだ。[*32] くり返しになるが、ロシアは地形図上ではアジア全体に広がっているが、人口分布図ではヨーロッパに寄っている。

しかしボルシェヴィキ革命は、この西洋志向を真っ向から否定する動きだった。同様に、ウラジーミル・プーチンが二〇〇〇年から敷いてきた独裁風味の体制も、一九九〇年代の共産主義崩壊後に実施され、混乱したロシアを破綻に追い込んだ、西洋民主主義と市場資本主義の唐突な実験に対する拒絶だった。

プーチン大統領とドミートリー・メドヴェージェフ首相は、近年はヨーロッパ・太平洋志向の政策をとっておらず、したがってロシアを旧従属民族にとって魅力的な大国にするための改革を進めているとはいえない（実際プーチン下のロシアは、貿易、対外投資、技術、社会基盤、教育的達成度の面で「暗雲が立ち込めている」[*33]。

プーチンは厳密にいえば帝国主義者ではないが、ロシアに今生まれつつある帝国は、ヨーロッパ周縁部の諸国や中国の渇望する豊富な天然資源と、それがもたらす利益と強制力のうえになり立っている。プーチンとメドヴェージェフは、高揚を促す思想もイデオロギーも提供することはできない。彼らの頼みの綱は、地理だけである。だが、それだけでは不十分なのだ。

ロシアは天然ガス埋蔵量では世界第一位、石炭埋蔵量では第二位、石油埋蔵量では第八位であり、その大半が、ウラル山脈と中央シベリア平原の間の西シベリアに集中している。このほかかつてないほど多くの国、とくに中国が深刻な水不足に見舞われているこの時代に、東シベリアの山脈、河川、湖沼に莫大《ばくだい》な水力資源を擁している。プーチンはエネルギー収入を利用して、実権を握ってからの七年間で空軍予算を中心に、国防予算を四倍に拡大し、その後も予算は拡大の一途をたどっている。

プーチンがエネルギー支配を通じてもたらした「根深い軍事化」と「大陸帝国の創出による終わりなき安全の追求」を、ロシア人が受け入れているように思われるのは、北極海と太平洋以外に明確な地理的国境をもたない、ロシアの地理的条件のせいだろう[*34]。ロシアを自由主義化し、旧ソ連邦諸国とその周辺のユーラシアの周辺地帯全体にソフトパワーを投影する代わりに、プーチンは短期的にロシアの豊富な天然資源にものをいわせる、新帝国主義的な拡張主義を選んだ。

ウクライナ——ロシアを変える中軸国家

そんなプーチンでさえ、ロシアの地理のヨーロッパ的側面を完全に放棄したわけではない。それどころか、プーチンが旧ソ連邦諸国に勢力圏を築くとりくみの一環としてウクライナに力を入れていることは、ヨーロッパとの深い結びつきを彼が望んでいることを裏づけている。ウクライナはそれ自体でロシアを変える力を秘めた、重要な中軸国家である。南は黒海、西は旧東ヨーロッパ衛星国と隣接しているウクライナが独立国家であるというだけで、ロシアはヨーロッパから締め出されているのだ。

ギリシャ・カトリック教徒とローマ・カトリック教徒が多いこの国の西部は、ウクライナ民族主義の培養地だが、東方正教徒の多い東部は、ロシアとの結びつきを強めることを望んでいる。いいかえれば、ウクライナのこうした宗教的地理は、同国が中央・東ヨーロッパの緩衝地帯としての役割を担っていることを如実に表している。もしもウクライナが存在しなくても、ロシアは帝国を維持できるが、その帝国は「主としてアジア的なもの」になり、カフカスと中央アジアの諸国間の紛争にさらに深く引きずり込まれることになるだろうと、ズビグネフ・ブレジンスキーは書いている。

　だが、ウクライナを再びロシア支配下に置くことができれば、ロシアは西方に集中している人口に、さらに四六〇〇万人〔二〇二四年時点では約四〇〇〇万人〕を加え、ヨーロッパと一体化しながらも、突如ヨーロッパに脅威を与えるようになるだろう。これが現実のものになった場合、ブレジンスキーによれば、やはりロシアの垂涎《すいぜん》の的であるポーランドが、中央・東ヨーロッパの、またひいてはEUそれ自体の運命を決定づける「地政学的中軸」になるという[*35]。ナポレオン戦争以来のロシア・ヨーロッパ間、とくにロシア・仏独間の闘争は今後も続き、ポーランドやルーマニアのような国々の命運は、そのなりゆきに翻弄されるだろう。共産主義は崩壊したかもしれないが、ヨーロッパ人はまだロシアの天然ガスを必要としており、その八〇％がウクライナ経由で供給されている[*36]。

　冷戦での西側陣営の勝利を通じて、たしかに多くの変化が起こったが、地理的事実が薄れることはなかった。オーストラリアの情報アナリスト、ポール・ディブは、ロシアが「戦略的空間を生み出すために、混乱を起こそうともくろむ」かもしれないと書いている[*37]。二〇〇八年のグルジア侵攻が示したように、プーチンのロシアは現状維持勢力ではなく、攻撃的な勢力なのだ。

　ウクライナはロシアから厳しい圧力をかけられ、天然ガス代金の割引と引き換えに、ロシアの黒海艦隊の駐留期限を延長することに同意した。ロシアはウクライナのガスパイプライン網を管理下に置こうとしている（ウクライナも、貿易の大半をロシアに依存している）。ただし、ユーラシアのパイプラインの地理のすべてが、ロシアの有利にはたらくわけではない。ユーラシアには、中央アジアの炭化水素資源（石油や天然ガス）を中国に運搬するパイプラインもあれば、アゼルバイジャンのカスピ海油田の石油を、グルジア経由で黒海へ、またトルコ経由で地中海へ、つまりロシアを迂回して運ぶパイプラインもある。また、カスピ海から南カフカスとトルコを横断し、バルカン半島経由で中央ヨーロッパにつながるパイプラインが計画されているが、これもロシアを迂回する。

他方ロシアは、黒海の海底を通ってトルコにつながる南方へのガスパイプラインと、黒海の海底を通ってブルガリアまで天然ガスを供給する西方へのパイプラインを計画している。またカスピ海の対岸のトルクメニスタンは、ロシアを通じて天然ガスを輸出している。このようにヨーロッパ、とくに東ヨーロッパとバルカン諸国は、多様なエネルギー供給の選択肢がありながら、まだロシアに大きく依存しているのだ。したがってマッキンダーが説明するように、ヨーロッパの未来はこれまで通り、東方の動向に大いに左右されるだろう。

ロシアは、影響力を行使する手段をほかにももっている。リトアニアとポーランドの国境近くに位置するバルト海沿岸の強力な海軍基地と、バルト海諸国やカフカス、中央アジアのロシア語を話す相当数の少数民族の存在、ジョージアを脅かす親ロシア派の分離独立地域であるアブハジア自治共和国と南オセチア、またアフガニスタン、中国、インド亜大陸を射程に入れたカザフスタンのミサイル実験場と空軍基地、そしてアフガニスタンとの国境の維持をロシア軍に依存するタジキスタンである。さらに、二〇一〇年にキルギス大統領クルマンベク・バキエフがアメリカに空軍基地を貸与すると、ロシアは報復としてメディアキャンペーンを主導して経済的圧力をかけ、大統領を事実上失脚に追い込んだ。

北カフカスのチェチェンから中国の隣国タジキスタンまでのこうした地域の多くで、ロシアは歴史的に大ペルシア文化圏、言語圏に属している広大な南辺境全体にわたって、イスラムの復興に対処しなくてはならない。したがって、ロシアが失った共和国をとり戻して勢力圏を確立するには、これらの地域でロシアと競合せず、イスラム過激主義を輸出しないイランと、何としても友好的な関係を維持する必要がある。ロシアがアメリカのイラン政権転覆作戦を本格的に支援できないのには、このような地理的理由があるのだ。

カザフスタン——真のハートランド

こうした強みがロシアにはあるが、今後歴史がくり返し、二一世紀初頭に新たなロシア帝国が出現することはおそらくないだろう。これは中央アジアについて回る、特別な歴史的・地理的状況のせいである。

ロシアは中央アジアとの交易が増えた一九世紀初頭に、この地域への統制を強化し始めた。ただしカザフステップなどの地域では、地元の部族の権限を超える政治的支配の拠点はなく、無政府状態が続いた。[*38] ソ連が二〇世紀初頭に、広大な中央アジアのステップ地帯と高原に建国した諸国は、民族的境界と一致しなかったため、連邦から離脱しようとすれば民族間の内戦が勃発していただろう。ソ連は汎《はん》テュルク主義や汎ペルシア主義、汎イスラム主義を恐れていたため、それらを抑えるための一つの手段として、民族を分割統治した。これが、ありとあらゆる不調和の始まりだった。

たとえばウズベキスタンに近いカザフスタンの都市シムケントは、ウズベク人が住民の大半を占めるが、カザフスタンに「付属」している。主にタジク人が住む都市サマルカンドは、ウズベキスタンにある、といった具合である。したがって中央アジアに現れたのは、民族的ナショナリズムではなく、支配と強制の手段としての「ソビエト体制」だった。

だが、ソ連崩壊後もソビエト体制が生き残る一方で、この地域のロシア民族は疎外され、場所によっては強い反感をもたれている。それでいて、汎テュルク主義と汎ペルシア主義は今も下火だ。イランは一六世紀にシーア派を国教に定めたが、タジク人やその他の中央アジアのペルシア化したイスラム教徒は、主にスンニ派だ。トルコ人に関していえば、近代トルコがイスラム世界の中心的存在をめざし始めたのは、最近になってからである。[*39]

ソビエト体制と、国家と民族の不一致は、皮肉にも中央アジアのささやかな安定をもたらし、シルダリヤ川流域のフェルガナ盆地などでの時折の暴動ですんでいる（ただし、中央アジアは今も潜在的な火薬庫だ）。この構図は、中央アジア諸国のありあまるほどの天然資源によって補強され、一部の国はユーラシアの主要国であるロシアと中国に対する交渉力を強めており、両国を争わせれば漁夫の利を得られることに気づいている（ロシアは中央アジアのガスをヨーロッパ市場に輸出しており、このガスを通じてヨーロッパに影響力を行使している）。[*40] だが中国も中央アジアからガスを購入しているせいで、ロシアの立場が脅かされている。

中央アジアには莫大な資源が眠っている。カザフスタンのテンギス油田だけで、アラスカのノーススロープ油田の二倍の埋蔵量があると推定される。[*41] トルクメニスタンの年間天然ガス生産量は世界第三位だ。キルギスは旧ソ連最大の水銀とアンチモンの産出国で、金、プラチナ、パラジウム、銀の埋蔵量も多い。[*42] この豊富な天然資源と、ソ連による占領への今なお残る憤りがあるからこそ、ウズベキスタンはアフガニスタンとの国境を結ぶ鉄道橋の通行許可を、少なくとも当初はロシアに相談もせず、NATOに与えたのだ。また、トルクメニスタンがエネルギーの売却先をロシアに一本化せず、多国に分散しているほか、カザフスタンはカスピ海大陸棚の「地質学的に厄介な」油層を開発するのに、ロシアではなく、ヨーロッパのエンジニアの協力を得ている。[*43]

このように、ロシアが現在の影響圏を維持するのは難しく、また中央アジアと同様、ロシア経済は実質的に天然資源頼みであることから、国際エネルギー価格の乱高下の影響を強く受けやすい。ロシアの新たな帝国は、たとえ出現したとしても、かつての帝国よりも脆弱で、ロシアに冷たい中央アジア諸国だけでなく、中央アジアで勢力を伸ばしている中国や、それほどではないがインドとイランによっても勢力を抑え込まれるだろう。

中国は中央アジアに二五億ドルを超える投資を行っているほか、カザフスタンを横断する三二〇〇キロ超の高速道路の建設費用も負担している。カザフスタン東部の都市アルマトイと中国西部のウルムチとの間には、定期便が毎日運行しており、中央アジアの市場は中国製品であふれている。[*44]

カザフスタンは、ユーラシアでのロシアの命運を占ううえで、格好の判断材料となる。カザフスタンは中央アジアの基準からすれば成功している中所得国であり、地理的には西ヨーロッパ諸国をすべて合わせたのと同等の面積をもち、GDPはほかの中央アジア諸国すべてを合わせたよりも大きい。カザフスタンの新しい首都アスタナがある北部地域はロシア人が多く、全長四八〇〇キロにもおよぶカザフスタン＝ロシア国境と接している北部の九つの州のうち、ソ連崩壊当時八つの州で非カザフ人が人口の九〇％近くを占めていて、せっかちなロシア民族主義者が併合を望んでいた。[*45]

カザフスタンは真に独立した大国になろうとしている。現在三つの超巨大な「エレファント級」の油田、ガス田、ガス・コンデンセート（ガス田から液体分として採取される原油の一種）田を、西側多国籍企業から莫大な投資を得て開発中である。このうち二つが、カスピ海沿岸にある。カスピ海から中国西部に延びる新しい石油パイプラインは、まもなく完成する予定だ。それにカザフスタンは、世界最大のウラン産出国になりつつある。クロム、鉛、亜鉛の埋蔵量は世界第二位、マンガンは三位、銅は五位、石炭、鉄、金は一〇位以内に入っている。

カザフスタンこそが、マッキンダーのハートランドなのだ。カザフスタンは世界の戦略的天然資源のすべてを豊富にもち、ユーラシアのど真ん中の西シベリアと中央アジアと重なり合う位置にあり、西はカスピ海から東は外モンゴルまで、二九〇〇キロにわたって広がっている。ウラル山脈はカザフスタンの北西部で消滅し、天山山脈の丘陵地帯が南東部から始まる。カザフスタンは極端な大陸性気候で、アスタナの気温は冬の明け方にはマイナス四〇度にもなる。

マッキンダーは、何らかの大国か超大国がハートランドを支配すると信じていた。だが現代においては、ロシアや中国のような大国が、ハートランドのエネルギー資源をめぐって争うなか、ハートランド自体は先住民族の手中にあるのだ。

　ロシアはカザフスタンを感化し、ときに猛烈な圧力をかけるだろう。カザフスタンは経済的にロシアと密接に結びついているし、ロシア軍の攻撃に対して自己防衛することはできない。しかしプーチンやその後継者があまりにも高圧的に出た場合には、中国に助けを求めるという選択肢が、カザフスタンにはつねにある。とはいえ、ロシアがカザフスタンに侵攻して、国際世論の非難と外交的孤立に甘んじる可能性はほとんどないだろう。

　二〇〇八年に、面積にしてカザフスタンの四〇分の一、人口にして三分の一〔四分の一ともいわれる〕の、天然資源をほとんどもたないジョージアにロシアが侵攻した際には、ロシア軍の超大陸における冒険主義の限界が露呈した。実際、二〇一〇年にキルギスが民族暴動を鎮圧するためにロシア軍の出動を要請したとき、ロシアはカザフスタンの向こう側に位置する、この山がちな国で身動きがとれなくなることを恐れて、大規模な介入を行わなかった。

　中央アジアでのロシアの軍事活動を阻むもう一つの要因は、中国である。中国は、極東で長い国境線を共有するロシアの勢力圏を侵食するかたちで勢力を伸ばしている。中ロ関係が比較的良好なうちは、上海協力機構に弾みがつくだろう。これはアメリカの影響力に対抗して、ユーラシアの主として独裁国をまとめようとする国家連合で、中国、ロシア、カザフスタンが加盟している。他方、中ロ間に確執が生じれば、ユーラシアでのアメリカとヨーロッパの影響力が拡大する。したがってロシアは、中央アジアでの行動を自制し、マッキンダーのハートランドの一部を力ずくでとり戻そうとはしないだろう。

この分析に関する注意点を一つ。中国の力が増大するうちに、中央アジア諸国がそれほど脅威を与えない日本や韓国などの技術国との取引を拡大するようになれば、ロシアの影響力は弱まるかもしれない。だがロシアは、軍事的選択肢がやや限られているとはいえ、他のどんな大国にも真似《まね》のできない方法で、中央アジア全体に部隊を移動させることができる。また、中央アジアの人々は政治的に不安定な状況に置かれれば、平和と安全を保障してくれた旧ソ連を懐かしく思うことだろう。

とはいえ、ロシアが長い目で見て現実的に望める最善のことは、カザフスタンやその他の旧従属民族が魅力を感じるような国になるために、経済と政治の自由化を推進することだ。なぜなら、共産主義の崩壊とグローバリゼーションの進展によって、ハートランドがそれ自体独立した勢力になったからだ。中央アジアのどの二国を合わせたよりも大きな面積をもつカザフスタンが、その証しである。世界が階級やイデオロギーによって水平方向に分割されることを恐れていたマッキンダーは、勢力均衡と並んで、世界を小さな集団や国家に垂直分割する地方主義こそが、自由を保障すると信じていたのである。[*46]

第一一章　大中華圏

万里の長城はなぜ建設されたか

マッキンダーは著名な論文『地理学から見た歴史の回転軸』を、中国に関する不穏な警告で締めくくっている。ユーラシア内陸部を支点として、戦略的・地政学的強国が展開する理由を説明したあとで、彼はこう書いているのだ。中国は「世界の自由を脅かす黄禍《イエローペリル》になるかもしれない。なぜなら中国は巨大な大陸の資源に加えて、海にアクセスできる出入り口をもっているからだ。これは、ユーラシアの中核地帯を占めるロシアには得られない強みである」[*1]。

当時は一般的だった人種差別的感情や、非西洋大国の台頭が巻き起こしたヒステリックな反応はさておいて、ここではマッキンダーの分析に集中しよう。ロシアがランドパワー国家であり、唯一もっている海への出入り口が北極圏の氷によって閉ざされているのに対し、中国は同じ大陸規模の大国でありながら、鉱物・炭化水素資源が豊富で、戦略上重要な旧ソ連の中央アジア中核地帯に自由に行き来できるだけでなく、四八〇〇キロ離れた太平洋の主要な海上交通路にもアクセスできる。太平洋岸には天然の良港（そのほとんどが不凍港である）に恵まれた、全長一万四五〇〇キロにわたる海岸線を有している。

さらに、マッキンダーが一九一九年に『デモクラシーの理想と現実』に書いたように、もしユーラシアがアフリカと手を結び、「世界島」を形成したなら、中国は熱帯と温帯に海岸線をもつユーラシア最大の大陸国家として、世界で最も有利な位置を占めるようになる。マッキンダーは『デモクラシーの理想と現実』の結論で、中国がアメリカとイギリスとともに、人類の四分の一のために完全に東洋でも西洋でもない新しい文明を築き、最終的に世界を導くことになるだろうと予言している。[*2]

生涯を通じて愛国的な帝国主義者だったマッキンダーは、この高貴な分類に当然のごとくイギリスを含めた。中国に関する彼の予言は地理と人口動態だけをよりどころとしているが、それでもこれまでのところ的中している。

中国が地理的に恵まれていることは、あまりにも基本的でわかりきっているため、中国の最近の経済活力や自己主張の強まりが議論される際には、とかく見すごされがちである。そこで、まずは中国の歴史というプリズムを通して地図を見てみよう。

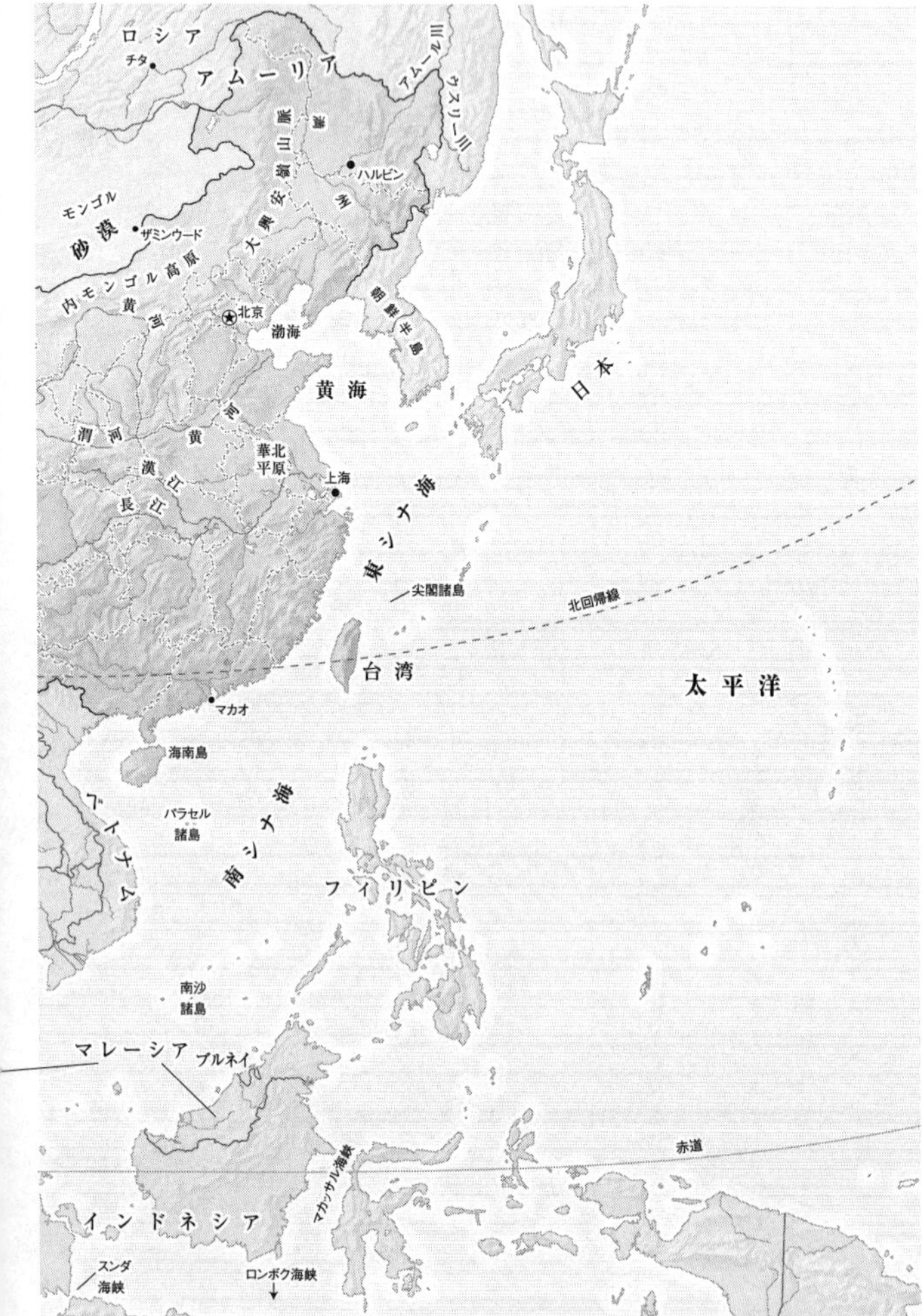
ロシア
チタ
アムーリア
アムール川
ウスリー川
大興安嶺山脈
ハルビン
モンゴル
砂漠
ザミンウード
内モンゴル高原
黄河
北京
渤海
朝鮮半島
黄海
日本
渭河
華北平原
漢江
長江
上海
東シナ海
尖閣諸島
北回帰線
台湾
太平洋
マカオ
海南島
ベトナム
パラセル諸島
南シナ海
フィリピン
南沙諸島
マレーシア
ブルネイ
赤道
マカッサル海峡
インドネシア
スンダ海峡
ロンボク海峡

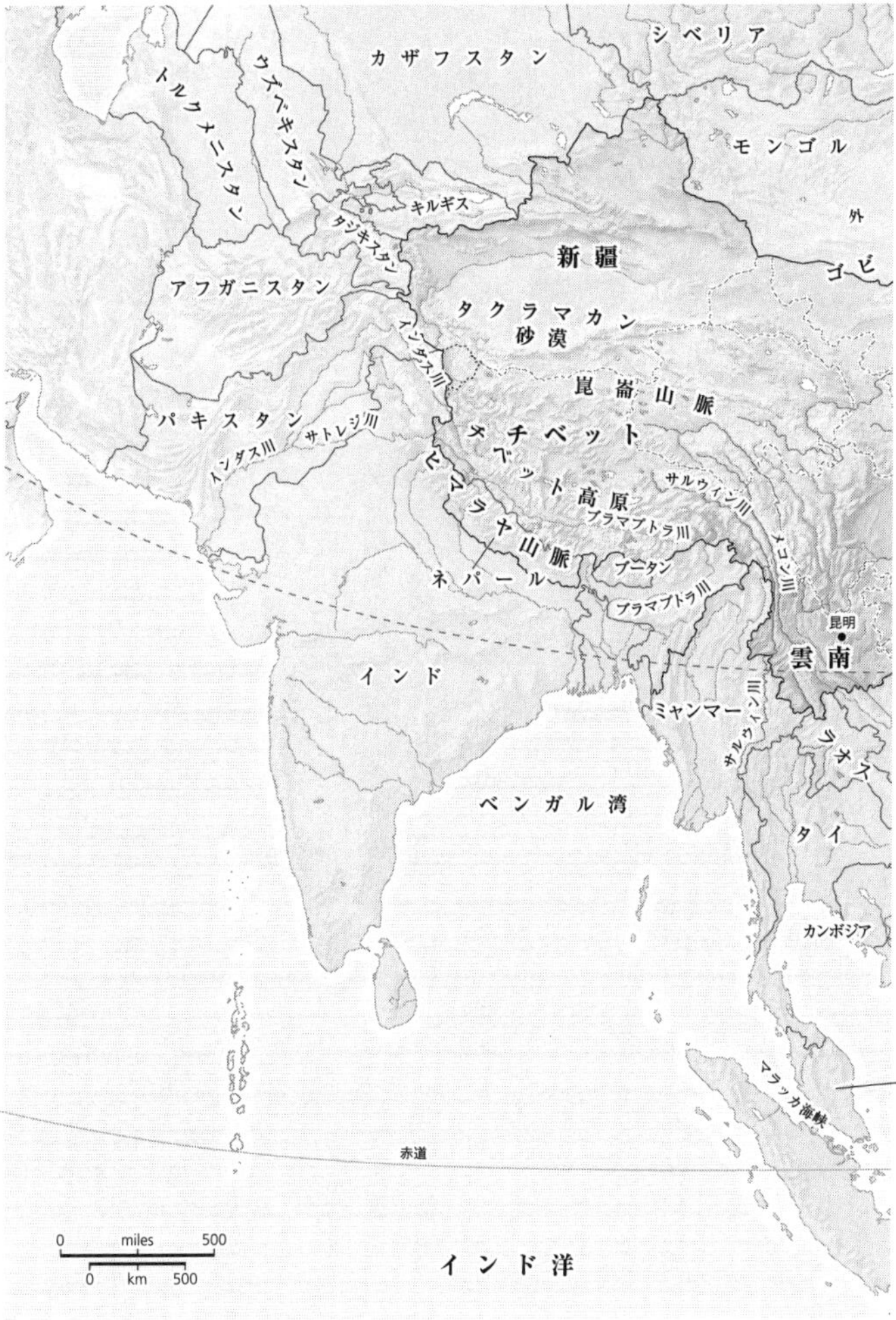
シベリア
カザフスタン
トルクメニスタン
ウズベキスタン
モンゴル
キルギス
タジキスタン
外
新疆
ゴビ
アフガニスタン
タクラマカン砂漠
インダス川
崑崙山脈
パキスタン
サトレジ川
チベット
インダス川
ヒマラヤ山脈
チベット高原
サルウィン川
ブラマプトラ川
メコン川
ブータン
ネパール
ブラマプトラ川
昆明
雲南
インド
ミャンマー
サルウィン川
ラオス
ベンガル湾
タイ
カンボジア
マラッカ海峡
赤道
0 miles 500
0 km 500
インド洋

ロシアが北緯五〇度以北に位置するのに対し、中国はその南、温帯域のアメリカとほぼ同じ緯度帯に属し、アメリカと同じ気候帯とそれに伴うメリットを享受している。[*3]満州の主要都市ハルビンは北緯四五度で、メイン州と同緯度である。北京は北緯四〇度近くでニューヨークと、上海は北緯三〇度でニューオリンズと、それぞれ同じだ。中国の南端を走る北回帰線は、フロリダ州諸島の南端を通る。

中国もアメリカも厳密には大陸ではないが、どちらかといえばアメリカの方が大陸に近い。アメリカは二つの海とカナダ北極圏に囲まれ、その存在を脅かすのは南方のメキシコの人口動態だけである。中国にとっての脅威は過去数千年間、主に北方と北西に位置するユーラシアのステップ地帯からやってきた。ちなみにこのステップ地帯は、ロシアを逆方向から脅かしたものと同じである。そのため、中国先住民族と満州人、モンゴル人、高地砂漠のテュルク民族の相互作用が、中国史の主要なテーマの一つになっている。これは古代中国の王朝が、黄河と合流する前の渭河《いが》（渭水）の上流域に首都を建設することが多かった理由である。この流域は定住型の農業を行うのに十分な降雨があり、かつ真北の内モンゴルの遊牧民から保護されている。

森林、大平原、高地砂漠、山脈、海岸という「整然とした」順序と、その中央を南北に流れるミシシッピ川とミズーリ川がアメリカの地理を特徴づけているのに対し、中国では渭河、漢江、黄河、長江の大河がそれぞれ西から東へ、つまりユーラシア内陸部の乾燥した高地から太平洋岸に近い湿り気の多い農地に向かって流れている。[*4] 中国の農地はアメリカ北・中西部に似て、生育期が短く比較的乾燥した小麦やアワなどの北部の畑作地帯と、南部の生産性の高い稲の二期作地帯に分かれる。それゆえ、六〇五年から六一一年にかけて行われた黄河と長江を結ぶ（飢饉《ききん》が頻発する北部と、米の余剰があり経済的に生産性の高い南部を結ぶ）大運河の建設は、イギリスの歴史家ジョン・キーによれば「北米初の大陸横断鉄道の建設と同等の効果があった」。[*5]

大運河は中国統一のカギとなった。なぜなら運河のおかげで、中世の唐宋時代に北部による南部の征服が収まり、中国の中核的な農業地帯の一体化が進んだからである。これも、大運河の建設という人間の行為が、厳然たる地理的条件よりも、歴史的に大きな意味をもった例の一つだ。中国の南北間に深刻な格差が存在したことを考えれば、中世初期の二世紀にわたる二つの中国の間の亀裂は、東西ローマ帝国の分裂のように恒久化してもおかしくなかったからだ。[*6]

しかし、ハーバード大学の故ジョン・キング・フェアバンク教授が書いているように、「南北中国の対比は、内陸アジアの高地の遊牧生活と、中国の集約農業に根ざした定住生活の対比に比べれば、表面的なものにすぎない」。ちなみにフェアバンクのいう内陸アジアはかなり幅広く、「満州からモンゴル、トルキスタンを通ってチベットまで続く、広範な地域」を指している。

フェアバンクによれば中国の国家意識は、この砂漠の周辺地帯と中国中心部の農耕地、つまり遊牧地と農業地帯の文化的差異に根ざしている。[*7] 中国の民族分布図には、この「中核・周辺の対比の構図」がはっきり表れているのだ。中核地帯は耕作に適した「中央平原」または「内中国」であり、周辺地帯は遊牧地の「辺境」または「外中国」である。[*8]

これこそが、万里の長城が建設された真の目的だった。万里の長城は、政治学者のヤクブ・グリギエルによれば、「生態学的区分を強化するはたらきがあり、それがやがて政治的区分になった」という。[*9] 実際、古代中国人にとって、農業とは文明そのものだった。それは周辺の遊牧民は何ら寄与するところのない、「中央の国」、すなわち中国《ジョングオ》の文明である。ここから西洋キリスト教世界にも見られる、一種の文化的必然性が生まれた。[*10] 紀元前三世紀の周代後期以降、中国の中核地帯は蛮族や準蛮族を同化し始める。[*11] そして紀元前二世紀の漢代以降、中国人はローマ、ビザンティン、ペルシア、アラブなどの異文化と出会い、相対的な、すなわち地域的な空間意識をもつようになる。[*12]

今日の中国国家に、大陸規模の砂漠と農業地帯の両方が含まれるという事実は、はるか昔から続く輝かしい歴史的な拡大プロセスが積み重なった結果である。少なくとも当面の間は、この事実が中国の力の地理的基盤をなしているのだ。

命運を握る少数民族

この拡大プロセスは、満州と内モンゴルの真南に位置する農業地帯の北部、つまり渭河流域と黄河下流流域の「ゆりかご」地域から始まった。ここは、今から約三〇〇〇年前の西周時代に繁栄した地域である。[*13] 遊牧地の内陸アジアでは作物栽培が行われていなかったため、ゆりかご地域の約一六分の一というまばらな人口でさえ、ゆりかご地域との行き来がなければ満足に生き延びることができなかった。[*14] このように中国は、渭河と黄河下流から外へ向かって拡大していった。

ただし最近の考古学的発掘より、この時期に中国南東部とベトナム北部で文明の発達が見られたことも明らかになっている。[*15] 戦国時代（紀元前四〇三年〜前二二一年）に、国の数は一七〇から七に激減したが、この間、中国文明は南方の稲作・茶作地帯に浸透し、現在の上海周辺までおよんだ。その一方で政治権力の拡大は、今日の北京周辺を含む北部にとどまった。[*16]

戦国時代は秦《しん》の勝利に終わった。中国を示す「シナ」の語源が、秦に由来するという俗説もある。紀元前一世紀には、秦に取って代わった漢の下で、中国は黄河と長江の源流から太平洋岸まで、そして朝鮮半島周辺の渤海《ぼっかい》沿岸から南シナ海沿岸までの、耕作に適したすべての中核地帯に領土を拡大していった。漢の歴代皇帝は、軍や使者を送り、外モンゴルと東トルキスタン（新疆《しんきょう》ウイグル）、満州南部、朝鮮北部の遊牧フン族、いわゆる匈奴《きょうど》と封建的関係を築いた。

このようにして、一つのパターンが生まれた。中国の定住型の農耕文明は、満州からチベットまでの三方をとり囲む乾燥高地の遊牧民との間に緩衝地帯を築くことに、つねに腐心するようになったのだ。[*17] この歴史的苦悩は、やはり緩衝地帯を必要としたロシアの苦難と構造的に似ていた。だが、ロシアの乏しい人口が一一の時間帯に広がっていたのに対し、中国は太古の昔からまとまりがあり、人口は相対的に密集していた。ロシアに比べて中国には恐れるべき敵が少なかったため、社会がそれほど軍事化する必要はなかったが、それでも中国にはきわめて精力的で攻撃的な王朝が生まれた。

八世紀の唐代では、文学や芸術が開花するとともに、軍事力も拡大した。唐の軍隊がモンゴルとチベットの間の空間をすり抜けて、遠くはイラン北東部のホラーサーンまでの中央アジア全体に都護府を設置したおかげで、シルクロードは一層栄えた。また唐の皇帝たちはテュルク系ウイグル人と連合して、南西のチベット人と戦った。ステップ地帯の諸民族と一度に戦うことはなく、駆け引きがつねだった。

実際、軍隊は唐国家の用いる手段の一つでしかなかった。イギリスの歴史家ジョン・キーが書いている。「儒教の教義は戦国時代に生まれたせいもあって、文民統制を重視した」[*18]。フェアバンクはこう述べている。「中国の古来の美徳の一つに、理性的な平和主義があった」[*19]。中国は「徳による政治」を、儒教的理念の一つに掲げていた。しかし草原と高地地帯を侵略した中国が、今度は逆に遊牧民によって侵略されたことの理由として、この平和主義を挙げる歴史家もいる。

実際、チベットは七六三年に唐の首都長安に兵を進め、略奪をはたらいている。さらに重要なことに、北部の草原地帯から生まれた金、遼、元の各王朝は、中世を通じて内陸アジア特有の過激さをもって中国を攻撃した。これは中国の宋と明の滅亡をもたらした一因でもあった。宋と明は、革命的な軍事技術をもってしても、ステップ地帯をとり戻すことはできなかった。

チベットと東トルキスタンからモンゴルを経て極東ロシアとの国境地帯まで続く内陸アジアが、ようやく中国の手に戻ったのは、一七世紀と一八世紀の清王朝時代のことである（現代の中国が支配する多民族地域が構想、「区画」されたのもこの時期だった。台湾が制圧、編入されたのは一六八三年である）[*20]。要約すると、中国はマッキンダーのハートランドにまで広がる内陸アジアのステップ地帯との押しつ押されつの攻防をくり返すうちに、広大な大

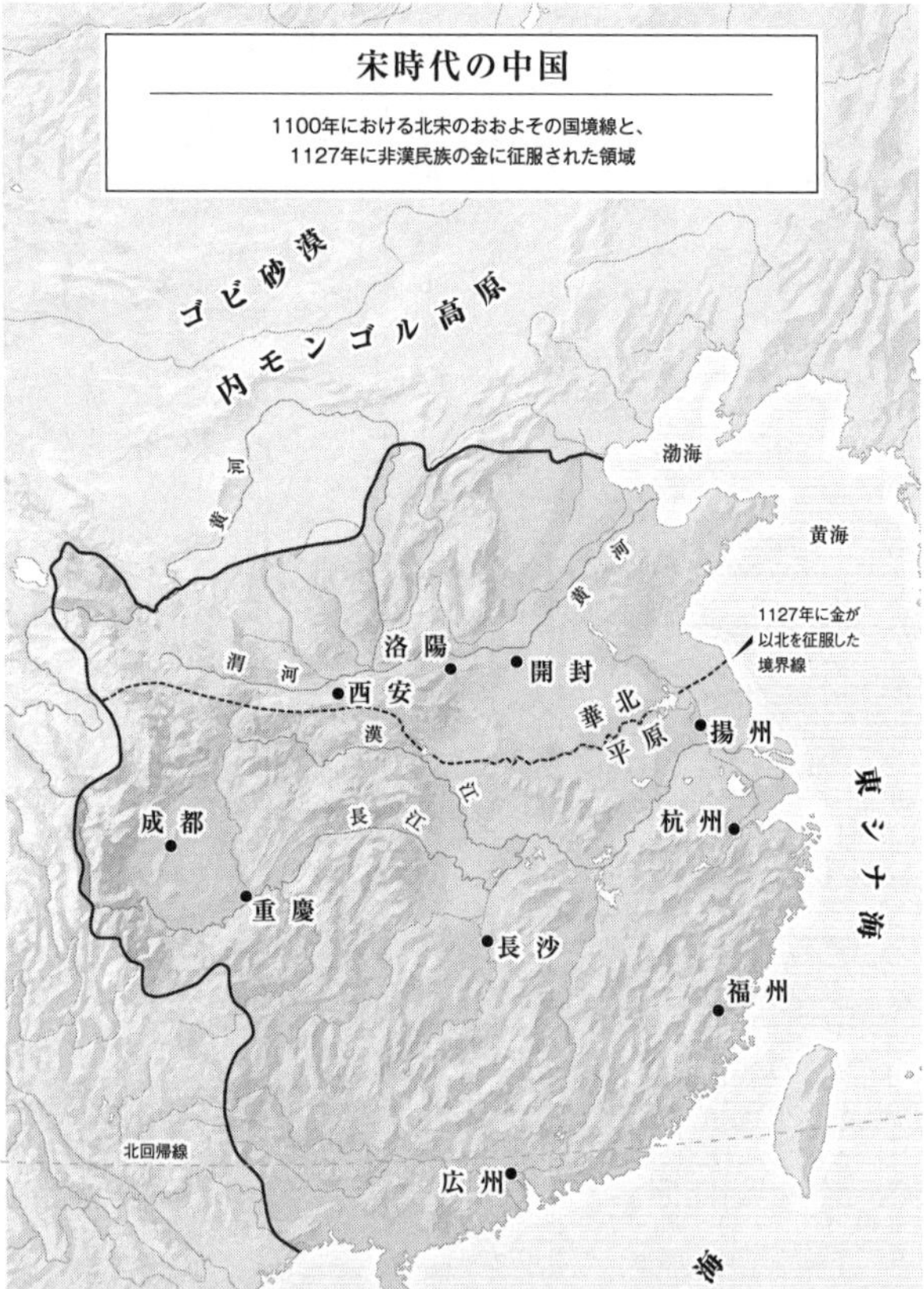
宋時代の中国
1100年における北宋のおおよその国境線と、
1127年に非漢民族の金に征服された領域
ゴビ砂漠
内モンゴル高原
黄河
渤海
黄海
黄河
1127年に金が
以北を征服した
境界線
洛陽
開封
渭河
西安
華北
平原
揚州
漢
江
長江
成都
杭州
東シナ海
重慶
長沙
福州
北回帰線
広州
南シナ海
海南島
0 miles 500
0 km 500

陸国家になったのだ。そしてこのことが、今日の中国の政治的現実を動かしている。

実際、今問題なのは、中国の人口の九〇％以上を占め、主に農業地帯のゆりかご地域に住む主流の漢民族が、今後も混乱を最小限に抑えながら、周縁部に住むチベット人、テュルク系ウイグル人、内モンゴル人を永久的に支配下に置けるかどうかである。これから襲ってくる経済的・社会的混乱のなかで、中国国家の命運は、つきつめればこの答えにかかっている。

ヨーロッパ諸国やロシア、日本による領土略奪が、中国の歴史的基準から見て今も生々しく感じられるとはいえ、中国の大陸パワーは現時点で最盛期にある。清王朝は、「東アジアの病人」と揶揄《やゆ》されていた一九世紀に領土の多くを失った。南の属国のネパールとミャンマーをイギリスに、インドシナをフランスに、台湾と属国の朝鮮を日本に、そしてモンゴル、アムール地方とウスリー地方をロシアに奪われた。[*21] 二〇世紀には、日本に山東半島と中国東北部の満州を奪われた。それに一九世紀と二〇世紀初頭の治外法権等の不平等条約のせいで、中国は屈辱を強いられ、都市の一部を西洋諸国に支配された。

では、時計の針を一九五〇年代に進めよう。この頃中国の中等学校には、「大中華」の地図がお目見えした。この地図には失われたすべての領土のほか、東カザフスタンとキルギスタンが描かれていた。清代最盛期以来、初めて大陸中国を統一した毛沢東は、かつての広大な帝国がその後の数世紀間で大きな屈辱を受けたことの痛手を深く胸に刻み、領土回復主義を掲げていた。[*22] 中国の歴史の栄枯盛衰を考えれば、毛沢東のこのような思想は許されてしかるべきなのかもしれない。

二〇一〇年代の中国の支配者は、毛沢東ほど非情な展望はもっていないだろうが、歴史が彼らの頭から離れることはない。現在は満州、内モンゴル、東トルキスタン、チベットという周辺部の高地と草原のすべてが国境の内側にあるが、今の中国支配者の経済・外交戦略が、八世紀の唐や一八世紀の清の最盛期さえ超える領土の獲得を構想しているのは明らかだ。過去三〇年の間、世界の最も活力ある経済国としてひた走ってきた人口大国の中国は、ロシアのように強制を通じてではなく、交易を通じてさまざまな領域に影響力を拡大してきた。

内的ダイナミズムと外的野望

中国がさらに強大な世界大国になるまでには紆余《うよ》曲折《きょくせつ》があることを、地理は示している。中国の過去三〇年間のGDP年平均成長率は一〇%を超えているが、これを今後も持続できるはずがない。だが社会的・経済的混乱が生じたとしても、中国が今後も地政学の中心に位置することはまちがいない。それに、まったくの混乱状態に陥ることもないだろう。

マッキンダーによれば、極端な西洋風の近代性と、古代東洋と近東に見られた河川文明をくみ合わせることによって、中国は中央統制を通して数百万人の労働力を指揮し、巨大な治水土木工事を行う力をもっている。[*23] このことが、中国を西洋民主主義国家にはあり得ないほど徹底的で精力的な国にしている。

中国の名ばかりの共産主義支配は、四〇〇〇年前までさかのぼる約三〇の王朝の最新版として、綿密な文化システムの規律正しい枠組みのなかで、西洋の技術や慣行を吸収しつつある。そしてこのシステムは、朝貢関係の構築という独特な経験を伴うものだ。シンガポールのある高官が、私に語ってくれた。「中国人はあなたを魅了したいときには魅了し、締めつけたいときには締めつけてきますよ。しかもそれを、とてもシステマティックにやるのです」。

中国の内的なダイナミズムは、経済の失速はもちろん、ありとあらゆる社会不安や非効率を秘めているがゆえに、外へ向かう野望を生み出すようになる。帝国は多くの場合、意識して構築しようとするものではない。むしろ国家は力を蓄えるにつれ、さまざまな必要が生じるとともに新たな不安を抱くようにもなり、それらに対処するために有機的に拡大していくのだ。

たとえば、アメリカの発展を例にとって考えよう。アメリカ経済は、一八六五年に南北戦争が終わってから一八九八年の米西戦争までの間、高い年間成長率を記録しながら淡々と拡大を続けた。そして海外との貿易が増えるにつれ、次第に遠くの地域に複雑な経済的・戦略的関心をもつようになり、その結果として軍事行動を行い、南米や太平洋に海軍・海兵隊を展開するようになった。しかも当時のアメリカ社会が、このようなダイナミズムがもたらしたさまざまなひずみを露呈するなかにあっても、アメリカは着々と帝国を築いていったのだ。アメリカが外に目を向けるようになったもう一つの要因は、内陸部の統一だった。一八九〇年のインディアン戦争最後の戦いをもって、フロンティアは消滅した。

中国も現在、陸の国境を強化して、視線を外に向け始めている。中国はアメリカとちがって、何らかの使命感をもって世界の問題の解決にあたることもないし、特定のイデオロギーや統治体制を世界に広めようともしない。国際政治の道徳的発展をめざすのはアメリカであって、中国ではない。とはいえ、中国は現状維持勢力ではない。なぜなら中国は、世界人口の約五分の一を占める国民の生活水準向上を図るために、エネルギー、金属、戦略的鉱物を確保する必要があり、そのために海外に進出せざるを得ないからだ。

実際中国は、フェアバンクの言葉を借りれば、「二〇〇〇人ほどの人口を、一平方マイルの河川流域や氾濫原《はんらんげん》の農耕地につめ込み」（一平方キロメートルあたり約七七二人）、世界人口の二三％にあたる国内人口を、世界の耕作可能地の七％で養っている。[*24] そして現在の中国は、中産階級のライフスタイルを求める都市生活者の圧力にさらされている。

この目標を達成するために、中国は経済成長に必要な資源を豊富にもつ近隣や遠隔の諸国との間で、有利な力関係を築いている。中国が現在正式な国境を越えて勢力を伸ばしているのは、経済的に生き残り成長を続けるという中核的な国益のためであり、この意味で、中国は超現実主義的な大国といえる。

大陸国家のひそかな拡大

中国は石油と鉱物資源に恵まれたサハラ以南のアフリカ各地で、一風変わった植民地的関係を築こうとしている。また南シナ海と、隣のインド洋の全域で港へのアクセスを確保して、炭化水素資源の豊富なアラブ・ペルシア世界と中国沿岸地方とを結びつけようとしている。中国政府にとっては資源へのアクセスが至上命令であって、相手国がどのような統治体制の国であるかにはほとんどこだわらない。中国が相手国に求めるのは、西洋の考えるような徳などではなく、安定的な供給なのだ。

そんなことから、中国の交易国のなかにはイラン、スーダン、ジンバブエなど、うしろ向きな独裁主義国が含まれるため、中国は資源を世界全体に求めるうちに、社会的使命を重んじるアメリカとも、中国と勢力圏がかち合うインドやロシアといった国とも、いずれ衝突することは避けられない。そして見逃されがちなことだが、これらの国や、中国が東南アジア、中央アジア、中東でつき合いのあるその他の交易国は、過去に中国の王朝の影響下にあった諸国なのだ。スーダンでさえ、一五世紀初頭に明代の武将鄭和《ていわ》が遠征した紅海の近くに位置する。中国は、かつての帝国の領土をとり戻そうとしているだけなのだ。

中国は他国の存在を脅かすことはないし、米中間で戦争が起こる可能性は極端に低い。中国の軍事的脅威はたしかに存在するが、これから見ていくように、それは間接的な脅威にすぎない。中国が世界に突きつける難題には、債務、貿易、地球温暖化などに関する重要な問題があるが、最も基本的なものは地理的な問題である。

マッキンダーの「世界島」にあたるユーラシアとアフリカで、中国は新たに勢力圏を拡大している。それも一九世紀型の帝国主義的な拡大ではなく、グローバリゼーションの時代にふさわしく、目立たないかたちで拡大を進めているのだ。中国はただ経済的必要を満たそうとするだけで、東半球の勢力バランスを変えつつあり、このことはアメリカにとって重要な意味をもっている。中国は地理的に有利な位置に助けられて陸上と海上での影響力を拡大し、現在の勢力圏は中央アジアから極東ロシア、南シナ海、インド洋にまでおよんでいる。中国は台頭する大陸国家であり、ナポレオンの名言通り、大陸国家の政策は、その地理を見れば一目瞭然なのだ。

このように中国は、東アジア中央部で地理的に有利な位置を占めている。だが二一世紀の中国の領土は、それ以外の場所では危険なほどに不自然なかたちをしている。たとえば北方のモンゴル（地理的にいう「外モンゴル」）は、まるで中国から食いちぎられた大きな塊のように見える。中国はモンゴルの南、西、東と国境を接している。

世界でも人口密度がとくに低いモンゴルは、ユーラシアの歴史的な民族大移動に再び脅かされている。それは、中国の都市文明の北方移動だ。中国政府は、すでに内モンゴル自治区への漢民族入植を進めていて、外モンゴルは次に人口面で征服されるのは自分たちだと恐れている。中国は、かつて耕作地を手に入れるために外モンゴルを征服したことがあり、今度はグローバリゼーションを通じて征服しようとしている。石油、石炭、ウラン、その他の戦略的鉱物資源と、かつて清王朝の支配下にあった過疎の牧草地を、喉《のど》から手が出るほど欲しがっているのだ。[*25] 中国がモンゴルの内陸に届く連絡道路を建設したことは、こうした事情に照らして考える必要がある。

野放図な工業化と都市化を進めた結果として、中国はモンゴルが豊富にもっているアルミニウム、銅、石炭、鉛、ニッケル、亜鉛、錫《すず》、鉄鉱石の世界有数の消費国となっている。

中国が世界の金属消費に占める割合は、一九九〇年代末には一〇％だったのが、今では二五％だ。このようななか、中国の鉱業会社はモンゴルの地下資源に大規模な投資を行っている。中国はこれまでチベット、マカオ、香港を本土に吸収しており、モンゴルの動向は、中国の将来の意図を理解するための試金石になるだろう。

人口面・経済面での優位も、ひとたび中国の内モンゴルで民族暴動が起これば、諸刃《もろは》の剣になることを忘れてはいけない。中国の勢力圏に周辺部の遊牧地帯の多くが含まれていること自体が、多民族国家につきものの脆《もろ》さをはらんでいる。また中国の計画を覆しかねないもう一つの要因が、モンゴル自体が近年急速な経済発展を遂げていることであり、世界中の事業投資家が殺到する結果、中国政府の影響力は相対的に薄れている。

モンゴルの北方と、中国の東北部三省の北方に位置するのが、極東ロシアである。バイカル湖からウラジオストクまでの、ヨーロッパの二倍ほどの面積に、広大な白樺林が果てしなく広がっている。うんざりするほど広大な土地に暮らす人口は、わずか六七〇〇万人ほどだが、近い将来、この数は四五〇〇万人程度にまで減少すると見込まれる。

これまで見てきたように、ロシアがこの地域に領土を拡大した一九世紀と二〇世紀初頭は、愛国的帝国主義が高揚した時代であり、また今となってははるか昔の、中国が弱かった時代だった。現在のロシアの領土のなかで、東部の三分の一の部分、とくに中国に近い地域ほど脆弱《ぜいじゃく》な部分はない。国境の向こう側の東北部三省には一億人の中国人が暮らし、人口密度は東シベリアの六二倍にもなる。

現在、この国境を越えて大勢の中国人が流入しているのだ。たとえばモンゴルの北方に位置するシベリアの都市チタには、すでに多くの中国人が入り込み、その数は増える一方だ。中国政府は資源獲得を外交政策の主眼に据えており、人口の乏しい極東ロシアは天然ガス、石油、木材、ダイヤモンド、金の宝庫である。「ロシアと中国は限定的な同盟を組むかもしれないが、すでに極東では緊張が生じている」と『デイリー・テレグラフ』紙のデイビッド・ブレア特派員は書いている。「中国人がこの地域に大挙して移り住み、木材会社や鉱業会社を呼び込んでいることを、モスクワは警戒している」[*26]。

ロシアが懸念するのは、モンゴルの場合と同様、軍隊による侵略や正式な併合ではなく、中国の移住者と企業によってなし崩し的に地域を乗っとられることなのだ。そしてこの地域の大部分が、明代と清代には中国の領土だった。

中央アジア征服計画

冷戦中は中ソ間の国境紛争が軍事衝突に発展し、シベリア辺境地域に数十万人の軍が集結した。一九六九年にはアムール川とウスリー川のロシア側に、五三個の師団が配置された。これに対抗して毛沢東支配下の中国は、国境の中国側に一〇〇万人の兵力を配置し、主要都市に防空施設を建設した。当時のソ連の最高指導者レオニード・ブレジネフは極東に集中するために、アメリカとの緊張緩和を打ち出して、西縁部への圧力を和らげようとした。

また中国は、ソ連とその衛星国であるモンゴル、親ソ連の北ベトナム、自らの影響下にありながら親ソ連のラオス、親ソ連のインドによって、事実上包囲されたように感じていた。こうした緊張の高まりが中ソ対立を招き、ニクソン政権はこれに乗じて、一九七一年から七二年にかけて中国との関係改善を図ったのである。

現在のロシアと中国の協力関係は、限定的なものだ。ロシアと中国は再び地理に導かれて、距離を置き始めるだろうか？　そして今度も漁夫の利を得るのは、アメリカだろうか？　だが今回は、中国の方がロシアよりも強大だ。アメリカはことによると「中央の国」とのバランスをとるために、ロシアと手を組むことで、中国の関心を太平洋の第一列島線（後述）からそらし、陸上の国境へ向けようとするかもしれない。

実際、日本、韓国、台湾周辺海域での中国海軍のプレゼンスの増大に歯止めをかけるには、アメリカが中国にほど近い中央アジアのアメリカ軍基地から中国の動きを牽制《けんせい》するとともに、ロシアととくに友好的な関係を維持することが必須となる。こうして陸上で圧力を加えれば、中国の海上での動きを阻むことができるだろう。

だが、別のシナリオが展開する可能性もある――それはずっと前向きで、満州北部と極東ロシアの住民にもメリットがあるものだ。このシナリオでは、一九一七年以前と同様、中国が交易と人口移動を通じてアムール地方とウスリー地方に入り込み、極東ロシアの経済再生に貢献する。今よりも自由主義的なロシアの政権はこれを歓迎し、ウラジオストク港を北東アジアの世界的な輸送拠点として活用する。このシナリオがさらに進めば、北朝鮮によりよい体制が導入され、北東アジア地域には日本海を中心として、国境を越えた活力ある地域が形成されるだろう。

中国と中央アジアの旧ソ連邦諸国との国境は、不自然というよりは恣意《しい》的で、歴史的な裏づけがほとんどない。中国はユーラシアの中心地帯の奥深くにまで領土を広げているが、それでも十分な奥行きをもっているとはいえない。中国最西端の自治区である新疆は、「新しい領土」を意味する。ここはもとは東トルキスタンと呼ばれた地域で、中国の人口中心地からゴビ砂漠によって隔てられた遠隔地だ。

中国国家は三〇〇〇年以上前からかたちを変えながら存在しているが、新疆ウイグルが中国の一部になったのは、一八世紀中頃である。このとき、清の乾隆《けんりゅう》帝が西の広大な領土を征服して国土を即位前の二倍に広げ、ロシアと接する「強固な西国境」を設定した。*27

以来、新疆ウイグルは「果てしのない混乱の歴史をたどってきた」と、イギリスの外交官で紀行作家の故サー・フィッツロイ・マクリーンは書いている。[*28] 反乱やテュルク系民族の独立運動が絶えず、一九四〇年代半ばには東トルキスタン共和国が建国されたが、一九四九年に毛沢東率いる人民解放軍が新疆ウイグルに進撃し、武力で中国に統合した。しかし近年では、一九九〇年と二〇〇九年にテュルク系ウイグル人が中国支配に反対する暴動を起こし、多くの死者が出ている。

テュルク系ウイグル人は、七四五年からモンゴルを支配し、八四〇年にキルギスによって東トルキスタンに追放されたテュルク人の分派である。ウイグル人の人口は八〇〇万人ほどで、中国の人口の一%にも満たないが、中国最大の省区（テキサス州の二倍）である新疆ウイグルでは四五%を占める。

中国の人口は太平洋沿岸部と、中央の河川流域の低地や沖積地に密集しており、広大な西部と南西部の標高三六〇〇メートルにもなる乾燥した高地は、人口がまばらで、中国支配に反対するウイグルやチベットの少数民族の本拠地となっている。先に述べたように、中国文明発祥の地は黄河と、その最大の支流、渭河の流域である。そこには人類がおそらく先史時代から居住し、やがて文明的な概念としての中国が大河に沿って有機的に広がった。

中国人にとって、これらの大河はローマ人にとっての道路と同じ役割を果たした。この中国文明の中枢で、「実り豊かな果樹園や水田をうるおす、多くの河川、運河、用水路」が交差し、「季節的な洪水によって……必要な養分が土壌に戻された」[*29]。今日の中国の領土は、この河川流域の心臓部を含むだけでなく、テュルク系民族の住む中央アジアや古来のチベットとも重なり合っている。

中華帝国の発展史をよく表すこの実態は、中国政府にとって国境に関する重要な課題をも表している。中国政府にしてみれば、隣接する高原地帯を支配下に入れる以外に選択肢はない。なぜなら、二〇世紀半ばのアメリカの中国学者オーウェン・ラティモアがいうように「黄河の源流はチベットの雪」にあり、「黄河の一部はモンゴルのステップ地帯の近くを流れる」からだ[*30]。

黄河、長江、メコン川、サルウィン川、ブラマプトラ川、インダス川、サトレジ川の源流を擁するチベットは、世界最大の淡水の貯蔵庫ともいえる。他方中国は、二〇三〇年には必要とする水の二五％が不足する見通しである[*31]。数十億トンの石油、天然ガス、銅も眠るこれらの地域を確保するために、中国政府は漢民族を人口の中心地帯から西方に移植しているのだ。また新疆ウイグル自治区に関しては、中央アジアのテュルク系民族の共和国にとり入って、中国政府の支配に対抗するための政治的・地理的後方基地をウイグル人から奪おうとしている。

中央アジアでは、東シベリアでと同じように、勢力圏の拡大を求めてロシアと激しく競り合っている。中国と旧ソ連中央アジア諸国との貿易額は、一九九二年の五億二七〇〇万ドルから、二〇〇九年には二五九億ドルへと急増している。[*32] だが中国政府は、当面は二本の主要なパイプラインを通して影響力を行使するだろう。一本はカスピ海からカザフスタンを経由して新疆ウイグルに石油を供給するパイプライン、もう一本はトルクメニスタン・ウズベキスタン国境からウズベキスタンとカザフスタンを経由して新疆ウイグルに天然ガスを供給するパイプラインである。

ここでも軍隊は必要ない。飽くなきエネルギー需要と、自国内の少数民族が呈する脅威に対処するために、大中華圏は必然的に広がり、ユーラシアのハートランドに入り込むのだから。

こうしたすべてにおいて、中国は果敢にリスクをとっている。世界最後の銅、鉄、金、ウラン、宝石の原石の未開発鉱床を視野に入れて、戦争で荒廃したアフガニスタンのカブール北部ですでに銅を採掘している。天然資源をインド洋の港から中央アジアの新しい「征服地」へ安全に運ぶために、アフガニスタン（とパキスタン）を経由する道路やエネルギーパイプラインの建設を計画している。新疆ウイグルをキルギスタン、タジキスタン、アフガニスタンと結ぶ道路を「きわめて積極的に」建設している。

アフガニスタンでは、中国鉄道一四局グループがヴァルダク州に道路を建設することで「不安定な状況に対処して」いる。また中国は、多方面からアフガニスタンに向かう鉄道インフラを整備している。[*33] このように、アメリカがアルカイダや厄介なタリバン分子の打倒に動いているのをよそ目に、中国は地政学的に有利な立場を着々と築いているのだ。派兵には一時的な効果しかないが、道路、鉄道網、パイプラインは文字通り永久的にそこに残る。

インドとの国境問題

無秩序に広がるチベット高原の山岳地帯が、膨大な銅と鉄鋼石の埋蔵量を誇り、国土の多くを占めることを考えれば、中国政府がチベットの独立はもちろん、自治さえも激しく恐れているのは明らかである。チベットを失えば、中国の国土は大幅に縮小し、インド亜大陸がその分実質的に拡大する。だからこそ中国はチベット高原全域で、道路と鉄道計画を急ピッチで進めているのだ。

中国はパキスタンでも道路を建設し、インド洋の港湾建設プロジェクトを進めている。もしもパキスタンや東南アジアの弱小国が、将来大中華圏にとり込まれれば、一〇億人

〔二〇二四年時点で約一四億人〕を超える人口を擁するインドは、この壮大な中国の勢力圏に打ち込まれた地理的なくさびになるだろう。

インドと中国は、ともに莫大《ばくだい》な人口と豊かで由緒ある文化をもち、地理的に近く、厄介な国境紛争をくり返してきた。したがって両国は、補完的な貿易関係にあるにもかかわらず、こうした地理的条件のせいでライバルになることをある程度運命づけられている。そしてチベット問題は、このライバル関係の核をなしていて、敵対心に油を注いでいる。

インドはダライ・ラマの亡命政府をダラムサラに擁しており、おかげでダライ・ラマは、チベットの大義を「世論の法廷」にかけながら守り続けることができるのだ。ワシントンDCのジャーマン・マーシャル財団のアジア担当上級フェロー、ダン・トワイニングは、最近の中印国境の緊張は「中国政府がダライ・ラマの後継問題に懸念をもっていることと関係があるかもしれない」と書いている。次のダライ・ラマが中国国外から、つまり北インドからネパール、ブータンに至るチベットの文化圏から選ばれれば、中国にとって大きな痛手となる。[*34]

このベルト地帯に含まれるインドのアルナーチャル・プラデーシュ州は、チベット高原の一部であり、インド亜大陸を地理的に定義している低地帯の外にあるという理由から、中国が領有権を主張している。また中国は、政情が不安定な、毛沢東主義派の支配するヒマラヤの緩衝国家ネパールに軍事的影響力を拡大しており、インドはネパールと防衛協定を結んで、これに対抗しようとしている。中国とインドはこのほか、バングラデシュとスリランカでも「グレートゲーム」をくり広げている。

一九六二年の中印国境紛争は、中国がインドに北方から圧力をかけた結果勃発したのだが、中国はこれからもチベットへの支配力を強化する手段として、圧力を加え続けなくてはならない。そのため、世界中でメディアの報道が過熱するなか、チベット民族主義という情熱的な大義は薄らぐどころか、かえって強化されるだろう。

もちろん、国境がこれほど多くの問題をはらんでいれば中国の力は制約されるため、「地理は中国の野心の妨げになる」という反論もできる。いいかえれば、中国は事実上包囲されているということだ。しかし、中国の過去数十年にわたる経済と人口の拡大と、今後も経済成長が続く可能性が高いことを考えれば、中国が陸上に多くの国境をもっていることは、その力を高める方向にもはたらく。なぜなら、活力と人口の乏しい周辺地域が中国を侵食しているのではなく、利用しているのはむしろ中国の方だからだ。

中国国境沿いの破綻《はたん》国家と準破綻国家、アフガニスタンとパキスタンは、中国政府にとって脅威だと考える人もいる。私はこれらの国境を訪れたことがあるが、標高のきわめて高い最も辺鄙《へんぴ》な地域で、人口が極端に少なかった。パキスタンは完全に破綻するかもしれないが、たとえそうなったとしても、国境の中国側ではほとんど変化が感じられないだろう。中国の国境が問題なのではない。問題は中国社会にあるのだ。社会がますます繁栄し、中国の経済成長が頭打ちになれば、何らかの政治的激変が起こりやすくなる。そして重大な激変が起これば、少数民族の住む周縁部が突如として脆弱になるだろう。

ASEANとの植民地的関係

中国がこうした野心を満たすのに最も有利な立場にあるのは、比較的弱い東南アジア諸国においてである。ここでも、中国の地理は不自然だ。中国は紀元後の一〇〇〇年間にベトナムを支配した。中国の元朝（モンゴル系）は、一三世紀末にビルマ（ミャンマーの古称）、シャム（タイの古称）、ベトナムに侵攻した。中国人がタイに移り住むようになったのは何世紀も前のことだ。中国南西部に万里の長城がないのは、中国とミャンマーの間に深い森林と険しい山脈があるからだけではなく、西はミャンマーから東はベトナムまでの国境沿いの中国の拡大が中国北部に比べて流動的だったからでもあると、オーウェン・ラティモアは指摘する。[*35]

ミャンマーの一部とタイ、ラオス、ベトナムは、中国との間に自然の障壁がほとんどない。メコン川流域の共栄圏の中心地にふさわしい都市は、インドシナ半島のすべての国と道路と河川で結ばれている、中国雲南省の昆明《こんめい》である。昆明のダムはタイ人をはじめ、この圏内の人口密集地に住む人々に必要な電力を供給している。中国の一三億人〔二〇二四年時点で約一四億人〕が、これら五億六八〇〇万人の人口とともにインド亜大陸の一五億人と合流するのは、ここ東南アジアなのだ。

東南アジア諸国のなかでまずとりあげるのは、この地域の最も無秩序に広がる陸塊、ミャンマーだ。モンゴルや極東ロシア、中国と人為的な陸の国境を接するほかの地域と同様、ミャンマーも中国が何がなんでも必要とする金属、炭化水素、その他の天然資源に恵まれた、弱い国である。ミャンマーのインド洋沿岸（開発権をめぐって中国とインドが熾烈《しれつ》に争っている）と中国の雲南省は、八〇〇キロも離れていない。

中国は、ここでもベンガル湾の沖合ガス田からのガスパイプライン建設を計画しているため、法的な国境を越えて、自然な地理的・歴史的な境界にまで影響圏を拡大できる可能性がある。これが実現するのは、東南アジアでかつて勢力をふるっていたタイが、国内政治の根深い構造的問題に見舞われ、地域をつなぎ止める錨《いかり》の役割を果たせなくなり、中国に対抗するバランサーとしての本来の機能を失う場合である。タイ王室は国王が病に倒れて以来、地域の安定化勢力ではなくなり、軍部は派閥争いで混乱している。市民は都市部の中産階級と、急速に力を伸ばしている農民階級の間で、イデオロギー的に分裂している。

中国は潤沢な資金にものをいわせて、タイをはじめとする東南アジア諸国と二国間軍事協力を強化しているのだ。

アメリカはこの地域で、毎年行われる多国間共同軍事演習「コブラ・ゴールド」などを通して軍事プレゼンスを誇示しているものの、中東での戦争に注力するようになってからは、優先度は下がっている（ただし最近では事情が変わり、オバマ政権は中国の軍事力増強に対抗するために、中東からアジアに戦略の軸足を移そうとしている）[*36]。

タイのさらに南に位置するマレーシアとシンガポールは、どちらも民主化の難しい段階にさしかかっている。両国の発展に大きく貢献した政治指導者のマハティール・ビン・モハマドとリー・クアンユーが、舞台から消え去ろうとしているからだ。マレーシアでは、マレー系住民のほぼ一〇〇％がイスラム教徒であることから、イスラムが民族間の分裂を助長し、マレー系、中国系、インド系社会は互いに分断されている。

国家が中国への輸入依存度を高めて経済的に中国にとり込まれていく一方で、社会全体のイスラム化が密《ひそ》かに進行し、過去二〇年間に七万人の中国系住民がマレーシアを去っている。マレーシアでは、中国人自体は疎まれているかもしれないが、国家としての中国はあらがいようのない強大な力をおよぼしている。中国に対する声なき恐怖は、シンガポールの行動にもはっきり表れている。

シンガポールはマラッカ海峡の最も狭い地点という、戦略上の要衝を占める都市国家で、中国系住民がマレー系住民を七七％対一四％の割合で圧倒している。それでも、シンガポールは中国による属国化を恐れ、台湾と長年にわたって共同軍事演習を行っている。最近首相を退任し、現在は内閣顧問を務めるリー・クアンユーは、将来にわたって軍事的・外交的に東南アジアに関わり続けてほしいと、アメリカに公に要請した。シンガポールが今後も気骨ある独立精神を保てるかどうかは、モンゴルの命運と同様、中国政府の影響力がどの程度拡大するかにかかっている。

他方インドネシアは、中国に対する抑止力の意味でアメリカ海軍のプレゼンスを必要としながらも、アメリカの同盟国のようにふるまえばイスラム世界の怒りを買う恐れがあるというジレンマに悩んでいる。中国とＡＳＥＡＮ（東南アジア諸国連合）諸国の間で最近発足したＦＴＡ（自由貿易地域）は、中国と南方の近隣国との間に属国関係が築かれつつあることの証しである。中国はＡＳＥＡＮ全体を一つの単位として扱うのではなく、個々の加盟国と個別的に交渉する、いわゆる「分断統治」戦略をとっている。中国にとってＡＳＥＡＮは、自国の高付加価値製品の市場であり、東南アジアからは低付加価値の農産物を輸入するという、典型的な植民地的関係を築いている。[*37] 中国はこの関係を通じて貿易黒字を生み出し、ＡＳＥＡＮ諸国は中国都市部の安価な労働力で製造した工業製品を売りさばく市場と化しているのだ。

実際、中国とASEANの貿易不均衡は、二〇〇〇年代の間に五倍に拡大している。くわしく見てみると、一九九八年から二〇〇一年にかけてマレーシアとインドネシアの中国向け輸出額はほぼ倍増し、フィリピンの対中国輸出額も二〇〇三年から二〇〇四年にかけて同じく倍増した。ASEAN全体で見ると、二〇〇二年から二〇〇三年にかけて対中輸出額は五一・七%増加し、二〇〇四年に「中国はアメリカを抜いて、ASEANの最大の貿易相手国になった」。[*38]

中国の経済支配は、たしかに恩恵をもたらしている。中国は東南アジア全体の近代化エンジンの役割を果たしてきたからだ。だがこのシナリオを複雑にしているのが、中国の宿敵、ベトナムの存在である。ベトナムは大規模な陸軍をもち、戦略上の要衝に海軍基地を置いていることから、インドと日本とともに、中国に対する抑止力になるかもしれない。だがベトナムでさえ、圧倒的な規模をもつ北の隣国への恐れから、中国との関係を良好に保つ以外に選択肢はない。中国の大陸での領土拡大は初期段階にあり、周縁部に対する支配はまだ始まったばかりである。これからの数十年を読み解くカギとなるのは、中国がこの支配をどのようなかたちで実現するかということだ。そしてこれが実現したとき、中国はいったいどのような地域覇権国になるのだろう?

朝鮮統一は中国の有利に

モンゴル、極東ロシア、中央アジア、東南アジアは、たとえ政治的国境が変化しなくても、中国の自然な勢力圏内にあるため、中国は今後これらの地域に当然進出するだろう。だが、中国が最も不自然なかたちをしているのは、朝鮮半島においてである。情報通信技術の発達によって世界の一体化が進むなか、閉鎖的な北朝鮮政権に勝ち目はないという説を受け入れるならば、朝鮮半島の政治的境界が変化する可能性が高い。その結果、北朝鮮が東アジアの真の回転軸となり、この国が崩壊すれば、今後数十年にわたって地域全体の命運に大きな影響がおよぶだろう。

満州から海へ突き出した朝鮮半島は、満州に地理的に付属していると見るのが自然であり、中国東北部のすべての海上交通を見渡せる位置にある。また重要なことに、半島のつけ根には中国最大の沖合油田を擁する渤海がある。古代には高句麗《こうくり》王国が、満州南部と朝鮮半島の北の三分の二を支配していた。高句麗は中国の魏《ぎ》王朝に朝貢していたが、のちには一度交戦している。その後、朝鮮半島は北部を中心に大部分が古代の漢王朝の支配下に入り、近代初期には清王朝の支配を受けた。

中国は、朝鮮半島のどの部分も将来的に併合する意図はないが、半島の主権国家の存在に今後も苛立《いらだ》ち続けるだろう。中国は故金正日《キムジョンイル》と金正恩《キムジョンウン》のスターリン主義政権を支持してきたが、その一方ではロシアに近い太平洋への出入り口をもつ北朝鮮のアクセスを、喉から手が出るほど欲しがっている。そのため、北京の頭痛の種である「親愛なる指導者」故金正日と息子の金正恩の体制の崩壊後を見据えて、計画を立てている。

中国政府は、ゆくゆくは自国にいる数千人の脱北者を北朝鮮に送り込んで政治基盤を築き、そこを拠点として豆満江《とまんこう》地域を経済的に支配する計画である。ここは中国、北朝鮮、極東ロシアが交わる地域であり、また日本の対岸に優れた港湾施設がある。

中国が北朝鮮に期待しているのは、今より近代的なゴルバチョフ風の権威主義政権が誕生することだ。そうすればここを緩衝地帯として、韓国の中産階級主体の活力ある民主主義社会と距離を置くことができる。しかし北朝鮮の動向は、中国でさえ掌握できない。ベトナム、ドイツ、イエメンなど、過去数十年に存在した分断国家は、すべて統一に向かう力に屈した。だがいずれの場合も、統一は意図的なプロセスを通じて実現したのではなく、むしろ当事者の利益などおかまいなしに、荒々しい方法でいきなり実現したのである。

中国は朝鮮再統一を恐れているが、最終的に統一は中国の有利にはたらくはずだ。統一後の大朝鮮は、韓国政府がおおむね支配し、その韓国にとって、中国は最大の貿易相手国である。再統一された朝鮮は民族主義的な国家となり、過去に朝鮮を支配、占領した隣国の中国と日本に根深い敵意を抱くだろう。

だが朝鮮にとっては中国よりも、朝鮮半島を一九一〇年から一九四五年まで占領していた日本への憎しみの方がずっと強い（また日本と韓国は、竹島の領有権をめぐって今も争っている）。そのうえ経済の牽引《けんいん》力は、日本より中国の方が強い。再統一後の朝鮮は中国寄りにシフトし、日本からは遠ざかるため、アメリカ軍の駐留を認めるべき理由がほとんどなくなる。このことは、結果的に日本の再軍備を促すだろう。いいかえれば、北東アジアにおけるアメリカ軍の地上兵力が縮小するなか、朝鮮半島は将来的に大中華圏にくみ込まれる可能性が高い。したがって中国は、中央アジアのハートランドに食い込みつつ、リムランド（東南アジアと朝鮮半島を含む）に対しても多大な影響力をもつだろう。

安全な陸の国境

現時点での中国の陸の国境は、危険よりも機会に満ちあふれているように思われる。シカゴ大学の政治学者ジョン・J・ミアシャイマーも、著書『大国政治の悲劇』（奥山真司訳、五月書房）でこのことを指摘している。「国際システムにおける最も危険な国は、大規模な軍隊をもつ大陸国である」[*39]。だが中国は、この説明に完全にはあてはまらない。たしかに中国は拡大を続けるランドパワー国家であり、人民解放軍の陸軍は兵力一六〇万人と、世界最大規模だ。しかし先にも述べたように、中国はインド亜大陸と朝鮮半島を除けば、競合諸国とぶつかり合っているのではなく、単に真空を埋めているだけなのだ。

それに、人民解放軍の陸軍が十分な遠征能力をもつまでにはまだ何年もかかりそうだ。人民解放軍は二〇〇八年の四川大地震やチベット騒乱、二〇〇九年のウイグル騒乱、また二〇〇八年の北京オリンピックでの安全確保に対処しなくてはならなかった。だがアメリカ海軍分析センターのエイブラハム・デンマークによれば、こうした「地域横断機動演習」によって露呈したのは、人民解放軍が大陸中国の端から端まで部隊を移動させることはできても、軍事物資や重い装備品を迅速に移動させる能力がまだ不足しているということだ。人民解放軍が中国国境を越える状況として唯一考えられるのは、誤算が生じた場合である。

たとえばインドとの間で再び地上戦が勃発したり、北朝鮮政権崩壊により真空を埋める必要が生じた場合などが考えられる。後者の場合、北朝鮮に悲惨な人道的非常事態が生じれば、アメリカ軍と韓国軍が動員される可能性もある（北朝鮮の国民はイラクよりも貧しく、近代以降きちんとした自治の歴史がほとんどない）。しかし中国は、広大な国境地帯に権力の真空地帯が生じれば、真の遠征能力を備えた地上軍の助けがなくても、人民を動員して空白を埋める能力をもっている。このことから、現在の中国は過去数十年、数百年のうちで最も安泰だといえる。

近年の中国は、中央アジアの共和国やその他の近隣国との間に残存する国境紛争を外交的に決着させている（インドはこの件での目立つ例外である）[*40]。中国の要求通りの条件で和平が結ばれているとは限らないが、このような包括的アプローチを中国政府がとっていること自体が、この国の戦略的方向性を強く示唆している。

また中国は、ロシア、カザフスタン、キルギスタン、タジキスタンとの間で軍事協定を結んでいる。「中国の陸の国境の安定化は、過去数十年のアジアにおける最も重要な地政学的変化かもしれない」とヤクブ・グリギエルは書いている[*41]。冷戦時代のように、満州を圧倒するソ連軍はもういない。冷戦当時、毛沢東の中国は、そのせいで国防予算を陸軍に集中させる必要があり、海上の防衛が手薄になった。このことの重要性は、いくら強調しても強調し足りない。

中国は、古代から地上侵攻にばかり気をとられていた。万里の長城は紀元前三世紀に、テュルク系民族による侵略を防ぐという名目で建設された。明が一五世紀にインド洋への進出を断念したのは、モンゴルの侵攻を受けたためだった。裏を返せば、現在の中国が海軍力の増強にとりくみ、太平洋とおそらくはインド洋を、勢力圏として再び確立し始めることができたのは、何よりも陸上において非常に有利な位置を占めているからにほかならない。外洋に面した都市国家や島国がシーパワーを求めるのは当然だが、中国のような閉鎖的な大陸国がシーパワーを追求するのは贅沢《ぜいたく》でもあり、何らかの帝国が生まれつつあることの証左でもある。

昔は、中国人は肥沃《ひよく》な川の流域に安住していたから、窮乏から抜け出すために海に進出する必要はなかった。多くの島が点在する閉鎖された海洋空間である地中海やエーゲ海とはちがって、太平洋は中国に何の恩恵も与えず、どこかへ行く手段でもなかった。

「ヨーロッパ人のように海洋探検に乗り出す果敢さをもたない中国人は、平原の農耕サイクルに束縛されている」といったのは、一九世紀初頭のドイツの哲学者、ゲオルク・ヴィルヘルム・フリードリヒ・ヘーゲルである。[*42] 中国人はおそらく、一三世紀頃までは台湾について聞いたこともなく、台湾に入植し始めたのは、ポルトガルとオランダの商人がそこに拠点を築いた一七世紀になってからだった。[*43] したがって、現在のようなかたちでの海洋進出それ自体が、中国が陸上のアジアの中心地帯で有利な位置につけていることを証明している。

南シナ海の制海権を求めて

現在東アジアでは、主に台湾と朝鮮半島を中心として、中国のランドパワーとアメリカのシーパワーが対峙《たいじ》している。中国は過去数十年間陸上に気をとられていたし、アメリカも、とくにベトナムでの災難以降はアジアに進出する意欲をもたなかった。今もアメリカは、とくにイラクとアフガニスタンでの苦しみを経たあとでは、アジアにそのような意欲をもっていない。だが、中国はランドパワー国家であるだけでなく、今やシーパワー国家にもなろうとしている。これは、アジアにおける大きな変化である。

地理的にいえば、中国は内陸部で有利な環境にあるのと同じくらい、沿岸部の地理と海への近さにも恵まれている。中国は温帯・熱帯域に位置する東アジア太平洋岸を支配し、また南国境はインド洋にほど近く、今後道路やエネルギーパイプラインによって結ばれることが期待される。しかし中国は、陸の国境沿いでは概して有利な状況にあるのに対し、海上では不利な環境にあるのだ。

中国海軍は「第一列島線」と呼ぶ軍事的防衛線に、さまざまな問題や障害を抱えている。第一列島線とは、日本列島から琉球諸島、朝鮮半島、台湾、フィリピン、インドネシア、オーストラリアまで、南北に連なる線をいう。これらの地域はオーストラリアを除き、すべて紛争の火種であり、北朝鮮の崩壊または朝鮮内戦、台湾をめぐる米中の争い、海賊行為やテロ行為のために中国の商船隊がマラッカ海峡やインドネシアの海峡へのアクセスを阻まれる、などといった事態がいつ起こってもおかしくない。

それに中国は、資源が豊富な東シナ海と南シナ海の大陸棚をめぐる領土問題を多く抱えている。東シナ海では日本との間に尖閣《せんかく》諸島をめぐる問題が、南シナ海では台湾、フィリピン、ベトナムとの間に南沙《なんさ》諸島をめぐる問題と、ベトナムとの間にパラセル諸島をめぐる領有権問題がある（南シナ海では、マレーシアとブルネイとの間に深刻な領土問題も抱えている）。

中国政府は、とくに尖閣諸島をめぐる紛争を、必要に応じてナショナリズムをかき立てる手段として利用している。しかしそれを除けば、これらは中国の海軍戦略家にとって厄介な状況である。

アメリカ海軍大学のジェームズ・ホームズとトシ・ヨシハラの言葉を借りれば、中国の太平洋岸からこの第一列島線を見わたすと、「逆・万里の長城」のように見えるという。これは、アメリカの同盟国によって見事に組織された防衛線であり、中国の太平洋へのアクセスを阻む監視塔が、日本からオーストラリアまでびっしり張りめぐらされているのだ。中国の戦略家はこの地図を見て、自国の海軍が身動きがとれない状態であることに苛立っている。[*44]

中国は著しく攻撃的な方法で、この問題に対処しようとしてきた。これはやや驚くべきことだ。というのも、一般に海軍力は陸軍力より穏健だと考えられているからだ。いくら精密誘導兵器を利用しても、海軍だけでは広大な領土を占有することはできず、したがって自由を脅かすことはないといわれる。海軍は戦闘以外に、通商保護などさまざまな役割を担う。そのため、陸上での戦闘で多数の死傷者を出すことが受け入れられない国にとって、シーパワーは都合がよいのだ。

二一世紀の中国は、主に海軍を通じて戦力を投射することになるだろう。そのためヴェネツィア、イギリス、アメリカといった伝統的な海洋国や海洋帝国のように、自由貿易の保護と海洋の平和維持にとりくむ穏健な存在になることをめざさなくてはならない。しかし、中国はそれができるほどの自信をもつには至っておらず、海を自国の領土のようにみなしており、その様子はスパイクマンのいうように、領土を同心円状に拡大しようとする不安なランドパワー国家を思わせる。

中国が用いる「第一列島線」「第二列島線」という用語それ自体が、陸塊が列島上に張り出したものという、領土的な意味合いをもっている。中国はアルフレッド・セイヤー・マハンの攻撃的な哲学を信奉しているが、マハンの理論を実践に移せるような外洋海軍をまだもっていない。

二〇〇六年一〇月には、中国の潜水艦がアメリカ海軍の空母USSキティホークに至近距離まで接近し、魚雷の射程内に入ったところで挑発的に浮上した。二〇〇七年一一月には、南シナ海で悪天候に遭ったキティホーク空母打撃群が香港への寄港を要請したが、中国は停泊を拒否した（その後の二〇一〇年初頭には香港に寄港している）。二〇〇九年三月には、南シナ海の中国の一二海里領海外で活動していたアメリカ海軍の音響測定艦USNSインペッカブルに対して、中国の調査船が妨害行為を行った。中国の調査船は進路をふさぎ、衝突寸前まで接近してきたため、インペッカブルはやむなく放水で対抗した。

これらは、海を愛する同志として他国海軍との連携を図ろうとする、確固たる地位を築いた大国の行動では断じてない。むしろ、一九世紀と二〇世紀の領土的屈辱にいまだとりつかれた、新興の未熟な大国の行動だ。

中国は、アメリカ海軍の東シナ海やその他の沿岸海域への侵入を阻止することをねらった、非対称な最適能力を開発しつつある。このことのもつ重要性に関しては、アナリストの間でも意見が分かれる。ボストン・カレッジのロバート・S・ロスは、「中国は状況認識能力の開発を進め、アメリカの対監視技術を妨害できるようになるまでは、信頼性の高い近接阻止活動を遂行できない」という。

他方、アメリカ戦略予算評価センターのアンドリュー・F・クレピネヴィッチは、中国が一時的に技術的問題を抱えていようと、東アジアを属国化しつつあるのはまちがいないとする。[*45]したがって、中国は駆逐艦隊を近代化し、一、二隻の空母を保有する計画はあっても、海軍プラットフォームを全面的に刷新するつもりはない。代わりに、弾道ミサイルを搭載した新種の原子力潜水艦と通常動力型潜水艦を四隻建造中だという。

セス・クロプシー元海軍副次官によると、中国は近いうちに、アメリカ海軍を上回る潜水艦戦力を編成するようになる。また中国海軍は、ＯＴＨ（超水平線）レーダーや、衛星、海底ソナー網、サイバー戦争手段を活用して、ＭａＲＶ（機動式再突入体）を搭載した対艦弾道ミサイルの能力を高めようとしていると、クロプシーは述べている。これらと潜水艦隊の増強により、アメリカ海軍の西太平洋への接近を阻止する計画である。中国による機雷戦能力の増強や、ロシアによる第四世代ジェット戦闘機Ｓｕ－27とＳｕ－30の購入、中国沿岸部への一五〇〇基のロシア製地対空ミサイルの配備については、今さら述べるまでもないだろう。さらに、中国は光ファイバーシステムを地下に埋設し、海軍のミサイルが届かない中国西部の奥深くに、防衛能力を移動させている。その一方で、アメリカの富と力の象徴である空母を攻撃する戦略を開発中である。

アメリカがＦ－22戦闘機の製造を凍結または中止しようとしているのをよそ目に、中国は二〇一八年から二〇二〇年頃には、第五世代ジェット戦闘機を導入すると考えられている。[*46] 西太平洋の戦略的勢力図は、中国の武器調達によって塗り替えられつつあるのだ。

中国には、アメリカの空母を攻撃する意図は一切ない。中国が軍事的にアメリカに挑戦する能力をもつようになるのは、まだまだ先の話だ。中国の狙いは、アメリカを思いとどまらせることにある。沿岸地域への攻撃防衛能力の配備を進めて、第一列島線と中国沿岸の間に入ろうとするアメリカ海軍に、二の足、三の足を踏ませるのだ。いうまでもなく、敵を感化して特定の行動をとらせることが、パワーの神髄である。海洋での大中華圏は、このようにして実現されるだろう。

中国はこうした海軍、空軍、ミサイルの調達を通じて、明確な領土意識を示している。今後の米中関係は、貿易や債務、地球温暖化、人権などに関する二国間問題やグローバルな問題だけではなく、より重要なことに、中国が海洋アジアにおいてどのようなかたちで勢力圏を広げていくかによっても大きく影響されるだろう。

台湾との統合は進む

中国の勢力圏の重要なカギを握るのが、台湾の行く末である。台湾は、世界政治の基本的事実を明らかにしている——道徳観をめぐる問題は、パワーをめぐる問題にほかならないということだ。台湾の主権問題は地政学に重大な影響をおよぼすにもかかわらず、とかく道徳的観点から論じられることが多い。

中国は、すべての中華民族のために国家の歴史的遺産を統合し、中国を統一する必要があると主張する。これに対してアメリカは、民主主義の模範たる台湾を保護する必要があるという立場をとる。しかし、台湾にはそれ以上の意味がある。陸軍元帥ダグラス・マッカーサーの言葉を借りれば、台湾は中国の湾曲した海岸線の真ん中に位置する「不沈空母」なのだ。この不沈空母を利用すれば、アメリカのような外部勢力でも、中国の沿岸部に対して戦力を「まんべんなく投射」できると、ホームズとヨシハラは指摘する。[*47] このような事情があるからこそ、中国海軍の計画者は、台湾の事実上の独立に激しく苛立っているのだ。

海洋の逆・万里の長城上に並ぶすべての監視塔のなかで、台湾は最も高くそびえ、最も中央に位置する塔だ。他方、もし台湾が中国の懐に戻れば、逆・万里の長城はいきなり切断され、中国海軍の動きを束縛することもなくなる。中国が台湾を統合できれば、中国海軍は第一列島線上で戦略上有利な位置を占めるだけでなく、国家のエネルギーがとくに軍事力というかたちで解き放たれ、これまで不可能だった海域にも戦力を展開できるようになる。「多極的」という形容詞は、世界情勢を説明する言葉として広く用いられているが、軍事的な意味で真に多極的な世界が誕生するのは、台湾と中国が事実上一体化したときである。

二〇〇九年のランド研究所のリポートによれば、アメリカは二〇二〇年までに、中国の攻撃から台湾を防衛できなくなるという。中国はサイバー兵器と、新型第四世代ジェット戦闘機とSLBM（潜水艦発射弾道ミサイル）を備えた空軍力をいつでも使える状態にあり、本土の数千基のミサイルは台湾と台湾の地上配備戦闘機を標的にしている。このリポートによれば、アメリカはF－22と、日本の嘉手納《かでな》空軍基地へのアクセス、それに二個の空母打撃群があったとしても、中国に打ち負かされるだろうという。リポートは、空中戦に重点を置いている。もちろん中国は、海から数万人の部隊を上陸させる必要があり、アメリカの潜水艦に攻撃される恐れもある。

それでもリポートは、不穏な動向を浮き彫りにしている。中国は台湾から二〇〇キロ足らずしか離れていないのに対し、アメリカは地球の裏側から戦力を投射しなくてはならない。しかも冷戦終結後、アメリカは海外基地へのアクセスを維持することがますます難しくなっている。中国海軍の近接阻止戦略は、アメリカの戦力を締め出すことだけでなく、台湾の征服を特定の方法で容易にすることにも主眼を置いている。中国軍は、世界各地に気を配らなくてはならないアメリカ軍に比べ、台湾により重点的にとりくむことができる。イラクとアフガニスタンでアメリカが泥沼に陥っていることが、台湾でとくに深刻なニュースとして受けとめられているのには、こうした事情があるのだ。

台湾は中国に軍事的に包囲されているだけでなく、経済的・社会的にも身動きがとれない状態にある。台湾の輸入の三〇％、輸出の四〇％が中国本土向けであり、台湾と中国本土間を毎週二七〇便の民間航空便が運航している。台湾企業の三分の二、数にして約一万社が、過去五年間に中国に投資した。中台間には直通郵便と、共通の犯罪とり締まり組織があるほか、中国からは年間五〇万人の旅行客が台湾を訪れ、七五万人の台湾人が年間の半分を中国で暮らし、年間五〇〇万人以上が海峡を行き来している。

さり気ない経済戦争によって同等の効果が得られるとなれば、侵略の必要性はますます薄れる。かくして、台湾独立運動は下火になっているのだ。[48] しかし、中国と台湾との統合が今後も進む可能性は高いが、それがどのようなかたちで展開するかが大国政治の重要なカギを握るだろう。アメリカが台湾を見捨てるようなことがあれば、インドやアフリカの一部の諸国はもちろん、日本、韓国、フィリピン、オーストラリア、その他の太平洋の同盟国との間でアメリカが育んできた信頼関係が損なわれる。こうした諸国はアメリカとの協力関係全般に不信感を抱き、中国に接近するだろう。そうなれば、半球的規模の巨大な中華圏が出現する。

したがってアメリカと台湾は、斬新かつ非対称な方法で中国に軍事的に対抗する必要がある。その狙いは海峡戦争で中国を破ることではなく、戦争のコストを大きく引き上げ、中国に戦争そのものを断念させることにある。そして、台湾の機能的独立を少しずつ進め、中国がより自由な社会に近づくのを待てばいい。この方法をとれば、アメリカは同盟国の信頼を損なわずにいられる。台湾の重層的なミサイル防衛システムと、三〇〇の防空施設、そしてオバマ政権が二〇一〇年初めに発表した台湾への総額六四億ドルの武器売却計画が、ユーラシア全体でのアメリカの立ち位置を大きく強化するだろう。

中国を内側から変容させるという目標は、けっして非現実的ではない。台湾を毎年訪れる数百万人の中国人旅行客は、活発な政治談義をテレビで眺め、反体制的なタイトルの並ぶ書店で買い物をしている。中国が今後抑圧的なままでいる可能性に比べれば、より開かれた社会になる可能性の方が高いのはまちがいない。中国は民主化を進めることで、経済的、文化的そして軍事的にも、さらに活力に満ちた大国になれるのだ。

台湾の南には南シナ海が広がり、その沿岸部には東南アジア大陸部、フィリピン、インドネシア、さらに向こうにはオーストラリアの人口密集地が連なる。世界で海上輸送されている商品の三分の一と、北東アジアで必要とされるエネルギーの半分が、ここを通過する。南シナ海はインド洋の玄関口であり、もしも将来大中華圏が実現するのであれば、中国海軍がここを実効支配することが必須になる。

中国の石油タンカーや商船隊が通過しなくてはならない、インドネシアの地理上の隘路《あいろ》であるマラッカ、スンダ、ロンボク、マカッサル海峡には、海賊やイスラム過激派、台頭するインド海軍が控えている。またこの海域には、中国が切望する大量の石油・ガス資源が眠っており、南シナ海は「第二のペルシア湾」と目されている。[*49]

スパイクマンによれば、各国は歴史を通じて近隣海域を支配しようとして、「沿岸部に沿って、また海の向こうへと拡大」してきた。ギリシアはエーゲ海、ローマは地中海、アメリカはカリブ海の制海権を求め、そしてこの考え方でいくと、今度は中国が南シナ海の制海権を求めることになる。[*50] アメリカがパナマ運河を建設し、カリブ海の支配を通じて太平洋を切り拓《ひら》いたように、中国はマラッカ海峡の支配を手に入れれば、インド洋を切り拓くことができるのだ。[*51]

スパイクマンは大カリブ圏の重要性を強調するために、それを「アメリカの地中海」と呼んだ。ならば南シナ海は「アジアの地中海」と呼ばれ、今後数十年間の政治的勢力図の中心を占めるだろう。[*52] 中国は、アメリカがカリブ海を支配したのと同じ方法で、南シナ海の支配を求めるだろう。だがアメリカはやり方を変えて、ベトナムやフィリピンなどの同盟国とともに、南シナ海を真の国際水路のままに保とうとする。ベトナム政府がアメリカ政府に接近しているのは、もちろんアメリカへの愛からではなく、中国への恐れがあるからだ。

ベトナム戦争のいきさつを考えれば、かつて敵同士だった両国が新たな関係を結ぼうとしているのは不思議に思えるかもしれない。だがアメリカを戦争で破ったベトナムは、アメリカに恨みのない、自信に満ちた国であり、だからこそ過去の感情にとらわれずに、アメリカと非公式な同盟関係を結べるのだ。

アジアにおける軍拡競争

中国は政治、外交、経済、通商、軍事、人口動態など、あらゆる形態の国力を総動員し、陸と海の法的な国境を越えて、事実上の領土を最盛期以上に拡大しようとしている。しかし、ここには矛盾がある。

先に述べたように、中国は沿岸地域へのアメリカ海軍の接近を阻止する戦略に余念がない。実際、アメリカ海軍大学のアンドリュー・エリクソンとデイビッド・ヤンなどの専門家は、中国が海上を移動するアメリカの空母などに地上ミサイルを命中させる能力において、「習熟する域にかつてないほど近づいている可能性」を指摘する。しかも中国海軍は、「そのうちにテストを行い、戦略的な目的で結果を公表する」ことを計画しているかもしれないという。[*53] しかし、中国に自国の海上交通路を守る能力がなければ、アメリカの水上戦闘艦への攻撃は徒労に終わるだろう。アメリカ海軍は、太平洋とインド洋での中国船の航行を阻止すれば、中国のエネルギー供給を遮断できるからだ。

もちろん中国は、アメリカと全面的に戦うのではなく、その行動に影響をおよぼそうとするだろう。それでは、近接阻止を実際に実行する意図がないのなら、なぜそもそもそれにこだわる必要があるのか？　国防コンサルタント会社を経営するジャクリーヌ・ニューマイヤーは、中国政府は「中華人民共和国に圧倒的に有利な力関係を生み出し、そうした力を実際に利用しなくても国益を確保できるような体制をめざしている」という。[*54] したがって、台湾が中国と戦を交える意図をもたずに防衛を増強しているように、中国もアメリカに対して同じことをしている。どの当事国も、他の当事国の行動に影響をおよぼし、戦争を回避しようとしているのだ。中国が新型の兵器システムをひけらかし、太平洋とインド洋沿岸に港湾設備や聴音哨を建設し、中国領とインド洋の間に位置する沿岸諸国に莫大な軍事援助を与えているのはすべて、意図的に力を誇示するための行動なのだ。それでもこうした行動には、したたかで狡猾《こうかつ》な側面がある。

中国は、南シナ海の真ん中に突き出した海南島の南端に主要な海軍基地を建設中で、この基地には最大二〇隻の原子力潜水艦とディーゼル発電潜水艦を格納できる地下施設がある。このような動きは、他国の行動に影響を与えるにとどまらず、南シナ海と東南アジアを中心とする大中華圏をつくりあげようとする意図があるように思われる。長期的には外洋海軍の増強を図り、中東までのインド洋の海上交通路を保護する能力を開発し、アメリカとの軍事衝突での勝算を高めていく（中国にはアメリカと戦争をする動機はないが、数年、数十年もたてば動機は変化するため、中国の動機の有無より、空軍力と海軍力を把握しておくことが重要である）。その間、台湾がますます中国の勢力圏にとり込まれるにつれ、中国軍がインド洋へ、そして東半球のシーレーン（海上輸送路）の保護へと関心を移す可能性が高まる。中国は、インド洋対岸のサブサハラ・アフリカの資源権益を買い漁《あさ》っている。スーダン、アンゴラ、ナイジェリアの石油市場、ザンビアとガボンの鉄鉱山、コンゴ民主共和国の銅山とコバルト鉱山が、中国が建設中の道路と鉄道によって、やがて大西洋とインド洋の港と結ばれるだろう[*55]。海上交通路の支配とアクセスは、マハンの時代に比べてますます重要性を増しており、アメリカの優位がこの先も続くとは限らない。

これらを総合すると、アメリカが台湾の事実上の独立を維持していくことには、台湾それ自体の防衛をはるかに超える、大きな意義があることがわかる。なぜなら台湾と北朝鮮の未来が、ユーラシアの勢力バランスを大いに左右するからだ。

現在のアジアの安全保障状況は、第二次世界大戦後の数十年間よりも根本的に複雑化しており、したがって不安定である。アメリカ海軍の規模が相対的に縮小し、中国の経済力と軍事力が拡大するなか、アメリカの一極支配は崩れ、アジア諸国間の力関係はますます多極化している。中国は海南島に潜水艦の地下基地を建設し、対艦ミサイルの開発に余念がない。アメリカは一一四基のパトリオット地対空ミサイルと、数十の高度な軍事通信システムを台湾に売却した。日本と韓国はとくに潜水艦に重点を置いて、艦隊の全面的な近代化を進めている。これらはすべて、勢力バランスを自国の有利に傾けようとする露骨な試みである。

アジアを舞台に軍拡競争がくり広げられている。これこそが、イラクとアフガニスタンからの撤退完了時に、アメリカを待ち受ける世界なのだ。戦争をしたいと考える国はアジアには一国もないが、海上紛争の危険と勢力バランスを致命的に読みちがえるリスクは、時間の経過とともに、また軍事的膠着《こうちゃく》状態が混迷の度を増すとともに高まっていく。

海上での緊張は、陸上での緊張によって助長されるだろう。なぜなら先に述べたように、真空を埋めつつある中国が、やがてロシアとインドと接触し、不安定を引き起こすようになるからだ。地図上にぽっかり空いた空間は、ますます多くの人によって、また戦略上重要な道路やパイプライン、海上の船舶そしてミサイルの重複する射程距離によって埋めつくされようとしている。アジアは閉ざされた地理空間になりつつあり、「空間」の危機が迫っていると、ポール・ブラッケンは早くも一九九九年に警告した。このプロセスは始まったばかりであり、今後ますます摩擦が増えるだろう。

弱まるアメリカの支配

では、アメリカはいったいどうすればアジアに軍事的に関与しつつ、地域の安定性を保つことができるだろう？　アメリカはどのようにして同盟国を保護し、大中華圏の境界の拡大を阻みながら、中国との衝突を避ければよいのか？　中国は、もし今後も経済成長が続くなら、アメリカが二〇世紀に直面したどんな敵よりも未熟な大国になるかもしれない。その場合、アメリカは域外からの関与によってバランスをとる「オフショア・バランサー」でいるだけでは不十分かもしれない。あるインド人高官が話してくれたのだが、日本、インド、韓国、シンガポールなどのアメリカの主要同盟国は、アメリカ海軍と空軍に対し、ただ水平線のかなたに潜んでいるのではなく、重要な陸上・海上戦力として自国の軍隊と「協調」してくれることを求めているという。

しかし大国間の協調は、公海で、またスパイクマンのいうユーラシアのリムランドでは、どのようなかたちで行われるべきだろう？　二〇一〇年に国防総省に広まったある計画は、二一世紀のアメリカ海軍戦略を打ち出し、「直接の軍事対決を回避しながら……中国の戦略的能力に対抗する」方法を示している。しかも、アメリカ海軍の艦艇が現在の二八〇隻から二五〇隻に削減され、防衛費が一五％カットされても、十分実行可能だという。

グアム、パラオ、北マリアナ諸島、ソロモン諸島、マーシャル諸島、カロリン諸島はすべて、アメリカ領か、アメリカと防衛協定を結んでいる自治連邦区か、貧しいためにそのような協定を結びたくても結べずにいる独立国かのいずれかである。アメリカがオセアニアで重要な位置を占めていられるのは、一八九八年の米西戦争の戦果と、第二次世界大戦中にこれらの諸島を日本から解放するために海兵隊員の流した血の賜物《たまもの》である。

オセアニアは東アジアに十分近いうえ、中国がDF-21やさらに高性能の対艦弾道ミサイルによって広げつつある近接阻止エリアのすぐ外側に位置することから、その重要性は高まる一方だ。アメリカが将来的にオセアニアに設置するであろう基地は、日本や韓国、(一九九〇年代までの)フィリピンの「監視塔」上の基地とはちがって、中国をむやみに刺激することもない。グアムから北朝鮮までは飛行機でわずか四時間、台湾までは船で二日間の距離だ。最も重要なことに、これら諸島は完全なアメリカ領か、アメリカに地域経済を実質的に依存しているため、アメリカは退去を要求されることもなく、安心して莫大《ばくだい》な投資を行えるのだ。

グアムのアンダーセン空軍基地は、アメリカがハードパワーを投射するうえで、今もすでに世界で最も地の利のよい足場だ。一〇万発の爆弾・ミサイルと二億五〇〇〇万リットルのジェット燃料を備蓄するこの基地は、アメリカ空軍最大の戦略的な燃料補給基地であり、長距離大型輸送機C-17グローブマスターや、艦上戦闘攻撃機F/A-18ホーネットなどが、滑走路に長い列をなして補給の順番を待っている。グアムはアメリカの潜水艦隊の母港であり、海軍基地としても拡大しつつある。グアムとその近隣の北マリアナ諸島はアメリカ領で、そこから日本に行くのも、マラッカ海峡に行くのも、距離はほぼ同じだ。

オセアニアの南西端も、戦略的に重要な意味をもっている。とくにオーストラリア領のアシュモア・カルティエ諸島の沖合の停泊地と、それに隣接するダーウィンからパースまでの西オーストラリア沿岸部は、インドネシア列島からインド洋全体を、南方から見渡す位置にある。インド洋は、東アジアの新興中産階級のために中東から石油と天然ガスを運ぶ輸送路として、世界経済の動脈の中心をなしている。

アメリカ海軍と空軍はこうしたオセアニアの地理を利用して、大中華圏の事実上の境界とユーラシアの主要な海上交通路から「水平線をわずかに越えた場所」に、「現存する地域プレゼンス」を構築できるという。[*56]「現存する地域プレゼンス」とは、イギリスの海軍戦略家ジュリアン・コーベットが一〇〇年前に提唱した、必要に応じてすばやく結集して艦隊を構成できる船の集まりを指す、「現存艦隊」(第七章で説明)の変種である。また「水平線をわずかに越えた場所」とは、大国間の協調におけるオフショア・バランシングと、より積極的な関与のくみ合わさったものを表している。[*57]

オセアニアでのアメリカ海空軍のプレゼンスを強化するという構想は、大中華圏の拡大を何が何でも阻止する戦略と、将来中国海軍に第一列島線の警備の一端を担わせる戦略の折衷案である。それにこの場合、中国は台湾を軍事侵攻するようなことがあれば、高い代償を払う羽目になる。この構想は、アメリカの海軍艇と空軍機が中国の近接阻止エリアを出入りしながら警備を続けるとはいえ、第一列島線上の「時代に合わなくなった」アメリカ軍基地が縮小されることを前提としている。

また計画では、アメリカ海軍がインド洋での活動を劇的に拡大することが想定されている。アメリカがこれを実現するには、既存の基地を拡充する必要はなく、むしろシンガポール、ブルネイ、マレーシアとの防衛協定を活用し、またインド洋に点在する島国のコモロ、セーシェル、モーリシャス、レユニオン、モルディブ、アンダマン諸島に簡素な「作戦拠点」を設置すればよいという。ちなみにこれら島国の一部は、アメリカの同盟国であるフランスとインドによって直接的・間接的に統治されている。こうした計画によって、ユーラシアの航行の自由と、確実なエネルギー供給が保証されるというわけだ。この計画は、日本と韓国の既存のアメリカ軍基地にあまり重きを置かず、またグアムへの過度の集中を避ける目的でオセアニアにおけるアメリカのプレゼンスを多様化しているため、標的にされやすい主要基地を利用する必要もない。

海外基地の拡充は、地元住民にとって政治的にますます受け入れにくくなっている。アメリカ領のグアムは、あくまで例外的存在である。アメリカは、二〇〇三年のイラク戦争前にトルコに国内の空軍基地使用を拒否され、二〇一〇年には日本のアメリカ軍基地の移設問題で深刻な問題を経験している。アメリカ軍の韓国駐留が今のところそれほど問題になっていないのは、駐留人数が三万八〇〇〇人から二万五〇〇〇に縮小され、ソウル中心部の基地が地方に移転されたためだ。

いずれにせよ、第一列島線に対するアメリカの支配は弱まり始めている。各国の国民は外国軍の基地をよく思わなくなっている。中国は近隣国を脅かすと同時に魅了し、そのせいでアメリカと太平洋諸国との二国間関係が複雑化している。一例として、二〇〇九年から二〇一〇年にかけて、経験の乏しい日本の新政権が中国との関係深化を明言して、日米関係を日本の有利に書き換えようとした結果生じた日米関係の危機は、何年も前に起こっていてもおかしくなかった。アメリカが太平洋で主要な位置を占めていられるのは、第二次世界大戦で中国、日本、フィリピンが壊滅的な打撃を受けたからこそだ。それに、アメリカ軍が朝鮮半島で支配的立場を維持しているのは、六〇年前の戦争の結果として半島が分断されたからだが、この状態も永遠には続かない。

そうしている間にも、大中華圏が中央アジア、東アジア、西太平洋に政治的・経済的に出現しようとしている。東シナ海と南シナ海では中国海軍がプレゼンスを大幅に高め、インド洋沿岸では、中国政府の関与する港湾建設計画や武器移転が着々と進行している。中国国内で大きな政治的・経済的混乱が起こらない限り、この動向は変わらないだろう。しかし、この新しい勢力圏の境界のすぐ外側では、オセアニアを本拠とするアメリカの艦艇が、インドや日本などの民主主義国の艦艇と手を結んでいる。これら諸国は中国の支配にあらがうことはできないが、バランスを崩さないよう何とか踏みとどまっている。

中国の外洋海軍は、自信を深めるうちに縄張り意識が薄れ、こうした海洋同盟に引き込まれるだろう。さらに、政治学者のロバート・S・ロスが指摘したように、米中間の争いは、東アジア独特の地理の影響で、かつての米ソ間の争いよりは安定したものになる。なぜなら冷戦中のアメリカは、ソ連を封じ込められるだけの海軍力をもたなかったため、ヨーロッパの大規模な陸軍力を必要としたからだ。これに対してユーラシアのリムランドでは、たとえ統一朝鮮がわずかに中国に傾いたとしても、アメリカ海軍は中国海軍を圧倒する力をもっているため、それほどの陸軍力は必要にならない[*58]（在日アメリカ軍の陸上戦力は縮小しており、またどのみち中国ではなく北朝鮮への攻撃を想定している）。

それでも、中国の経済力と軍事力は拡大を続け、米中間の緊張はかなりの程度にまで高まるだろう。ミアシャイマーの『大国政治の悲劇』の主張をいいかえれば、西半球の地域覇権国アメリカは、中国が東半球の大部分で地域覇権国になるのを阻止しようとする。[*59]これが呼び水となって、現代の重要なドラマが始まるかもしれない。そうなったとしても、マッキンダーとスパイクマンは驚かないだろう。

第一二章　インドのジレンマ

「影のゾーン」にふり回される

アメリカと中国が大国同士競い合うようになれば、インドがどちらに傾くかによって、二一世紀のユーラシアの地政学の方向性が決まる。いいかえれば、インドは究極の中軸国家として浮上している。スパイクマンによれば、インドは大いなるリムランド国である。

またマハンは、インドはインド洋沿岸帯の中心に位置するため、中東と中国による海洋進出のカギを握る存在だと指摘する。しかしインドの政治階級が、アメリカの歴史的・地理的状況を自国のことのように理解しているのに対し、アメリカの政治階級はインドをそこまで深く理解していない。

だがインドのきわめて不安定な地政学は、とくにパキスタン、アフガニスタン、中国の情勢と深い関係があり、アメリカはこれをきちんと理解しておかなければ、対外関係を読み誤るだろう。古代初期以降のインドの歴史と地理は、インド政府の基本的な世界観を形づくっている。まずはインド亜大陸を、ユーラシア全体という文脈から眺めてみよう。

現在のユーラシアは、人口は少ないながらもロシアが陸塊を支配し、超大陸の四大人口密集地であるヨーロッパ、インド、東南アジア、中国が、その周縁をとり囲んでいる。中国文明とヨーロッパ文明は、渭河《いが》流域と地中海のゆりかごから、外向きに有機的に拡大していった[*1]。

東南アジア文明は、これより複雑な発展経路をたどった。ピュー人とモン人、のちにはビルマ人、クメール人、シャム人、ベトナム人、マレー人などが、中国からの人口の南方移動に押し出されるかたちで、イラワジ川やメコン川のような河川流域や、ジャワ島やスマトラ島などの島に集まった。インドはこれとはまったく別の経路をたどり、中国と同じように地理的一貫性にとらわれてきた。インドは西方と南西をアラビア海に、東方と南東をベンガル湾に、東をミャンマーのジャングルに、北方と北西をヒマラヤ山脈、カラコルムの結び目、ヒンドゥークシュに、それぞれ囲まれている。

またインドは中国と同様、内陸部が広大である。だが中国と少々ちがう点として、インドには渭河流域や黄河下流域のような、人口が密集する一つのゆりかご地域は存在せず、そうした地域から政治組織が四方八方に外向きに拡大していくことはなかった。

ガンジス川流域でさえ、単一のインド国家が半島南部の内陸部に向かって拡大していく拠点にはならなかった。なぜなら亜大陸には、ガンジス以外にも多くの河川系があり、人口が分散しているからだ。たとえばガンジス川がヒンディー語を話す民族の中心地であるように、カーヴィリ川のデルタ地帯は、ドラヴィダ人の生活拠点になっている。[*2] さらにインドは、ユーラシアのすべての人口中心地のなかで最も気候が暑く、最も豊かで肥沃《ひよく》な土地であり、住民は資源を動員するための政治構造を築く必要がなかったと、フェアグリーブは指摘する。この最後の点は、いうまでもなく、あまりにも決定論的であり、また驚くほど単純だという点から、本質的に人種差別的ともいえる。それでも中国が「黄禍」をもたらすことを懸念していたマッキンダーの考察と同様、フェアグリーブによるインド全体の分析も、基本的には正当であり洞察に満ちている。

インド亜大陸は、それ自体で独自の文明をなしている一方で、今挙げた理由から、歴史の大半を通じて中国ほどの規模の政治組織をもたなかった。それは、北西方向から集中的な侵略を受けたせいでもある。北西部は、インドの辺境地域のなかでも最も曖昧《あいまい》で最も保護が少ない境界で、温帯域のより「男性的な」文明を擁する中央アジアのステップ地帯やイランとアフガニスタンの高原地帯に、危険なまでに近い地域である。[*3] 歴史を通じて、こうした侵略の動機となったのは、この無防備な肥沃さだった。パンジャブ平原には適度な降雨があり、それがこの地域の肥沃さをさらに高めている。
イラン・アフガニスタン高原が標高を落として亜大陸の低地につながる地帯は、インダス川とその支流の豊かな水に恵まれている。実際、亜大陸が近代に至るまで統一と安定を手に入れられなかったのは、西・中央アジアからの怒濤《どとう》のような侵略と侵入のせいだった。マッキンダーも、講義の一つで語っている。「大英帝国の領土には、つねに戦争に備えなくてはならない陸の国境が一つだけある。それはインドの北西国境だ」。[*4]
インドが二一世紀初頭に大国の地位を追求するうえでの強みと弱みは、いまだにこの地理的な事情に根ざしている。歴史家の故バートン・スタインが指摘するように、中世以降のインドの地図は、中央アジアとイラン方面に拡大したことはあったが、その間、北西部のインダス川流域とガンジス川以南のインド半島との結びつきは、つねに薄かった。[*5]
今日の中国の領土が、アジア内陸部のステップ地帯と中国の中心地帯の氾濫原《はんらんげん》との闘争における勝利の積み重なりを表しているのに対し、インドは数千年の間、高地の「影のゾーン」にふり回されており、ここを支配しない限り、弱い大国という立場を脱することはできない。
インド亜大陸とアフガニスタン東南部の結びつきは、その近さからも明らかだだが、インドと中央アジアのステップ地帯、またインドとイラン高原も、同様に深く結びついている。

インドとイランは、中央アジアのモンゴルによって襲撃される側の苦しみを、ともに味わってきた。とはいえ、アケメネス朝時代（紀元前六世紀〜四世紀）に始まる侵略によって、イランの文化はむしろ活性化され、ペルシア語は一八三五年までインドの公用語だった。[*6]

一六世紀から一七世紀にかけてインドのムガル帝国は「ペルシア文化の化身となり、ノウルーズ（ペルシア正月）を伝統的な祝祭とともに祝い、ペルシアの芸術の技法を一般に広めた」と、歴史家の故K・M・パニッカルは指摘する。[*7] また、インド亜大陸の北西部を占めるパキスタンの公用語であるウルドゥー語は、ペルシア語（とアラビア語）からの借用語が多く、アラビア文字にいくつかの文字を加えたウルドゥー文字を用いる。[*8] このように、インドには亜大陸と大中東圏の重要な先端部分という、二つの側面がある。文明が混合と融合を通じて発展してきたというウィリアム・マクニールの主張が、ここでも裏づけられている。

したがって、インドを理解するための手がかりは、亜大陸という地理的実体がありながら、自然の境界が場所によっては非常に脆弱《ぜいじゃく》だという点にある。その結果、過去のインド国家は、インドという空間的概念にそぐわない、むしろそれにまたがるような形態をとることが多かった。実際、現在のインド国家はいまだに亜大陸の境界に一致せず、そのことがインドの苦悩の核にある。パキスタンとバングラデシュ、そしてわずかながらネパール

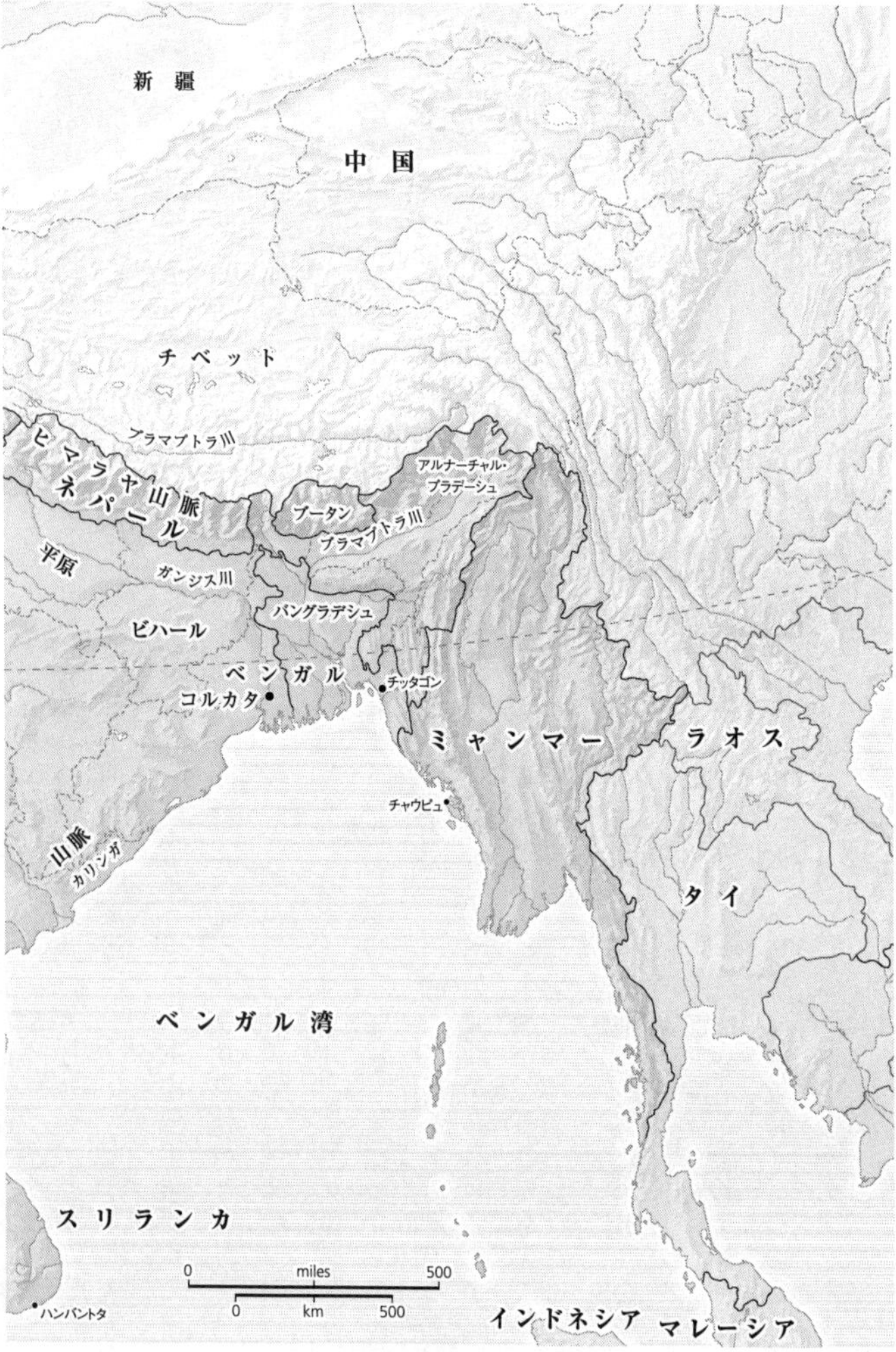
新疆
中国
チベット
ブラマプトラ川
ヒマラヤ山脈
ネパール
アルナーチャル・
プラデーシュ
ブータン
ブラマイトラ川
平原
ガンジス川
バングラデシュ
ビハール
ベンガル
チッタゴン
コルカタ
ミャンマー
ラオス
チャウピュ
山脈
カリンガ
タイ
ベンガル湾
スリランカ
0 miles 500
0 km 500
ハンバントタ
インドネシア
マレーシア

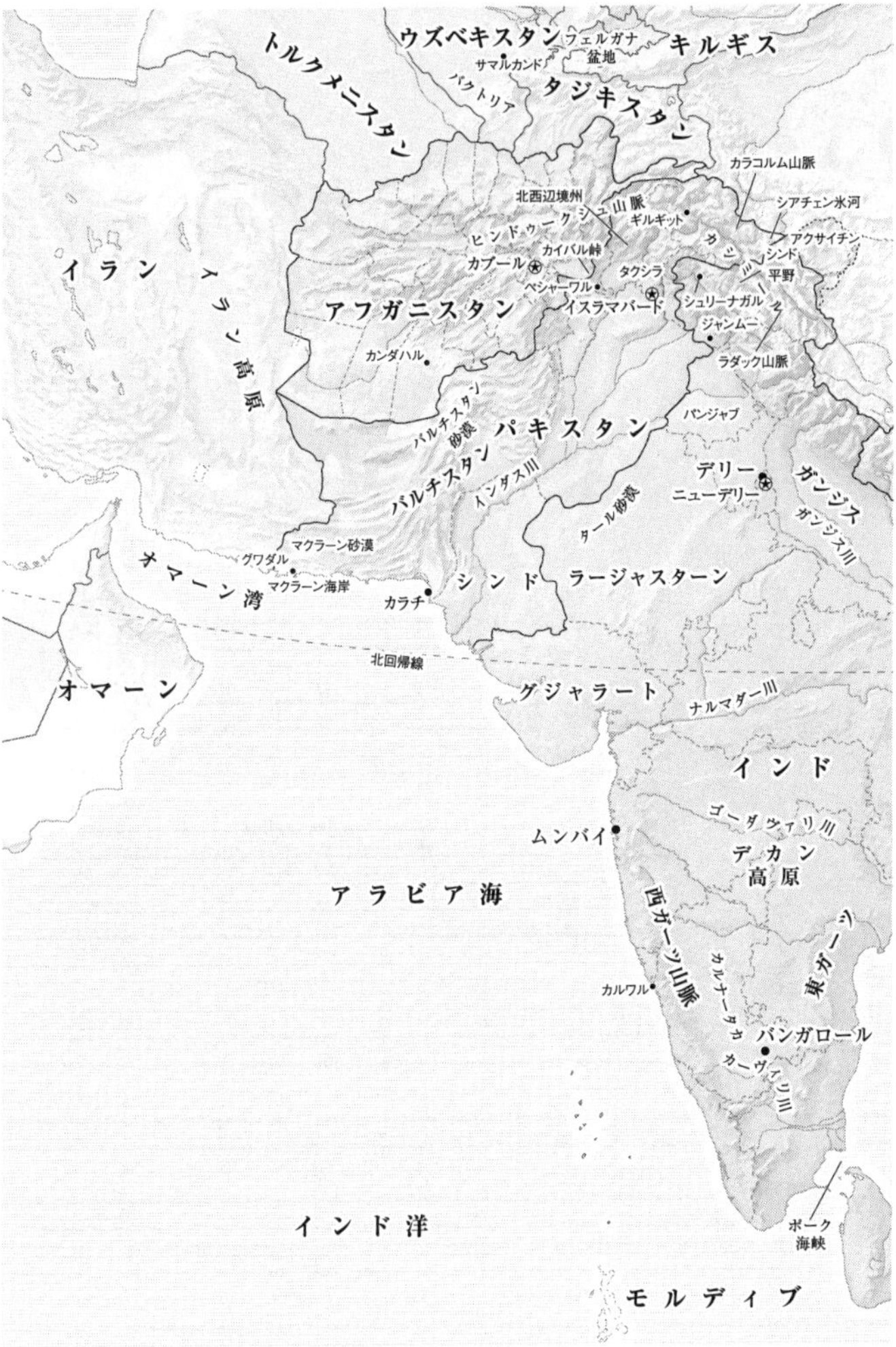

ウズベキスタン
フェルガナ盆地
キルギス
トルクメニスタン
サマルカンド
バクトリア
タジキスタン
カラコルム山脈
北西辺境州
ヒンドゥークシュ山脈
ギルギット
シアチェン氷河
アクサイチン
カイバル峠
カシミール
シンド平野
カブール
タクシラ
イラン
イラン高原
ペシャーワル
イスラマバード
シュリーナガル
アフガニスタン
ジャンムー
カンダハル
ラダック山脈
パンジャブ
バルチスタン砂漠
パキスタン
デリー
ニューデリー
バルチスタン
インダス川
ガンジス
ガンジス川
タール砂漠
マクラーン砂漠
グワダル
オマーン湾
マクラーン海岸
カラチ
シンド
ラージャスターン
北回帰線
オマーン
グジャラート
ナルマダー川
インド
ゴーダーヴァリ川
ムンバイ
デカン高原
アラビア海
西ガーツ山脈
東ガーツ
カルナータカ
カルワル
バンガロール
カーヴィリ川
ポーク海峡
インド洋
モルディブ

がこの亜大陸に位置し、インドの安全保障を深刻に脅かしている。そのせいで、本来ユーラシアに影響力を投射するために利用されるべき、重要な政治的エネルギーが分散してしまっているのだ。

古代初期以来の人間の定住地が、亜大陸の地理にそぐわなかったわけではない。むしろインドの地理自体が、とくに北西部では曖昧《あいまい》であり、地図が与える印象とその実態とが異なるのだ。地形図を一瞥《いちべつ》すると、現在のアフガニスタンおよびパキスタンとの国境沿いに茶色い山脈や高地が連なり、中央アジアの寒冷な荒野と、亜大陸の緑色の低地とをはっきり区別しているように思われる。だが、アフガニスタンからパキスタン中央部を縦方向に流れるインダス川までの下降は非常にゆるやかなため、高原と低地の河川流域の平野は数千年にわたって、ハラッパー、クシャーナ、テュルク、ムガル、インド・ペルシア、インド・イスラム、パシュトゥーンなど、似通った文化によって占められていた。それにもちろん、マクラーンとバルチスタンのアルカリ性砂漠がイランと亜大陸を結びつけているし、予測可能な季節風を利用した中世の海上交通も、アラビアとインドを結びつけていた。イラン東部からインド西部にかけての地域は、ペルシア化されたイスラム人口に支配されており、歴史を通じて非常に流動的な文化的有機体をなしていたため、インドの国境を定義するのは本来的に難しいのだ。

地理と乖離する政治実体

紀元前四〇〇〇年末から前二〇〇〇年半ばに存在した中央集権的で複雑な族長連邦であるハラッパー文明の地図は、多くを物語っている。この文明の中心地は、シンド地方北部のインダス川沿いの都市、モヘンジョダロとハラッパーだったことが考古遺跡からわかっている。インダス川は、亜大陸を内陸アジアから区別する境界ではなく、川そのものが文明の中核をなしていたのだ。

ハラッパー文明圏は、バルチスタンから北東のカシミールまで、そしてそこからタール砂漠を避けて、南東のデリーとムンバイにまでおよんでいた。つまり、今日のイランとアフガニスタンの国境近くまで広がり、パキスタンの大部分と、インド北西部、西部を含んでいたことになる。このように、耕作地に十分な水を供給できる土地に沿った定住地が、複雑なかたちの勢力圏を織りなしていた。またこの地図からは、広大な亜大陸に多くの自然な下位区分があることも見てとれる。

アーリア人はおそらくイラン高原からインドに侵入し、亜大陸の先住民族とともに、紀元前一〇〇〇年頃に北インドのガンジス平原に政治的組織をつくりあげた。その後、紀元前八世紀から前六世紀頃にかけて多くの君主国が興り、紀元前四世紀にそれらを統一するナンダ帝国が成立した。この国はインド北部のパンジャブから、ベンガル湾に面するガンジス平原までおよんだ。紀元前三二一年にはチャンドラグプタがナンダ朝の王ダナナンダを殺害してナンダ朝を滅ぼし、マウリヤ朝を開いた。マウリヤ朝は亜大陸の南端部を除くほとんどを網羅していたため、このとき史上初めて政治実体としての「インド」という概念が、南アジアの地理と一致した。

バートン・スタインによれば、これほど多くの都市国家と族長国が一つの一貫した体制に統合され、こうした諸国間の「交易が活発化」したのには、アレキサンダー大王の脅威によって促された側面があったという。大王は兵士の反乱がなければ、紀元前三二六年にガンジス川流域を征服していたかもしれなかった。統一を促したもう一つの要因としてスタインが挙げているのが、仏教とジャイナ教という新しいイデオロギーが現れ、「商人たちの忠誠を勝ち得た」ことである。[*9]

マウリヤ朝の王たちは仏教を受け入れ、またギリシアとローマの帝国の慣習にしたがって王朝を運営した。そうした慣習は、温帯域のエーゲ海沿岸地域から西アジアを経由してインドへと続く、主要な移動経路に沿って伝わった。しかし帝国を一つにまとめるために、王朝は人知を結集しなくてはならなかった。チャンドラグプタの参謀を務めたカウティリヤが著したとされる、政治学の古典『実利論』(上村勝彦訳、岩波書店)は、多様な都市国家間の関係をうまく利用して、帝国を築く方法を示している——自国に接するすべての都市国家を、帝国建設の過程で征服する必要があり、したがって敵とみなすべきである。しかし、敵国と接する遠方の都市国家は、友好国とみなすべきだ。広大な亜大陸の帝国を一つにまとめるのは困難きわまりなかったため、カウティリヤは複雑な同盟網を提唱するとともに、被征服民には慈悲を示し、その生活様式を尊重すべきだと考えた。*10

マウリヤ朝は控えめにいっても分権型の帝国で、チャンドラグプタの孫アショーカ王の時代には、ヒンドゥスタン平野の東部の中心地帯のほかに、四つの地方都市があった。現在のパキスタンの首都イスラマバードの郊外にあった北西部のタクシラ、インド中西部のマールワー台地にあったウッジャイン、インド南部の州カルナータカにあったスヴァルナギリ、そしてコルカタの南、ベンガル湾沿岸にあったカリンガである。

歴史上のこれほど早い時期に、原始的な輸送・通信手段だけを用いて、一つの帝国が亜大陸の広大な地域を支配したのは大変な偉業だった。マウリヤ朝は、一つの国家が広大な地域を長期にわたって地理的一貫性に沿って運営できることを証明した。しかしマウリヤ朝が衰退すると、例によって北西部のとくにカイバル峠から異民族が侵入した。

紀元前二世紀にはギリシア人、紀元前一世紀にはスキタイ人の侵略を受けて、やがて亜大陸は再び分裂し、シュンガ朝、パーンディヤ朝、クニンダ朝などの地方王朝が乱立した。

クシャーナ帝国は、紀元後一世紀にバクトリアに出現した。ここは北アフガニスタンとタジキスタン、ウズベキスタンが接する地域である。

クシャーナ帝国のインド・ヨーロッパ系民族の支配者は、中央アジアの人口中心地フェルガナ盆地からインド北東部のビハールまでの領土を征服した。近代の感覚からすると、クシャーナ領の地図それ自体が驚きである。何しろ、旧ソ連の中央アジア諸国とアフガニスタン、パキスタン、そしてインド北部のガンジス平原の大部分にわたっているのだ。つまりクシャーナ帝国は、一方では地理の導きにしたがって河川の流域沿いに広がり、他方では地理にあらがって山脈をまたいでいた。またこの帝国は、重要な教訓を残している。現代の国境は、中央および南アジアの政治的構成の最終形態を必ずしも示すものではないということだ。

グプタ帝国(三二〇年~五五〇年)は、亜大陸全体の統一をほぼ回復し、北方の中央アジアの騎馬民族による侵略に苦しみはしたものの、西はインダス川から東はベンガル湾まで、北はヒマラヤ山脈から南は中央のデカン高原までを支配した。しかし、南部の大部分には支配がおよばなかった。またマウリヤ朝と同様、グプタは単一国家というよりは、ガンジス川流域の中央部に朝貢する属国のゆるやかな連合だった。

グプタ朝が中央アジアの騎馬民族の侵入を受けて衰退しやがて滅亡すると、インド半島ではその後六世紀以上にわたって小国分立状態が続いた。このことはまたしても、集権化と政治的統一へと向かう傾向が強い中国とは、かなり事情が異なっていたことを示している。実際、スタインの言葉を借りれば、「グプタ後の諸王朝を特徴づけていたのは、統治ではなく、むしろ言語、宗派、所属寺院だった」[*11]。

七世紀から一六世紀にかけて、イスラム教徒が続々とインドに入ってきたと、フェアグリーブは書いている。「アラブ人は当然のごとく一番乗りで、海岸伝いに陸路で、また海岸線に沿って水路でやってきたが、永続的な影響は何も残さなかった。続いてトルコ人が、紀元後一〇〇〇年の少し前から、イラン高原を越え、アフガニスタンを通ってやってきた。一〇〇〇年少し経つと、主にヒンドゥーの指導者間の争いの結果として、北方の平原全体がムハンマドの支配を受け入れた」[*12]。南方のバルチスタンとシンドは、メソポタミアまで延びる「砂漠帯」の一部だった[*13]。

実際インド亜大陸は、大中東圏に「接《つ》ぎ木」されていたようなものだった。注目すべき動向として、八世紀初頭にはイラクのアラブ人が、シンド、パンジャブ、ラージャスターン、グジャラートの一部を占領した。また、テュルク系マムルークのガズナ朝の戦士マフムードが、アフガニスタン東部を拠点として、一一世紀初頭に現在のイラク領クルディスタン、イラン、アフガニスタン、パキスタンそしてデリーまでの北西インドを帝国として統一し、南方のアラビア海沿岸のグジャラートを襲撃した。一三世紀から一六世紀初頭までのいわゆるデリー・スルタン朝では、インド北部と南部の一部分がテュルク系のトゥグルク朝、アフガン系のロディー朝、その他の中央アジアの王朝によって支配された。

こうした侵略者がインドの首都としてデリーを選んだのは、地理によるところが大きかった。フェアグリーブも書いている。「シンドと、パンジャブを含むインダス川流域は……インドの『控えの間』をなしており、そこから延びる幅二四〇キロの比較的狭い道が、タール砂漠とヒマラヤ山脈を結んでいる。デリーはこの道の終端に位置するのだ[*14]」。

デリーの後方にはイスラム世界が、前方にはヒンドゥー世界が控えていた（この頃には仏教は発祥の地インドから事実上消え去り、東方と北東へ移っていた）。亜大陸の北西部は、地理的には固定的な境界というよりは、イランとアフガニスタンに始まりデリーに終わる、長くゆるやかな下り坂である。ここでも、マクニールが人類の壮大な文明史で述べた説の正しさが証明された。

ムガル帝国は、この事実が文化的・政治的なかたちで具現化したものだった。ムガルほどの芸術的・宗教的折衷主義を誇った帝国は少ない。この帝国は一五〇〇年代初頭から、急速な衰退が始まった一七二〇年まで、インドのほぼ全域と中央アジアの一部を支配していた。ムガルとは、モンゴルという意味のペルシア語・アラビア語だが、インドの北部と北西部のすべての外国人イスラム教徒を指す言葉として用いられた。

アクバル大帝の下で出現したムガル帝国には貴族階級があり、ラージプート人、アフガン人、ペルシア人、ウズベク人、チャガタイ・テュルク人のほか、インドのスンニ派、シーア派、ヒンドゥー教徒などの重複する集団からなっていた。この帝国は、もとは北西のロシア南部と西方の地中海沿岸から始まった、民族的・宗教的世界だった。[*15] インドは、隣接する中東での継続的な文化的・政治的動向のいわば保管場所だった。

デリーに本拠を置くこの栄えある王朝が、カブールとカンダハルに拡大したのは自然のなりゆきだったが、ヒンドゥー教の強い今日のバンガロール（インドのハイテク中心地）周辺の南部への拡大は、そうではなかった。一七世紀末のムガル帝国は、アウラングゼーブ帝の下で領土を最大に広げた。当時彼は八〇代の老人で、インドの南部と西部のマラータ族の反乱者とまだ戦っており、反乱を鎮圧できないまま、一七〇七年にデカン高原への遠征中に野営地で亡くなった。

パニッカルの言葉を借りれば、デカン高原はガンジス川流域の民族によって一度も征服されず、「つねにインド中央部の大きな城壁をなしていた」。そのうえ南北に広がるこの亜大陸で、河川は西から東へと流れている。そのせいで、アウラングゼーブの経験が物語るように、比較的近年まで、北部が南部を統治することが難しかった。簡単にいえば、インドの北部と南部をつなぐ地理的な結びつきが少なかったのだ。[*16]

実際、北部のムガル帝国のエリートがまとまりと士気を失ったのは、南部での長年にわたる厄介な反乱のせいだった。アウラングゼーブが勇猛なマラーターの戦士の鎮圧に執着し、それ以外の場所での問題を疎《おろそ》かにしたために、オランダ、フランス、イギリスの東インド会社が沿岸部に進出しやすくなり、最終的にイギリスがインドを支配するに至ったのである。[*17]

ここで強調しておきたいのは、アウラングゼーブの置かれた状況が、その数百年前のデリーの支配者たちや、さらには古代の亜大陸の支配者たちが直面した状況と同じだったということだ。つまり、南インドの支配はふたしかではあったが、今日のインド北部とパキスタン、アフガニスタンの大部分を含む広大な地域は、単一の政治組織によって支配されていたのである。したがって、現代インドのエリートにとって、パキスタンはもちろんのこと、アフガニスタンをインドの本来の縄張りとみなすのは、自然なだけでなく、歴史的にも裏づけられている。インドがアフガニスタンに領土的野心をもっているというわけではないが、アフガニスタンが何者の支配を受けるかをインド政府が大いに気にかけていて、インドに友好的な勢力によって支配されるよう手を尽くしたいと考えているのはたしかだ。

イスラム勢力による侵略

イギリスは、過去のインドの支配者とはちがって、ランドパワーよりシーパワーの方がはるかに強かった。インド洋沿岸のボンベイ、マドラス、カルカッタの各州が、のちにインド支配の中心地になったことにも表れているように、イギリスは海からインドを征服した。インドは二〇〇〇年以上にわたって西方と北西からの侵入と侵略に悩まされ続けたが、政治的事実としてのインドが最終的に亜大陸という地理的実体をとり戻すことができたのは、イギリスのおかげだったのである。

一九〇一年当時のインドの地図は、このことをはっきり物語っている。イギリスが建設した鉄道が、北はアフガニスタン国境から、南はセイロンの近くのポーク海峡まで、西は今日のパキスタンのカラチから、東はバングラデシュのチッタゴンまで、亜大陸全体を動脈のように走っている。亜大陸の広大な内部空間は、技術の力を借りることによって、複数の政治組織の下で分割されたり帝国主義的同盟体制の下で統治されるのではなく、ようやく一つの政治組織の下で統合されたのだ。

たしかにムガル帝国は、この偉業をイギリスより先になし遂げ、亜大陸の大部分を巧みに統括する能力をもっていた。しかしムガルの支配は、北西から別のイスラム教徒の侵略を呼び込む結果になった。ヒンドゥーの民族主義者は、今なおこの侵略を激しく非難している。

だが海洋大国のイギリスは、ヒンドゥーとイスラムの歴史的対立には中立の立場をとった。インドのイスラム教徒の大半が、過去のほぼすべての侵入の入り口だった北西部と、ガンジス平原の端に位置する豊かな農業地帯の東ベンガルに住んでいる。イスラムは、一三世紀のテュルク系モンゴル人による侵略と森林開拓とともに、ここ東ベンガルからインド全土に広まった。[*18]

イギリスは一九世紀末と二〇世紀初頭に、近代的な官僚機構と鉄道網を通してインド亜大陸を統一したが、一九四七年にインドが独立すると、混乱のうちに速やかに引き揚げることを余儀なくされた。そのせいで、過去の帝国の崩壊後よりも深刻な、かつ正式なかたちでの分裂を招いてしまった。インド・グリーク朝がマウリヤ朝に遭遇した場所や、ムガル帝国がマラーター同盟に遭遇した場所は、今日の国境とはちがって、新しい技術が生み出した有刺鉄線や地雷原、パスポート、メディア主導の戦争などとは無縁だった。他方、現在の分断は文明のちがいによるものというよりは、完全に法的な分断で、地理よりも人間の決定の方が強くはたらいている。

手短にいえば、インドの歴史的観点からすれば、パキスタンは、ただの核武装した敵国、テロ支援国家、国境に張りついた従来型軍隊というだけでは片づけられない存在である。山脈が平原と出会うインド北西部に位置するパキスタンこそが、歴史を通じてインド全体を席巻してきたイスラム勢力による侵略が地理として、また国家として具現化したものなのだ。

パキスタンは、いにしえの強大なイスラム侵略勢力と同じように、インド北西部に影を落としている。国際情報機関ストラトフォーの創設者、ジョージ・フリードマンは「パキスタンは、中世インドに対するイスラム支配の残骸である」と書いている。ただしパキスタン南西部は、イランとアフガニスタン南部のアラブ・イスラム勢力によって初めて占領された亜大陸の地域でもある。[*19]

もちろん、インドの意思決定者は反イスラム教徒ではない。一億五四〇〇万人のイスラム教徒人口を抱えるインドは、インドネシアとパキスタンに次ぐ、世界第三位のイスラム人口国である。それにインドでは、過去にイスラム教徒の大統領が三人選ばれている。しかし、ヒンドゥー教徒が多数派を占めるインドは、ヒンドゥー教徒とイスラム教徒の溝を埋めるべく政教分離を掲げてきたという意味で、世俗的民主主義国である。イスラム共和国であるパキスタンの存在は、ある意味でインドがよりどころとするリベラルな原理を冒《ぼう》瀆《とく》しているともいえる。

パキスタンがインドの存在を脅かしている（逆もしかり）ことは、驚くにあたらない。インドは、もちろん通常兵力による戦争でパキスタンを破ることはできる。だがパキスタンは、核兵器やテロリズムによって、インドとの一種の武力均衡を保つことができる。それだけではない。第二のムガル帝国としてインドを攻撃する恐れがあるのは、パキスタンだけでなく、アフガニスタンもなのだ。先に説明した通り、パキスタンとアフガニスタンを隔てる国境は、今も昔も蜃気楼《しんきろう》のようなもので、アフガニスタンと国境を接するパキスタン北西辺境州の岩山や峡谷は抜け穴だらけだ。

私はパキスタン・アフガニスタン国境を何度も越えているが、合法的に越えたことは一度もない。公式のカイバル国境ポストでさえ、毎週数万人のパシュトゥーン系住民が身分証明書も見せずに通過し、毎日数百台の過剰な装飾を施したジングル・トラックが、検査もされずに通過している。なぜ手続きが行われていないかといえば、国境の両側に同じ部族が暮らしているからだけでなく、アフガニスタンとパキスタンの両方が、国家としての実体に欠けるからでもある。その究極の理由は、インド・イスラムとインド・ペルシアの不可分なつながりの中心地としての地理的一体性が、両国に欠けているからなのだ。

アケメネス、クシャーナ、インド・グリーク、ガズナ、ムガルなどの帝国はすべて、アフガニスタンとパキスタンの両方を領土にとり込んだが、そのどちらもがインドに脅威を与えるか、インドの一部を占拠していた。続いて中央アジアのティムールとトルクメン人のナーディル・シャー大帝が登場し、それぞれ一三九八年と一七三九年に、現在のイラン、アフガニスタン、パキスタンにあった帝国の拠点から、デリーを征服した。

　こうした濃密な歴史を、西側諸国の人たちはほとんど知らないが、インドのエリートは直感的に理解している。インド人は亜大陸の地図を見るとき、北西のアフガニスタンとパキスタンを、北東のネパール、ブータン、バングラデシュと同じような見方で見ている。インド人にとって、これらはすべてインドの直接の勢力圏の一部であり、またイラン、ペルシア湾、旧ソ連の中央アジア共和国、ミャンマーは重要な影のゾーンなのだ。インド政府からすれば、このような見方をしないことは、歴史と地理の教訓を無視することになる。

　この数千年にわたる諸帝国の紆余《うよ》曲折《きょくせつ》からもわかるように、アフガニスタンとそこでの戦争は、インドにとってありきたりの安全保障上の問題ではない。アフガニスタンが中央アジアの一部だというのは、西洋の見方でしかない。インド人にとってアフガニスタンは、亜大陸の一部なのだ。[*20] アフガニスタンはその地理的位置のせいで、現代のテロリストからいにしえの軍隊まで、あらゆる勢力がインドに侵略する主要な経路になっているばかりか、パキスタンの戦略的に重要な後方基地でもあるのだ。

なぜパキスタンは不安定なのか

インドの地理的一貫性も完全ではないが、過去の侵略経路に対して直角に交わっているパキスタンは地理的一貫性をまったく欠いており、アフガニスタンも一貫性に著しく欠けると、一般に考えられている。

パキスタンは、イランとアフガンの高地帯と亜大陸の低地帯の境界にまたがり、パンジャブの西半分を含むが東半分は含まず、北方のカラコルム山脈（世界で最も高い山脈の一つ）と一六〇〇キロほど離れたアラビア海沿岸のマクラーン砂漠を無謀にもつないでいる。[*21] インダス川は本来何らかの境界であってしかるべきだが、パキスタンはこの川の両岸に広がっている。パキスタンは互いに敵意を抱く四つの民族集団を擁し、それぞれが特定の地域に根を下ろしている。パンジャブ人が北西部、シンド人が南東部、バローチ人が南西部、パシュトゥーン人が北西辺境部を支配する。

イスラムは国家をまとめる接着剤の役割を果たしてしかるべきだが、そうなっていないのは明らかだ。パキスタンのイスラム集団が過激化する一方で、バローチ人とシンド人は、パキスタンをパンジャブ人に牛耳られた異国のように見ている。パキスタン北西部のパシュトゥーン人は、アフガン・パキスタン国境地帯のタリバンにとり込まれつつある。パンジャブ人を主体とする軍の力を借りなければ、パキスタンは消滅してイスラムの大パンジャブ圏の残党になり下がり、半無政府主義のバローチ人とシンド人はインド勢力圏に引き寄せられるだろう。

パキスタンは一九四七年に、グジャラート商人の息子でロンドンとボンベイで教育を受けた知識人、ムハンマド・アリー・ジンナーによって、「インド亜大陸のイスラム教徒の国」というイデオロギーの下に建国された。たしかに亜大陸のイスラム教徒の大部分が、パキスタン西部と東部（一九七一年にバングラデシュとして独立）に住んでいたが、インド本土にはそのほかにも数百万人のイスラム教徒がいたため、パキスタンの地理的矛盾のせいで、このイデオロギーはこのうえなく不完全なものになってしまった。実際、数百万人のイスラム教徒とヒンドゥー教徒が、パキスタンの建国に伴い難民化した。

実のところ、亜大陸には過去の侵略と移住がもたらした多くの民族、宗教、宗派が混在している。たとえばインドはヒンドゥー教、仏教、ジャイナ教、シーク教の発祥の地であり、ゾロアスター教、ユダヤ教、キリスト教は数百年、数千年前に伝わった。インド国家はこの現実を受け入れ、称賛する価値観をもっている。だがパキスタン国家の価値観はずっと排他的だ。このことは、なぜインドが安定していて、パキスタンがそうでないのかを説明する理由の一つである。

しかしパキスタンの地理については、ちがう解釈もできる。見方を変えれば、パキスタンは、亜大陸とインド・イスラム世界の中心地である中央アジアをつなぐ文明の媒介者と通商ルートとして、地理的に大いに意義があるともいえるのだ。かつてパキスタンのラホール（パンジャブの州都）はインドのデリーと同様、ムガル支配の重要な拠点だった。北インド平原の真の地理的中心地はパンジャブだが、パンジャブは両国の間で分割されているため、どちらの国も、歴史的・地理的に不完全となっている。インド北部がガンジス川の人口中心地から発達したように、パキスタンも、やはり重要な人口中心地であるインダス川とその支流から発達したといえる。この考えに立てば、インダス川はパキスタンを分断するのではなく、むしろ結びつける役割を担っている。[*22]

しかし、ここに謎がある。インドとパキスタンが統合されていた歴史上の比較的短い時代（マウリヤ朝、ムガル帝国、大英帝国）には、両者の間で中央アジアとの交易路の支配をめぐる問題は起こらなかった。歴史上のそれ以外の時代にも、この問題は生じなかった。それはなぜかといえば、クシャーナ朝やガズナ朝、デリー・スルタン朝などの帝国は、ガンジス川東部は支配せず、インダス川とガンジス川西部を支配して、デリーとラホールが、中央アジアとともに単一の政治組織の支配下に入るよう気を配ったため、衝突が起こらなかったからだ。しかし今日の政治的地理は、歴史的に前例がないものだ。インダス川流域の国家と強力なガンジス川流域の国家が、中央アジアの旧ソ連邦から独立した諸国の支配をめぐって争っているのだから。

インダスとその支流、そしてその中心地のパンジャブが、インダス川流域からオクサス川地域まで（インダス＝オクサス）の人口中心地である。この地域には、今日のパキスタンとアフガニスタンが含まれる。そのため、たとえばパンジャブ人が支配するパキスタンの諜報《ちょうほう》機関、軍統合情報局（ＩＳＩ）が、インダス＝オクサスの全域で活動するハッカーニ・ネットワーク（アルカイダとつながりがあるとされる、タリバン内の強硬派）のテロや密輸活動をとり締まるうえで有利な立場にあるのは、歴史的・地理的に見て当然のことだ。ＩＳＩが最も関心をもっているのは、アフガニスタンの南部と東部の統制である。ここが統制されていれば、ヒンドゥークシュ山脈以北の地域は、オクサス川とその向こうの地域、つまりウズベキスタンと南タジキスタンと一体化して古代のバクトリアが復活し、二一世紀初頭の地図は、まさに古代の地図そっくりになるのだ。

「パシュトゥニスタン」の建国？

歴史を通じてインドの地政学的命運を左右してきた、アフガニスタンについても考えよう。アフガニスタンは平均寿命が四四歳、識字率が二八％（女性はさらに低い）、中等学校に通う女性は九％、安全な飲料水を確保できるのは人口の五分の一という国である。国連人間開発指数では、世界一八二カ国の下から二番目だ。

二〇〇三年のアメリカ軍侵攻前のイラクでさえ一三〇位で、識字率はそこそこ高い七四％だった。イラクの都市化率は七七％と比較的高いため、二〇〇七年のアメリカ軍大規模増派によるバグダード圏の暴力削減によって、国全体の緊張が和らいだ。だがアフガニスタンの都市化率は三〇％でしかないため、一つの村や地域で暴動鎮圧にとりくんでも、波及効果がほとんどない。

平坦な土地に大規模な都市化地域が点在するイラクは、駐留軍にとって活動しやすい環境だが、アフガニスタンは地理的にいうと、ほとんど国とはいえない。領土を分断する大聖堂のような形状の山脈のせいで、パシュトゥーン人とタジク人、その他の少数民族との分裂が決定的なものになっている。こうした地理的条件と、世界に四二〇〇万人いるパシュトゥーン人の半数以上がパキスタン国内に住んでいることを考えれば、「パシュトゥニスタン」という名の国が、ヒンドゥークシュ山脈とインダス川の間の、アフガニスタンとパキスタンと重なり合う位置に建国される可能性はある。

アフガニスタンが国家の体をなしたのは、一八世紀半ばになってからのことだ。このとき、ペルシア軍のアブダーリー部族連合を率いていたアフマド・ハーンが、ペルシアと崩壊しつつあったムガル帝国との間に緩衝地帯をつくり出し、これがのちに帝政ロシアと英領インドの間の緩衝地帯になった。したがって、中央アジアでの旧ソ連帝国のスローモーションのような解体と、パキスタン国家の弱体化をもって、アフガニスタンが政治的地図から消滅するような歴史的再編成が、現在起こりつつあるとも考えられる。

たとえば将来は、ヒンドゥークシュ山脈（亜大陸の真の北西境界）が、パシュトゥニスタンと拡大タジキスタンの間の境界になるかもしれない。パシュトゥーン人の民族主義と、イスラムの熱情、麻薬資金、腐敗した軍閥、アメリカ占領への憎悪によって生み出されたタリバンは、アメリカのアジア問題専門家セリグ・ハリソンの言葉を借りれば、このような移行を進めるための手段にすぎないのかもしれない。この移行はあまりにも広範で壮大なため、遠く離れたワシントンのせっかちな文民が指揮する外国軍になど、阻止できるはずがないのだ。

だが、この見方の反論となるもう一つの現実、こうした決定論を退ける現実がある。アフガニスタンがイラクより大きく、人口がよりまばらだという事実は、基本的に無意味である。なぜならアフガニスタンの人口の六五％が、中世の古い隊商路にほぼ一致する幹線道路網から半径五五キロ以内に住んでいるため、アフガニスタンに三四二ある行政区のうち、中央集権的支配にとって重要なのは八〇地区だけだからだ。

アフガニスタンはアフマド・ハーンの時代から、程度の差こそあれ中央から統治されてきた。カブールはつねに権力の中心地だったわけではないが、少なくとも仲裁の中心地ではあった。アフガニスタンはとくに一九三〇年代初頭から一九七〇年代初頭にかけて、穏健で建設的な統治を経験した。主要都市は安全に行き来できる幹線道路網によって結ばれ、効果的な保健開発計画を通じてマラリアが根絶されようとしていた。

この時代の終わり頃に、私はヒッチハイクや地方の路線バスを利用してアフガニスタンを横断したが、一度も身の危険を感じなかったし、きちんと機能している郵便局から本や衣類を自宅に送ることができた。またアフガニスタンにはイランやパキスタン、ソ連とまるでちがう、はっきりとした国民性があった。当時のアフガニスタンは脆弱な部族連盟だったかもしれないが、単なる緩衝国家を超えて発展していた。パシュトゥニスタンの建国は実現するかもしれないが、その国は二重国籍の人のように、まぎれもなくアフガニスタンである。

残念ながら一九七〇年代の三度のクーデターのせいで、アフガニスタンはいつ終わるともしれない暴力に苦しめられるようになった。それはアフガニスタン自身の問題であるとともに、隣接する大国のソ連がもたらしたものでもあった。ソ連はアフガニスタンを自らの勢力圏にとり込もうとするうちに、図らずもこの国の政情不安を招き、一九七九年一二月には侵攻に踏み切った。アフガニスタンはイラン高原と中央アジアのステップ地帯、インド亜大陸の間の地理的緩衝地帯として、戦略的にこのうえなく重要な位置にある。だからこそ、インドの政策決定者はアフガニスタンにとらわれ、またロシアだけでなく、イランとパキスタンもこの国を虎視《こし》眈々《たんたん》とねらっているのだ。

アフガニスタンがタリバンの支配下に入れば、インド・パキスタン国境から中央アジアまで続くイスラム社会の過激化を招きかねない。これが事実上の大パキスタン圏となり、パキスタンのISIは秘密の帝国を築く能力をもつことになる。ジャラルッディーン・ハッカーニ（ハッカーニ・ネットワークの指導者）やグルブッディーン・ヘクマティヤール（反政府勢力ヒズビ・イスラーミーの指導者）、ラシュカレトイバ（イスラム過激派）のような者たちを集めた帝国を築けば、ヒズボラやハマスがイスラエルと対決するような方法で、インドに対抗できるようになる。逆に、アフガニスタンが平和をとり戻し、カブールの自由主義的な政権によって統治されるようになれば、インド政府は北西国境の歴史的な宿敵から解放され、西・東国境でパキスタンに立ち向かえるようになる。

ソ連によってカブールに樹立されたムハンマド・ナジーブッラーの傀儡《かいらい》政権を、インドが一九八〇年代に支援したのは、このためだった。この政権は、パキスタンから支援を受けて転覆運動を展開していたイスラム聖戦士ムジャーヒディーンに比べれば、世俗的で自由主義的といってもよかった。また現在インドは同じ理由から、カブールのハーミド・カルザイ政権を支援している。

アフガニスタンが安定し、適度に穏健化すれば、中央アジア南部だけでなく、ユーラシア全体の真の中心地になるだろう。そして中央アジアを通る輸送回廊を欲しているロシア、中国、インド、イランの利益が「一致」することで、マッキンダーのハートランドが生まれるだろう。

また、ユーラシアの交易路の最も強力な牽引役《けんいん》となるのは、中国とインドの経済である。インドから中央アジア経由でヨーロッパ・中東市場へ輸送される陸上貿易の金額は、毎年一〇〇〇億ドル超の増加が見込まれている。現在ニューデリーをイスタンブールやトビリシ（ジョージア）と結ぶトラック、鉄道、カスピ海横断船がないのは、またアルマトイ（カザフスタン）やタシケント（ウズベキスタン）と結ぶ道路や鉄道がないのは、アフガニスタンがまだ戦争状態にあるからだ。それでもインドは、イランやサウジアラビアと同様、アフガニスタンの道路網の建設に多額の投資を行っている。インドが資金を提供した、ザランジーとデラーラームを結ぶ高速道路は、アフガニスタン西部とアラビア海沿岸のイランのチャーバハール港とを結びつけている。[*23]

三〇年以上におよぶアフガニスタンの戦乱が収まれば、インドは大いに恩恵を受けるだろう。なぜならアフガニスタンが落ち着けば、道路、鉄道、パイプラインの建設が、アフガニスタン国内だけでなく、パキスタンでも進むからだ。これこそが、パキスタンの不安定を解消する究極の手段になる。そして地域の平和から最大の恩恵を受けるのは、中国を除くどの国よりも経済規模が大きいインドである。

中国との新たな対抗意識

しかし現在の状況は、これとはかけ離れている。目下のところ、インド亜大陸は世界で最も地政学的な安定を欠いた地域だ。過去の帝国と侵略は、今日の根深い不安や政治問題にも重要な影響をおよぼしているため、この国にとっては今も身近な歴史である。

大インド圏はいろいろな意味で、近代初期のヨーロッパの勢力図を核兵器で不安定にしたようなものだ。近代初期のヨーロッパでは、競合する民族・国民集団が、官僚主義的国家を形成しつつあった。こうした集団は、互いに複雑な軍事バランスを保っていたが、交流が盛んなせいで誤算が起こりやすく、戦争状態に陥ることもあった。現在の南アジアのように、近代民族主義はまだ未熟で活発な段階にあったのだ。しかし近代初期のヨーロッパが多極的な様相を呈していたのに対し、南アジアでは、アフガニスタンと、ヒマラヤ山脈西部の係争地であるカシミールを舞台として、インドとパキスタンの二極間の闘争がくり広げられている。だが超大国の二極構造とは異なり、この紛争はクールで感情にとらわれない形式的な闘争にはほど遠い。

冷戦中の衝突はあくまでイデオロギーの対立であり、敵対中の集団は互いに宗教的・歴史的憎悪をもたず、広大な北極氷原によって互いから隔てられていた。しかしインド・パキスタン間の衝突は、世俗的とはいえヒンドゥー教徒が多数派を占める国家と、イスラム教徒が多数派の国家の対立である。しかも双方が近代民族主義の血気盛んな段階にあるうえ、間に人口の密集する国境地帯をはさみ、その近くに両国の首都と主要都市が集まっている。

パキスタンのインダス川流域の中心地帯とインド北部のガンジス川流域の中心地帯は、距離にして三二〇キロも離れていない[*24]。そのうえこの地理空間は、閉ざされた閉所恐怖症の空間でもあるのだ。インドはこの地理空間と歴史から、何とかして逃れたいと切望している。インドの中国に対する対抗意識と強迫観念が、この逃避願望をさらにたきつけている。他方、インドが中国に抱く対抗意識は、パキスタンに対するものとはまったくちがい、より漠然としていて、それほど感情的でなく不安定ではない。またそれは、歴史的な裏づけのない対抗意識である。

インドが係争中のヒマラヤの国境をめぐって中国と限定戦争を行ったのは、半世紀ほど前のことになる。このとき戦場となったのは、北西のカシミールに近いアクサイチン地方と、北東のブータンに近い標高四二〇〇メートルを超えるアルナーチャル・プラデーシュ州だった。二〇〇〇人の兵士が死亡し二七四四名が負傷した、この一九六二年の国境紛争戦争の発端となったのは、チベット動乱だった。

一九五〇年に中国がチベットに侵攻し、一九五九年にはついに民族蜂起《ほうき》が起こり、ダライ・ラマはインドに亡命した。チベットがほんのわずかでもインド寄りの独立国か自治国になるような事態を、中国の戦略家は激しく警戒した。チベットでの緊張の高まりを受けて、中国はインドが係争中の国境線（マクマホンライン）の北側に前哨基地を構えたことを口実に、一九六二年にインドに侵攻して、秋の一カ月間におよぶ戦闘でインド軍に勝利を収めた。この戦闘には海軍も空軍も派遣されず、辺境の過疎地が主戦場となった。これに対してインド・パキスタン国境は、湿地や砂漠だけでなく、数百万人の人口を抱える農業地帯のパンジャブを通っているのだ。

インド・中国国境は、場所によっては今も紛争の火種である。中国はチベットの全域に道路や飛行場を建設していて、インドは今や中国の戦闘機の作戦領域に含まれている。インド空軍は世界第四位の規模を誇り、六〇を超える基地に一三〇〇機以上の航空機を有している。

インドは衛星と偵察機を用いて、チベットでの中国軍の動向に関する情報を収集している。両国は海軍力も増強している。中国海軍の台頭については、これまでの章でとりあげた通りだ。インドは地中海のような船乗りを魅了する内海や諸島群をもたないため、近年まで外洋に囲まれ陸地にしばられた国だった。しかし、軍事技術の進歩によって地理的な隔たりが克服されたことや、インドが経済力を高め、大規模な建艦や購入を行えるようになったことで、事情は様変わりしている。

インドの海洋進出を促しているもう一つの要因は、中国そのものの脅威である。中国海軍も西太平洋を越えてインド洋への進出をもくろんでいるのだ。中国はインド周辺で港湾の建設・改修を進めている。ミャンマーのチャウピュ、バングラデシュのチッタゴン、スリランカのハンバントタ、パキスタンのグワダルなどだ。これらの国に対して多額の軍事・経済援助を行い、政治的支援を提供している。中国は前に述べたように、すでに大規模な商船隊を有しているが、国益を保護し、炭化水素資源の豊富な中東と中国の太平洋岸を結ぶ交易路を保護するための外洋海軍を志向している。これと期を一にするように、インドはアフリカ南部からオーストラリアまでのインド洋全域に、モンロー主義的なプレゼンスを展開することをめざしている。

このように両国の勢力圏が大きく重なり始めているせいで、今も係争中のヒマラヤ北部の国境問題がさらに紛糾している。中国は単に自国の海上交通路を沿岸の友好的な最新式の港によって保護しようとしているだけだが、インドは包囲されたように感じている。将来的にペルシア湾の入り口であるグワダル付近に、パキスタン・中国の海軍の活動拠点が置かれる可能性を警戒して、インドはアラビア海に面したカルワルの軍港を拡張している。

中国がミャンマーのチャウピュに港とエネルギーパイプラインを建設しているのに対抗して、インドはそこから北へ八〇キロ行ったシットウェで、港湾とコンビナートの建設を開始した。インドと中国は、インドシナ半島西岸の航路と資源をめぐる競争を加速させているのだ。

とはいえ、インドと中国の対抗意識は、歴史の力とは無縁の新しい闘争である。インドと中国が遠い過去に結んでいた関係は、互いに実りをもたらすことが多かった。最もよく知られている交流として、古代中期から末期にかけてインドから中国に仏教が伝えられ、唐代に正式な宗教として確立したことがあげられる。インドと中国はチベット問題に関しては利益が相反しており、チベットの自治権獲得または独立は、インドの地政学的利益に適《かな》うのに対し、中国の国益を明らかに損なう。だがこうした問題はあっても、ヒマラヤ山脈の高い壁によって、両国の人口は事実上切り離されている。

数十年前からユーラシア東部の諸国が海軍力、空軍力、ミサイル力の開発にとりくむようになったことにより、ユーラシア全体の新たな紛争の構図が鮮明化している。グローバル化と技術進歩がもたらした「距離の死」は、文明の相違による分裂以上に、今日の中印関係を悩ませている。インドでは、中国を警戒するのは政策エリートだけだが、パキスタンの問題は北部を中心として国中から強い関心を集めている。そのうえインドと中国は、世界でも有数の活力に満ちた補完的な貿易関係にある。インドと中国の緊張は、成功の負の側面ともいえる。インド・中国両政府は、巨大な経済力を利用して軍備を増強し、海空軍プラットフォームを中心に多額の投資を行っているのだ。

インドと中国の間の新たな対抗意識は、明らかにブラッケンの主張を強力に裏づけている――つまり、戦争技術の向上と富の創造には密接な関係があるということ、また軍事ハードウェアとソフトウェアの技術進歩によって、地政学的な距離が縮小するなか、地球の限られた規模が不安定要因になっているということだ。

要約すると、冷戦後の数十年間は、インドと中国の相対的にローテクな地上軍は、自国の国境を監視し、国家としての一体性を守るにとどまり、互いを脅かすことはなかった。だが両軍は航空機やミサイル、艦艇を保有し、遠征能力を高めるうちに、互いを新たな戦場での敵とみなすようになった。これはインドと中国に限ったことではなく、広大なユーラシア全域で同じことが起こっている。イスラエル、シリア、イラン、パキスタン、北朝鮮などの国が、重複するミサイル射程圏という新しく危険な地理のなかに投げ込まれているのだ。

カシミールをめぐる問題

では、改めてインド亜大陸を眺めてみよう。海と山脈に囲まれ、内陸部は今も広大で、また初期に政治的統一と自治の基盤となるような自然の条件がそろわなかったことがいまだに尾を引いている。これに比べれば、中国は民主主義国ではないが、インドより統制がとれ、効率的に統治されている。

中国の高速道路の総延長距離は、インドよりも速いペースで年々延びている。インドの政府組織は中国に比べて高圧的で脆弱である。中国はストライキやデモに見舞われるが、インドでは共産党毛沢東主義派集団ナクサライトを中心とした暴動が頻発している。このような点で、インド文明が「後進的」だというフェアグリーブの説明は、今もあてはまる。[*25]

インドの支配者は、イスラム教徒の多い中央アジアに背を向けるにしても、北西部の高原での暴動には警戒しなくてはならない。アメリカはアフガニスタンからまもなく撤退しようとしているが、インドはそのことが招く結果を受け入れ、今後もこの国と密接に関わっていかねばならない。このようにインドは難しい問題に直面している。亜大陸内の弱体化しほとんど機能していない二国との国境に囲まれ、身動きがとれない状態が続く一方で、中国と政治的・軍事的に競《せ》り合ううちに、新世紀の大国という地位はますます固まっていくだろう。ここまでアフガニスタンとパキスタンについて考察してきたが、しばしネパールとバングラデシュについても見ていこう。

ネパールでは二〇〇八年に君主制が廃止され、旧反体制派の毛沢東主義派が政権を握ったが、人口の八五％が住む農村をほとんど掌握できていない。過去に一度も植民地化されたことのないネパールは、インドのようにイギリスから強力な官僚主義の伝統を受け継ぐこともなかった。ヒマラヤ山脈があれほどのオーラを醸し出しているにもかかわらず、ネパールの人口の多くは、警備すらされないインドとの国境沿いの、湿っぽく薄ら寒い低地に暮らしている。ネパール政府がこのまま統治能力を高めることがなければ、国家そのものが徐々に瓦解《がかい》するだろう。

バングラデシュはネパール以上に、国家としてのまとまりを与えてくれるような地理的防御物をもたない。インドとの国境のどちら側にも、代わり映えのしない真っ平らな水田と低木の湿地帯が広がっている。私が訪れたとき、国境検問所は荒れ放題で混乱しており、今にも崩れそうだった。この人為的な国境で区切られた領土は、ベンガル、（インド領）東ベンガル、（パキスタン領）東パキスタン、バングラデシュと名称を変えてきた。そして、地方の政争や、イスラムの宗教的過激化、地球温暖化といった逆風を受けて、再びかたちを変えるかもしれない。

パキスタンと同様、バングラデシュでは数々の軍事・文民政権が移り変わってきたが、きちんと機能した政権はほとんどなかった。今もすでに数百万人のバングラデシュ難民が、インドに不法入国している。それでもバングラデシュ政府は、事態に対処すべく奮闘している。バングラデシュはインド、中国、そして将来の自由主義的で民主的なミャンマーをつなぐ陸上交易路とパイプラインルートの要衝として繁栄する可能性を秘めているのだ。

亜大陸は古代初期から政治的に分裂しており、今もそのことに悩まされている。亜大陸最北端の、カラコルム山脈がヒマラヤ山脈とぶつかる地点を見てみよう。このパキスタン、アフガニスタン、インド、中国に囲まれた地域が、カシミール地方だ。

このうちパキスタンが実効支配するのは、カラコルム山脈北部のギルギット・バルチスタン州と、西部のアザド・カシミールの一部で、これらの地域にはインドが領有権を主張している。インドの実効支配地域はジャンムー・カシミール州で、ここにはパキスタンが領有権を主張している。この州にはラダック地域、カシミール渓谷地域、ジャンムー地域が含まれる。中国の実効支配は北端のシャクスガン渓谷と北東のアクサイチン地域で、これらにはインドが領有権を主張している。またインドの支配するジャンムー・カシミールは、イスラム教徒が人口の七五％と多数派であり、このせいで昔からイスラム聖戦士の反乱が起こりやすい地域である。

故ウサマ・ビンラディンは声明のなかで、ヒンドゥー教徒が多数派を占めるインドがカシミールを占拠していることを激しく非難した。カシミールの大部分は標高が高く、人の住めない悪地である。それでもこれらの領土をめぐってこれまで戦争が戦われてきたし、これからも戦われるだろう。中国が新疆《しんきょう》からカシミール東部のアクサイチン地域を通ってチベットまで続く道路を建設したことも、一九六二年の中印国境紛争の火種となった。またインドは中国・パキスタン国境を遮断するために、中国と戦を交えている。

カシミールをめぐる問題は、パレスチナ問題と同様、もしもインターネット空間と新しいメディアを通じて世界中の数百万人の憎悪をかき立てるようなことがあれば、込み入った問題の解決がさらに遠のく可能性がある。地理の力を無効にする技術には、逆に地理の重要性を高める効果もあるのだ。亜大陸はあからさまな地理的事実だが、その境界線を定めようとする試みは、これからも続くだろう。

古代中国の諸王朝の領土が、現在の中国の国境内にほぼ完全に収まるのに対し、インドの過去の王朝は、現在のインドよりも広い領土を支配していた。だからこそインドは、アフガニスタンなどの影のゾーンに目をやるとき、中国が影のゾーンを見るときのように、心穏やかではいられない。インドはこの地理にとらわれている限り、地域大国の域を出ることはない。しかし、地理の枠を超えることができれば、真の大国になれる可能性を秘めているのだ。

第一三章　中軸国家イラン

一体性に欠ける中東

ウィリアム・マクニールがいうように、インド、中国、ギリシアは「古代に文明化された世界の周縁部」に位置し、山脈や砂漠、また純然たる距離によって保護されている。[*1] もちろん、この保護は完全なものではなく、ギリシアはペルシア人、中国はモンゴル人とテュルク系遊牧民族、インドはさまざまなイスラム教徒の侵略者の略奪にさらされてきた。

それでも地理は、これら三つの文明が根づくのに十分な保護を与えた。この三大文明にはさまれた広大な空間に位置するのが、ギリシア語で世界の「人類が居住している地域」を指す、マーシャル・ホジソンが「エクメーネ」と呼ぶ地帯である。ここは前述の通り、ヘロドトスの描いた世界だ。北アフリカから中国西部の周縁部までのアフリカ・アジアの陸塊の乾燥した温帯域で、ホジソンはこのベルト地帯を「ナイル＝オクサス」地域とも呼んでいる。[*2]

ホジソンの世界像は、いくつかの重要でかつ矛盾する事実を鮮やかにとらえている。まず、エクメーネすなわち大中東圏が、ギリシア、中国、インドの間に位置する容易に定義できる区域であり、これら三地域にきわめて重要な影響をおよぼしながらも、三地域と明確に離れており、三地域との間に実に有機的な関係を築いていること。そして大中東圏はイスラムによって、また馬とラクダの遊牧の伝統によって結びついている一方で、内部では河川やオアシス、高地のせいで深く分裂しており、そのことが今日に至るまで政治的結束を大きく阻害しているということだ。

大中東圏と中国などの地域とのちがいは、とくに興味深い事実を物語っている。ハーバードの中国研究者、故ジョン・キング・フェアバンクはこう書いている。

考古学的記録からも明らかなように、古代中国の文化的同質性は、古代中東の民衆、国家、文化の多重性・多様性と著しい対照をなしている。エジプト人、シュメール人、セム人、アッカド人、アムル人……アッシリア人、フェニキア人、ヒッタイト人、メディア人、ペルシア人などが、紀元前三〇〇〇年頃から戦争と政治の怒濤《どとう》の流れのなかでしのぎを削り合った。これはすさまじい多元主義の記録である。ナイル、チグリス・ユ

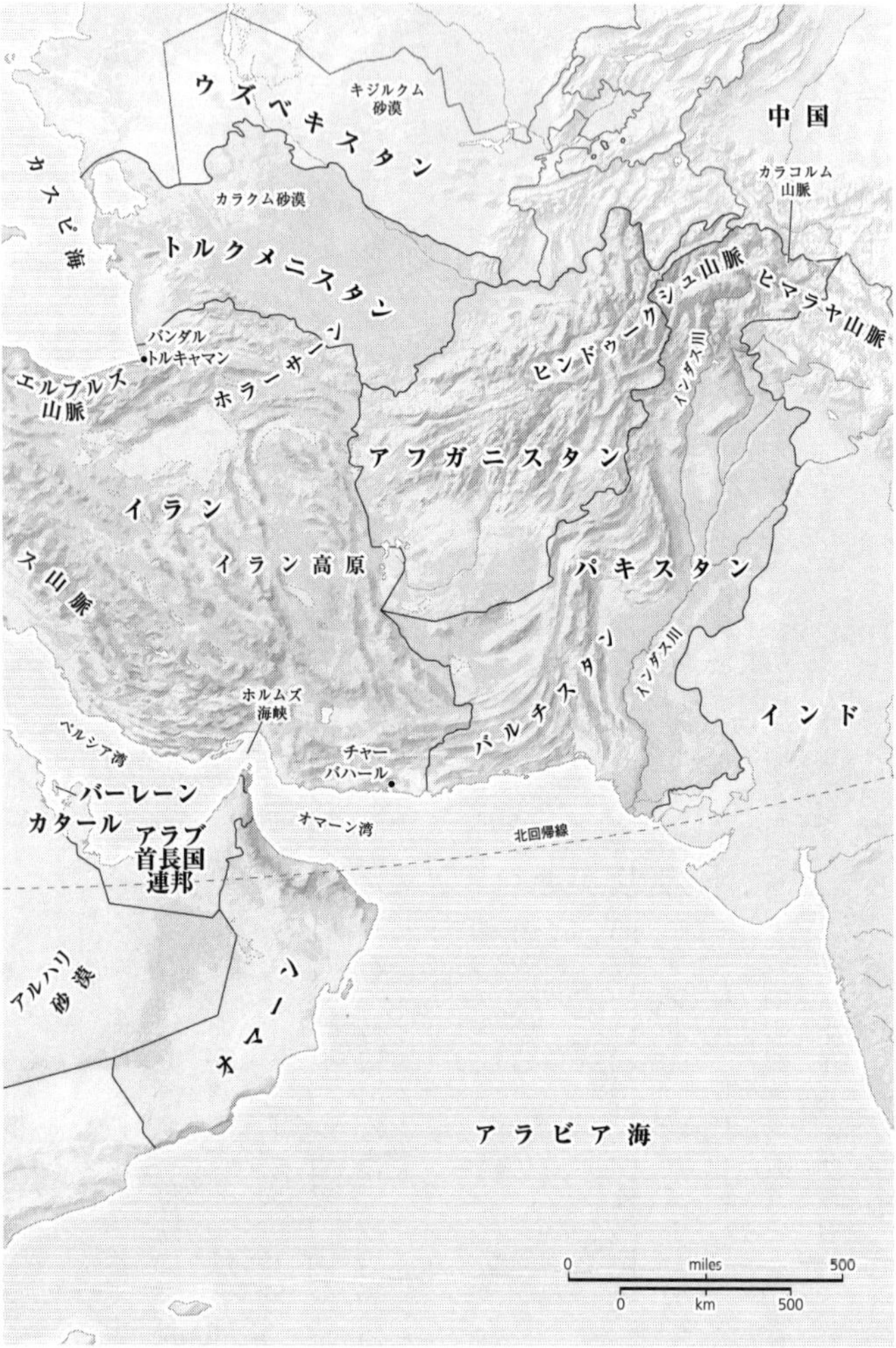

ウズベキスタン
キジルクム
砂漠
中国
カスピ海
カラクム砂漠
カラコルム
山脈
トルクメニスタン
ヒンドゥークシュ山脈
ヒマラヤ山脈
バンダル
トルキャマン
エルブルズ
山脈
ホラーサーン
インダス川
アフガニスタン
イラン
イラン高原
パキスタン
ス山脈
バルチスタン
インダス川
ホルムズ
海峡
インド
ペルシア湾
チャー
バハール
バーレーン
カタール
アラブ
首長国
連邦
オマーン湾
北回帰線
アルハリ
砂漠
オマーン
アラビア海
0
miles
500
0
km
500

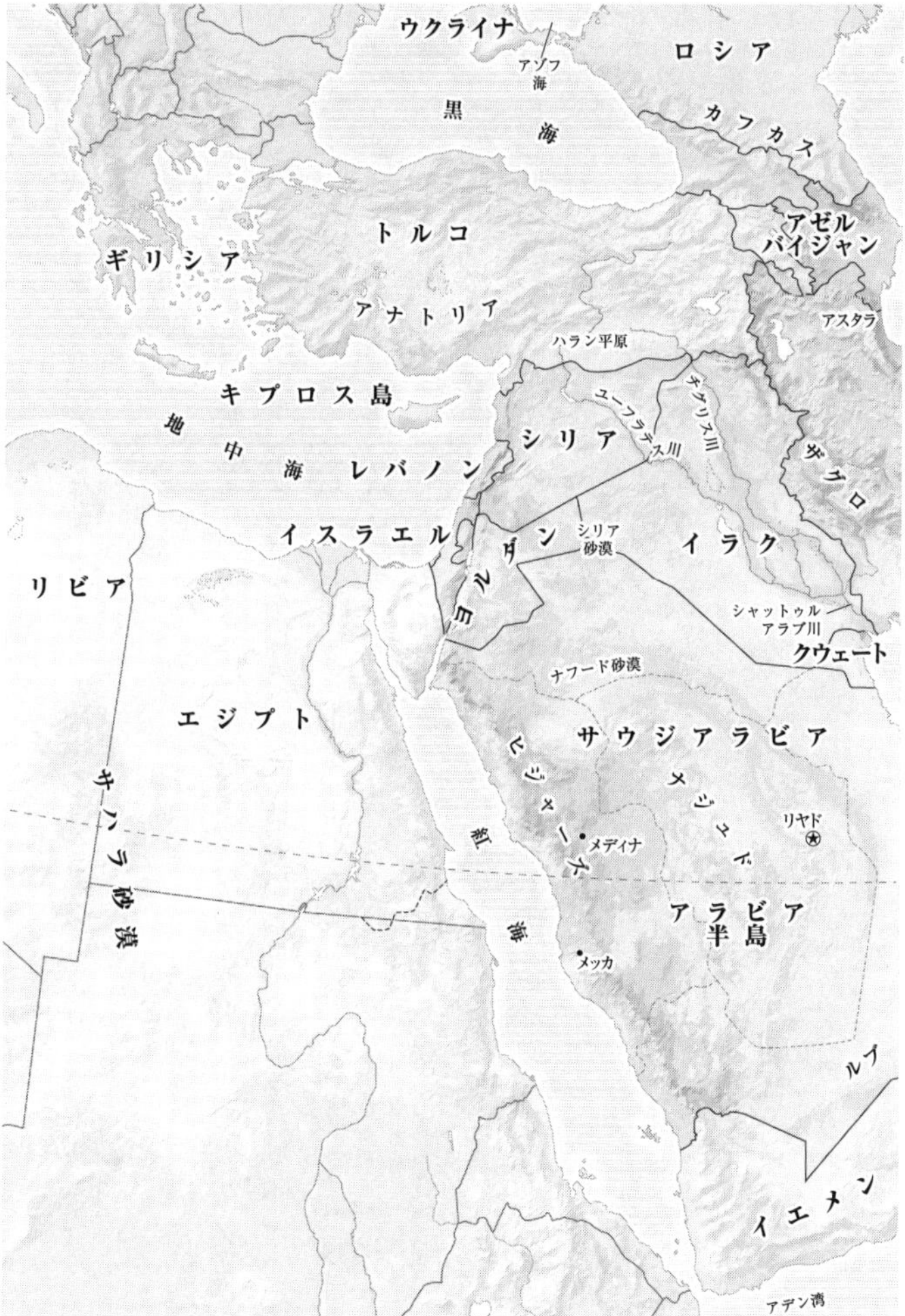
ウクライナ
アゾフ海
ロシア
黒海
カフカス
アゼルバイジャン
トルコ
ギリシア
アナトリア
アスタラ
ハラン平原
キプロス島
ユーフラテス川
チグリス川
地中海
シリア
レバノン
ザグロ
イスラエル
ヨルダン
シリア砂漠
イラク
リビア
シャットゥルアラブ川
クウェート
ナフード砂漠
エジプト
サウジアラビア
ヒジャーズ
ネジュド
サハラ砂漠
リヤド
メディナ
紅海
アラビア半島
メッカ
ルブ
イエメン
アデン湾

ーフラテス、インダス川流域など、多くの人口中心地で灌漑《かんがい》により農業が栄えた。……多くの言語、文字体系、宗教が生まれた。*3

この古代以来の分裂は、数千年におよぶ深い亀裂にまたがって今も残っており、今日の大中東圏の不安定な政治の重要なカギを握っている。地域の大部分がアラビア語によって結びついているが、北部高原地域ではペルシア語とトルコ語が主流で、そのほか中央アジアとカフカスでは多くの言語が話されている。

ホジソンが説明するように、中東の個々の国家は、植民地時代の人為的な国境の線引きによって生み出されたのではあるが、古代に、つまり地理にしっかり根ざしている。それでも中東諸国の多重性と、これら諸国にはたらいている宗教やイデオロギーの力、民主主義へ向かう力を考えれば、なぜアルフレッド・セイヤー・マハンが中東を「アジアの係争地」とみなしていたのかが、一層明らかになる。実際、二一世紀の世界政治の究極の事実とは、陸地の最も中心部に位置する地域が、最も不安定な地域だということなのだ。

中東専門家のジェフリー・ケンプとロバート・E・ハーカヴィーの言葉を借りれば、中東には、ヨーロッパ、ロシア、アジア、アフリカが交わる「広大な四辺形」(西の地中海とサハラ砂漠、北の黒海、カフカス、カスピ海、中央アジアのステップ地帯、東のヒンドゥークシュ山脈とインド亜大陸、そして南のインド洋を結ぶ地域）が存在する。[*4]この四辺形は、中国やロシアのような一つの巨大な国家でもないし、インド亜大陸のように一つの国家がその大部分を支配しているわけでもない。そのため、まったく一体性に欠けている。また、ヨーロッパのように高度に統制された同盟機構（NATOやEU）内の諸国でもない。むしろ中東は、無秩序で途方に暮れるほど多くの王国、スルタン国、神政国家、民主主義国、軍国主義的独裁国家の集まりであり、それらを分ける国境は、まるで震える手で切り分けられたように見える。

北アフリカとアフリカの角、中央アジア、そしてインド亜大陸の一部が含まれるこの地域全体が、大陸、歴史的な道路網、シーレーン（海上輸送路）が合流し、国家がひしめく「不安定の枢軸」をなしている。それだけではない。この地域には世界の確認石油埋蔵量の七〇％、天然ガス埋蔵量の四〇％が集中しているのだ。[*5]また、過激主義イデオロギー、群衆心理、重なり合うミサイル射程圏、儲《もう》け主義のマスメディアによる偏向報道など、さまざまな不安定要因がはたらく地域でもある。実際、朝鮮半島という例外を除けば、核拡散がこれほど問題になっている地域は、中東以外にないのだ。

中東は人口構成に占める若者の割合が突出して多い「ユースバルジ（若者の膨らみ）」のさなかにあり、人口の六五％が三五歳未満である。一九九五年から二〇二五年までの間に、イラク、ヨルダン、クウェート、オマーン、シリア、ヨルダン川西岸地区、ガザ地区、イエメンの人口は二倍になるだろう。若年人口は、アラブの春でも見られたように、混乱と激変を後押しする原動力になることが多い。イランであれアラブ諸国であれ、中東諸国の次世代の支配者には、前の世代ほど独裁的な統治を行う贅沢《ぜいたく》は許されない。とはいえ、選挙までは簡単にこぎ着けても、安定した自由な民主主義的秩序が確立するには何十年もかかることも、この地域での民主主義の実験が示す通りだ。

中東ではユースバルジと情報通信革命の影響で、メキシコ風の泥沼的な（一党独裁体制が、多くの党派や政党が乱立する混乱した体制に置き換わる）展開が多くの国で進展したが、メキシコほど制度化が進んだ国はここには存在しない。メキシコは貧弱とはいえ、中東のほとんどの国よりも整備された制度をもっている。もしもメキシコがれっきとした民主主義国家だったなら、アメリカにとって一党独裁支配のメキシコよりも厄介な存在になっていたはずだ。中東が今後数十年間で、大量破壊兵器をはじめとする高度な軍備をそろえるようになれば、近年のアラブ・イスラエル紛争は、モラルや戦略的優位の計算が比較的はっきりしていた冷戦中と冷戦後の理想主義的な時代として、懐かしく思い出されることだろう。

ホジソンが「ナイル＝オクサス」と呼ぶ地域は、要はエジプトと中央アジアのことで、彼のいうエジプトは北アフリカ全体の略称である。「ナイル＝オクサス」には、中東のアラブ地域である南部の砂漠と平原と、非アラブ地域である黒海からインド亜大陸までの北部の山がちな台地の両方が含まれる。無秩序に広がる北部の高原地域は、「ボスポラス＝インダス」地域と呼ぶこともできる。ボスポラス＝インダスは、これまで中央アジアからの人口移動に大きな影響を受けてきた。

ナイル＝オクサスはこれに加えて、地中海と紅海、インド洋の盛んな海上交通の影響も受けている。中東は大陸が交わる地点であり、内陸の地理がヨーロッパを除くどの大陸よりも入り組んでおり、ヨーロッパより広大で、ヨーロッパの二倍もの時間帯にまたがる。そのためここでは便宜上、中東をいくつかの部分に分けた方がわかりやすいだろう。

最近では、情報通信技術と航空技術の進歩によって地理的な制約が薄れ、政治的交流を通じて地域全体に危機が波及している。たとえば、ガザ地区に人道支援物資を運ぶ船団をイスラエルが阻止すれば、トルコやイラン、そしてアラブ世界全体の民衆を刺激することになる。チュニジア中部の青果商が焼身自殺を図れば、チュニジアだけでなく、アラブ世界の大半が独裁政権に対する抗議運動に立ち上がる。それでも、地図を研究し、本来の境界線がどこにあるかを調べれば、多くのことがわかるものだ。

サウジアラビアの脅威、イエメン

中東の地図を見ると、アラビア半島、イラン高原そしてアナトリアの陸橋という、三つの地理的特徴が何よりも目につく。

アラビア半島はサウジアラビア王国にほぼ占領されているが、ほかにも重要な諸国がある。実際サウジアラビアの人口はわずか二八七〇万人〔二〇二四年時点で約三六〇〇万人〕で、半島全体の人口の半分にも満たない。だがサウジアラビアの人口は、年におよそ二％の割合で増加しており、このままいけば数十年後に人口は倍増するだろう。このことが、水不足のステップ地帯と砂漠が占める国にとって、大きな負担となっている。

サウジアラビア国民の四〇％近くが一五歳未満で、若い男性の四〇％が失業している。仕事や教育を求める若年人口が、今後は大きな政治的圧力になるだろう。サウジアラビアの力の源泉は人口ではなく、二六二〇億バレルという世界最大の石油埋蔵量と、二四〇兆立方フィートという世界第四位の天然ガス埋蔵量にある。

サウジ国家が生まれた地、またそれに伴いワッハーブ派と呼ばれるスンニ派の過激な宗教改革運動が始まった地は、ナジュドである。ここはアラビア半島中心部に位置する不毛の地で、北は広大なナフード砂漠、南はルブアルハリ砂漠、東はペルシア湾沿岸地帯、西はヒジャーズ山系に囲まれている。「ナジュド」とはアラビア語で高地を指し、標高は、西方は一五〇〇メートル、東方は七五〇メートル程度である。

ナジュドは、ホジソンのいう「ラクダの機動力を利用する遊牧」の真の中心地だった。過去数世紀間の狂信的なワッハーブ派による多方面への襲撃はすべて、ナジュドの砦《とりで》から始まった。聖地メッカとメディナを擁するのは紅海沿岸のヒジャーズ地方だが、ワッハーブ派のナジュド人はさまざまな聖地（メッカのカーバ神殿を除く）への巡礼を、異教信仰の一種とみなした。

聖地メッカとメディナは、西洋の観点からするとイスラムの宗教的都市のように思われるが、実はそうではない。イスラム教徒がイスラム世界全体から巡礼に訪れることで、こうした聖地やその周辺のヒジャーズは、ある種の国際性を帯びるようになったのだ。ヒジャーズの「若く、洗練され、宗教的に多様な人口は、王家やワッハーブ派の支配を完全に受け入れたことはない」と、元ＣＩＡ（アメリカ中央情報局）高官ブルース・リーデルは書いている。[*6]

ヒジャーズの住民は、文化的なよりどころを紅海、エジプト、シリアに求め、けっしてナジュドのワッハーブ派に求めることはなかった。この歴史の重要な点は、ワッハーブ派がアラビア半島周縁部を永久的に支配することができなかったということだ。また彼らの敵も、ナジュドの中心部を維持するのにワッハーブ派に負けず劣らず苦労した。

ナジュドに基盤を置くサウジアラビアの根本的な脅威は、イエメンにある。イエメンは面積ではサウジアラビアのわずか四分の一だが、人口はほぼ同等なため、アラビア半島の最も重要な人口中心地は、イエメンのある山がちな南西の角に存在することになる。この地は広大な玄武岩台地で、ところどころ盛り上がって砂の城のようになったものや岩栓が屹立《きつりつ》し、それらにとり囲まれるようにして、古代から人口が密集していたオアシスのネットワークが点在している。

オスマンもイギリスも、イエメンを本当の意味で支配したことはなかった。イエメンはネパールやアフガニスタンと同様、これまで本格的に植民地化されたことがないため、強力な官僚機構が発達することもなかった。数年前訪れたサウジアラビア・イエメン国境は、どこかの首長国に忠誠を誓う、武装した若者たちを満載した軽トラックで混み合っていた。イエメン政府の存在感はないも同然だった。そして、イエメン国内の銃火器の数は八〇〇〇万丁ともいわれる――イエメン人一人につき三丁近い計算だ。

イエメンの首都サナアで、アメリカの軍事専門家に聞いた話が忘れられない。「イエメンには積極的で商売気のある、武装した人々、しかも隣国のサウジ人よりはるかに勤勉な人々が、二〇〇〇万人以上いる。それがイエメンの未来だ。そしてそのことが、サウジアラビア政府を震撼《しんかん》させているのだ」。

インドが亜大陸と同義であるのと同様、サウジアラビアという言葉も、アラビア半島と同義に使われている。だが、インドは国土全域に人口が密集しているのに対し、サウジアラビアは乾ききった広大な土地によって隔てられた、地理的なまとまりを欠くオアシスのネットワークに人口が集中している。したがってサウジアラビアが国としての一体性を維持するには、高速道路や国内航空網が欠かせない。

インドが民主主義と宗教多元主義の理想をよりどころとしているのに対し、サウジアラビアは拡大家族への忠誠心のうえになり立っている。それでも、インドが機能不全の国々に囲まれているのに対し、サウジアラビアは、北の国境は無害な砂漠にまぎれ、東と南東の国境は、自足的で歴史と地理にしっかり根を下ろした首長国によって守られている。今日のクウェート、バーレーン、カタール、アラブ首長国連邦の領土が、一九世紀最大の海洋国イギリスの交易路沿い、とくにインドへの道沿いに位置していたため、イギリスはこれら首長国と協定を結んで保護下に置き、そのことがのちにこうした諸国の独立を導いた。これらの国がその後どのような道をたどったかは、莫大《ばくだい》な石油埋蔵量から明らかである。

したがって、アラビア半島内でのサウジアラビアの弱みは、人口の非常に多い南西部にある。南西部のイエメンとの国境を越えて、兵器や爆薬、麻薬が流入している。活力に満ち、部族的な結びつきの強いイエメンの行く末は、サウジアラビアの将来に大きな影響を与えるだろう。そしてイエメンの動向を左右するのは、おそらく人間の知恵よりも、こうした地理的事情なのだ。

イランの地の利

他方、イラン高原はイランという一国によって占領されている。イランは七四〇〇万人〔二〇二四年時点で約八八五五万人〕という、サウジアラビアの二・五倍の人口をもち、トルコとエジプトとともに中東最大の人口国である。そのうえイランは人口増加率を一%台に抑えることに成功し、一五歳未満が人口に占める割合はわずか二二%だ。したがってイランの人口は、サウジアラビアのように弱みではなく、強みになっている。

もちろんトルコはイランを超える人口を擁し、同じように低い人口増加率と、高い識字率を誇る。そのうえトルコは安定した農業基盤をもち、イランよりさらに工業化が進んでいる。トルコについては次章でとりあげることとして、さしあたってはトルコがイランの北西に位置し、イランに比べてヨーロッパにより近く、スンニ派アラブ人の主要な人口中心地からかなり離れていることを念頭に置いてほしい。

またトルコは、炭化水素資源の生産量では低位に甘んじている。これに対してイランは石油埋蔵量は一三三〇億バレルで世界第三位、天然ガス埋蔵量は九七〇兆立方フィートで世界第二位である。だが最も注目すべきは、イランの地の利だ。イランはマッキンダーのハートランドの真南、スパイクマンのリムランドの内部に位置するのだ。

大中東圏の石油と天然ガスのほぼすべてが、ペルシア湾とカスピ海海域に眠っている。ちょうど海上交通路がペルシア湾から放射状に広がっているように、今後建設されるものも含むすべてのパイプラインが、カスピ海海域から地中海、黒海、中国、インド洋へと延びている。ペルシア湾、カスピ海の両エネルギー生産地にまたがる国は、イランだけだ[*7]。ペルシア湾には世界の原油埋蔵量の五五%が集中しているともいわれ、イランはこの湾全体を、つまりイラクとの国境地帯を流れるシャットゥルアラブ川から約一〇〇〇キロ先のホルムズ海峡までを支配している。

ホルムズ海峡の内側のイランの海岸線は、湾や入り江、小さな湾、島が多いため、約二五〇〇キロにもおよび、次に長いアラブ首長国連邦（UAE）の約一三六〇キロを凌駕《りょうが》している。アラビア海に面する海岸線も四八〇キロほどあり、ここにはパキスタン国境近くのチャーバハール港が含まれる。こうした地の利のおかげで、陸にとらわれた中央アジアの旧ソ連邦諸国が温かい海にアクセスするうえで、イランはなくてはならない存在になっている。

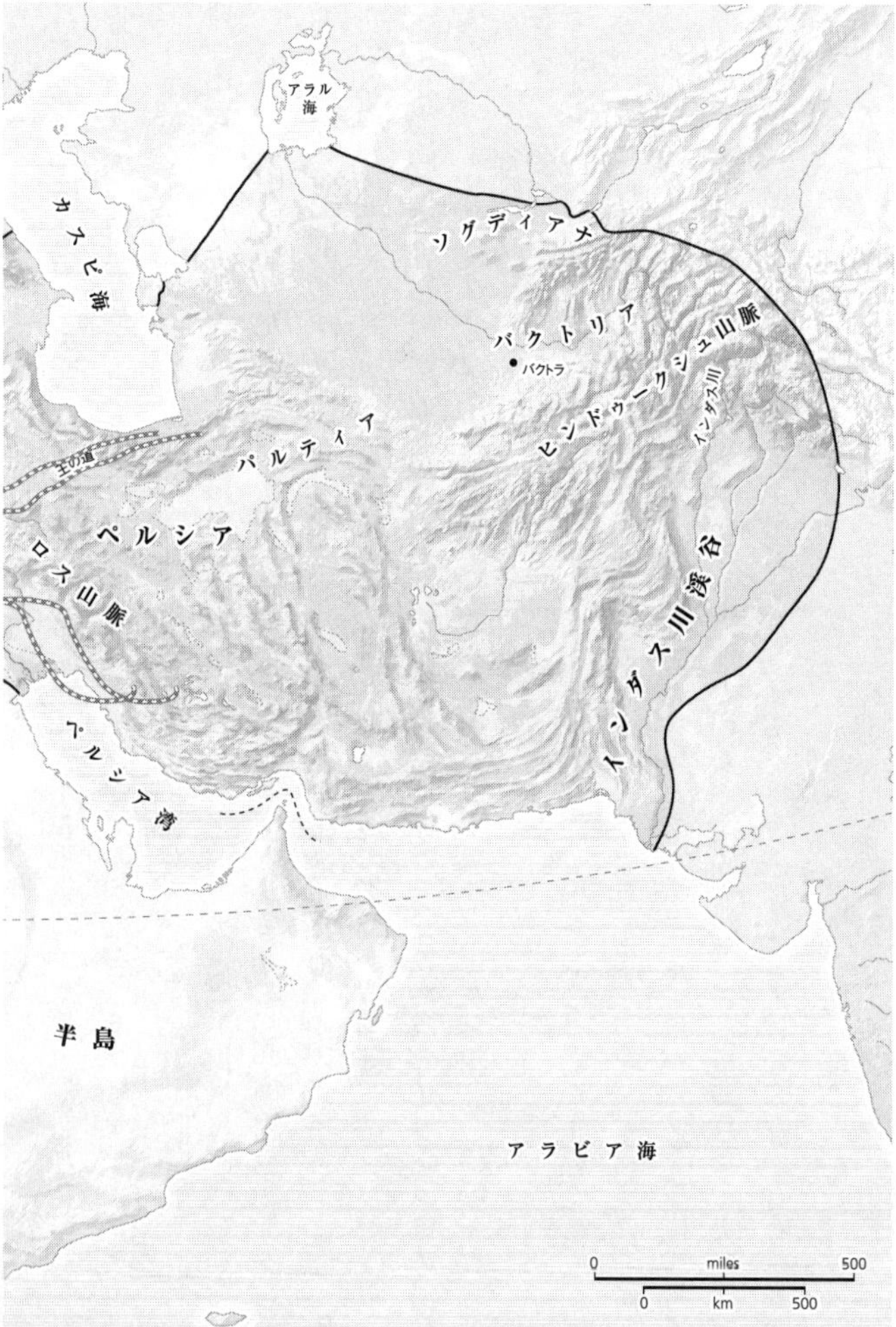
アラル海
カスピ海
ソグディアナ
バクトリア
バクトラ
ヒンドゥークシュ山脈
インダス川
パルティア
王の道
ペルシア
ロス山脈
インダス川渓谷
ペルシア湾
半島
アラビア海
0 miles 500
0 km 500

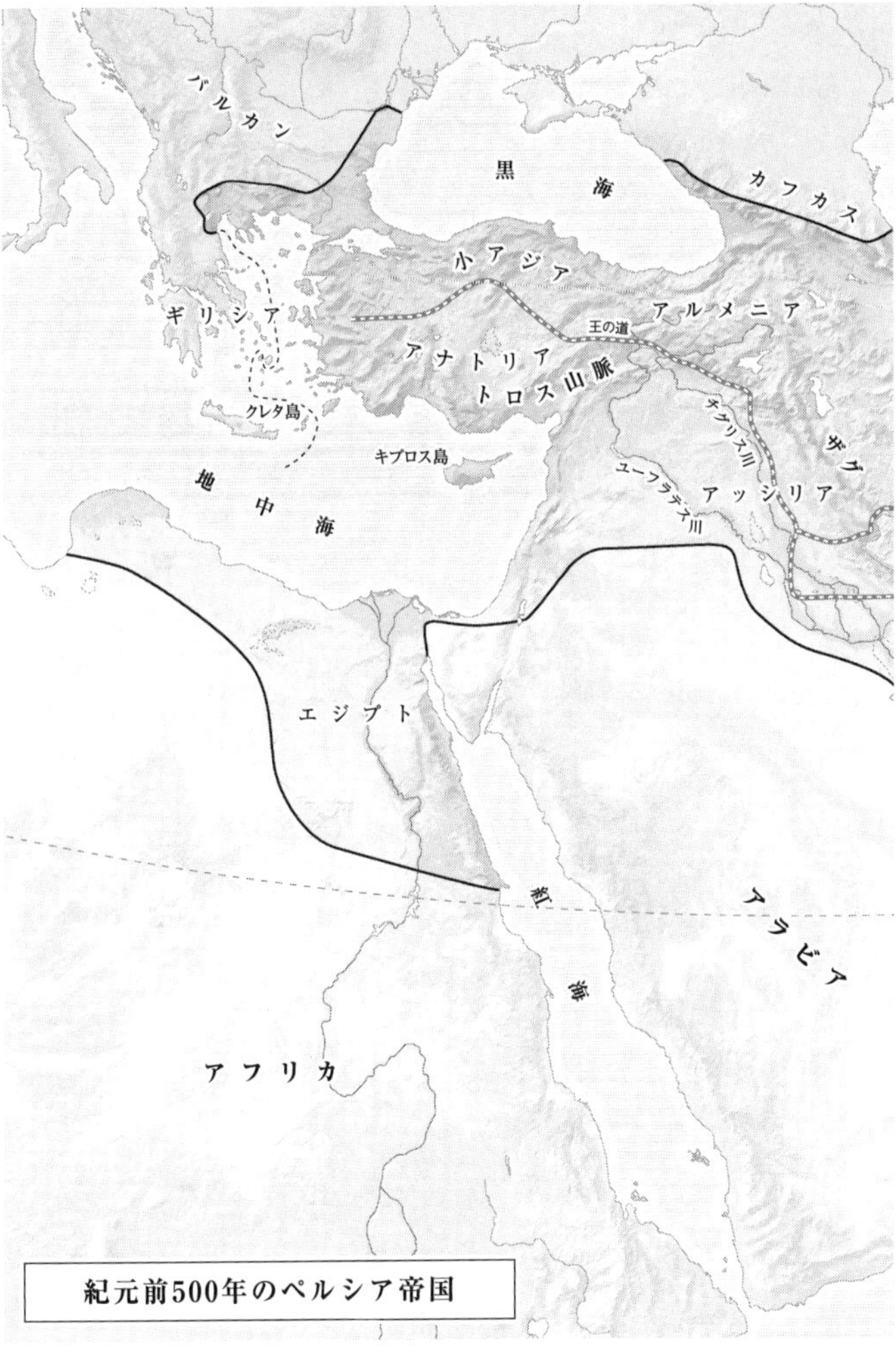

紀元前500年のペルシア帝国

ユーラシアの地形図を一目見ただけで、さらに多くのことがわかる。ザグロス山脈はイランを南北に貫き、北西はアナトリア半島に、南東はバルチスタンにまで延びている。ザグロス山脈の西側では、道路はすべてメソポタミアへと続いている。

東と北東方向にはホラーサーン地方や、トルクメニスタンとウズベキスタンにあるカラクム（黒い砂）砂漠とキジルクム（赤い砂）砂漠に向かって、道路が延びている。イランはペルシア湾とカスピ海の豊かな油田・ガス田にまたがるだけでなく、中東と中央アジアの両方にもまたがっている。このような国は、アラブ諸国にはない。実際、イランは中央アジアに向かって開けているがゆえに、モンゴルの襲撃によって少なくとも数十万人を殺害され、カナート（地下用水路）を破壊されるなど、深刻な被害を受けてきた。

またカフカスと中央アジアの旧ソ連邦諸国に対して、イランは今後大きな影響力をもつようになるかもしれない。ただし旧ソ連邦諸国は、イラン北部の民族的同胞を動員して、イラン国家を不安定にすることもできる。イランが北西部で国境を接するアゼルバイジャンには、およそ八〇〇万人のテュルク系アゼリー（アゼルバイジャン）人が暮らしているのに対し、イラン側の東西アゼルバイジャン州とテヘランには、その倍近い人数が暮らしているのだ。

アゼリー人は、イランの建国にも関わった。イランのシーア派の初代国王（一五〇一年に即位したイスマーイール一世）は、テュルク系アゼリー人だった。イランでは実業家やアヤトラ（シーア派の有力な宗教指導者）として、多くのアゼリー人が活躍している。重要な点として、イランは隣国のトルコや西方のアラブ世界に確固たる影響力をもっているが、北方と東方への影響力も、それと同じくらい大きいのだ。またイランと、その旧ソ連南部のイスラム圏の両方に、それほど抑圧的でない政権がもしも将来誕生すれば、域内の文化的・政治的交流が増え、イランの影響力はさらに高まるだろう。

そのうえイランは、少なくとも二〇一一年末までは地中海沿岸でうらやましいほどの政治的地位を占めていた。とくにハマスが支配するガザ地区、ヒズボラが支配するレバノン南部、そしてスンニ派の一分派であるアラウィー派が実権を握るシリアにおいてである。

だが歴史と地理をひもとくと、イランが今後あらゆる国との合意を破棄して核兵器を獲得する可能性も見えてくる。サーサーン朝ペルシアの皇帝が、今日のバグダード南東のクテシフォンに、六世紀に建設した宮殿には、ローマ皇帝と中国皇帝、中央アジア遊牧民の指導者たちが「諸王の王」に嘆願に来たときのために、彼ら用の席が王座の下に設けられていたというのだ。[*8]

こうしたイラン支配者が持つ自負は、近代になっても変わっていない。聖職者たちはこの点で前パーレビ国王と大差ない。ロシア政府がイランとの関係を慎重に進めなくてはならないのは、つきつめればこのような事情があるからだ。一世紀前にはイラン北部にロシアの勢力圏があった。ロシアの勢力はやや衰えているが、イランに近く、地続きだという点で侮れない。

きわめて制度化された民族国家

イランは、古代世界で初めて超大国になった国だ。ペルシア帝国はギリシアにまでおよび、「遠くはオクサス川、アフガニスタン、インダス川流域まで、ドラゴンの尾のように延びていた」とブラウンは書いている。[*9] 二〇世紀初頭のロシアの偉大な地理学者ワシーリイ・バルトリドも同意見で、大イラン圏をユーフラテス川とインダス川にはさまれた地域と定義し、クルド人とアフガン人を、本質的にイランの民族と断定している。[*10]

近東の古代民族のうち、「現代まで残る書物と文化的伝統をもつのは」ヘブライ人とイラン人だけだと、言語学者のニコラス・オストラーは書いている。[*11] ペルシア語は、他の多くの言語のようにアラビア語にとって代わられることもなく、今日もアラビア文字を採用してはいるが、言語形態は一一世紀からほとんど変わっていない。

イランはアラブ世界のほとんどの地域、それに肥沃《ひよく》な三日月地帯のすべての地域（メソポタミアとパレスチナを含む）と比べても、民族国家と洗練された文明としてはるかに由緒ある歴史をもっている。いいかえれば、イランはいかなる意味でも人工的な国ではないということだ。イランの神権体制の主要勢力間の熾烈《しれつ》な争いだけをとってみても、イスラエルとトルコを除けば、イランが中東で最も制度化が進んだ国だということがわかる。

中東がアフリカ・ユーラシアの四辺形だというなら、イランは中東諸国をつなぐ「自在継手《ユニバーサルジョイント》」といってもいいだろう。マッキンダーのいう中軸地帯は、中央アジアのステップ地帯ではなく、その真南のイラン高原であるべきだ。

インドと中国が最近イランに接近しているのは、驚くにあたらない。両国の海軍は今世紀中に、ユーラシアのシーレーンをアメリカ海軍とともに支配するようになる。イランはこれら二国や、もちろんロシアやEUには、規模でも人口でも太刀打ちできない。しかしイランは、中東において地理的位置、人口、エネルギー源という意味で重要な地理を握っているため、国際地政学の根幹をなす存在なのだ。

それに、イギリスの歴史家マイケル・アクスワージーが「イランの理念」と呼ぶものを忘れてはいけない。彼によれば、これは文化や言語だけでなく、人種と領土に関わる思想でもある。[*12] つまりイランとは、古代ギリシアや中国と同様、さまざまな民族や言語を自らの言語圏の中にとり込んでいる、求心的な文明なのだ。これこそがソフトパワーの本質であり、また文明や文化が相互に影響を与えながら発展していくという、マクニールの歴史観を非常によく象徴している。

ダリー語、タジク語、ウルドゥー語、ヒンディー語、ベンガル語、アラビア語イラク方言はすべて、ペルシア語の変型かペルシア語に大きな影響を受けた言語である。バグダードからカルカッタまではるばる旅をしても、ペルシア文化圏を出ることはない。イランの歴史を、古い地図に重点を置きながらざっとふり返ることで、この活力を一層明らかにすることができる。

大イラン圏の興りは、紀元前七〇〇年頃のメディア王国である。これは、メディア人がスキタイ人の助けを借りて、現在のイラン北西部に独立国家を建設した国だ。帝国は紀元前六〇〇年頃には、トルコのアナトリア半島中央部からヒンドゥークシュ山脈へ、南はペルシア湾まで拡大していた。

紀元前五四九年に、アケメネス朝ペルシアの王子キュロス二世（大王）が、イラン西部にあったメディアの首都エクバタナ（現在のハマダーン）を占拠し、さらに遠征を続けた。アケメネス帝国はイラン南部のペルセポリス（現在のシーラーズの近く）に首都を置き、紀元前六世紀から前四世紀に最盛期を迎えた。この帝国の地図は、北西はトラキアとマケドニア、南西はリビアとエジプト、東はパンジャブ、北は南カフカス、カスピ海、アラル海、南はペルシア湾とアラビア海までおよぶ広大な領土を示している。これは、ボスポラス＝

インダス地域にナイル川流域を含めたものともいえる。

世界史上、これほどの規模をもつ帝国が存在したことはなかった。ホジソンが指摘するように、アケメネス朝ペルシアとその後の帝国の相対的な平和と寛容、主権の下でエクメーネは発展し、主要な信仰告白的宗教が誕生し繁栄する基盤となったのである[*13]。

アクスワージーは書いている。「パルティア人は、イラン人の最も優れた特質を体現していた。彼らは自らの支配する諸文化の複雑さを認識し、受容し、容認した[*14]」。パルティアはイラン北東部のホラーサーンとその隣のカラクム地方を本拠とし、イランの言語を用い、紀元前三世紀から後三世紀までの間、大まかにいえば西はシリアとイラクから東は中央アフガニスタンとパキスタンまでの、アルメニアとトルクメニスタンを含む地域を支配していた。つまりパルティア帝国は、二一世紀の大イラン圏にとっての現実的な帝国像なのだ。

これは必ずしも悪いことではない。なぜならパルティア帝国はきわめて分権的で、あからさまな支配を行使するというよりは、むしろ強力な影響圏であり、ギリシアから受け継いだ芸術、建築、行政慣行をもとにしていたからだ。今日のイランについていえば、神権体制が圧政的なことはよく知られているが、人口動態や経済社会、政治的勢力も同じくらいダイナミックであり、また、国民の主要層は政府に反抗的である。

中世の地図は、領土と言語という点で古代の地図を踏襲しているが、類似性はややわかりにくい。八世紀になると、アラブ世界の政治の中心地はシリアから東方のメソポタミアへ、つまりウマイヤ朝のカリフからアッバース朝のカリフへと移った。アッバース朝のカリフ帝国は、九世紀中頃の最盛期には、西はチュニジアから東のパキスタンまで、北はカフカスと中央アジアから南はペルシア湾までを支配していた。その首都は、古代サーサーン朝ペルシアの首都クテシフォンにほど近い新しい都市、バグダードに置かれた。またペルシアの官僚的慣行が導入されたことで、新たな支配層が現れ、新しい帝権はさらに強化された。アッバース朝は、アラブの首長制ではなく、イランの専制政治のシンボルになった。

プリンストン大学のピーター・ブラウンは書いている。「西洋人にとってイスラム（アッバース朝）の帝国は、東洋の力の神髄を象徴するものだ。イスラムがこの重要な方向性を得たのは、ムハンマドからでも、七世紀の柔軟な征服者たちからでもなく、八世紀と九世紀に復興した、東方のペルシアの伝統からだった」。続けてこう書いている。「アラブの戦争機構を停止させた」のは、バグダードの建設だった。これを機に、アラブ遊牧民の騎馬隊のダイナミズムが、帝国主義的で贅《ぜい》をつくしたペルシア政権にとって代わられたのである。*15

洗練された政教一致体制

一九七九年のシーア派によるイラン革命以降、シーア派聖職者は重苦しい雰囲気を身にまとうようになったが、シーア派の教義には、聖職者に明確な政治的関与を促すような教えはほとんどない。シーア派の教義には時の権力者に黙従する傾向すらあり、しばしばスーフィズム（イスラム神秘主義）から糾弾の的にされている。[*16]

イラクの指導的聖職者が近年示している模範が一つの例だ。アヤトラ・アリ・シスタニ師は、ここぞというときにだけ、陰から政治的和解を呼びかけるのだ。イラクとイランは歴史を通じて、地理に根ざした共生関係にある。だからこそ現代のイランで、イラン人がシーア派の聖地ゴム（イラン）にではなく、イラクにある聖地ナジャフやカルバラーに精神的な導きを求めるようになる可能性は大いにある。

フランスのイスラム研究家オリヴィエ・ロワによれば、シーア派は、もとはアラブで興り、イランに遅れて伝わった宗派だが、最終的にイランには聖職者階級が確立し、権力を握るようになった。イランは先に述べたように、アラブ諸国よりも地理的なまとまりがある国だったこともあって、古代から強力な専制支配の伝統があり、そのおかげでシーア派の教義が一層強化された。

シーア派をイランの国教としたのは、一六世紀のサファヴィー朝である。サファヴィーという名は、始祖イスマーイール一世が、武装化したスーフィー教団であるサファヴィー教団の指導者だったことに由来する。そしてこの教団は、もとはスンニ派だった。サファヴィーは一五世紀末に、黒海とカスピ海にはさまれた山がちな高原地域を支配した騎馬民族の一つで、テュルク人、アゼリー人、グルジア人、ペルシア人など、さまざまな民族で構成されていた。この地域は東アナトリアとカフカス、イラン北西部が交わる地点である。このような多様な言語的・地理的由来をもつ新たな統治者たちは、ファルシ語が話されていたイラン高原に安定した国家を建設するために、十二イマーム派を国教に定めた。十二イマーム派とは、ムハンマドの直系子孫である一二人目のイマームの再臨を待つという教義であり、イマームは死んだのではなく、隠れているとされる。[*17]

もちろんこうした動きは、歴史や地理によってあらかじめ定められていたわけではなく、さまざまな人物や状況に大きな影響を受けている。いずれにせよ、当時シーア派はイラン北西部のテュルク系教団の間に広まっており、それが素地となって、サファヴィー朝の始祖シャー・イスマーイールは、イラン征服後にシーア派を国教と定めたのである。今日のレバノン南部とバーレーンからアラブ人神学者が招聘《しょうへい》され、彼らが核となって聖職者政権の核を築いた。[*18]

最盛期のサファヴィー帝国は、西はアナトリアとシリア・メソポタミアから、東は中央アフガニスタンとパキスタンまでの地域を支配していた。これが歴史上実現した、もう一つの大イラン圏である。シーア派は、イランの近代民族国家への転換を導く触媒だった。もっとも、一六世紀に非ペルシア系のシーア派少数民族が「イラン化」されたことが、この転換を促したのもたしかである。[*19] イランは太古から偉大な国家であり民族だったかもしれないが、サファヴィー朝はイラン高原にシーア派の教義をとり入れることによって、イランを近代に向けて編成し直したのだ。

実際、二〇世紀末と二一世紀初頭のイランは、この強力で特異な伝統をよく体現している。もちろん、アヤトラたちの強権化は、官能的で洗練され、知的刺激に満ちたイランの伝統文化が冒瀆《ぼうとく》されたという意味で、陰鬱《いんうつ》なできごとである。

しかし名言にもあるように、「比較は学問の始まり」だ。冷戦初期から中期にかけてアラブ世界で起こった大混乱や革命と比較すれば、一九七八年から七九年のイラン革命後に誕生した政権は、持続力と近代性という点でめざましいものだったことがわかる。実のところ、古代アケメネス朝以来の伝統として、過去から現在までのイランに関わる何もかもが、洗練をきわめている。たとえば、キュロス大王からマフムード・アフマディネジャドに至るまでの活力に満ちた帝国、シーア派指導者の政治思想や著作、それに官僚機構や反体制派を厳重にとり締まる治安部隊の計算しつくされた効率性が、その好例だ。

革命後のテヘランの秩序の下で実現された、分散した権力中枢と発達した政府機構は、隣のアラブ国イラクでサダム・フセインが運営していた、ならず者によるお粗末なワンマン政権とはまるで異質なものだ。オリヴィエ・ロワは、聖職者とイスラム教徒の知識層の協力関係に、イラン革命の「独自性」があるとする。

シーア派の指導者は、スンニ派（アラブ系）のウラマー（知識人）と比べると、非イスラムの教義を進んでとり入れていることは明らかだ。アヤトラは大変な読書家である（マルクスやフォイエルバッハまで読んでいる）。彼らにはイエズス会やドミニコ会に対する理解がある。つまり彼らは、明らかな哲学的混合主義と厳格な決疑論的律法主義をくみ合わせているのだ。……シーア派指導者の二重性の文化はきわ立っている。伝統を重んじながら……それでいて現代世界に対して非常に開かれている。[*20]

実際、ロワのいう「シーア派の想像力」が「革命という思想に容易に適応できた」のは、この先進的で現代主義的な教義のおかげである。こうした教義をもつためには、歴史や社会正義に対する感覚と、殉教意識を併せもつ必要がある。スンニ派アラブの世界にも、改革・近代化の推進者はそれなりにいたが、イランに比べると、ヘーゲルやマルクスのような西洋の政治哲学思想からあまりにも長く遠ざかっていた。イランのムッラー（宗教的指導者）の道徳性は、ヘーゲルやマルクス的な歴史の目的の理解のうえになり立っているのだ。

一九八〇年代のイランの政権は、アフガニスタンのイスラム聖戦士ムジャーヒディーンの保守主義やアラブ世界の息のつまるような軍事政権とは一線を画し、むしろニカラグアのサンディニスタ民族解放戦線（FSLN）や南アフリカのアフリカ民族会議（ANC）に連帯意識をもっていた。[*21] 宗教的指導者による支配は、近年はただの残虐な抑圧になり下がってしまったが、水面下で今も起こっている権力闘争がきわめて理念的で抽象的だという事実が、イラン文化の高尚な性質を物語っている。

イランはトルコとイスラエルを除けば、大中東圏で最も強力で、最も綿密に組織化された国家である。またイラン国家はイスラム革命を経ても解体されず、むしろ革命に傾倒した。政権は普通選挙制を維持し、大統領制を導入した。ただし二〇〇九年の大統領選挙で、宗教的指導者と諜報《ちょうほう》機関がこの体制を悪用して不正操作を行ったのは明らかである。

イランの聖職者政権が、レバノンからアフガニスタンまでの地域で、これほど効率的に国益を推進できるのは、政教一致体制のおかげであり、この体制自体が歴史と地理の産物である。二〇〇九年の物議を醸した大統領選挙後にわき起こった反政府運動「緑の運動」は、それが転覆させようとした政権と同様、中東地域の基準からするときわめて洗練されていた。これも、イラン人の手腕をよく表す証拠だ。

ツイッター［現X］やフェイスブック、テキストメッセージなど最新の情報通信技術を駆使して組織力を爆発的に高め、大義を推進するために民族主義と普遍的な道徳的価値観をうまく融合させたことで、緑の運動は世界的な民主主義運動になった。そのためイラン国家は、緑の運動を地下に追いやるのに、陰に陽にあらゆる抑圧の手段を用いなくてはならなかった。

もしも緑の運動が政権を握ったり、聖職者政権の方針や外交政策の穏健化を促すようになれば、強力な国家とダイナミックな発想をもつイランは、中東全体の基本理念の過激化を食い止める手段を手に入れるだろう。その手段とは、中産階級的な価値観をもつ新興資本家階級に、政治的表現の自由を与えることだ。この価値観は、アルカイダと過激主義に対するアメリカの強迫観念の影に長らく隠れていたが、二〇一一年のアラブの春をきっかけに、大中東圏全体で静かに台頭しつつある。[*22]

ものごとを運命論的にとらえるのは危険である。なぜなら、それは運命と決定論に甘んじることを暗に意味するからだ。しかしイランの地理と歴史、人的資本を考えれば、大中東圏、ひいてはユーラシア全体が、よかれ悪《あ》しかれイラン独自の政治的進化に大きく影響される可能性は高いように思われる。

イランがまだそのような運命を全うしていないことを示す最良の証拠は、中央アジアでまだ起こっていないことにある。これまで見てきたように、イランはイラクや中東諸国と同様、中央アジアの旧ソ連邦諸国にも外洋へのアクセスを提供している。だが、この地域での大イラン圏の広がりを考えると、イランはソ連崩壊の恩恵をそれほど受けていないことがわかる。

中央アジア諸国の国名のうしろについている接尾辞「イスタン」は、「場所」を意味するペルシア語だ。ペルシアは言語と文化を通じて、中央アジアでイスラム化と文明化を推進してきた。以来二一世紀初頭の今に至るまで、中央アジアの知識階級やエリートは、つねに何らかの形態のペルシア語を用いてきた。

しかし、一九九一年以降はイランの北西に位置するシーア派のアゼルバイジャンがラテン文字を採用し、トルコにうしろ盾を求めた。北東の共和国についていうと、スンニ派のウズベキスタンは、国内のイスラム原理主義勢力への恐れから、イスラムよりも民族主義を打ち出すようになり、イランは警戒感を抱いている。

スンニ派だがペルシア語を話すタジキスタンは、イランに保護を求めているが、イランは中央アジアのテュルク系言語を話す多くのイスラム教徒を敵に回すことを恐れて、関係強化には消極的である。[*23] そのほか、遊牧民や半遊牧民が主体の中央アジアには、もともと敬虔《けいけん》なイスラム教徒は少なく、七〇年間の共産主義体制によって、ますます世俗主義的傾向が強まり、イスラムの再教育を進めようとするイランの聖職者政権に対して、嫌悪感と恐怖心を高めている。

もちろん、テヘランの観点から見て有利な動向もある。核開発計画が証明するように、イランは中東では技術的に最も先進的な国の一つとして、中央アジア諸国で水力発電プロジェクトや道路・鉄道建設を推進している。いつかすべての国が、直接またはアフガニスタン経由でイランと結ばれるだろう。それに今では、天然ガスパイプラインがトルクメニスタン南東部とイラン北東部を結んでおり、トルクメニスタンのガスをイランのカスピ海沿岸地域に運ぶことによって、イラン南部で生産されるガスをすべて、ペルシア湾からの輸出用にふり向けられるようになった（一九九〇年代に建設された両国を結ぶ鉄道網も、このために利用されている）。世界第四位の天然ガス埋蔵量をもつトルクメニスタンのガス輸出は、すべてイラン、中国、ロシアに向けられている。このように、二〇一一年まで西側民主主義に敵対していた三大大陸国の重要な地域を結ぶ、ユーラシアのエネルギー枢軸同盟が誕生する可能性があるのだ。[*24]

イラン・カザフスタン間には石油パイプラインが完成し、すでにカザフスタンの石油がイラン北部に送り込まれているが、同時にほぼ同量の石油が、イラン南部からペルシア湾全域に運ばれている。カザフスタンとイランを結ぶ鉄道が完成すれば、カザフスタンはペルシア湾に直接アクセスできるようになる。また、起伏の多いタジキスタンとイランをアフガニスタン経由で結ぶ鉄道も計画されている。つまりイランは、こうした天然資源国が国際市場に到達するための最短ルートになっているのだ。

そのようなわけで、中央アジア諸国に延びるパイプラインをもち、大中東圏の準国家からなるテロリスト帝国をしたがえたイランが誕生するかもしれない。ハートランドの中軸国家を二一世紀に継承する国が、イランなのは明らかだ。しかし、イランには解決しなくてはならない問題がある。

スンニ派アラブを解き放てるか

シーア派のイランは、シーア派のレバノン南部やイラクをはじめ、アラブ世界の一部ではまだ一目置かれている。それはとりもなおさずイラン政権が、パレスチナの大義とそれに隠れた反ユダヤ主義を執念深く支持しているからだ。しかし、国境を越えて大衆を引きつけるイランの能力が中央アジアには通用しないということは、多くのことを物語っている。重要なポイントとして、旧ソ連邦諸国がイスラエルと外交関係を維持していて、今もアラブ世界に見られるユダヤ人国家への憎悪をもっていないことが挙げられる。

だが、ここには中央アジアだけでなく、アラブ世界でのイランの訴求力さえも損なうような、さらに大きく深い要因がはたらいている。すなわち、聖職者による息のつまるような支配が今も続いていることだ。このことが、悪い印象を与えるだけでなく、歴史を通じて文化的な大イラン圏を支えてきた文学の魅力やコスモポリタン的な魅力を削いでいるのだ。かつて色鮮やかだったイランの風景は、現政権下でぼやけた白黒に塗り替えられてしまった。

イランは、アメリカとイスラエルへの大胆不敵な挑戦を通じて絶大な勢力を誇っているが、現政権が自由主義体制に移行するか転覆されない限り、鮮やかに咲き誇るイラン文化の真の魅力が伝わることはないだろう。しかし、民主主義または準民主主義体制に移行すれば、イランは地理的な力を利用して、アラブ世界と中央アジアに住む数億人のイスラム同志の活力を解き放つことができるのだ。

スンニ派アラブの自由主義運動に力を与えるのは、西洋の模範だけでもなく、民主化したがまだ機能していないイラクだけでもなく、何よりも新たに自由主義化した折衷主義の伝統をもつシーア派イランがもたらす可能性である。そのようなイランは、冷戦後の二〇年間に西洋民主主義と市民社会の推進をもってしても達成し得なかったことを、実現できるかもしれない。それは、中央アジアの旧ソ連邦諸国を、警察国家による抑圧から解放することだ。

イランにシーア派政権が誕生した際には、中東全体の敬虔で抑圧されたスンニ派の民衆はしばしば鼓舞され、疲弊した独裁政府に対して立ち上がり、一部は転覆に成功した。イランはそれまで長い間、強硬な方針と抜け目のない諜報機関を通じて、パレスチナのハマスやレバノンのヒズボラ、イラク南部のマフディー軍などの準国家を集めた、慣例にとらわれない脱近代的な帝国を運営していたのだ。

それでも現在イラン政権は、自国内では密かに嫌悪されている。なぜならイスラム革命という概念は、停電や自国通貨の崩壊、政策の失敗となって、国民の実生活にはね返ってきたからだ。これまで説明したように、ユーラシアをめぐる戦いには多くの前線があり、そのすべてが密接に絡み合っている。

だが、この戦いのなかで群を抜いて重要なものは、イラン人の人心掌握の戦いである。イラン人はトルコ人と並んで、イスラム世界の最も洗練された国民だ。思想面での戦いが地理の導きと激突するのは、ここである。アイザイア・バーリンの自由主義的人文主義が、ハルフォード・マッキンダーの半決定論と対峙《たいじ》するのも、ここである。

地理の力はあらがいがたく圧倒的に思われるが、大部分が今や風前の灯火《ともしび》だ。たとえば一九七九年のパーレビ国王の追放を例にとってみよう。ヘンリー・キッシンジャーが以前話してくれたのだが、もしもジミー・カーター政権が一九七〇年代末の国王に対する反乱にうまく対処していたなら、国王は革命を生き延び、イランは韓国のような国になっていたかもしれないという。つまり活力に満ちた政権をもち、民主主義がまだ十分に発達しておらず、アメリカとの間に多少の意見の不一致はあるが、基本的には同盟国であるような国だ。

ソ連がイラン革命の一〇年後に民主化を実現したことを考えれば、国王の政権は改革を成功させることができたはずだと、キッシンジャーはいう。国王の崩壊をカーター元大統領の責任にするのは安易だが、イラン革命がほんの少しでもちがう結果に終わっていたらと考えるのは興味深いことだ。その場合どうなっていたかは誰にもわからない。私にわかるのは、一九九〇年代にエジプトとイランを旅した際に、イランの方がエジプトより、反米感情も反イスラエル感情もずっと弱かったということだ。イランは古代から前国王の治世まで、ユダヤ人との間に比較的穏やかな関係を保っていた。そう考えると、イラン国民は希望と可能性を秘めている。

また二〇〇一年九月一一日にテロ攻撃を受けたあとのアメリカに、どんなチャンスがあったかを考えてみよう。このときイランの最高指導者アリー・ハメネイ師とモハンマド・ハータミー大統領は、スンニ派のアルカイダによるテロ行為を明確な言葉で非難した。アラブ世界の一部で群衆がアメリカへの攻撃に沸き立つのをよそ目に、テヘランの街角では、犠牲者を追悼する祈りが捧げられていた。

その年の暮れに、イランはアメリカ主導の対タリバン協調体制に支援を提供したし、二〇〇三年のバグダード陥落後には、アルカイダと具体的な協議を行うことを申し出ている。これらはすべて、歴史が現在までの道をたどる必然性がなかったことの証左である。ほかの展開も十分起こり得たのだ。

イランが大中東圏とユーラシアの発展のカギを握ることを、地理は指図している。どのようなかたちでカギを握るかさえ、地理によって指図されるだろう。しかし、どのような目的をもってカギを握るのかを、地理が指図することはない。それは人間が下していくさまざまな決定を通して決まるのだ。

イラクの影響と政権変革

先に述べたように、イランは古代・中世以来の革新的な帝国主義の伝統に違《たが》わず、これまでに類をみない脱近代的な軍事帝国を見事につくりあげた。それは植民地も、権力につきものの戦車や装甲車、空母なども何一つもたない帝国である。

侵略と占領を基本とする古典的な帝国主義の代わりに、イランは「代理戦争、非対称な武器、そして……抑圧された民衆のとり込みという三面戦略」を通じて、中東の超大国になりあがったと、元CIA要員のロバート・ベアはいう。アラブ・シーア派として、レバノンでイラン政府の代理人を務めるヒズボラは、レバノンの「事実上の国家」であり、ベイルートの正式な政権よりも軍事力と組織力に優れ、地域社会への貢献も大きいと、ベアは指摘する。

ガザ地区では、シーア派イランは密かな軍事・経済支援と「露骨な反植民地主義のメッセージ」を通して、パレスチナの若者たちをとり込んだ。こうした若者たちは、ムバラク風の独裁的指導者が牛耳る近隣のスンニ派アラブ諸国から、疎外されたように感じている。[*25]これら抑圧された人々にとっては、ガザ地区と隣り合うムバラク政権下のエジプトよりも、東へ一六〇〇キロ離れたイランの方が近しく感じられる。これも、イランの手腕の一つである。

それに、シリアとイラクの政権は、少なくとも二〇一一年まではイランに友好的だった。シリアは唯一の同盟国であるイランに必死にしがみついていたし、イラクではイランの諜報機関が政界に入り込み、思うままにイラクを安定化させることも、不安定化させることもできた。最後にペルシア湾では、イランは長く入り組んだ海岸線をもつ唯一の大国として、相対的に小規模で弱いアラブ諸国と向かい合うかたちとなっている。イランが望めば、これら諸国の一つひとつを軍事力でねじ伏せ、とくにバーレーンなどに現地のシーア派スパイを通じて損害を与え、ホルムズ海峡でのテロを通じて経済的ダメージを与えることができるのだ。

しかし、このように近寄りがたく威圧的なイランには、最も重要な要素である、啓蒙に関わる要素が欠けている。現代のイラン思想帝国は、主に恐怖と威嚇《いかく》を与え、詩人ではなく自爆テロ犯を通じて支配する。そのせいで帝国は十分な力を発揮できず、自らの崩壊を招いているのだ。豊かな文化と広大な領土、多くの大都市をもつイランは、ある意味で中国とインドに似ている。それ自体が独立した空間であるイランは、今後ますます国内の政治と社会状況によって行く末を左右されるだろう。だが、イランの命運を握るカギを一つだけ挙げるとすれば、それはイラクである。

イラクは、その歴史と地理が示す通り、イランの政治との結びつきがほかのどの国よりも深い。イラク中南部のナジャフにある（預言者ムハンマドの従弟であり、のちに養子になった）イマーム・アリーと、カルバラーにある（預言者の孫）イマーム・ホセインの聖廟《せいびょう》には、イランの聖地ゴムに匹敵するほどのシーア派の神学的コミュニティが生まれている。もしもイラクの民主主義によって、ほんのわずかでも安定が確保されれば、イラクの聖地がもつより自由で知的な雰囲気が、イランの政治にも影響をおよぼすようになるかもしれない。

より大きな意味では、民主的なイラクは民衆を惹《ひ》きつける引力となり、将来イランはそれを利用して改革を進めるかもしれない。なぜなら、イランがイラクの政治にますます深く関わるようになれば、長い国境線を共有し、距離的に非常に近いがゆえに、両国のうちのより抑圧的な体制が力を失うことはまちがいないからだ。イランの政治は、多元的なアラブ系シーア派社会に揉《も》まれて鍛えられるだろう。またイランの経済危機が続けば、これまでイラン政府がイラクやレバノンなどへの影響力を確保するために莫大な資金を投じてきたことに、国民から怒りの声があがるはずだ。もちろん、このままいけばイラン人が「醜いアメリカ人」と同様、イラク国内でますます嫌われるだろうことはいうまでもない。

イランはイラクのシーア派とスンニ派の対立を煽《あお》ろうとするかもしれないが、それはまったく意味のないことだ。なぜなら、そうすることによって、イランがスンニ派世界全体に掲げようとしている急進的なイスラム普遍主義という大義が、シーア派社会以外に訴求力をもたない世俗主義におとしめられてしまうからだ。イランは、イラクにスンニ派とシーア派の連立政権を発足させ、内政干渉によってイラク人の怒りを買いながら政権を機能させようとして、身動きがとれなくなりかねない。

二〇〇三年のアメリカ主導によるイラク侵攻があのようなかたちで実行されたこと、また戦争に数兆ドルと数千人の命が費やされたことが正当化されないまま、いつかサダム・フセイン政権の崩壊は、イラクだけでなく、イランの自由化をもたらすことになるかもしれない。イランが地理に助けられて、イラク政治の密かな植民地化を進めやすくなったように、イラクもまた地理に助けられて、イランへの影響力を強めてくるだろう。

イランで平和的な政権交代か、政権の段階的変革が実現する可能性は、緑の運動が一時的に立ち消えになった今でも、冷戦中のソ連で変革が実現した可能性に比べて高い。イランが自由化され、アラブ諸国にそれほど独裁的でない政府がいくつか誕生すれば、中東のスンニ派とシーア派の勢力バランスは、より対等で流動的なものに変わるはずだ。そうなれば、中東はアメリカやイスラエルの動向にふり回されず、地域内の問題や動向に集中できるようになる。それに、自由主義的なイラン政府は、宗教政権の反動的な締めつけに拘束されない、古代のペルシア帝国にも匹敵する広範な文化圏を生み出すことだろう。イランには北部を中心にクルド人、アゼリー人、トルクメン人、その他の少数民族が多く住むことを考えれば、自由化されたイランでは分権化が進み、少数民族の住む周縁部はイランの勢力圏を徐々に離れるだろう。

イランは歴史的に、国家というよりも、決まったかたちをもたない不定形な多国籍帝国に近かったことがある。イランの真の大きさは、正式な地図の大きさとはつねに異なり、それより大きかったことも小さかったこともある。今日のイラン北西部はクルド人とテュルク系アゼリー人が占めるが、アフガニスタン西部とタジキスタンの一部には、イラン国家と文化的・言語的に近い地域がある。聖職者政権の正統性が薄れるなか、イランはイスラム過激主義を薄め、このきわめてペルシア的で不定形な帝国に回帰するものと考えられる。[*26]

第一四章　旧オスマン帝国

矛盾をはらんだトルコのヨーロッパ志向

もしもイラン高原が、大中東圏で最も重要なカギを握る場所だというのなら、その次に重要なカギは当然アナトリア、つまり小アジアの陸橋ということになる。イラン高原がイランという一国によって完全に占められているように、アナトリア半島の陸橋を網羅するのもトルコ一国だ。アラビアの砂漠を北から見下ろす山脈と高原に囲まれたこれら二国には、合わせて一億五〇〇〇万人近い人口〔二〇二四年時点で一〇万二〇〇〇人ほど〕が住んでいる。これは、南方の肥《ひ》沃《よく》な三日月地帯とアラビア半島を構成する一二のアラブ諸国を合わせた人口よりもやや多い。つまり、アラブ人がトルコとイランを人口的に圧倒するには、エジプトと、大西洋まで広がる北アフリカ諸国のすべてを結集する必要がある。

トルコとイランには、中東の最も豊かな農業地帯と、技術的に最も進んだ工業地帯が含

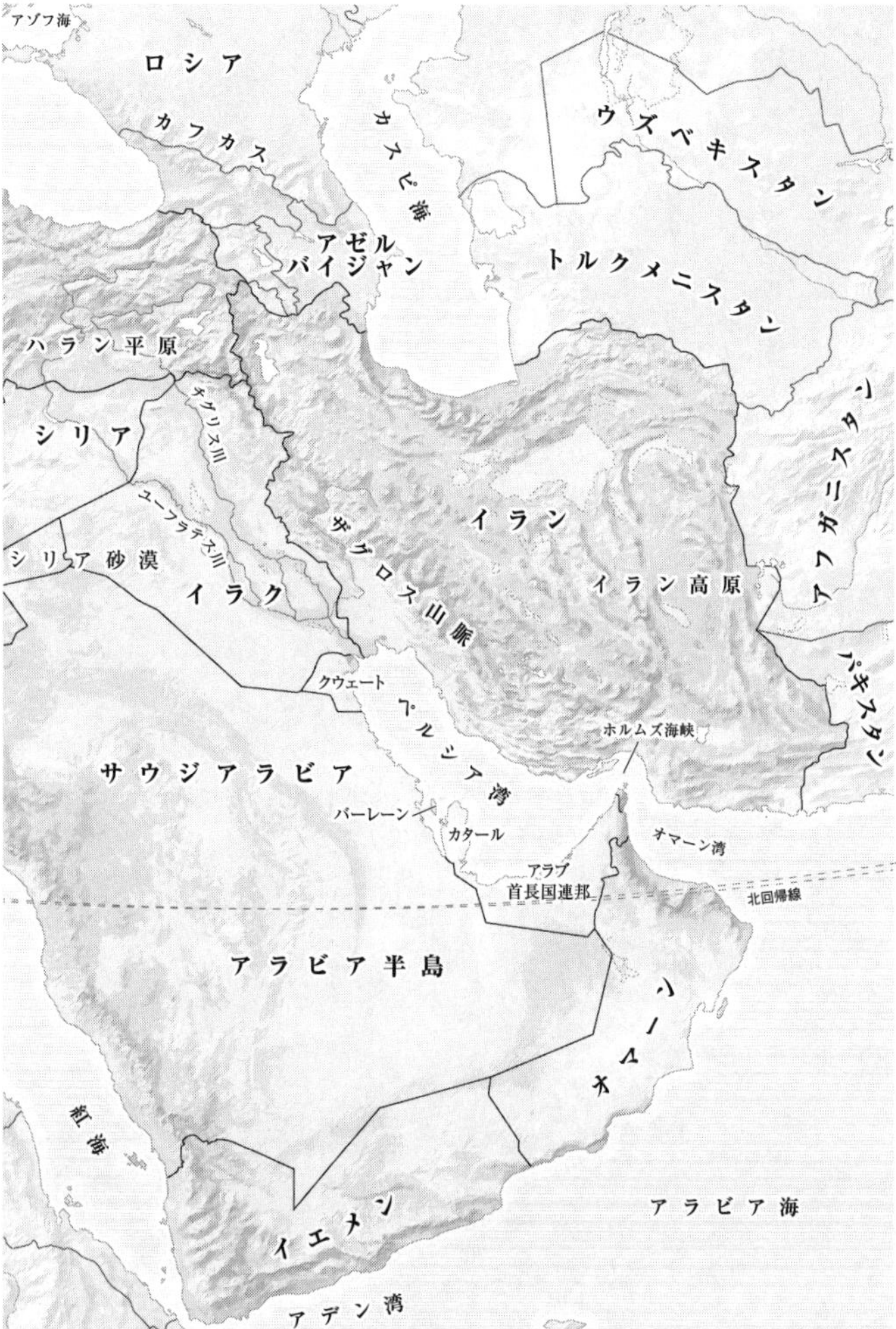
アゾフ海
ロシア
カフカス
カスピ海
ウズベキスタン
アゼルバイジャン
トルクメニスタン
ハラン平原
チグリス川
シリア
ユーフラテス川
ザグロス山脈
イラン
アフガニスタン
シリア砂漠
イラク
イラン高原
パキスタン
クウェート
ペルシア湾
ホルムズ海峡
サウジアラビア
バーレーン
カタール
オマーン湾
アラブ首長国連邦
北回帰線
アラビア半島
オマーン
紅海
アラビア海
イエメン
アデン湾

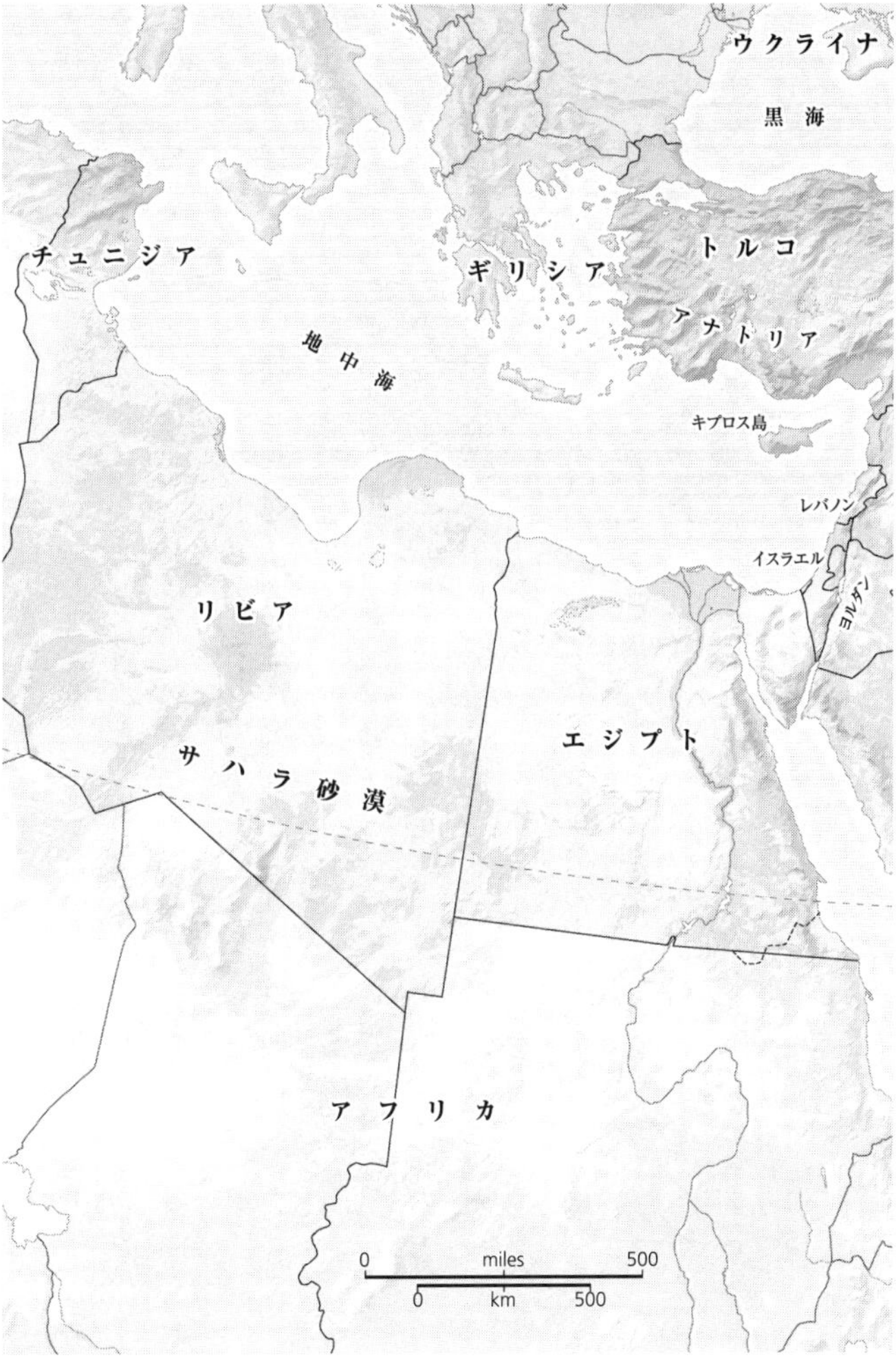
ウクライナ
黒海
チュニジア
ギリシア
トルコ
アナトリア
地中海
キプロス島
レバノン
イスラエル
ヨルダン
リビア
エジプト
サハラ砂漠
アフリカ
0 miles 500
0 km 500

まれる。核開発計画を進めているイランと、必要とあらば、国家威信のために同様の計画を推進する能力をもつトルコは、こうした計画を独自に進めるだけの知的能力をもたず、したがってパキスタンのような既存の核保有国からの技術移転を必要とするサウジアラビアなどのアラブ諸国とは、まったく異質な存在なのだ。

トルコはイランと同様、それ自体重要な地域をなしており、時計回りにバルカン半島、黒海、ウクライナ、ロシア南部、カフカス、アラブ中東に、それぞれ勢力をおよぼしている。トルコは、とくにアラブ世界と比べると「混沌《こんとん》のなかの安定した土台」だと、ジョージ・フリードマンは書いている。[*1] しかしトルコは、周辺のすべての地域に勢力をふるう一方で、南の地中海と北の黒海にはさまれた陸橋に位置するために、一種の島国と化している。

つまりトルコは周辺地域に影響をおよぼすものの、陸地の広がりがないために、イランのように、近隣国にとっての地理的要衝にはなれない。また、西のバルカン半島と南のメソポタミアに影響力をもつがゆえに、近年は紛争後の調停に巻き込まれることも増えてきた。トルコが日常の動向を大きく左右できるほどの外交的影響力をもっている国は、トルコ語に非常に近い言語を話すアゼルバイジャンをはじめとする、カフカス地方の諸国だけである。

たしかにトルコは、チグリス川とユーフラテス川の源流を支配している。シリアとイラクへの給水を絶つ能力をもっているのは、大きな地理的優位である。だが、これを実行すれば戦争行為と同等とみなされるため、この強みはほのめかす程度にしておかなくてはならない。

トルコがアラブの政治に大きな影響力をもっているのは、トルコが自国の農業開発のために上流の一部を転流させ、水流を減らすことを周辺国が恐れているからだ。見すごされがちな最近の地政学的事実に、トルコの南東アナトリア計画がある。この計画の目玉は、シリア国境に近いシャンルウルファの四〇キロ北〔五〇キロ北西とする説もある〕にある、アタテュルク・ダムだ。このダムの重力流を利用して、ハラン高原の五一万八〇〇〇ヘクタールもの農耕地に農業用水が供給されている。

一九七〇年代に計画され、一九八〇年代と九〇年代に建設されたユーフラテス川のダムシステムは、遠くは水不足のヨルダン川西岸地区まで送水できる。こうしたシステム全体を通して、トルコは二一世紀にアラブ中東で、前の世紀にもっていたよりもさらに大きな力を誇るようになる。トルコが近年政治的存在感を高めていることは、この新たな地理的現実に照らし合わせて考えなくてはならない。

最近の報道によれば、トルコは中東に関心を向けているようだが、以前からそうだったわけではない。オスマン帝国は一三世紀に勃興して以来、主に富と利益をもたらす交易路がある北西方向、ヨーロッパに目を向けていた。これは中世に始まったパターンで、テュルク系部族は当時台頭した中央ヨーロッパとカロリング朝に、磁石のように引きつけられて西方に移動し、アナトリアを横断してすぐ近くの最も肥沃な農地であるバルカン半島に到達した。トルコはアナトリア陸橋全体を網羅しているが、この国の人口と工業の重心は、数世紀の間、バルカン半島に隣接する西部、つまり中東からは比較的遠い場所にあった。

オスマンの人口はヨーロッパの近くに密集していたが、標高が高く入り組んだアナトリアの地形に阻まれて、オスマンの支配に挑戦し得る部族同盟が、カフカスと中東の近くに生まれることはなかった。実際、地理のせいでアナトリア東部の社会が「分裂」していたおかげで、セルジューク朝やオスマン帝国のような組織化された王朝は、東部での不穏な動きを心配せずにアナトリア西部、つまりヨーロッパ・トルコにある遠い拠点から、数百年もの間帝国全体を支配することができた。[*2]

シベリア東部と極東ロシアの厳しい環境のせいで、ヨーロッパ周辺を本拠とするロシアに挑戦する勢力の組織化は困難だった。アナトリアとオスマン帝国についても同様だったが、唯一ちがう点として、アナトリアには長い海の国境線があったため、コンスタンチノープルの支配者はロシア人ほど周縁部を侵略される危険にとらわれずにすんだ。アナトリアは小さくまとまっているが、ロシアは無秩序に広がっているのだ。

このようにトルコの地理的特徴は、人口分布によってさらに強調されている。アナトリアはイラン高原よりも中東の中心部から遠いうえ、ここ数世紀は人口が北西部に集中しているため、実質的な距離はさらに遠くなっている。遊牧民の放浪を思わせるオスマンの中央ヨーロッパ進撃は、一六八三年のウィーン包囲で頂点を迎えたが、ヨーロッパ自体が政治的に分裂していたために勢いは削《そ》がれた。

当時フランス、イギリス、スペインは、互いを出し抜くことにとらわれ、また大西洋の向こうの新世界の植民地に目が向いていた。ヴェネツィア共和国はジェノヴァ共和国との長年の闘争に深入りしていたし、バチカンはほかの危機に巻き込まれていた。バルカン半島南部のスラブ人は内部分裂を起こしていた。これは、山がちな地理が社会的・政治的分裂を促したもう一つの例である。

最後の点として、二〇世紀初頭の海外特派員ハーバート・アダムス・ギボンズが書いているように、「ヨーロッパからは、小アジアとさらに多くを征服できる。アジアからは、ヨーロッパのいかなる部分も征服できない」[*3]。つまり、オスマンがアナトリアの荒野を真に統合し中東に進出するには、まずバルカン半島で足固めをしてからヨーロッパに進出し、そこで影響力や力を蓄える必要があったということだ。

ヨーロッパと中東のこの流動的な関係を可能にしていたのは、首都コンスタンチノープルの地理的位置のおかげだった。ここはバルカン半島、地中海、北アフリカに確実にアクセスできる安全な拠点であり、ペルシアとカフカス以東からの隊商路の終着点でもあった。

この地理から生まれた無秩序に広がる多国籍帝国オスマン朝は、一九世紀末に死の苦しみを味わい、第一次世界大戦での敗北により滅亡した。オスマン帝国のただ一人の無敗の将軍ムスタファ・ケマル・アタテュルクは、帝国がバルカン半島と中東を失ったあと、アナトリアに近代国家を樹立した。

アタテュルクは国民の価値体系を変えたという意味で、真の革命家だった。ヨーロッパ列強がオスマン帝国を破ったのは、大規模な軍隊をもっていたからではなく、偉大な文明をもっていたからであり、それが大規模な軍隊を可能にしたのだと、彼は見抜いた。トルコはこれから西洋化し、文化的にも政治的にもヨーロッパに近づくと、アタテュルクは宣言した。イスラムの宗教裁判所を廃止し、男性にトルコ帽の着用を禁じ、女性にはベールを着用しないよう呼びかけ、アラビア文字に代わってラテン文字を採用した。こうした施策は革命的ではあったが、トルコが数世紀前からヨーロッパに対してもっていた執着の表れでもあった。

トルコは第二次世界大戦の大半にわたって中立を維持したものの、ケマル・アタテュルクの説いた親欧米的・世俗主義的な教義であるケマリズムに則《のっと》って、冷戦終結の一〇年後まで文化改革と外交政策を推し進めていた。実際、トルコはEUに加盟できるかもしれないという希望を抱いていた。私も一九八〇年代と九〇年代にトルコを訪れるたび、政府関係者がこの願望をはっきり口にするのを聞いた。

だが二〇〇〇年代になると、トルコがEUの正式な加盟国になれない可能性が濃厚になった。その理由は露骨で、地理的・文化的決定論に満ちていた。トルコは民主主義国でありNATO加盟国でもあるのに、イスラム国家であるためにお呼びでなかったのだ。この拒絶はトルコ国民に大きな衝撃を与えた。しかし何よりこのことは、トルコの歴史と地理に大きな方向転換を強いている、社会のほかの動向に弾みをつけることになった。

実のところ、アタテュルクがとり入れたヨーロッパ志向は、矛盾をはらんでいた。アタテュルクはギリシア北部のサロニカ（テッサロニキの古称）で生まれ、ギリシア人やユダヤ人、その他の少数民族に交じって育った。一九世紀末のサロニカは多言語都市で、コスモポリタン主義の前哨《ぜんしょう》地点だった。要するに、彼はヨーロッパの人間だったのだ。同様に、アタテュルクは国籍というものを驚くほど現代的にとらえていた。トルコ人を名乗りトルコ語を話しトルコに住む者は、たとえユダヤ教徒やキリスト教徒であってもトルコ人だと、彼はことあるごとに公言した。

アタテュルクは旧体制とのつながりを断ち切るために、首都をヨーロッパ・トルコのイスタンブール（コンスタンチノープル）から、アナトリアの中心のアンカラに移した。彼はオスマン帝国の失われた領土をとり戻す努力をせず、むしろヨーロッパと西洋の方向にしっかり根を下ろした、トルコ人による単一民族国家を、アナトリアの中核地帯に建設することをめざしたのである。ケマリズムは、アタテュルクの存命中に真の民主主義に到達することはなく、それを引き継いだのはトルコの軍部だった。

問題は、彼がアナトリアに重点を置くことで、意図せずしてイスラム文明を目立たせてしまったことだった。イスラム文明は、ヨーロッパ・トルコのコンスタンチノープルとスルタン政府よりも、小アジアにより深く根ざしていた。また周期的な軍事クーデターの合間をぬって、民主主義が間欠的に発達すると、アナトリアの奥地に住む労働者階級の敬虔《けいけん》なトルコ人にも選挙権が与えられるようになった。

イスラム民主主義の模範として

トルコ共和国誕生後の数十年間は、軍部と超世俗的なイスタンブールのエリートが、富と権力を握っていた。この時期、アメリカの政府当局者には、まだトルコの民主主義の発展をほめたたえる余裕があった。だが欧米寄りの外交政策を実際に推進していたのは、トルコの将軍たちだった。

しかし、一九八〇年代初めにトゥルグト・オザルが首相に就任したあたりから、風向きが変わり始める。オザルは中央アナトリア〔東アナトリアとも言われる〕出身の敬虔なイスラム教徒で、一連の改革を実行して経済の自由化を進めた。そして多くの大企業が民営化され、輸入制限が緩和された結果、敬虔なイスラム教徒の新興中産階級が台頭し、大きな政治力をもつようになった。冷戦末期にオザルは、ケマリズムの超世俗的傾向を和らげ、敬虔なイスラム教徒に体制内でより大きな役割を与えながらも、政治的には欧米との結びつきを堅持するというはなれ業をやってのけた。

トルコは再びイスラム色を強めるとともに、より親米的になった。オザルはイスラム主義を通じて、宗教的にはトルコ人と結束しながら、民族的には分裂していたクルド人の心をつかむことができた。トルコの軍部は、宗教色の強いオザルに激しい反発を感じながらも、安全保障政策を掌握し続けたが、それに対してオザルは異を唱えなかった。なぜならオザルと将軍たちの間には、スパイクマンのいうユーラシアのリムランドにおいて、トルコがＮＡＴＯ加盟国としてソ連に対する防波堤の役割を担っていくという、大まかな合意があったからだ。

オザルは首相と大統領を一〇年務めた一九九三年に、六五歳で急死した。彼の死はトルコの未来に重大な波紋を投げかけた。これは、永続的であるがゆえに大きな力をもち得る地理に引けをとらないほど、個人の生死が地政学の動向に大きな影響を与えた事例の一つである。

オザルは親イスラムと親米という、明らかに矛盾する主義を結びつけようとしたため、彼の死によって薄っぺらな国民的合意は打ち砕かれた。ただし、このことがはっきりするまでには、やはり数年を要した。オザルの死後一〇年間は、アナトリアの中核地帯では経済力とイスラム信仰が高まっていったが、退屈な世俗的指導者が続いた。しかし、二〇〇二年末になると退廃的な世俗的エリートが失墜し、前イスタンブール市長のレジェップ・タイイップ・エルドアン率いる公正発展党が、選挙で議席の絶対多数を獲得した。

イスタンブールは世俗的エリートの本拠である一方、下位中産階級に滑り込むためにアナトリアの農村から職を求めて移住してきた、貧しく敬虔なトルコ人も多く暮らしている。エルドアンは、これら数百万人のトルコ人の支持を得たのだ。

エルドアンが実権を握ると、イスラム主義が台頭した。イスラム主義はオザル政権の下で高揚し、表向きのケマリズムの網をかいくぐって、トルコ人の生活に密《ひそ》かに戻っていたのだ。一九四五年にトルコには二万のモスクがあったが、一九八五年にその数は七万二〇〇〇に増え、それ以降も人口を上回るペースで増え続けている。トルコ都市部の労働者階級の三人に二人が、地方のトルコ人の大半と同様、毎日祈りを捧げているという調査結果もあり、この割合は近年さらに高まっている。[*4]

復興したイスラムは、「社会倫理体系」としてのケマリズムを拒絶する「都会の幻滅した若者たちによって、救い主として」受け入れられ、右派(ファシズム)の世俗的イデオロギーにも左派(マルクス主義)にも劣らぬ力をもつようになったと、ジャーナリストのディリップ・ヒロは書いている。イスラムと結びついた自然な民族主義が根を下ろし始めると、ケマリズムは徐々に存在意義を失っていった。[*5]

二〇〇三年三月にトルコ国会は、対イラク戦に備えたアメリカ軍の駐留や領内通過を認める政府提案を否決した。だがこの流れを招いたのは、イスラム主義の公正発展党ではなく、世俗主義派だった。この頃には、九・一一事件後のジョージ・W・ブッシュ政権の強硬な言動に対して、トルコの世俗主義派はヨーロッパ人と同様に反米感情を抱くようになっていた。イラク侵攻は壊滅的な結果に終わり、大量破壊兵器は発見されず、イラク国内では宗派間紛争が勃発した。

トルコのEU加盟がおそらく実現しないことを国民が悟ったのも、ちょうどこの頃である。国民的支持を基盤とした、生活に深く根ざすイスラム主義の新政権が存在したこの時期に、こうした劇的なできごとが重なった結果、トルコの政治と文化のふり子は、実に数世紀ぶりに西洋から中東へと大きくふれたのである。

アメリカは、ある意味では墓穴を掘ったようなものだった。アメリカの指導者は何十年もの間、トルコの外交政策と安全保障政策が軍部によって掌握されていることを知りながら、中東の脅威を食い止めるNATOの親イスラエルの防波堤として、民主主義国家トルコを称賛していたのだ。二一世紀初頭、トルコは国民のイスラム的性質を反映した、政治・経済・文化面で真に民主主義的な国家として躍り出た。そして、それは反米・反イスラエル色をまとったトルコだった。

二〇一〇年代初めのトルコの地理は、トルコの政治をそのまま映し出していた。アナトリアの境界の半分以上を黒海と地中海の海岸線が占めているが、西はギリシア、東はイラン、北西はブルガリア、南東はイラク、北東はアゼルバイジャン、南はシリアと国境を接するトルコは、ヨーロッパ、ロシア、中東から真に等距離にある。このことは、トルコの外交・安全保障政策にもそのままあてはまった。

トルコはNATO加盟国で、アメリカの諜報《ちょうほう》機関に協力し、イスラエルに大使館を置き、イスラエルとシリアの間接的な和平交渉を仲介していた。しかしその一方で、イラク北部のクルド人自治区に軍事侵攻を行い、イランが核開発の制裁を回避できるよう仲介にあたり、パレスチナの過激派集団のほとんどを政治的・感情的に支持していた。

イスラエル軍が二〇一〇年五月に、トルコからハマスの支配するガザ地区へ向かう人道支援物資を積んだ船舶六隻の船団を襲撃した事件と、それに対するトルコの猛反発は、トルコの西洋から東洋への歴史的な方向転換を世界に知らしめるきっかけとなった。トルコはパレスチナの闘争を、トルコが何の役割も果たせないアラブ・イスラエル間の闘争ではなく、イスラム教徒をユダヤ教徒と敵対させようとする紛争とみなし、トルコ人はこの戦いでイスラムの大義を擁護できると考えた。

ハーバード大学の故サミュエル・P・ハンティントン教授は『文明の衝突』（鈴木主税訳、集英社）のなかで、トルコを衝突の典型例としてとりあげている。この著作の見すごされがちだが重要な洞察の一つは、グローバリゼーションはある面では結びつける力になるが、別の面では文明間の緊張を促す力にもなるということだ。なぜならグローバリゼーションには、大規模で分散した連帯グループを一つにまとめる効果があるからだ。

イスラム世界は政治的結束に欠けているものの、イスラム意識はグローバリゼーションと並行して高まっていて、その結果トルコのアイデンティティのイスラム的側面は拡大している。非西洋世界の活力が高まり、都会化が進み、識字率が向上しているなか、トルコのような中間層諸国の政治力・経済力はますます高まるはずだ。[*6]

一〇七一年にアナトリア東部のマラズギルトで、セルジューク朝がビザンティン帝国を

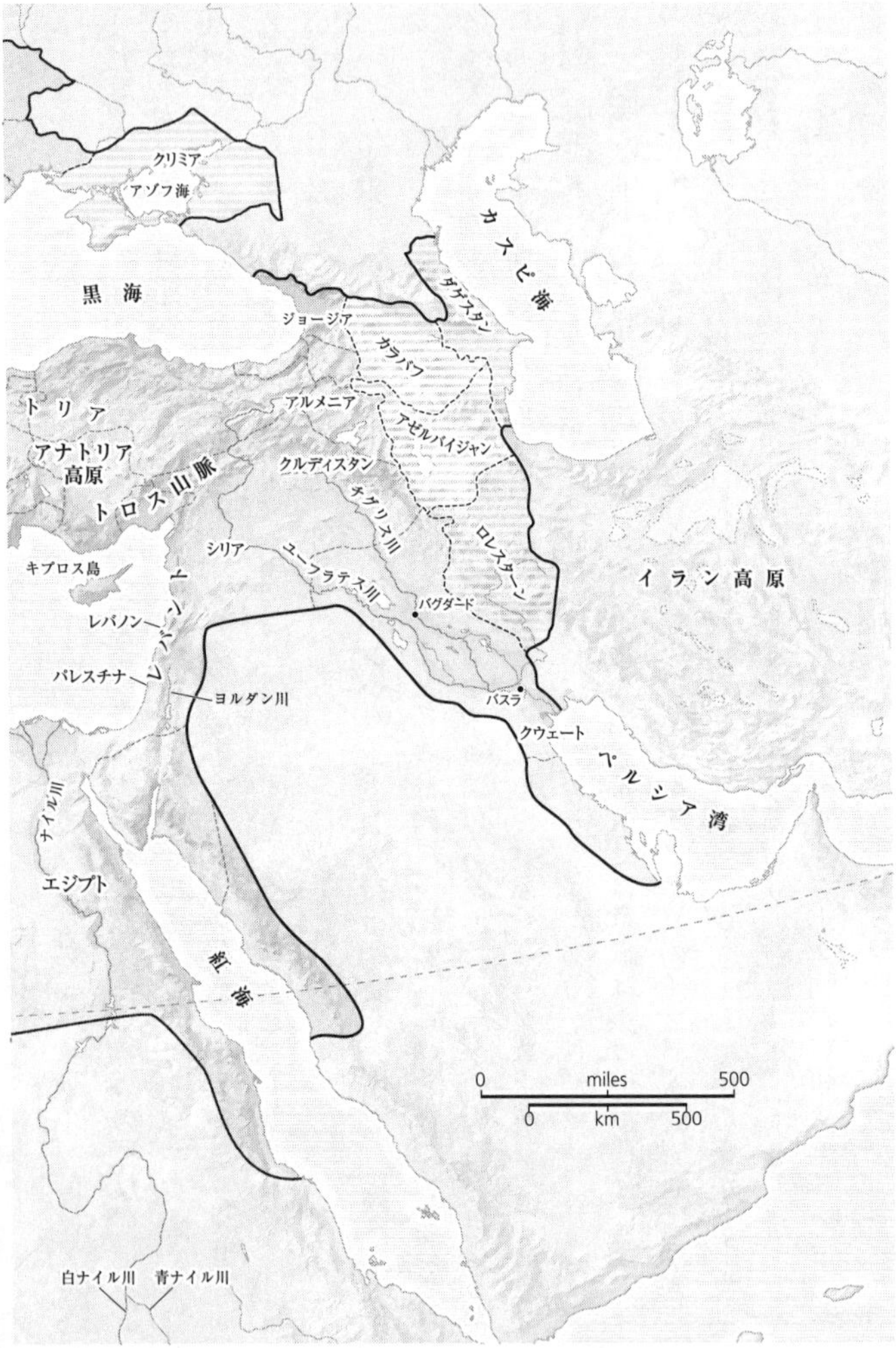
クリミア
アゾフ海
黒 海
カ ス ピ 海
ダゲスタン
ジョージア
カラバフ
トリア
アルメニア
アゼルバイジャン
アナトリア
高原
クルディスタン
トロス山脈
チグリス川
ロレスターン
シリア
ユーフラテス川
キプロス島
イ ラ ン 高 原
バグダード
レバノン
レバント
パレスチナ
ヨルダン川
バスラ
クウェート
ペ ル シ ア 湾
ナイル川
エジプト
紅 海
0 miles 500
0 km 500
白ナイル川
青ナイル川

クロアチア
ハンガリー
トランシルヴァニア
モルダヴィア
ベッサラビア
ボスニア
ルーマニア
ワラキア
ヘルツェゴビナ
セルビア
モンテネグロ
ブルガリア
ルメリア
マケドニア
アナ
ギリシア
クレタ島
地中海
トリポリ
ベンガジ
リビア
オスマン帝国
1683年の国境線
属国

破ってから、オスマン帝国が一九一八年に西側連合国に敗れるまでの約八五〇年間、トルコ人はイスラム地域を主導していた。アラブ人がイスラム文明を先導するようになったのは、ここ一世紀のことでしかない。

実際、一九七八年から七九年にかけてイスラム革命が起こるまでは、イランの五〇〇〇万人（当時）のイスラム教徒は、西側諸国の目に入らない存在だった。これと同じで、ガザ支援船襲撃事件が勃発するその裏で、トルコがイランとの間で濃縮ウランを受け入れるとり決めをし、国連安全保障理事会でイラン制裁決議に反対票を投じるまで、今日のトルコに住む七五〇〇万人のイスラム教徒は、目に見えない存在だった。西側の人々とメディアは、トルコのむき出しの地理的事実に、ある日突然気づかされたのだ。

二〇一一年には北アフリカと中東全域で、疲弊した独裁政権に民衆が反旗を翻したが、これによって歴史的・地理的に得をしたのはトルコである。オスマンは近代の数百年間、北アフリカとレバントを支配していた。この支配は専制的だったが、アラブ人の心に癒えない傷を残すほど抑圧的ではなかった。

トルコはイスラム民主主義の模範として、新たに解放された諸国のロールモデルになれる。とくに、将軍と政治家が権力を共有する、軍民混合の政権から民主主義を発展させたという点で、より自由な体制を構築しようとするアラブ諸国の参考になるはずだ。七五〇〇万人〔二〇二四年時点で八五〇〇万人弱〕の人口をもち、最近まで堅調な経済成長を続けていたトルコは、人口大国、経済大国として地中海全域にソフトパワーを投射できるだろう。ギリシア、イタリア、スペインなど、北アフリカに近いほかの地中海諸国にはない、独自の強みがトルコにはあるのだ。

中東諸国との歴史的和解

トルコ・イスラムについて、いくつか重要な点を指摘しておきたい。実は中東におけるトルコの台頭は、西側諸国にとっても明るい兆しかもしれないのだ。

トルコの民主主義体制は不完全で、高圧的な軍部が長らく牛耳っていたが、数十年の間に正統派イスラムの要素がとり入れられていった。トルコの工業基盤と中産階級には、石油収益に頼る多くのアラブ諸国やイランとはちがい、しっかりした経済的実体がある。中東のほとんどの地域に比べて、トルコの人間開発が進んでいるのも、やはり地理のおかげである。トルコは陸橋を占めているがゆえに、ヨーロッパとつながるだけでなく、中央アジアの遊牧民による度重なる侵略を招いてきた。このことが、アナトリアの文明をかえって活性化させたのだ。

ヨーロッパの政治が中東の政治と深く関わるようになったのは、オスマン帝国によるところが大きい。たとえば一九世紀のセルビア、ブルガリア、ルーマニア、ギリシアの独立闘争に触発されて、ダマスカスやベイルートでアラブ民族主義勢力が台頭した。同様に、現代のテロリズムは二〇世紀初頭にマケドニアとブルガリアで生まれ、その後大シリアに浸透した。

二一世紀初頭のトルコは、精力的なイスラム運動を政府主導で推進しており、イスラエルと並んで中東で圧倒的な軍事力をもち、長い間年率八％の経済成長を続け、世界的不況のなかでも五％の成長を維持し、ダムシステムによって石油大国のイランやサウジアラビアにも劣らない力をもつ水力大国になっている。こうした有形無形の力に支えられたトルコは、イスラムの正統な指導的地位をめぐって、イランと争える立場にあるのだ。

トルコは長い間、中東のイスラエルと同じくらい孤独だった。オスマン時代の専制支配のせいでアラブ諸国との関係は複雑になり、隣国のシリアとはあからさまな敵対関係にあり、バース党が力をもつイラクや、原理主義のイランとの関係は緊張をはらんでいた。実際トルコは一九九八年に、トルコの反体制過激派組織クルディスタン労働者党を支援するシリアと、交戦寸前になった。またこの頃、イスラエルと事実上の軍事同盟を結んだことで、中東で完全にのけ者扱いされるようになった。

しかし、エルドアンと公正発展党が政権を掌握して以来、こうした事情は変わり始めている。またそれと期を同じくして、トルコがEUへの加盟を事実上拒否され、アメリカの右派とイスラエルの左派が攻撃性を強めたことで、トルコ世論の西側離れが進んでいるのだ。

トルコはNATOを脱退したわけでも、イスラエルと外交関係を絶ったわけでもない。それどころか、エルドアン政権のアフメト・ダウトオール外相の下で、近隣諸国に対する「ゼロプロブレム」方針（新オスマン主義）を採用し、とくにシリア、イラク、イランとの歴史的和解に向けて動き出している。トルコが周辺国に比べて群を抜いて先進的で成長率が高い経済を利用して、西はバルカン半島から東はカフカスまで、確固たる勢力圏を築いていることは、もはや動かしがたい事実である。

ブルガリア、ジョージア、アゼルバイジャンの市場は、トルコ製の家電、家庭製品であふれかえっている。しかし、トルコがオスマン時代以来の有力な組織的実体になったのは、トルコ人がパレスチナの人々を擁護することによって、ガザ地区をはじめとするアラブ世界の熱狂的支持を得たからだ。新オスマン主義は、ダウトオール外相が生み出した独自戦略だったかもしれないが、それはトルコの自然な政治的進化でもあった。トルコ自身のイスラム化が進んだおかげで、こうした卓越した地理的・経済的優位性が、がぜん意味をもち始めたのだ。

新オスマン主義が歓迎されたのは、このグローバリゼーションの時代に「トルコは中東でかつての帝国を再建する手段も意志ももたない」という暗黙の前提があったからだ。むしろ新しい方針の下で、トルコがかつてのアラブの属国と関係正常化を図ることが期待された。オスマン帝国の支配は、少なくとも数十年、数百年のスパンで見れば、遠い昔の穏やかな支配だったため、イスラエルへの敵意を数段高めたトルコは、再び仲間として中東に迎え入れられたのだ。

イランとの団結

ダウトオールがとった真に画期的な方針は、イランに手をさし伸べることだった。アナトリアとイラン高原の文明、つまりトルコ文明とペルシア文明は、長い間複雑な関係にあった。オスマン帝国とサファヴィー朝ペルシアは、一六世紀から一七世紀初頭までの長い間軍事的に対立していたが、ペルシア語はオスマン帝国の外交語だった。トルコとイランはライバル関係にあるといってもいいが、両国の文化と言語は深く絡み合っている。

トルコとイランは、植民地として互いの支配に苦しめられたことがない。地理的には、両国の勢力圏は多少重複するが、おおむね東西に並んで存在している。パーレビ国王の治世時、イランとトルコはどちらも親欧米だった。イランがムッラー（宗教的指導者）たちの支配下で過激化したときも、トルコ政府はイラン政府とつとめて適切な関係を維持した。トルコ政府がシーア派指導者に対して融和に転じたことは、今日の政治的環境ではかなりの衝撃だが、歴史的にはそう驚くにあたらない。

アメリカは数年前、幅広く人気があったバラク・オバマ大統領の下で、イスラエルにイランへの先制攻撃をさせないために、イランの核開発を何とか断念させようと、ヨーロッパの同盟国とともに奮闘していた。イランが核兵器を保有すれば、中東内の勢力バランスが西側諸国の不利に傾くが、イスラエルがイランを攻撃すれば、地域はさらに不安定化する。

そのような状況にあった二〇一〇年五月に、トルコはブラジルとともに、一連の劇的な外交工作を通じて西側にはたらきかけて対イラン経済制裁を回避させ、核開発に必要な猶予をイランに与えた。イランの低濃縮ウランを自国内に搬入し、軍事転用できない核燃料に加工してイランに戻す案に合意することで、トルコはハマスへの支持表明によってイスラム世界で得た名声を、一層ゆるぎないものにしたのだ。

イランは「天然ガスと石油をイランから西ヨーロッパの市場に運ぶエネルギー拠点になるという、トルコの戦略目標の実現を助けることのできる力を持っている」[*7]。イランのエネルギー輸送の拠点になり、またカスピ海の炭化水素資源をカフカス経由で輸送する拠点になることができれば、トルコはイランと並ぶ、中東の超大国になるだろう。トルコは産業経済のコメである石油、天然ガス、水を輸送するパイプラインを、あらゆる方向に張りめぐらせようとしている。[*8]

石油時代の到来以前には、先に述べたように、トルコは中東に進出する経済力を獲得するために、まずバルカン半島とヨーロッパに進出する必要があったのだ。だが、石油時代にはその逆が起こっている。トルコはイランとカスピ海の石油をヨーロッパに運ぶ供給路になるうちに、ヨーロッパが無視できないほど重要な経済的勢力になっているのだ。トルコは単なる陸橋というだけでなくG20（主要二〇ヵ国）の一国として、それ自体中核地域をなしている。そして、数十年間の不毛な国家安全保障体制が招いた激変に苦しむアラブの肥沃な三日月地帯を、イランとともに圧倒するだけの力をもっている。

それに、イランの濃縮ウランをめぐるトルコとブラジルの動きは、原理主義的イランによる核爆弾の入手を助けることだけを狙った、よからぬ行動ではなかった。それは発展途上国の数億人が中産階級に加わり、世界の中産層諸国が力を高めていることの表れでもあったのだ。

では、西側諸国にとっての明るい兆しとは何か。トルコが大国としてのしあがらなければ、イランが中東の支配的な大国になってしまう。だがオスマン帝国崩壊後、鳴りを潜めていたトルコが、中東の大国として急速に台頭すれば、イランは隣国と拮抗《きっこう》することになる。トルコは、イランの友にしてライバルとなるだろう。そして忘れてはいけないのが、トルコが今もNATO加盟国であり、どんなにほころびていようとも、まだイスラエルと国交があるという事実だ。

西側諸国にとって、トルコのイスラム主義政権は最近では容認しがたくなっているが、イランの聖職者政権の思考様式に比べれば、はるかにとりつきやすい。トルコは今も、イスラエルとイスラム諸国をつなぐ橋渡し役を務めることができる。またイランは、政変を経るか、政権が永らえるうちに矛盾が露呈するかたちで、自ら政治改革をなし遂げる可能性がある。

一つ明らかなこととして、冷戦の記憶が薄れるなか、トルコとイランはアラブ中東でより強力な役割を担うために、地理の桎梏《しっこく》から逃れなければならない。トルコは、今ではそれほどNATOに縛られていないし、NATO自体の力も弱まっている。またイラクのサダム・フセイン政権の終焉《しゅうえん》により、イランはアラブ世界の政治にかつてないほど深く巻き込まれるようになった。こうしたすべてが、非常に目立たないかたちで進行している。トルコはイランの勢力を打ち消しながらも、イランと協調して動いている。同時に、イラクは現時点では非常に弱体化しているものの、イランに代わり得るシーア派勢力として浮上している。

トルコとイランの動きを支えているのが、宗教をアイデンティティのよりどころとして民族を超えて団結する手段を与えた、グローバルな情報通信革命である。このようにトルコ人、イラン人、アラブ人はすべてイスラム教徒であり、イスラエルに対抗して、またある程度は西側諸国に対抗して、団結している。トルコとイランの地理的要因が、アラブ世界にますます影響を与えているなか、中東の広大な四辺形はかつてないほど有機的に結びついているのだ。

トルコとイランの場合とはちがって、地中海とイラン高原にはさまれたアラブ諸国は、二〇世紀になるまでほとんど意味のない存在だった。パレスチナ、レバノン、シリア、イラクは単なる地理的名称でしかなかったし、ヨルダンはまだ構想されてもいなかった。地図から公式の国境線を消し去れば、指で絵の具をなぞったような地形が現れ、スンニ派とシーア派が国境線をまったく無視するようにして分布している。

国境線の内側を見てみると、レバノンとイラクの統治機構は十分に機能していない。シリアでは、専制政権に対する民衆の反発が高まっている。ヨルダン政府は事実上の絶対君主制だが、真の立憲君主制に転換しなければ、この先存続できないだろう（ヨルダンの主な存在理由は、けっして公言されない。ヨルダンは、イスラエルと陸の国境を接することを恐れる、ほかのアラブ政権の緩衝国の役割を果たしているのだ）。

ジョージ・W・ブッシュは、イラクの独裁政権を転覆させることによって、アラブ世界の歴史を再始動させ、ナポレオン以降のどんな西洋人よりもはるかに激しく歴史をかき乱したと、当時西側では思われていた。しかし、続いて起こったアラブの春の民主的な反乱は、ブッシュの行為とはまったく無関係な、この地域に特有な内的要因によって引き起こされたものだった。いずれにせよ、第一次世界大戦後に敷かれた、オスマン帝国崩壊後のアラブの国家体制には、かつてないほど大きな負荷がかかっている。

これら諸国が西洋型民主主義を受け入れるかどうかはわからないが、エジプトでの革命をきっかけとして、また冷戦時代の警察国家体制を脱して、何らかのかたちで自由主義化を推し進める必要がある。これに比べれば、中央ヨーロッパとバルカン半島の脱共産主義化は、苦もなく実現するように思われる。

実際、レバント（地中海東岸地域）では独裁政権が崩壊するなか、民主主義社会がちらほら生まれているが、まだ何の成果も達成できていない。トルコとイランの指導者のもつ攻撃的なエネルギーは、地理的優位を一つの源泉としているが、ここ数十年でアラブ世界に初めて現れたものだ。アラブ世界の政治が今ようやく画期的転換を遂げようとしているのは、このためでもある。

二〇一一年にいくつかの政権を葬り去ったアラブの民衆蜂起に、情報通信技術の力と地理の敗北という一面があったのはたしかだ。しかし、チュニジア、リビア、エジプト、イエメン、シリアといった国では、やがて地理の力が復活するだろう。チュニジアとエジプトは、古くからの文明がいくつも集まる場所で、国家としての起源は古代にまでさかのぼるが、リビアやイエメンといった国は、地理的にはっきり定義されておらず、国家が成立したのは二〇世紀に入ってからである。

トリポリを中心とするリビアの西部地方が、チュニジアのカルタゴで栄えていた都市文明につねに目を向けていたのに対し、ベンガジを中心とする東部地方は、いつもエジプトのアレクサンドリアに向いていた。イエメンは古代から肥沃で人口が多かったが、山岳地帯に存在した多くの王国は互いに隔離されていた。そのようなわけで、リビアとイエメンに非独裁的な近代国家を建設することが、チュニジアやエジプトに建設することよりも難しいのは、当然である。

しかし、紛争が次の局面を迎えるのは、レバントと肥沃な三日月地帯、つまり地中海東岸からペルシア湾までの地域なのだ。

弱体国家にとどまるイラク

イラクは二〇〇三年のアメリカによる侵攻後、本格的な政治的進化の過程にあり、アラブ世界全体に否応なく影響をおよぼしている。それはイラクの莫大《ばくだい》な石油埋蔵量（サウジアラビアに次いで世界第二位）と三一〇〇万人〔二〇二四年時点で四〇〇〇万人以上〕という巨大な人口、スンニ派とシーア派世界の合流点という地理的位置、イラン、シリア、サウジアラビアから等距離の位置、そしてアッバース朝の旧首都という歴史的・政治的重要性のためである。

また、イラクは三つの負の遺産を引きずっている。サダム・フセインを筆頭に、歴代の支配者の残忍な軍事独裁がもたらした、歪んだ政治文化。直近の数十年間の独裁体制下だけでなく、太古から現代まで続く陰鬱《いんうつ》で暴力的な歴史が育んだ、辛辣《しんらつ》で疑い深い国民性。そして深い民族的・宗派的分裂である。

イラクは古代から放っておかれたことがない。東洋学者で旅行作家のフレヤ・スタークを再び引用しよう。「エジプトは人間の交通路と同じ方向に川が流れ、通行を邪魔することはなかった。だが、イラクは太古の時代から辺境地域にあり、人間の通り道になりそうな場所に、川が直角に交わって妨げになっていた」[*9]。メソポタミアは歴史上最も血塗られた移動ルートを妨げていたために、人間同士の対立を招き、それが悲観主義を育んできたのだ。

イラクは西方のシリアの砂漠や東方のイランのエラム高原などからの攻撃につねにさら

され、あまたの侵略者に占領されてきた。古代近東の諸民族は、古くは紀元前三世紀からメソポタミアの支配をめぐって争っていた。バビロンを支配したアケメネス朝ペルシアのダレイオス王やクセルクセス王、この地を侵略したモンゴルの騎馬民族、第一次世界大戦終結時まで続いた長年のオスマン支配など、イラクの歴史は悲劇に満ちた占領の歴史だった。[*10]

メソポタミアは民族的なまとまりをもつ国だったことがほとんどなく、そのせいでさらに多くの血が流された。イラクを縦断するチグリス川とユーフラテス川は、昔から辺境地域を構成し、そこでは占領後に残された民族をはじめ、さまざまな集団が衝突し、征服された。人類史上初の都市国家である南方のシュメールの支配者は、メソポタミア中央部のアッカド人と戦った。シュメール人もアッカド人も、北部のアッシリア人と戦った。そのアッシリア人はバビロニア人と戦った。それに、メソポタミアに古くから住んでいたペルシア人の集団が、先住民族と争いをくり広げたことはいうまでもない。[*11]

この辺境地域の分裂的傾向を食い止めるには、このうえなく抑圧的な専制支配を敷くしかなかった。政治学者のアディード・ダウィシャも指摘する。「社会秩序の脆《もろ》さが（歴史を通じて）メソポタミアの構造的問題だった[*12]」。この脆い秩序のせいで、防護になる境界が何もない、河川沿いの人口密集流域では集団間の争いが頻発し、最終的に、また必然的に、古代から二〇世紀まで続く専制支配を招いたのである。専制政権がとうとう転覆されると、身の毛がよだつような無政府状態が数年続き、そこでくり返された残虐行為は古代を彷彿《ほうふつ》とさせた。

イラクは古代だけでなく、近代の歴史という重荷も負っている。メソポタミアはオスマン帝国の最も支配が弱い地域の一つだった。これも曖昧《あいまい》な地理がもたらした結果である。

オスマン帝国の下では部族、派閥、民族のゆるやかな集まりが、北から順にクルド人のモスル州、スンニ派のバグダード州、シーア派のバスラ州に、強制的に分断された。オスマン崩壊後に、イギリスはこれら三州を委任統治領とし、チグリス川とユーフラテス川の間に政権を「造形」しようとして、図らずもクルド人の分離主義とシーア派の部族主義、そしてスンニ派の自己主張という、恐るべき混合物をつくり出してしまった。[*13] イギリスはインドを防護するための陸海戦略の一環として、北のクルディスタンの油田と南のペルシア湾の港を結ぶために、通常の手段では抑えつけるのが難しい民族や宗派勢力を、無理矢理一つにまとめたのだ。

第二次世界大戦後のアラブ民族主義の高まりが、さらなる分裂を招いた。戦後体制のあり方をめぐって、イラクの政府高官や政治家の間では意見が割れた。国家としての一体性に欠けるイラクをまとめるには、マグリブ（北西アフリカ）からメソポタミアまでの統一アラブ国家というくくりでまとめるのがよいという意見と、地理的に不合理ではあるが、イラクの統一によって宗派間の確執や激しい対立を鎮められるという、猛反発を受けた考えがあった。いずれにせよ、一九五八年七月一四日にイラクで軍事クーデターが起こり、親欧米政権が退陣に追い込まれると、時折の反乱や王政下での準独裁政権によって中断されながらも、一九二一年からほぼ四〇年にわたって続いた不安定で貧弱な民主主義は、突如終わりを告げたのである。

一九年にわたって君臨していた国王ファイサル二世と家族は、宮殿前に引き出され、壁に向かって整列させられ、その場で射殺された。ヌーリー・アッ＝サイード首相も射殺され、埋葬されたが、遺体は翌日暴徒によって掘り返され、焼かれて損壊された。これは無作為の行為などではなく、イラクの政治体制に宿る、理不尽で邪悪な激しさを示す行動だった。実際、イラク国王一家の虐殺は、一九一八年のロシア皇帝ニコライ二世一家の処刑と同様、その後の数十年間の国家主導の殺人や拷問《ごうもん》の先触れとなった象徴的な犯罪であり、イラクがその衝撃から立ち直るにはまだ何年もかかるだろう。

イラク共和国初代首相のアブドルカリーム・カーシム准将に始まりサダム・フセインに終わった、東ヨーロッパ共産圏風の独裁体制において、独裁者は代を追うごとに残虐になっていった。これほど異質な集団や政治勢力からなる国家を一つにまとめるには、そうするほかなかったのだ。それでもダウィシャが指摘するように、「歴史は一定の方向に向かって直線的・累積的に発展するのではない。……イラクは歴史の大部分を通じて独裁的だったが、民主主義の希望の光もまちがいなくそこにあった[*14]」。

現在のイラクは、民族や土地、宗教などの結びつきからくる「原初的な愛着」のせいで、暴政や無政府状態に逆戻りしてしまうことのないよう奮闘しているが、一九二一年から一九五八年まで、民主主義が曲がりなりにも機能していたことを心にとめておきたい。それに、地理自体さまざまな解釈が可能である。

メソポタミアには人々を分断させる強力な傾向がたしかにあるが、マーシャル・ホジソンが指摘するように、イラクは完全に人為的な国ではなく、古代にその基盤をもっている。また、チグリス川とユーフラテス川が育んだ耕作地は、中東の人口動態と環境が生み出した、めざましい成果の一つなのだ。

とはいえ二〇一〇年代に現れるイラク民主主義は、どんなものであれ、不安定で腐敗し非効率的でおそらく無秩序なものになり、政治的暗殺が日常化するだろう。民主化したイラクは、石油による莫大な富と、アメリカで訓練を受けた軍部をもちながらも、少なくとも当面の間は弱体国家にとどまるだろう。

イラクの政治家は反目し合い、隣接する大国のイランとサウジアラビアに財政的・政治的支援を求め、そのせいでかえって翻弄《ほんろう》されるかもしれない。イラクが、一九七〇年代から八〇年代にかけて内戦で疲弊したレバノンを大きくしたような国になるのはまちがいない。イラクの政治には大きな利害が関わっている（権力者は石油による莫大な富を不正に入手できる）ため、熾烈《しれつ》な内部闘争が絶えないのだ。イラクがアラブ世界の中心地帯に位置する西側の前哨国になるには、内面から強くなる必要がある。だが、そのような兆候はまだほとんど見られない。

イラクの弱体化は、アラブ世界の別の人口大国や資源大国が台頭するチャンスになるかもしれない。だが具体的にどの国が台頭するかは、予断を許さない。サウジ人は本質的に神経質で優柔不断で傷つきやすいが、それは石油による莫大な富をもち、人口が比較的少ないせいである。しかも、過激化しやすく民主化を切望する若者たちが、人口に占める割合が高い。

チュニジアやエジプトで革命の口火を切ったのも、こうした若者たちだった。エジプトもアラブ世界有数の人口大国だが、ムバラク政権崩壊後に誕生する政権は、民主的であろうとなかろうと、おそらく国内統制を強化し、またスーダンと南スーダン、エチオピアにまたがる白ナイルと青ナイルの水によって、増え続ける水需要を賄うという難題に本気でとりくもうとするだろう。エチオピアの人口は八三〇〇万人〔二〇二四年時点で一億人以上〕と、エジプトよりもさらに多く、スーダンと南スーダンもそれぞれ四〇〇〇万人超と一〇〇〇万人超の人口を抱えている。水資源をめぐる争いは、二一世紀の中東諸国をさらに苦しめるだろう。トルコとイランは、このようなアラブ世界の弱さを逆手にとって、イスラム共同体の盟主の座を狙っているのだ。

大きな将来性を秘めるシリア

こうした弱さを露呈しているのは、侵攻後のイラクだけでなく、シリアもだ。シリアは中世と近代のアラブ世界を支えてきた、もう一つの重要な極点である。実際、シリアは冷戦時代から「鼓動するアラブ民族主義の心臓」を標榜《ひょうぼう》しているのだ。

私は一九九八年に、トルコ南部のトロス山脈を南東方向に降りたことがある。私が見たトルコは工業化社会としての自信に満ち、北を黒海、南と西を地中海、東と南東を山岳地帯で囲まれた地理的一貫性の下で、民族主義が高揚していた。この自然の要塞のなかで、民主主義の枠組みにイスラムがくみ込まれていったのだ。

だが次に足を踏み入れたシリアは、バース党(アラブ社会主義復興党)のイデオロギーと個人崇拝だけでつなぎ止められた、無秩序に広がる砂漠のうえの人為的な領土だった。そこかしこのショーウィンドウや車のフロントガラスにまで飾られたハーフィズ・アル゠アサド大統領（現シリア大統領バッシャール・アル＝アサドの父）の肖像が、せっかくの風景を台無しにしていた。地理はシリアの運命を決定することはなかった。しかしそれは出発点だった。

二〇〇〇万人の人口をもつシリアが、今後もアラブ世界の震源地であり続けることを、地理と歴史ははっきり示している。シリア北部のアレッポはバザールで知られる都市で、歴史的にシリアの首都ダマスカスより、イラクのモスルやバグダードと強い結びつきがあった。ダマスカスの勢力が衰えるたび、アレッポが輝きをとり戻すのだった。

アレッポの青空市場を歩き回っていると、ダマスカスは驚くほど遠くかなたの無関係な存在に思われる。アレッポの青空市場はクルド人やトルコ人、チェルケス人、アラブ人キリスト教徒、アルメニア人で賑《にぎ》わっているが、ダマスカスの市場はスンニ派アラブ人ほぼ一色だ。パキスタンや旧ユーゴスラビアと同様、シリアでもそれぞれの宗派や宗教が特定の地域と結びついている。

アレッポとダマスカスにはさまれた地域には、イスラム主義化を強めるスンニ派の中心地ホムスとハマがある。ダマスカスからヨルダンとの国境までの間はドルーズ派が、レバノンに隣接する山岳地帯はアラウィー派が拠点としている。これらは約一〇〇〇年前にペルシアとメソポタミアから伝わり、シリアを席巻したシーア派の分派である。

一九四七年、四九年、五四年にはシリアでも自由で公正な選挙が行われたが、地域や宗派、民族で票が分かれたために、分裂をさらに助長する結果となった。故ハーフィズ・アル＝アサドは、それまでの二四年間に二一回もの政権交代がくり返されたあと、一九七〇年に権力を掌握し、以後三〇年にわたって、市民社会の建設に失敗して国の発展を大きく妨げた。ユーゴスラビアには国家崩壊時にまだ知識階級が存在したが、現在のシリアにはもういない。父アサドの政権が、国民を無気力に向かわせたことの証拠である。

国家としてのアイデンティティが弱いシリアでは、冷戦中と冷戦後しばらくの間は、熱狂的な汎《はん》アラブ主義が国民を結びつけていた。「大シリア」とは、オスマン時代にシリアおよびレバノン、ヨルダン、イスラエル・パレスチナを含む地域を指すのに用いられた用語である。これらの国は、現代のシリア国家との間の恣《し》意的な国境に脅かされている。プリンストン大学の学者フィリップ・K・ヒッティはこの歴史的大シリアについて、「地図上では世界最大の小国であり、規模は非常に小さいが、世界に限りない影響を与えている」と述べ、その理由としてヨーロッパ、アジア、アフリカの文明が重なり合う、「文明世界の歴史の縮図」であることを挙げている。[*15]

シリアは優れた思想家、とくにストア派と新プラトン主義の哲学者をギリシア・ローマ世界に輩出している。また、シリアはムハンマド以来のアラブ帝国で、最盛期のローマ帝国より広い領土を有していた、ウマイヤ朝発祥の地でもある。そして十字軍という、イスラムと西洋の史上最大のドラマがくり広げられた舞台でもあった。

しかし近年のシリアは、偉大な地理的・歴史的遺産の亡霊にとりつかれており、シリア人自身、それを痛烈に意識している。シリアはレバノンを失ったことで地中海への水路の多くから締め出され、豊かな文化的遺産を活性化させることができなくなった。一九二〇年にフランスによってレバノンを切り離されて以来、レバノンをとり戻すことがシリア人の悲願である。

二〇〇五年二月に、レバノンの反シリア派首相ラフィーク・ハリーリーが暗殺された際、ジョージ・W・ブッシュはシリアの犯行と決めつけ、シリア軍のレバノンからの完全撤退を要求した。これによって、アラウィー派の少数派政権は政治的基盤を一気に破壊されてしまった。シーア派の異端ともみなされるアラウィー派は、シリアとレバノンに多く住んでいる。ダマスカスのアラウィー派政権が崩壊すれば、シリアのアラウィー派の大多数が住む北西部にアラウィー派のミニ国家が誕生する可能性も否定できない。

実際、スンニ派のジハード（聖戦）主義者が、イラクとアフガニスタンの次にターゲットとするのは、シリアかもしれない。バッシャール・アル＝アサド率いるシリアの現政権を、ジハード主義者は「残虐的で世俗的であるとともに異端」な敵とみなしている。[*16] このアラウィー派政権は、シーア派のイランに近く、また一九七〇年代と八〇年代に数万人のスンニ派イスラム主義者を殺害したと、ジハード主義者は断罪する。彼らはシリアの土地や慣行に精通している。イラクでの聖戦を遂行するために、シリア国内に隠れ家のネットワークをもつ必要があったからだ。

実のところ、アサド独裁政権後のシリアがどうなるのかについては、誰もが感触をつかみかねている。宗派間の対立はどれだけ根深いのか？　今は根深くなくても、いったん殺害が始まれば、人々は長らく押し殺していた宗派のアイデンティティに回帰するものだ。だがアサド後のシリアは、サダム後のイラクよりも早く立ち直るかもしれない。それはアサド独裁政権がフセイン政権ほどには過酷でなかったため、シリアの社会が受けたダメージの方が軽いからこそだ。

アラウィー派の少数派政権は、曲がりなりにもシリアの平和を維持してきたが、スンニ派ジハード主義者にそれができるとは思えない。スンニ派ジハード主義者は残忍さにおいてはアラウィー派と同等かもしれないが、アラウィー派が政権を担ってきた四〇年間で習得した高度な統治能力を欠いているのだ。

もちろん、これとはまったくちがう展開も十分あり得る。シリアにはしっかりとした地理的基盤があり、それをもとに平和と政治再生を実現する力があるからだ。ここでホジソンに立ち戻ろう。シリアとイラクは農耕地から生まれた国であり、完全に人為的な国ではない。シリアは多くの領土を失いこそすれ、今も多くの民族的・宗教的アイデンティティが交易によって結ばれた世界、すなわちレバント的世界の中心地である。[*17]

現代シリアはレバノンを失ったものの、まだ地中海に面する広い地域を有している。地中海は民族・宗派の融合の象徴であり、シリアで安定した民主主義を発展させるうえで、観念的な基盤となるだろう。シリアが大きな将来性を秘めているという点で、マクニールとホジソンの考えは一致する。このことは、地理的大シリア（レバノン、ヨルダン、イスラエル）にとって、非常に大きな意味がある。たとえシリアで民主主義を求める反乱に続いてジハード主義の反乱が起ころうとも、シリアはそれほど集権的でないため、今より弱い国家になることはまちがいない。それにシリアは人口の三六％が一四歳以下という、ユースバルジ（若者の膨らみ）のさなかにある。

シリアが弱体化すれば、ベイルートが大シリアの文化的・経済的首都となり、ダマスカスはソ連のように数十年も現代世界と隔絶してきたツケを支払うことになるだろう。そしてベイルート南部の、ヒズボラに傾倒する貧しいシーア派が、ベイルートのほかの勢力を人口で圧倒し、シリアではスンニ派イスラム主義勢力が政治的発言力を増すなか、大シリアは今に輪をかけて不安定な地域になるだろう。

ヨルダンの体制は、このような激動にあってももちこたえるかもしれない。ハシミテ王家は数十年前からエリートの統制を通じて、国家意識の醸成を図ろうとしてきた。ヨルダンの首都アンマンには、王家に忠実な旧政権の大臣たちがまだ大勢いる。

しかしヨルダンでも、人口が不安定要因となっている。ヨルダンの六三〇万人〔二〇二四年時点で一〇〇〇万人以上〕の人口の七〇%が都市部に集中している。また人口のほぼ三分の一を占めるパレスチナ難民は、ヨルダン川東岸のもとからの住民に比べて出生率が高い。ヨルダンは七五万人のイラク難民も受け入れており、国民一人あたりの難民受け入れ数が世界で最も多い国となっている。

過去一〇年間のイラクとアフガニスタンでの暴力の陰に隠れて、中東の比較的安定しているといわれる地域が、実は非常に不安定だということが、長い間見すごされていた。それはアラブの暴動が示す通り、民衆が自ら招いた災いでもある。こうした暴動は、強固な国家保安体制によって奪われた、市民社会と個人の尊厳をとり戻そうとする声として始まった。しかし、今後都市化と情報化が進むにつれ、大衆の怒りの表出は、さらに激しくなる。現実のものであれ、幻想であれ、不公平を攻撃する群衆は新しいタイプの暴徒と化し、アラブの次世代の指導者は秩序を保つのに苦労するだろう。

ユダヤ人はまもなく少数派になる

マスメディアの力によって一体感を与えられるとともに、感情を煽《あお》られているイスラム世界では、パレスチナ人の苦しみは不公正の象徴のように思われている。アラブの春の初期段階の今、イスラエルによる西岸の占領は、それほど大きな争点になっていないようだが、見せかけにとらわれてはいけない。

今の世界では事実がほとんど意味を失い、印象や認識が大きな意味をもつようになっている。そして、それを助長しているのが地理なのだ。シオニズムが理念の力を象徴しているのに対し、土地をめぐるイスラエル人とパレスチナ人の争いは、純粋に地理的決定論の問題である。

「現在イスラエルが占領または支配しているヨルダン川から地中海までの地域で、ユダヤ人はまもなく少数派になる（すでにこれが起きているというデータもある）。一部の人口統計学者の予測によれば、ユダヤ人がこの地域の人口に占める割合は、今後一五年以内に四二％にまで減少するだろう」と、『アトランティック』誌が二〇〇五年に発表した記事「イスラエルは一〇〇年もつだろうか？」に書かれている。

アラブ被占領地域の出生率は、イスラエルよりはるかに高く、ガザ地区では平均的な女性が生涯に生む子供の数は五人を超え、人口はイスラエルの二倍のペースで増加している。その結果、イスラエルが事実上すべての占領地域から撤退しなければ、この国はアパルトヘイト（人種隔離）のような状態に陥ってしまうという懸念が、二〇〇〇年代にイスラエルの政治、軍事、諜報界に生まれた。

これを受けて現在建設されているのが「分離壁」、つまりヨルダン川西岸地区に住む、急増中の貧窮化したパレスチナ人から、イスラエルを事実上分断する壁である。イスラエルの地理学者アルノン・サフェルは、この壁を「イスラエル国家を救うための最後の切羽詰まった試み」と呼ぶ。しかし占領地域のグリーン・ライン（第一次中東戦争の停戦ライン）に近いユダヤ人入植地は、シュワルツのいうように「あまりにも深く根を下ろし、あまりにも多くのイスラエル人の日常生活にくみ込まれているため、放棄できない」[*18]。それにパレスチナのイデオロギーの基本方針であり大前提である、「難民の帰還の権利」がある。これが適用されるのは、イスラエルの建国によって強制退去させられた七〇万人のパレスチナ人とその子孫で、その数は現在五〇〇万人ともいわれる。

二〇〇一年時点でパレスチナ人の九八・七%が、財政補償と引き換えに帰還の権利を放棄することを拒否している。そして最後に、イスラエルのアラブ人の問題もある。彼らは一九六七年以前の国境線内に暮らすアラブ人（イスラエル建国時にイスラエルにとどまったパレスチナ人）である。イスラエルのユダヤ人の人口増加率が一・四％なのに対し、イスラエルのアラブ人は三・四％、平均年齢はユダヤ人が三五歳、アラブ人は一四歳だ。

世界が合理的であれば、イスラエル人とパレスチナ人の間に平和条約が結ばれ、イスラエルが占領地域を返還してほとんどの入植地を解体し、パレスチナ人が帰還の権利を放棄することが期待できる。これが実現すれば、大イスラエル圏が地中海地域の磁石となり、ヨルダン川西岸とガザ地区だけでなく、ヨルダン、レバノン南部、そしてダマスカスを含むシリア南部を引きつけるだろう。だが実際には、イスラエル人とパレスチナ人ほど心理的に遠く、深く分裂した民族はほかにない。二〇一一年と二〇一二年初頭のアラブ世界の政治的激震をきっかけに、イスラエルが領土に関して重要な譲歩をすることを願うのみである。

中東の将来は、世界の十字路としての宿命的な役割を、今後どのように果たしていくかにかかっている。地理がますます閉鎖的になり、過密化することを考えれば、なおさらそうだ。通信や兵器が進化しても地理は消えず、かえってより多くの人たちがその価値や真価を認めるようになっている。

そのような世界では、何をもって普遍的な価値とするかは状況に応じて変わる。ヨルダン・ハシミテ王国が存続し、アサド政権崩壊後のシリアが国としてまとまりを保つことを祈りつつも、イランでの聖職者の独裁が終わることを西側諸国は望んでいる。イランに民主主義が根づけばアメリカの有利にはたらき、ガザ地区からアフガニスタンまでおよぶ大イランは、悪より善を促す力になるだろう。このように中東全体の力学が変わり、ヒズボラとハマスが制圧され、イスラエルとパレスチナに平和が訪れる見込みが高まる可能性はある。

しかしヨルダンに、現在の非民主的な君主制よりも穏健で欧米寄りの政権が成立するとはとても想像できない。同様に、サウジアラビアの民主主義はアメリカの不利にはたらくかもしれない。またシリアでは、民主主義は段階的に導入されなくてはならない。改革を性急に進めれば、二〇〇六年から二〇〇七年にかけてのイラクで起こったように、大シリアの政治組織が、スンニ派ジハード主義勢力によって破壊されかねないからだ。

一九世紀と二〇世紀初頭のヨーロッパの指導者たちは、オスマン帝国のとめどない衰退によって引き起こされた不安定な状況と民族主義の高まり、いわゆる「東方問題」に没頭していた。東方問題を解消したのは、第一次世界大戦という大変動であり、ここからホジソンが鮮やかに説明した古来の地理的特徴や人口集団をもとにした、現代のアラブ国家体制が生まれた。だが、それから一〇〇年たった今、エクメーネの中心地帯でオスマン帝国後の国家体制が未来永劫《えいごう》続くという保証はないのである。

第三部

アメリカの大戦略

第一五章　岐路に立つメキシコ

ブローデルの「長期持続」

オックスフォード大学の歴史家、故ヒュー・トレヴァー＝ローパーは、アナール学派ほど歴史研究を「豊かにする効果」をおよぼした研究者集団はないと、一九七二年に書いている。この学派はリュシアン・フェーヴルとマルク・ブロックが興した学派で、彼らが一九二九年にパリで創刊した学術誌『社会経済史年報《アナール》（Annales d'Histoire Economique et Sociale）』からその名をとっている。この学派の中心的存在が、フェルナン・ブローデルだ。ブローデルは一九四九年に『地中海』（浜名優美訳、藤原書店）を発表した。この著作は、地理や人口動態、物質主義、環境が歴史において果たす役割に注目したことで、歴史叙述に新境地を拓《ひら》いた。[*1]

ブローデルは歴史研究に自然という視点をとり入れ、それによって歴史学をはかり知れないほど豊かなものにするとともに、地理が学術界において本来占めていた地位を回復させた。この二冊におよぶ大作が感動的なのは、何といってもブローデルが第二次世界大戦中ドイツ軍の捕虜としてすごした収容所で、ほぼ記憶だけをたどって執筆したという点である。

ブローデルの描き出す壮大で緻密《ちみつ》な世界では、恒久不変の環境的要因が、数十年、数百年にわたって持続する歴史的傾向になる。そのため、われわれが日々かかずらっている政治的事件や地域紛争は、とるに足りないとはいわないまでも、起こるべくして起こったようにも思われるのだ。われわれは自分の運命を完全に自分で決められるという幻想をもっているが、己《おのれ》の可能性の限界を正確に認識すればするほど、そうした限界のなかで起こり得る結果を左右する力をもてるのだと、ブローデルは教えてくれる。

ブローデルは、サハラ大砂漠の近くの地中海に焦点をあてている。こうして彼は、地中海研究で見すごされがちだった北アフリカに再び脚光をあて、そうすることによってイスラム教徒の住む地中海南岸からキリスト教徒の住む北岸に向けて、大量の労働者が押し寄せている現状の背景を説明した。

ブローデルの語る歴史は、スペイン王フェリペ二世に重点を置いているが、実は個人が障壁を乗り越える物語ではなく、むしろ人々や社会が知らず知らずのうちに、非人格的できわめて構造的な要因の影響を受けているという物語なのだ。

地球温暖化によって北極海航路の商業的利用が期待される時代、海面上昇により人口の密集する熱帯域の沿岸地域に住む開発途上国の人々が国土水没の危機にさらされている時代、石油やその他の資源の入手可能性が世界政治を根本的に動かしているこの時代にこそ、ブローデルの地理的決定論の叙事詩は読まれるべきである。実際、ブローデルは地中海に関する議論を通して、ますます水が枯渇する混雑した地球上で、欠乏や環境によってものごとが左右される時代の風潮や背景を説明しているのだ。

ブローデルは、マッキンダーやスパイクマン、マハンとはちがって、これまで見てきたような具体的な地政学の理論を提唱したわけではないが、それよりも大きなことをなし遂げている。彼は単なる地理学者や戦略家ではない。彼は歴史家であり、人間のあらゆる行動を自然の力という大きな流れのなかでとらえるという、神業的なことをやってのけたのだ。もし地理学が文学に近づいたとすれば、それはブローデルのおかげである。ある意味で、彼はここまでとりあげたすべての戦略思想家を合わせたような存在なのだ。

オックスフォード大学の考古学教授バリー・カンリフは、ブローデルのめざましい功績として、彼が「複数の社会的時間の重層性」という概念によって、歴史認識の新しい方法を提示したことをあげる。基本をなしているのは「長期持続」、つまり「ものごとを可能にするとともに制約する背景」となる、緩慢でかすかに変化する地理的な時間である。

そしてこの層のうえにあるのが、ブローデル自身か変動局面《コンジョンクチュール》と呼ぶ、より速い波長の「中期的な循環」だ。これは、人口動態や経済、農業、社会、政治における体系的変化を表している。カンリフは、これらを本質的に「非人格的で、数十年単位にわたって持続する、集合的な力」として説明する。これらの長期持続と変動局面が合わさって、人間の営みの背景となる、ほとんど隠れて目に見えない「基本構造」を形づくっているという。

本書で地理にハイライトをあてた意図は、まさにこのような基本構造を強調するためである。そしてこれらの層の表面にある最も短い周期は、ブローデルが「できごとの歴史」と呼ぶもので、日々のニュースでとりあげられる、政治や外交の細かなできごとをいう。ブローデルはこれらを海にたとえた。深海にあるのが、すべてを受けとめる、水塊の緩慢な動きである。そのうえには潮のうねりがあり、最後に海面には、カンリフの言葉を借りれば「打ち寄せては消えるはかない波」がある。*2

ブローデルが分析の対象とする非人格的な時間枠のなかで、地政学がどのように展開するかを予想するのは不可能である。とくに地球温暖化と、それが特定の地域に与える影響をめぐって意見が割れている現状ではなおさらだ。多くの要因がまだ現れてもいないのだから、たとえば一〇〇年、二〇〇年後のアメリカとヨーロッパの関係を議論しても始まらない。むしろブローデルは、己の弱みを距離を置いて冷静に見つめるべきだと促しているのだ。

たとえばブローデルを読むと、二〇〇〇年代の記憶がまだ生々しいわれわれは、こんな疑問を感じずにはいられない。イラクやアフガニスタンの戦争は、打ち寄せては消えるはかない波にすぎないのだろうか、それとも、アメリカの命運をゆるがす、より根深く、重大で、構造的な流れの一環なのだろうか？ それに、歴史上類をみない暴力をもたらした第一次世界大戦と第二次世界大戦は「できごとの歴史」の一部なのだろうか？ ブローデルはこうした人間のできごとを、自然の圧力に照らし合わせることによって、長期持続という観点からものごとを考えやすくしてくれるのだ。

アメリカが直面する地政学的ジレンマ

このブローデルの歴史的思考は、私が二〇〇九年六月にワシントンでの会議で経験した、驚くべき瞬間のプロローグとしてもふさわしい。このとき、「二一世紀のアメリカにおいて地理が重要だ」という私の主張の緊急性を、とくに高めるような問題が提起された。それはいかにもブローデルが好みそうな問題で、刹那《せつな》へのこだわりを捨て、より大局的で長期的な視点からものごとをとらえるよう、促すものだった。

この会議は、私が上級研究員を務める新アメリカ安全保障センターが主催したもので、アフガニスタンとパキスタンで次にとるべき措置について、とくに暴動対策に重点を置いて話し合うパネル・ディスカッションだった。このときパネリストの一人、ボストン大学のアンドリュー・ベイセヴィッチ教授が、ストレートな疑問をぶつけた。

ベイセヴィッチいわく、この会合を遠い未来の歴史家が見たなら、アメリカがアフガニスタンや大中東圏のその他の地域に深くとらわれている間に、自国の南部国境というお膝元で国家的な大失敗が展開していて、それは地球の裏側のどんなできごとよりも、アメリカ国家と社会、そしてアメリカのパワーにはるかに重大な影響をおよぼすことになった、と結論づけるだろう。一九八〇年代からこの方、われわれは中東であれほどの介入を行いながら、いったい何を達成したのかとベイセヴィッチは問いかけた。なぜその代わりにメキシコの問題に対処しないのか？　イラクとアフガニスタンに費やした資金、専門知識、イノベーションのすべてをメキシコに投じていたなら、どれほどアメリカのためになっていただろうと。

この単純な問いかけの根底には、冷戦末期以来のアメリカ外交政策に対する、最も基本的な批判が隠れていた。その批判は、これから見ていくように、メキシコだけでなくユーラシアを含む壮大な問題だが、それでいて北米の地理に根ざしている。

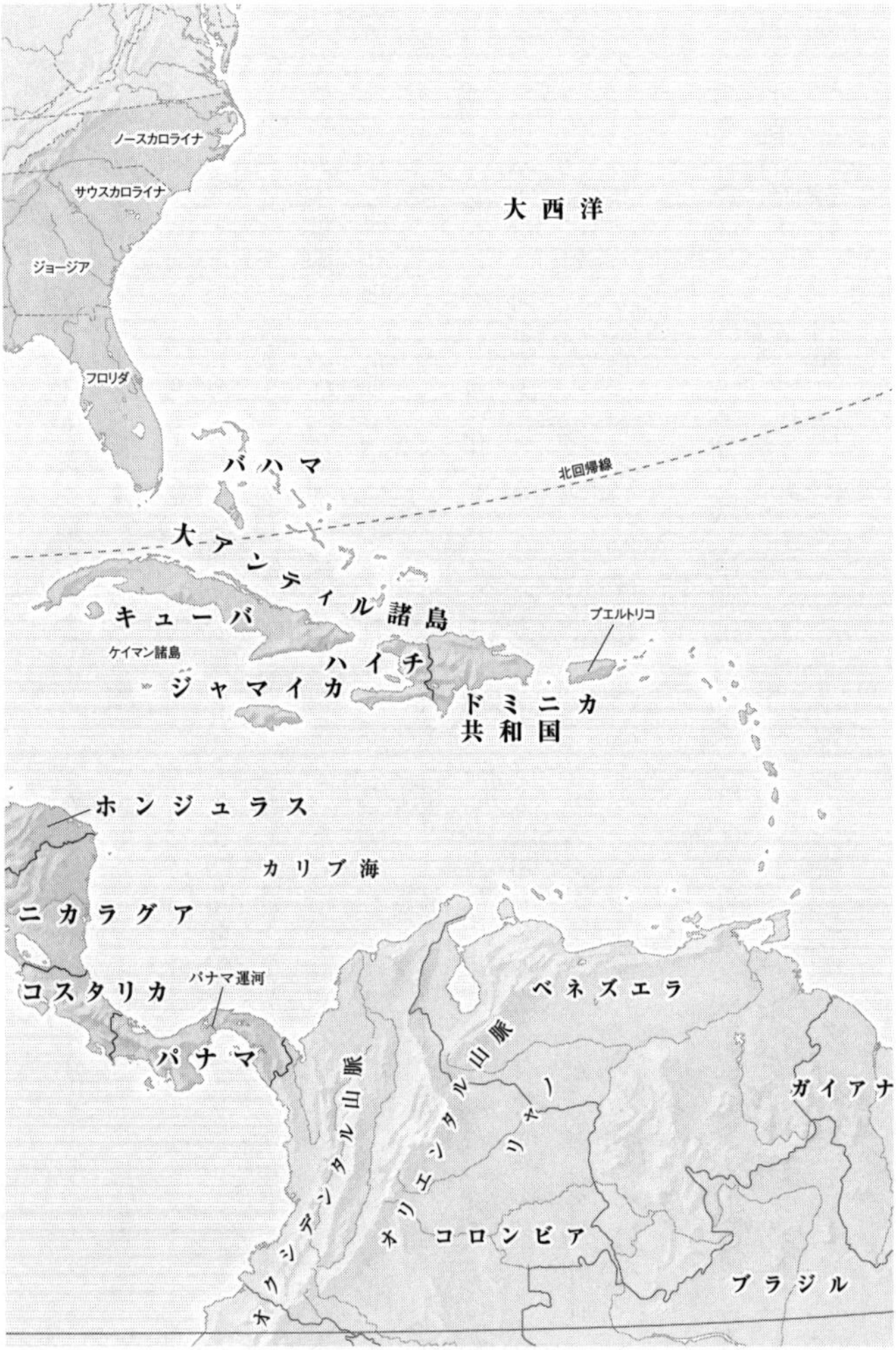

ノースカロライナ
サウスカロライナ
ジョージア
フロリダ
大西洋
バハマ
北回帰線
大アンティル諸島
キューバ
ケイマン諸島
プエルトリコ
ハイチ
ジャマイカ
ドミニカ共和国
ホンジュラス
カリブ海
ニカラグア
コスタリカ
パナマ運河
パナマ
ベネズエラ
メリダ山脈
リャノ
ガイアナ
オクシデンタル山脈
オリエンタル山脈
コロンビア
ブラジル

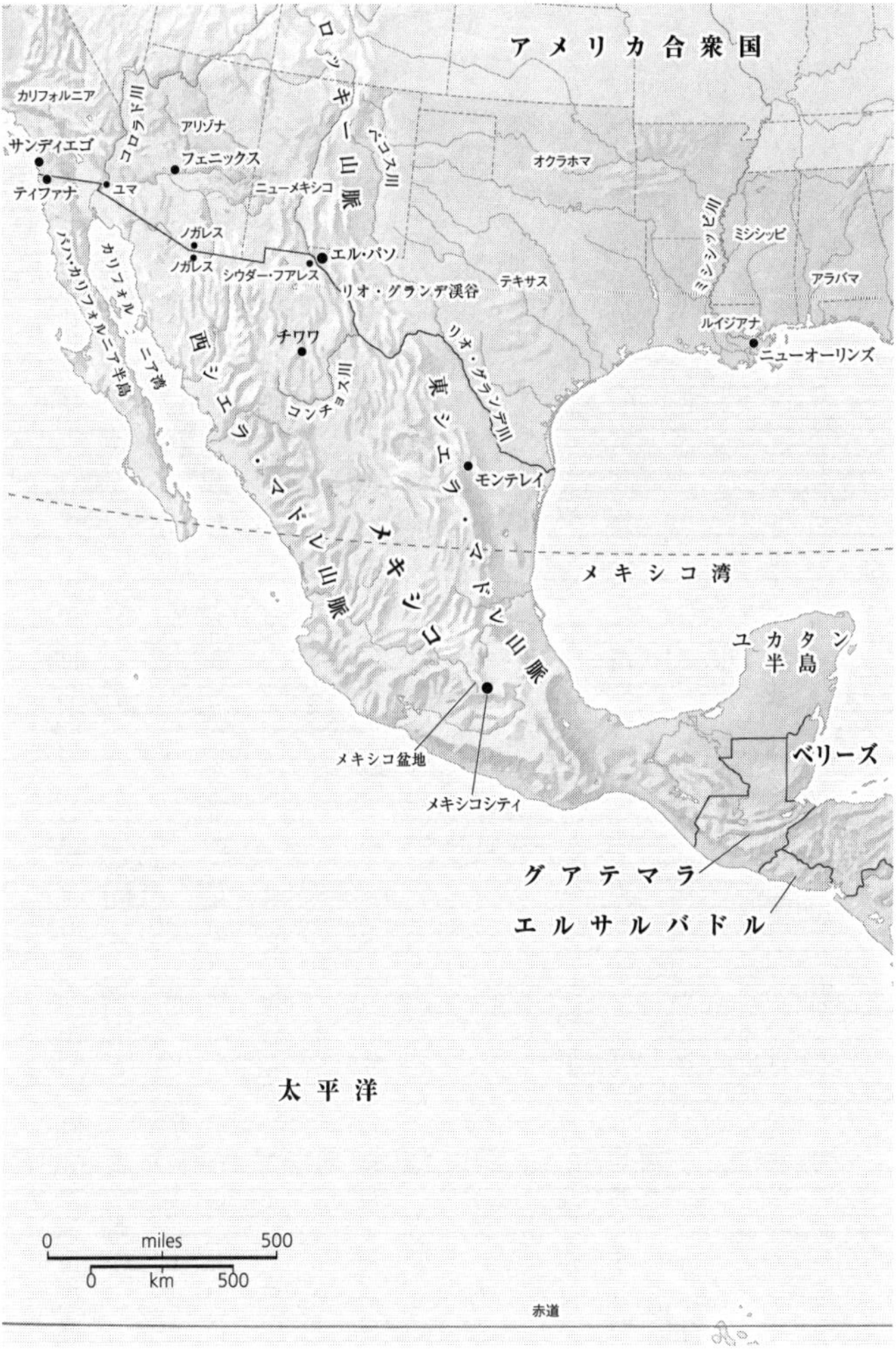
アメリカ合衆国
カリフォルニア
コロラド川
アリゾナ
サンディエゴ
フェニックス
ティファナ
ユマ
ロッキー山脈
ペコス川
ニューメキシコ
オクラホマ
ミシシッピ川
ミシシッピ
ノガレス
ノガレス
エル・パソ
シウダー・フアレス
リオ・グランデ渓谷
テキサス
アラバマ
ルイジアナ
ニューオーリンズ
バハ・カリフォルニア半島
カリフォルニア湾
西シエラ・マドレ山脈
チワワ
コンチョス川
リオ・グランデ川
東シエラ・マドレ山脈
モンテレイ
メキシコ
メキシコ湾
ユカタン半島
メキシコ盆地
メキシコシティ
ベリーズ
グアテマラ
エルサルバドル
太平洋
0 miles 500
0 km 500
赤道

ベイセヴィッチは東海岸のエリートと、彼らのせいでアメリカが海外の問題に過度に巻き込まれることを嫌悪しすぎるきらいがあるが、ほかにも同様の見解をもつ者たちがいる。彼らの分析は、ベイセヴィッチの分析と同様、何よりも「できごとの歴史」の枠を超えて、より長期的な視点からものごとをとらえようとする意識的な試みなのだ。こうした人たちを最も悩ませているのは何だろうと考えるとき、ブローデルの長期持続がヒントになる。

ベイセヴィッチは、スティーブン・ウォルト、ジョン・ミアシャイマー、ポール・ピラー、マーク・ヘルプリン、テッド・グレン・カーペンター、そして故サミュエル・ハンティントンらとともに、外交政策分析における文句なしに著名な論客であり、ひとくくりにすること自体に無理がある。それでも彼らはそれぞれに異なる方法で、アメリカの長期的な外交政策の基本的な方向性に疑問を投げかけた。

ウォルトはハーバード大学、ミアシャイマーはシカゴ大学の教授だが、これほどの肩書きにもかかわらず、二人が二〇〇七年に発表した著書『イスラエル・ロビーとアメリカの外交政策』（副島隆彦訳、講談社）は酷評された。なぜならイラク戦争を引き起こした元凶が、アメリカのイスラエル支援者にあると主張したからだ。

今あげた識者の一人ひとりが、イラク戦争またはそれが戦われた方法に異を唱えた。小説家で元イスラエル軍兵士のヘルプリンは、中国がアメリカの主要な軍事上の敵になると断固主張し、ミアシャイマーも同意見である。二人は元ＣＩＡアナリストのピラーとともに、アメリカが中東の無駄な戦争に多大な資源を費やしている間に、中国が最新の防衛技術を獲得したことに憤りを覚えている。たとえアメリカがアフガニスタンとパキスタンを安定化させることができたとしても、その恩恵を主に受けるのは中国なのだ。中国はエネルギーや戦略的鉱物資源、金属資源を確保するために、この地域全体に道路やパイプラインを建設できるようになるからだ。他方カーペンターは、ハンティントンが晩年に行ったように、暴力の蔓延《まんえん》するメキシコの危険性について、厳しい警告を発している。

彼らの考えや、外交政策コミュニティで多かれ少なかれ現実主義派に属する多くの人たちの考えを合わせると、アメリカが直面している重大な地政学的ジレンマは次の三つだという結論に至る。すなわち、混沌《こんとん》としたユーラシアの中核地帯である中東、台頭する強引な超大国の中国、そして深刻な苦境に陥っているメキシコである。アメリカが中国とメキシコの問題に抜かりなく対処するためには、中東へのこれ以上の軍事的関与を回避するのが一番だ。アメリカのパワーを今後数十年にわたって持続させ、長期持続の一部を乗り越えるには、それが唯一の手段だと、彼らは主張する。

このような長期的思考はいうまでもなく無難で、独善的ともいえる。この集団のうちの誰一人として、アフガニスタンから性急に撤退した場合に何が起こるかを、十分考えていない。アフガニスタンが、パキスタン諜報《ちょうほう》部の支援の下で、過激化したタリバン国家になったら？　その結果、二一世紀の中軸国家インドがアメリカを見限ったらどうなる？　イランはアフガニスタン西部を正式に併合するだろうか？　そしてこうした識者の一部がはっきり望んでいたように、もしイラクの宗派紛争が最高潮に達した二〇〇六年頃に、アメリカが撤退していたなら、イラクはどうなっただろう？　宗派間の虐殺は、バルカン半島の一〇万人、二〇万人のレベルではすまず、ルワンダ並みに一〇〇万人が殺害されていただろうか？　想定されるさまざまな事態が個人の生活におよぼす重大な影響も、当然考えに入れなくてはならない。

さらにいえば、もしアメリカが撤退していたなら、この地域は、そしてアメリカのパワーへの信望はどうなっていただろう？　早期撤退はどのようなかたちで実行されていただろう？「事態はこれ以上ひどくなりようがない」などといってはいけない。いくらでもひどくなり得るのだから。

実際、イラクやアフガニスタンから性急に撤退するのは無責任だ。なぜなら、アメリカは単にこれらの国を侵攻し、長く駐留しているというだけで、好むと好まざるとにかかわらず、その結果に責任をもたざるを得ないからだ。とはいえ、こうした識者や、彼らに同調する人たちを、イラクとアフガニスタンでの一つひとつのできごとをあげつらって非難するのは不当だろう。彼らの信念を支えているのは、そもそもこれらの国に最初から関わるべきでなかったという、強い思いなのだから。

イラクが最終的にどうなろうと、アメリカ人とイラク人の犠牲者数は、ベトナム戦争後と同様、アメリカの外交政策論争に今後何十年もつきまとうことになるだろう。これらは単なるできごとの歴史を超えているのだ。

たしかにこれらの識者たちは、アフガニスタンとイラクで次にとるべき行動には関心がないようだ。彼らの思考はすでに、「アメリカの失敗の代償は何だったか」ということに向いている。アメリカは大国としての地位を守れるだろうか？　また、アメリカがユーラシアでの勢力バランスを維持し、メキシコ人が問題を抱えた母国を離れてアメリカに殺到する事態を避けるには、具体的にどのようなかたちで軍を展開し、民生援助を行うのがよいだろう？　ヤクブ・グリギエルもこういう。「アメリカが諸外国と地理的に離れていることは、戦略上の強みであり、むやみな拡大戦略をとってそれを無駄にすべきではない」[*3]。

では、アメリカはこの強みをどれだけ無駄にしてしまったのだろう？　ワシントンの公共政策シンクタンク、ニューアメリカ財団の主任研究員マイケル・リンドは、イラク戦争とアフガニスタンでの戦争の拡大が無意味だという点では、ベイセヴィッチと同意見だ。しかしそのような紛争をする財政的余裕がアメリカにあるのかという問題については、彼はベイセヴィッチと意見を異にする。

リンドによれば、アメリカの国家債務のうちの軍事支出の割合、ましてやこれらの同時に行われた戦争の費用が寄与する割合は、比較的低いという。それに彼は、アメリカの最近の帝国主義的冒険主義に反対しつつも、それよりは医療費を削減することの方が、アメリカの財政支払能力を高めるうえでずっと重要だと主張する。[*4] イラクとアフガニスタンでの失策について、アメリカ外交政策にすでにどのような影響をおよぼしているのか、アメリカが二一世紀に中東、中国、メキシコの問題に対処する能力に今後どのような影響をおよぼすかという点から考えるにあたっては、いにしえの帝国の失敗について考えることが参考になる。そうすることで、より幅広い視野から問題をとらえられるようになるのだ。

ローマ帝国の大戦略

エドワード・N・ルトワックは、一九七六年の著書『The Grand Strategy of the Roman Empire: From the First Century A.D. to the Third（ローマ帝国の大戦略：紀元後一世紀から三世紀まで）』で、ローマ帝国の衰退についてくわしく説明している。ルトワックは衰退を全般的にとりあげるのではなく、ローマの大戦略という観点から論じるという手法をとる。

彼はローマの大戦略を、年代順に三つの段階に分けて説明する。第一段階が「ユリウス・クラウディウス体制」、つまり共和制帝国の体制である。この段階では、帝国が「総合的」な力を通して野望を達成していき、イタリア半島をとり囲む属国はそうした力に威圧されていたため、占領軍による強制は必要なかった。ローマ軍の圧倒的な部隊が帝国全体に「巨大な環状に」配置されていたが、ローマの強制力の主体をなしていたのは、軍事力ではなく外交術だった。こうした部隊は、属国の占領や、いかなる意味での領土防衛にも携わる必要がなかったため、ルトワックの言葉を借りれば「本質的に機動的で、どこにでも自由に展開できた」。帝国の強大な力は、兵力温存の方針に則《のっと》って慎重に行使された。ローマ軍は有事に直ちに対応する能力をもち、そのことは地中海世界に知れ渡っていた。だからこそ、誰もがローマを恐れたのだ。ロナルド・レーガン時代のアメリカも、軍事力を大幅に増強したが、キャスパー・ワインバーガー国防長官はそれを行使することは一度もなく、かくして「危険な冒険に出る必要のない大国」という評判が浸透していった。

第二段階として、一世紀中頃から三世紀中頃の「アントニヌス体制」では、帝国の「領域化」が進行した。この頃のローマは属国の忠誠を確保するために、属国内に軍隊を配備する必要を感じており、兵力温存の原則は失われた。それでも帝国は豊かで、蛮族は自発的にローマ化を図り、「先住民族の敵意は跡形もなく」消え去った。しかし、このローマ化そのものを通じて、やがて異なる部族が連帯意識をもち、結束してローマに対抗するようになった。今の時代にグローバリゼーションが、アメリカの覇権に逆らう手段になっているのと同じである。

ローマ帝国の大戦略の第三段階は、「ディオクレティアヌス体制」すなわち「多層防御」の体制である。辺境の異民族が正式な同盟を結び、ローマに対抗する力をもつようになると、帝国全体が防御態勢に入り、緊急配備が日常的に行われた。第二段階に維持されていた有事対応能力は失われた。ローマ軍は限界に達しており、帝国を恐れる者はますますいなくなった。[*5]

残念なことに、現代のアメリカはこれと恐ろしいほど似た状況にある。ローマのパワーが地中海沿岸の安定に貢献したのと同様、アメリカ海空軍は万人の利益のためにグローバル・コモンズ（地球的公共領域）を警備している。ローマの貢献がそうだったように、この貢献は他国にはあたりまえのように受けとめられており、また過去一〇年間で、アメリカ陸軍と海兵隊が反乱を鎮圧するために世界各地を飛び回るうちに、過剰展開による疲弊が露呈している。

したがってアメリカは、現在のローマ帝国の第三段階に近い体制から、第二もしくは第一段階に似た体制に回帰するための大戦略を構想する必要がある。現代のアメリカに属国はないが、同盟国や立場を同じくする国はあり、これら諸国にアメリカの役割を肩代わりさせていかなくてはならない。具体的には、積極的な外交努力を通じてはたらきかけるとともに、予備軍の増強を図って慎重に利用し、有事対応能力をとり戻す必要がある。

ローマ帝国が長期にわたって繁栄を誇ったという事実が、ローマの大戦略が成功したことの証左である。だが、帝国が最終的に西ヨーロッパで衰退の道をたどり滅亡した原因は、北部に成立した、ヨーロッパ近代国家の原型となる新しい民族集団に対応できなかったことにある。こうした集団が形成されたことで、ローマ帝国はいずれにせよ滅亡に向かっていた。ただし滅亡があれほど早く、またあのようなかたちで起こる必然性はなかった。

ローマ帝国の大戦略の最終段階が失敗した真の原因は、帝国が内側から腐敗していくなか、「名誉ある退場」のしくみを設けなかったことにある。意外なことに、国家や帝国は覇権からの巧みな撤退を計画することでこそ、その強力な立場をかえって保つことができるのだ。アメリカにとって、自らの衰退を計画するのはきわめて健全なことだ。そうすれば自国のために力を使うだけでなく、別の目的にとりくむことができる。

命運は南北に展開する

アメリカはどのようにすれば、時間をかけて、また名誉をもって、支配的大国として歴史から退場する準備ができるだろう？　ビザンティン帝国に倣ってコストのかさむ介入を避け、外交術を駆使して敵を阻み、諜報《ちょうほう》部隊を戦略的に利用すべきだろう。[*6]　またベイセヴィッチの議論に戻るが、ローマが北方から攻撃されたように、南方のメキシコに侵害されることがあってはならない。アメリカは東西を海に囲まれ、北はカナダ北極圏と接しており、国境の向こう側にカナダの中産階級の人口が集中している（アメリカ・カナダ国境は、長く人為的でありながら形骸化しているという意味で、世界でも異例な国境である）。[*7]

だが、アメリカの弱点は南西部にある。アメリカ国家・帝国の境界が何らかの緊張にさらされ、地理的単位としてのアメリカの一体性が脅かされているのは、ここ南西部だけだ。[*8]　アメリカとメキシコの国境地帯は、いつの時代も幅広く曖昧《あいまい》だったという点で、インド亜大陸の北西部と似ている。

しかし、ここには文明のひずみが表れている。「アメリカとメキシコの所得格差は、世界中の陸続きの二国間の格差としては最大である」と、歴史家のデイビッド・ケネディは指摘する。アメリカのGDP（国内総生産）はメキシコの約九倍である。[*9]

アメリカの外交政策は国内の状況によって大きく左右されるが、アメリカ社会をとくに大きくゆるがしているのが、ラテン民族の北方への大移動だ。メキシコと中米諸国は人口が急増中の一大勢力であり、アメリカとは切っても切り離せない関係にある。メキシコの一億一一〇〇万人と中米の四〇〇〇万人の人口を合わせると、アメリカの人口の半分になる。またＮＡＦＴＡ（北米自由貿易協定）によって経済的な結びつきはさらに強まっていて、メキシコの輸出の八五％、中米の五〇％がアメリカ向けである。アメリカの年齢中央値（上の世代と下の世代とで人口が同じになる年齢）が三七歳近いのに対し、メキシコは二五歳で、中米はさらに低い。

アメリカの命運は、大陸の開拓を正当化して愛国心をかき立てた神話で謳われたように、「海から輝く海へ」の東西方向ではなく、これからは南北方向を軸に展開するだろう（二〇一四年に完成が予定されているパナマ運河拡張計画もこの動きを促す。東アジアからの大型船がカリブ海を通過するようになれば、アメリカのテキサスからフロリダまでのメキシコ湾岸都市の開発が進むだろう）[*10]。

一九四〇年以来、メキシコの人口は五倍以上に増加しており、一九七〇年から一九九五年までにほぼ二倍、一九八五年から二〇〇〇年までに三倍以上に増えている。メキシコの人口は一億一一〇〇万人と、アメリカの三分の一を上回り、今もアメリカよりも速いペースで増加している。

それでも東海岸のエリートは、メキシコにあまり関心を払わない。メキシコと境界州のカリフォルニア、アリゾナ、ニューメキシコ、テキサスとの間で日々起こっている問題や事件、ビジネスや文化の交流は、東海岸のエリートにとっては地理的に遠いできごとだ。実際、メキシコはエリートの頭のなかでは、イスラエルや中国、インドよりもずっと小さなウェイトを占める。それでもメキシコはアメリカの命運に、どんな国よりも大きな影響を与え得る。マッキンダーいわく、メキシコはアメリカとカナダとともに、世界島の周辺の海に浮かぶ最も重要な大陸の衛星をなしているのだ。

メキシコ盆地にはかつて大きな湖があり、「アステカのヴェネツィア」と謳われたテノチティトランとトラテロルコの水上都市があった。メキシコシティはこれらの遺跡の上に築かれた都市である。この新世界のナイル渓谷こそが、歴史家のヘンリー・バンフォード・パークスのいう、北南米の「文明の母体」であり、ここからトウモロコシの栽培が二つの大陸に広まった。メキシコ盆地とそこから生まれた国メキシコは、大西洋と太平洋の真ん中に位置し、中米とともに西半球の二つの大陸塊をつないでいることから、地球上の偉大な文明の中心地をなしている。[*11]

だがメキシコは、同じ文明の中心地エジプトとはちがって、地理的な一体性に欠けている。メキシコは全体的に非常に山がちで、斜面の面積を足し合わせればアジアほどの大きさになる。ユカタン半島とバハ・カリフォルニア半島は、どちらもメキシコの中央部から事実上切り離されており、その中央部自体も分裂している。この地理をおさえておけば、今なお密かに進行中の、メキシコ北部とアメリカ南西部とのまぎれもない統合と、その結果として起こっているメキシコの北部とその他地域との分離について、より深く理解できるはずだ。

地理的伝統が生んだ麻薬カルテル

一九九四年のNAFTA成立以降、メキシコ北部の人口は二倍以上に増えている。米ドルは、国境とメキシコシティの中間にあるクリアカンより北の地域で、共通の交換単位として通用する。メキシコ北部には、輸出保税加工制度を利用したマキラドーラ工場の八七%が集中し、またこの地域がアメリカ・メキシコ貿易の八五%を担っている。メキシコ北東部の同国有数の都市モンテレイは、テキサス州の銀行、製造、エネルギー業界と深く結びついている。

元アメリカ海兵隊員で現在アメリカ関税局職員のデイビッド・ダネロは、メキシコ北部を広く研究し、メキシコの六つの境界州をくまなく旅している。彼がこれらの州で出会った人たちは一人残らず、アメリカに直接の知り合いがいたそうだ。「メキシコ北部は一種の文化的両極性を保っている。ノルテーニョ（北部人）は、メキシコシティの（都会ずれした）チランゴを、自分たちと対極的な存在とみなしている」とダネロはいう。

だが、メキシコ北部自体も地理的に分断されている。北西部のソノラ州は低地と砂漠が大部分を占める、安定した地域である。北東部のリオ・グランデ川流域は最も先進的で、文化的・経済的に、また河川を通じてアメリカと最も関わりが深く、ＮＡＦＴＡに最も大きな恩恵を受けている。[12] 北部中央の山脈とステップ地帯は、事実上の無法地帯である。テキサス州エル・パソから国境を越えたところにあるシウダー・フアレスは、銃撃戦や殺人事件の多発地帯だ。ここはメキシコの殺人首都とも呼ばれ、二〇一〇年の最初の数カ月だけで七〇〇人が殺されている。人口一二〇万人のこの都市で、二〇〇九年には二六〇〇人以上が暴力で命を落とし、二〇万人以上が市外に流出したともいわれる。[13]

シウダー・フアレスのあるチワワ州の殺人事件発生率は、一〇万人につき一四三人と、西半球でも有数の高さである。北部の山脈とステップ地帯は、麻薬カルテル、メノナイト（キリスト教アナバプテストの教派）、先住民のヤキ族など、メキシコの諸勢力の砦《とりで》となってきた。スペイン人はこの荒っぽい辺境地域を管理するのに手こずった。ここは、一八八〇年代にはジェロニモ率いるアパッチ族の潜伏先にもなった場所だ。辺鄙《へんぴ》な高地は世界中の反乱者の避難所だった。同様に、中国陝西《せんせい》省は中国共産党、キューバのマエストラ山脈は革命家たち、パキスタンのワジリスタンはアルカイダとタリバンを、それぞれかくまってきた。[14] 麻薬カルテルは、こうした地理的伝統から生まれたのだ。

麻薬関連の殺人の大半が、メキシコ三二州のうちの六州（そのほとんどが北部）に集中しているという事実は、メキシコ北部がその他地域からいかに切り離されているかを物語っている。二〇〇六年に保守派のフェリペ・カルデロン大統領による、麻薬カルテル撲滅を狙った軍主導の徹底的な清掃作戦が始まった。だが、もしもこれが完全に行きづまり、メキシコシティが再びカルテルと取引をするようになれば、政府は実質的に北部を掌握できなくなり、アメリカにも重大な影響がおよぶだろう。

メキシコの分裂した山がちな地理をそのまま反映した連邦主義の下で、二つの連邦警察、三二の州警察、一五〇〇超の自治体警察機関が乱立していることも、改革を非常に困難にしている。元アメリカ麻薬取締局局長ロバート・C・ボナーは、もしもギャングが勝利を収めることになれば、「アメリカは中南米の安定を脅かす強力な国際麻薬カルテルが牛耳る麻薬国家と、三二〇〇キロ近い国境を接することになる」と書いている。[*15]

多様性に欠ける移民集団

故サミュエル・ハンティントン教授は、鋭い洞察力をもとに多くの著作をものしたが、最後の著作では、メキシコがアメリカに投げかける難題をとりあげた。[*16]『分断されるアメリカ：ナショナル・アイデンティティの危機』（鈴木主税訳、集英社）のなかで、ハンティントンはラテンアメリカ人口の北方移動を通して、ラテン文化がアメリカに浸透し、それがアメリカ人の性質の変容をもたらすだろうと断定している。[*17]

ハンティントンによれば、アメリカが移民国家だという主張は、部分的な真実ではあるが、完全な真実ではないという。実際には、アメリカは「アングロ・プロテスタント」の入植者と移民の国家であり、社会の哲学的・文化的根幹を支えているのは前者である。アングロ・プロテスタント文化に順応した移民だけが、真のアメリカ人になる。そして今日のアメリカがあるのは、アメリカに入植したのがフランス人やスペイン人、ポルトガル人のカトリック教徒ではなく、イギリス人のプロテスタントだったからだと、ハンティントンは指摘する。

アメリカはプロテスタントの国として生まれたために、努力してプロテスタントになる必要がなかった。アメリカの古典的なリベラリズムは、まさにアメリカに築かれたプロテスタント社会が生み出した、自然の産物だった。アメリカの反骨精神、個人主義、共和主義はすべて、つきつめればプロテスタンティズムに基盤がある。「アメリカの信条が神なきプロテスタンティズムであるように、アメリカの市民宗教はキリストなきキリスト教である」。しかしこの信条は、ヒスパニック系カトリック教徒の啓蒙主義以前の社会が台頭することによって、さりげなく打ち消されるかもしれないと、ハンティントンは論じている。[*18]

ハンティントンはこう書いている。

アメリカが一八三〇年代と四〇年代にメキシコから武力で奪った土地が、メキシコからの移民によって人口的に再征服《レコンキスタ》されようとしており、フロリダ州南部で起こっているキューバ化とは異なるがそれに匹敵する方法で、メキシコ化されようとしている。また移民によって、メキシコとアメリカの国境線が曖昧になり、まったく異質の文化がもち込まれつつある。[*19]

ボストン・カレッジの政治学教授ピーター・スケーリーは、ハンティントンの「驚くほど独創的で物議を醸した洞察」の一つとして、アメリカ人が多様性を肯定するにもかかわらず、「今日の移民の波はアメリカ史上かつてないほど多様性が低い」ことを挙げている。スケーリーはハンティントンの主張を次のように要約している。「たしかにヒスパニック以外の移民をとってみれば、かつてないほど多様性は高まっている。しかし全体として見れば、移民の五〇％を占めるヒスパニックは、これまで以上に多様性に欠ける集団である。このように多様性が低下しているために、同化が起こりにくくなると、ハンティントンはいう」[20]。

またデイビッド・ケネディが指摘するように、かつては「アメリカにたえまなく流入する移民が、多様で各地に分散したこと」が、同化の進行を円滑にした。「しかし最近は、メキシコというたった一つの文化的・言語的・宗教的・国家的源泉から、大量の移民が特定の地域に流れ込んでいる。……アメリカ人がかつて経験したことのない現象が、南西部で現在進行しているという事実を、われわれは厳粛に受けとめなくてはならない」[21]。二〇五〇年にはスペイン語を母語とするアメリカ人が、人口の三分の一を占めるようになるだろう[22]。

こうした議論のすべてで、地理が最前線にある。たとえばハンティントンはこう述べている。「アメリカの歴史のなかで、アメリカの領土に対する歴史的な所有権を主張する、または主張できる移民集団は、ほかにいなかった。メキシコ人とメキシコ系アメリカ人にはこれが可能であり、彼らは実際にそれを主張している」。

テキサス州、ニューメキシコ州、アリゾナ州、カリフォルニア州、ネバダ州、ユタ州の大部分は、メキシコが一八三五年から三六年のテキサス独立戦争と、一八四六年から四八年のメキシコ・アメリカ戦争で敗北するまでは、メキシコの領土だった。メキシコはアメリカが侵攻し、首都を占領し、その領土の大部分を併合した、唯一の国である。その結果、スケーリーが指摘するように、メキシコ人はアメリカに到着すると、かつて祖国の一部だった地域に定住し、「自分たちの縄張りにいる」という、ほかの移民にはない意識をもつという。三世以降の世代のメキシコ系アメリカ人は、ほかの移民に比べて、母語を流暢《りゅうちょう》に話す能力を維持しているが、それは主として、ヒスパニック社会が地理的に集中しているためだ。こうした集中のせいで、テキサス独立戦争とメキシコ・アメリカ戦争の結果が、メキシコ人の流入によって帳消しにされている。

そのうえメキシコ人の帰化率は、すべての移民集団のなかで最も低い。ハンティントンは、国家とは「記憶された共同体」つまり共同体そのものの歴史的記憶をもつ共同体だと述べている。メキシコ系アメリカ人は、アメリカの人口の一二・五％を占め、その大部分が南西部のメキシコに隣接する地域に集中している。彼らはアメリカ史上初めて、国民の歴史的記憶を修正しつつあるのだ。[*23]

メキシコとの有機的連携

ニューメキシコ大学のチャールズ・トラキシロは、二〇八〇年までにアメリカ南西部の諸州とメキシコ北部の諸州が団結して、新国家「ラ・レプブリカ・デル・ノルテ（北部共和国）」を形成するだろうと述べている。二〇〇〇年時点で、国境のアメリカ側にある一二の主要都市のうち、人口の九〇％以上がヒスパニックだったのは六都市で、五〇％に満たなかったのはわずか三都市（サンディエゴ、カリフォルニア、アリゾナ州ユマ）だった。[*24]

アメリカ南西部国境の曖昧化は、地理的事実になろうとしており、国境で実際にとられているすべての安全保障措置をもってしても、これをとり消すことはできない。とはいえ、学術界やメディアが気を遣って指摘できずにいる根本的なジレンマを特定し明らかにしたハンティントンの手腕は、たしかに称賛に値するが、彼の結論には完全に同意しかねる。

ハンティントンはアメリカ社会が部分的にラテン化されつつあるなか、アメリカのアングロ・プロテスタントの文化と価値観を守る手段として、ナショナリズムに大きな期待を寄せる。しかし、地理は未来のあり方を必ずしも決定しないが、何を達成できるのか、できないのかという大まかな輪郭を与える、と私は考える。そしてメキシコとアメリカは地理、歴史、人口によって有機的に強く結びついているため、ハンティントンが望むように、アメリカのナショナリズムが今のまま純粋でいられるとは思えないのだ。

アメリカは今世紀中に、大西洋から太平洋まで広がる東西志向の白人中心の温帯域の島ではなくなり、むしろカナダからメキシコにまでおよぶ、南北志向の文明に変容するだろう。この多人種的集団は、広大な郊外都市圏の集まりで、それぞれが、太平洋岸北西部のカスカディア圏（カナダのブリティッシュコロンビア州、アメリカのオレゴン、ワシントン州）

であれ、ネブラスカ州のオマハ・リンカーン圏であれ、ますます互いに似た外観をもつようになる。

また技術進歩による距離の縮小が進むなか、それぞれが世界中の都市や取引ネットワークと、独自の経済関係を育むだろう。私の構想では、アメリカは世界中のエリートが集まる、国際商取引の重要な無関税区になるべきだ。ローマの伝統に倣い、移民法を利用して世界の最も優れた人的資産を集めれば、メキシコ人の比重が高すぎる移民人口を多様化できる。この構想では、ナショナリズムが多少希薄化するのは否めないが、アメリカ独自のアイデンティティが失われたり、軍事力が損なわれるほどのことはない。つまり、アメリカはもはや大西洋と太平洋によって守られた島国ではなくなるということだ。技術によって、またメキシコと中米からの移民の圧力によって、世界各国との距離はますます縮まるだろう。

しかしこの構想が実現するには、メキシコが国家として破綻《はたん》せずに繁栄することが必須である。カルデロン大統領とその後継者が、麻薬カルテルの基盤を徹底破壊する作戦を成功させることができれば、アメリカは中東で達成できるよりもはるかに大きな戦略的勝利を収めたことになる。西半球最大の人口大国アメリカと、安定的で繁栄するメキシコとの有機的連携は、地政学的に最強のくみ合わせになる。

メキシコがカルテル一掃を成功させ、またコロンビアが親米路線を歩めば、両国は西半球第三位と第四位の人口をもつ国として、ラテンアメリカと大カリブ海地域に対するアメリカの影響力を弱められるだろう。ひと言でいえば、ベイセヴィッチの推論は正しい。メキシコとの問題に対処することは、アフガニスタンの問題にとりくむことよりずっと重要なのだ。しかし残念ながら、アメリカが大中東圏にとらわれている間に、メキシコは重大な危機をはらむようになった。また、もしもこのままの状態が続けば、合法移民と、とくに不法移民がさらに増え、ハンティントンの恐れるシナリオが現実のものになるだろう。

カルデロンが麻薬カルテル撲滅に乗り出した二〇〇六年以降、四万七〇〇〇人が殺害され、二〇一〇年前半だけでも四〇〇〇人が死亡している。さらに、カルテルは複雑な罠《わな》をしかけ、逃げ道を封鎖するなど、戦闘技術を高めている。「彼らの戦術は、組織犯罪の通常戦略をはるかに超えている」とメキシコの安全保障専門家ハビエル・クルス・アングロはいう。ケイトー研究所の防衛・外交政策研究担当副所長テッド・ガレン・カーペンターはこう書いている。「この傾向が続けば、メキシコ国家の健全性はおろか、存続さえもが脅かされるという、きわめて厄介な事態になるだろう」。

カルテルが利用する武器は、概してメキシコ警察のものより優れており、メキシコ軍の武器と比べても遜色《そんしょく》ない。軍隊風の高度な戦術を駆使するカルテルは、「単なる犯罪組織から、本格的な反政府組織になるだろう」とカーペンターは警告する。国連平和維持軍が、すでにシウダー・フアレスやティフアナほど暴力が激しくない地域に配備されている。暗殺を恐れる警察官や地元政治家の辞職が相次ぎ、実業界、政界のエリートは家族を国外に待避させ、中産階級や上流中産階級のアメリカへの逃避は続いている。[*25]

メキシコは、現在岐路に立っている。カルテル撲滅の初期段階にとうとう達したか、さらなる混乱に沈みつつあるか、もしくはその両方だ。メキシコは今が未来の分かれ目にあるため、アメリカの行動がきわめて重要なカギを握る。しかしこのような状態にあっても、アメリカの安全保障体制は、地球の裏側のほかの悪名高くも腐敗した不安定な社会に（イラクには二〇一一年まで、アフガニスタンには少なくとも二〇一四年まで）かかずらっているのだ。

こうした地域とはちがって、メキシコとの国境では、アメリカの軍事関与はそこそこ成果をあげている。アメリカはメキシコに近接しているために、人口面で脅かされているが、国境を統制する際には兵站《へいたん》面で有利となる。ダネロが指摘するように、一九世紀と二〇世紀の間、アメリカとメキシコは協力して国境地帯の山賊をとり締まった。また一八八一年から一九一〇年までの間、メキシコのポルフィリオ・ディアス大統領はアメリカの諸大統領の協力の下で、国境警備を実施していた。

メキシコの地方警察は、アメリカのテキサス州警備隊とともにコマンチ族の山賊を馬で追跡し、アリゾナ州ではメキシコとアメリカの部隊がアパッチ族に対する共同軍事作戦を遂行した。今日ではメキシコ軍がメキシコ当局の右腕となり、山脈やステップ地帯の起伏の多い辺鄙な地域で、麻薬カルテルの活動を阻止する任務を担当している。しかし、アメリカ側が一九世紀に成立した民警団法（国内の治安維持のために軍を動員することを禁じる法律）に縛られていることもあって、現在二国間で協力するための法的枠組みは存在しない。[*26]

アメリカは、ユーラシアの歴史的帰結に影響をおよぼそうとして数千億ドルを費やしながらも、長い陸の国境を接する国で起こっているできごとを、不思議なほど静観している。しかも、その隣国は大混乱に瀕《ひん》していて、イラクとアフガニスタンの合計の二倍近くの人口があるのだ。

もちろん、厳重な国境警備体制があれば、ナショナリズムを掲げ、健全に機能するアメリカが、部分的に無秩序状態で機能不全のメキシコと共存することはできる。しかしそんな状態は長くは続かない。

二一世紀以降という長期的視点に立てば、トインビーがいうように、先進的な社会と後進的社会の間の境界は、安定的な均衡状態に落ち着くことはなく、やがて後進的な社会の有利に傾くだろう。いいかえれば、メキシコが先進国の仲間入りをしない限り、アメリカのナショナリズムを、ハンティントンを満足させるほど守ることはできない。だが、メキシコが先進国の地位を獲得すれば、アメリカはそれほど脅威を感じなくなり、二つの社会の融合が進むだろう。いずれにせよ、メキシコとアメリカは地理的事実に導かれて、何らかのかたちで結合するものとみられる。もちろん、この結合がどのような条件で、またどのような状況で起こるかを決めるのは、両国の政策立案者である。トインビーは次のように述べている。

リメス（ローマの国境防衛施設）のような砦《とりで》を建設しても、社会的な力がはたらいて、建設者が意図した通りの効果はあがらない。かなたの蛮族の侵入を禁じる方針は、実行が困難である。帝国政府がどんな決定を下そうとも、商人や開拓者、冒険者らは、興味のおもむくまま国境を越えていく。*27

トインビーはこうも述べている。「普遍国家という概念は、建国者によって定められ、臣民は大動乱の苦しみに対する万能薬としてそれを信奉する」。彼が普遍国家の例として挙げるのは、「中王国」のエジプト、新バビロニア帝国、アケメネス朝ペルシア、セレウコス王国、パクス・ロマーナ（五賢帝の時代）、そして始皇帝の（武力による）平和で、いずれの例でも多様な民族と宗派が共存共栄していた。とくにローマ帝国は、世界都市ローマの市民と特定地域の市民としての「二重の忠誠」という厄介な問題を克服した。[*28] そう考えると、普遍国家はいつかある時点で、メキシコ北部とアメリカ南西部の国境地帯での大動乱に対する万能薬になるかもしれない。

よりよい世界をめざすために

国家神話と主権の概念におけるこの歴史的変化は、メディアの基準からすれば、非常に緩慢な変化ではあるが、それでもはかり知れないほど重要である。私は一九七〇年にアメリカをヒッチハイクで横断したとき、北米の温帯域ほど国家建設に適した大陸はないとつくづく感じた。アパラチア山脈は一八世紀末まで、独立したばかりの連邦国家の西の境界をなしていたが、山脈を横切るモホーク川やオハイオ川の峡谷があり、入植者はそこを通って西へ西へと向かうことができた。

アパラチア山脈の向こう側には、地理的障壁に妨げられない、平坦で肥沃《ひよく》な土地が広がっており、ここで一九世紀に富が生み出され、また多種多様な人たちがちがいを乗り越えるうちに、アメリカ特有の文化が生まれた。大ミシシッピ川の本流支流とフロリダ州の沿岸内水路の長さをすべて足し合わせると、世界のほかのすべての川を合わせたよりも長く、しかもその流れは世界最大の切れ目のない農耕地をくまなく潤している。

西へ向かう開拓者たちが、ロッキー山脈の東西に広がるアメリカ大砂漠という、真に手ごわい障壁にたどり着いた頃には、大陸横断鉄道の開通が目前だった。[*29]「アメリカ大西洋岸には、残りの西半球すべてを合わせたよりも多くの主要な港がある。……アメリカが偉大な国なのは、アメリカ人のおかげではなく、その地理のおかげなのだ」と、国際情報機関ストラトフォーのリポートには記されている。[*30]

スイスの地理学者アーノルド・ギヨーは、まだ南北戦争も行われておらず、産業革命の成果が浸透していなかった一八四九年にアメリカ本土を調査し、アメリカを、ヨーロッパやアジアと並ぶ、世界を支配するにふさわしい「大陸の中核」の一つとみなした。そしてギヨーは当時から、アメリカがヨーロッパとアジアを先導すると考えていた。その理由は、アメリカが東西を「海のついたて」によって守られながらも、海を通じてユーラシアと行き来できたからであり、また大陸の「内陸部の発達した水路による相互連結性」によって、アメリカの発展が保証されていたからでもある。[*31]

ジェームズ・フェアグリーブは一九一七年にこう書いている。

このように、アメリカは新しい「陸の環《わ》」のなかに位置し、かつて重要だった（ユーラシア）システムの外側に位置する。アメリカは小さくまとまっており、莫大《ばくだい》なエネルギー埋蔵量をもち、大西洋と太平洋に面し、ヨーロッパ・アジアと関係を維持しており、パナマ運河の要塞を通してどちらの海にも艦隊を投入することができる。*32

二つの大洋にはさまれたこの大陸の威光は、今も健在だ。しかし別の概念的な地理が、そのうえに覆いかぶさろうとしている。それは、一五四〇年から四二年にかけてのフランシスコ・バスケス・デ・コロナドによるアメリカ遠征である。

コロナドはメキシコ中西部から北上してアリゾナに入り、そこからニューメキシコ、テキサス、オクラホマ、カンザスを広く探険した。のちのアメリカのルイス・クラーク探検隊は、一八〇四年から一八〇六年にルイジアナとオレゴンの領土を探険し、初めて大西洋から太平洋まで陸路で到達し、近代的な大陸国家の概念的基礎を築いた。これに対して、東から西へではなく南から北へ向かうコロナドの探検は、時期は早かったものの、それなりに脱近代的だった。なぜならこの探検は、いかなる国家意識にも縛られない、亜熱帯のメキシコから温帯の北米まで広がる、将来の普遍国家の方向性を示したといえるからだ。

コロナドが求めたのは、黄金や略奪品などの、楽に手に入る富だった。しかし、北をめざす今日のヒスパニック系移民は、中世の人々とはちがう。彼らは仕事を求めてやってくるのだ。彼らの仕事は厳しい肉体労働を伴う場合が多いが、物質的利益のために身を粉にして働いている。ヒスパニック系移民は、アングロ・プロテスタントの労働倫理によって彼ら自身変化を遂げるとともに、アメリカのアングロ・プロテスタント文化をも変容させているのだ。

アメリカがマッキンダーの世界島（ユーラシアとアフリカ）と今後よい関係を築けるかどうかは、ほかのどんな要因よりも、メキシコとの文化的交流の質と密度にかかっている。アメリカは今後数十年の間に、賢明な外交政策をとることもあれば、そうでないこともあるだろう。だがアメリカの経済力、文化力、道徳的力、そして政治力と軍事力は、アメリカがメキシコおよびカナダと結束して、まとまりのあるバイリンガルの超国家のような存在になるのか、あるいは無秩序で手に負えない広大な国境地帯にとらわれ、アメリカのまだ支配的なアングロ・プロテスタント文化とヒスパニック文化の間の文明的緊張に悩まされるのかによって、大きく左右される。ハンティントンの懸念は正しかった――彼が解決策として提示したものがまちがっていただけだ。

世界の政治地理が、閉ざされた閉所恐怖症のシステムになりつつあることを、しっかり心にとめておく必要がある。今後は世界中の国が文化・政治面でますます有機的なつながりをもつようになる。したがって、もしアメリカが、現在カナダとの間で結んでいるような緊密な関係をメキシコとの間で育むことに失敗すれば、アメリカとほかの国との関係にも悪影響がおよぶだろう。とくにメキシコ（と中米）の人口が、アメリカよりもずっと速いペースで増えつつあり、メキシコが時とともに重要な存在になることを考えればなおさらだ。

一六世紀の地中海世界に関するブローデルの考察は、地理などの自然の力が長期的にどのような影響をおよぼすかを教えてくれる。だからこそ、アメリカのすべての大戦略において、メキシコに重要な機能を担わせる必要があるのだ。

アメリカがメキシコと中米との結びつきを深めなければ、ユーラシアとの距離がますます縮小しつつあるこの世界で、メキシコと中米諸国のいくつかが、アメリカに敵対的な外交・政治圏に加わることは避けられない。親イランのベネズエラや、西半球に時折出現する過激な国家から身を守るには、アメリカ主導で大カリブ圏での財やサービスの自由な移動を保証し、メキシコと中米の若い労働力を、高齢化の進むアメリカに受け入れるのが得策である。もちろん、この動きはすでに見られるが、人的交流は今後さらに盛んになるだろうし、そうなるべきだ。

「グローバルな戦争では、グローバルな平和と同様、すべての前線、すべての地域が互いに関係し合うようになる。どれほど遠く離れた地域であっても、そこでの成功や失敗は、他の地域に直接的で決定的な影響を与える」とスパイクマンは書いている。[*33] この言葉は、彼の遺稿が発表された一九四四年当時より、今の時代にこそあてはまり、今後はさらに大きな意味をもつだろう。

ストローズ・フーペも指摘している。「ギリシアの歴史は、周期的に侵入してくるアジア諸国との、生き残りを賭けた戦いだった」。[*34] 古代ギリシアがペルシアとどれほど近かったかを考えれば、交通・情報通信革命を経た今、アメリカがいかにユーラシアに近いかを肌身で感じとれるだろう。西半球のアメリカを脅かすほどの大国を東半球に出現させないためには、西半球の諸国の結束を高めるのが一番だ。

アメリカはユーラシアとのバランスをとる大国となり、北米諸国を結びつける大国とならなくてはならない。そしてどちらか片方より、両方をめざす方が簡単だ。もちろんこれは、単なるアメリカの物理的・経済的保護を超えた、特別な目的のために行われなければならない。つまり、東半球での勢力均衡によって世界が安定しているうちに、中央ヨーロッパの理想を世界規模に広げるという、自由で知的な目標を推進することだ。

われわれは地理に屈するのではなく、よりよい世界をめざすために、地理を意識しなくてはならない。なぜなら本書の出発点となった、冷戦後のコスモポリタン的な中央ヨーロッパの構想が、本書の終着点でもあるからだ。この目標は、達成可能であろうとなかろうと、アメリカにとってつねにめざす価値のある目標であり、望むらくはメキシコと手をとり合って追求したい目標である。マッキンダーは、海洋ヨーロッパとハートランドの間の、活力に満ちた独立国からなる緩衝国を提唱した際、このことを直感的に悟っていた。彼は、勢力均衡が保たれた世界が自由な世界であることを知っていたのである。

解説

奥山真司

本書は、アメリカのジャーナリストであるロバート・D・カプランの著書『The Revenge of Geography: What the Map Tells Us About Coming Conflicts and the Battle Against Fate（地理の復讐：将来の紛争と運命に対する闘いについて地図が教えてくれること）』（二〇一二年刊）の日本語版である。

アメリカでは冷戦が終わりを迎える前後から、次の未来の世界情勢を見通す上で、様々な知識人が多くの「アメリカの世界戦略のためのビジョン」を発表してきた。その一例を挙げると、フランシス・フクヤマの『歴史の終わり』（渡部昇一訳、三笠書房）やサミュエル・ハンティントンの『文明の衝突』、ジョン・ミアシャイマーの『大国政治の悲劇』、そしてトマス・バーネットの『戦争はなぜ必要か』（新崎京助訳、講談社インターナショナル）などがある。今回邦訳された『地政学の逆襲』も、大きくいえばこのようなアメリカの世界戦略を考える知的伝統の路線に沿って出てきた、一つの壮大な現状分析であると同時に、未来のビジョンを描きだしたものだ。アメリカの世界的なビジョンは、当然ながら日本にも大きな影響を与えずにはいられないので、本書の日本語版が刊行された意義はきわめて大きいといえるだろう。

著者のカプランについては、すでに日本でも一九九六年に『バルカンの亡霊たち』(宮島直機、門田美鈴訳、NTT出版)、そして二〇一二年には『インド洋圏が、世界を動かす』(奥山真司、関根光宏訳、インターシフト)、そして二〇一四年刊『南シナ海：中国海洋覇権の野望』を含めて、合計三冊の本が出されている。また『フォーリン・アフェアーズ』誌や『ニューヨーク・タイムズ』紙のような国際的な紙媒体に論文や記事が翻訳されたり、何度か来日して講演も行っているために、日本でも一部の人にはその名が知られているといえる。

ロバート・D・カプランは、一九五二年にニューヨークのユダヤ系の家に生まれ、コネチカット大学在学中から学生新聞の編集に携わった後に文学の学位をとって卒業し、まだ共産圏であった東欧などを旅した後、バーモント州の地方紙の記者となっている。一九七五年からは本格的に世界放浪の旅にでかけ、イスラエル軍に一年ほど従軍したり、ギリシャやポルトガルに長期滞在したりしている。その合間に、フリーランスのジャーナリストとして様々な紙媒体に記事を書いており、一九八八年には第一作となる『Surrender or Starve: The Wars Behind The Famine』というエチオピアの飢饉《ききん》をテーマにした本を出版する。その後はアフガニスタンでのソ連侵攻などの様子を報告した本を書くが、それほど売れず、彼の名を一躍有名にしたのが『バルカンの亡霊たち』である。本書は、当時のアメリカのクリントン大統領がユーゴスラビアの解体を考える際の参考書として読んでいたことから、一気に国際的な評判を得ることになった。この本の中で、カプランはバルカン半島の地で古代から続く民族間の怨嗟《えんさ》が現代にも息づいていることを詳細に論じていたのだが、歴史と現在を結びつけながら論じる独特のスタイルを確立させたのもこの頃からである。

カプランは戦地や危険な紛争地帯をめぐっている経験を買われ、『アトランティック・マンスリー』（現在は『ザ・アトランティック』に改名）という総合月刊誌の外交・安全保障問題担当の記者として定期的に記事を書くようになった。また『The Coming Anarchy（アナーキーの到来）』や『The Ends of the Earth（地球の終わり）』など、冷戦後の悲観的な国際情勢の見通しを展開した衝撃的なルポを次々と発表したことからも、名声を集めている。さらには、米軍や政府のアドバイザーやコンサルタントの仕事も請け負うようになり、民主党政権に近いシンクタンクである新アメリカ安全保障センターの非常勤研究員も務めている（二〇一五年一月からはこの職に専念する予定だという）。このような経緯から、カプランは二〇一二年に外交雑誌である『フォーリン・ポリシー』誌から「一〇〇人のグローバルな思索家」の一人に選出されている。現在は、以前のような海外への本格的な取材旅行は控えめにしており、テキサス州に本拠地を置く、「影のＣＩＡ」との異名をとるストラトフォー（ストラテジック・フォーカスティング）という世界的なインテリジェンス企業の地政学チーフアナリストを務めている。

このようなきわめて特殊な経歴を持つカプランによる、世界情勢を俯瞰《ふかん》した本書には、大きくいえば三つの特徴がある。

第一に、地理、そして地図を元に、縦横無尽に議論を展開していることだ。本書でとりわけ印象的なのは、カプランが努めて現実主義者《リアリスト》としての視点を持とうとしている点である。たとえば第二章では、「地図とは、人間の分断を空間的に表現したものだ。人間の分断は、もとはといえば現実主義者の研究テーマである」という鋭い言葉を記している。この「分断」をもたらしている空間、つまり「地理」を図上に描き出したものが地図であり、まずはこの冷徹な「人間の分断」を元にして、カプランは議論を進めていくことを宣言する。ただし、彼は「地理が人間の社会的行動を決定する」とする、いわゆる「地理決定論」の立場はとっておらず、あくまでも地理はその行動を条件付けるもの、もしくは「部分的決定論」という立場をとっている。マクニールとホジソンというシカゴ大学の二大学者の議論を引用しつつ、これまでの世界を成立させ、今後も影響を与え続けるのが地理と歴史であるという認識を元にしながら、第二部以降はユーラシアの大国を実例にして見事に分析していくのだ。

このような質の高い大きな視点からの分析を、インテリジェンス企業であるユーラシア・グループ社のトップであるイアン・ブレマーが、「地理をメスのように駆使して、グローバル化によって説明できなかった国際関係や紛争を検証しており……地理によって世界の現状と未来を聡明に説明している」と評しているのは、決して誇張した称賛ではない。

第二は、彼が地理的な要素を重視しつつも、それを決定論的に扱うのではなく、あくまでも部分的な決定論として活用していることである。つまり地理は人間にとっての「運命」なのだが、それは人間の「(政治的な)意志」で乗り越えられるというのだ。これは原著の副題の「将来の紛争と運命に対する闘いについて地図が教えてくれること」という言葉からもわかるように、地理という「運命」と、それを乗り越えようとする人間の「意志」の戦いであるということだが、これをカプランは、英米圏の地政学者であるマッキンダーやマハン、それにスパイクマンたちに共通した意見であると指摘している。とくに第一章では、冷戦後のアメリカの大戦略の議論が、人間の「理性」や「意志」によって「(地理の)運命」を越えられるとするリベラルな理想主義者や新保守主義者たちの介入主義の議論から、「地理は運命である」ということを認める傾向のある現実主義者たちの議論に移り変わっている様子を記していて、きわめて興味深い。もちろんカプラン自身は前述したようにこの「運命」を強調する現実主義者側の人間であり、世界の未来は地理に縛られた状態によってますます混迷を深めるという、不確定かつ悲観的な姿を描き出している。

第三は、彼がすでに時代遅れとされている、いわゆる「地政学」の論者たちの議論を参考にして議論を行っている点だ。カプランを地政学（正確には古典地政学）の知識へと向かわせたきっかけは、現在の国際政治学における議論や知見には、自身がジャーナリストとして身をもって体験してきた地理の知識の重要性がほとんど反映されていなかったことにあるとしている。そこで参考になると感じたのが、マハン、マッキンダー、そしてスパイクマンなどを始めとする、一九世紀後半から二〇世紀前半を生きた地政学の論者の知識であったというのだ。ただし、「大きな物語《グランド・ナラティブ》」ともいわれる地政学の包括的な視点は、細分化された計量主義的な現代の学問では往々にして避けられる傾向が強い。そのためモーゲンソーに「エセ科学」と呼ばれてしまうように、地政学がいわば社会科学と芸術《アート》の中間にあることを、カプラン自身も暗に認めている。だからこそ地政学は悪用されやすい一面を持つのであり、彼が「自由主義国家は、ハウスホーファーのような者たちに地政学を独占させないよう、心して……地政学と空間をめぐる競争を戦う役割を果たさなくてはならない」と記しているのは、当然のことなのだ。

ナチスに誤用されたという古典地政学の後ろ暗い過去や、多分にアート的な知識が必要とされる地理という要素は、学問の世界でも五〇年代以降に敬遠されている。これについては、たとえば本書で引用されているジョンズ・ホプキンス大学のヤクブ・グリギエルも、国際政治学（国際関係論）の世界では地理という要素が戦後長く忘れられており、一九八〇年代末にスティーブン・ウォルトが『The Origins of Alliances（同盟の起源）』という本を書いて、自身の理論の中に地理的な要素を組み込んで論じるまで、国際政治の学問では真剣に考慮されていなかったと分析している。たしかに現在の国際政治を見る上で、地理という要素は往々にしてその影響力の大きさを忘れられることが多い。カプランも、基本的には地理の重要性がグローバル化の影響によって低下していることは認めているが、マッキンダーの言うようにそれが圧縮されて「閉鎖システム」的になってきているからこそ、その地理の分断状況がますます顕著になっていて、世界がより紛争的に変化していると警戒しているのだ。

本書の結論は、「地理」をベースとした地政学の考え方から見れば、今後の世界はアメリカが優位を保ちつつも混沌《こんとん》となって紛争的になる、というものだ。重ねていうが、これは冒頭に紹介したフクヤマの「民主主義」や、ハンチントンの「宗教」、ミアシャイマーの「大国」、そしてバーネットの「グローバル化」のような要素を強調したものとは違って、古い学問的なスタンダードに則《のっと》った分析である。ただしその古い分析を、たとえば一九八〇年代にイラクを訪れた時の「アラビスタン」と「クルディスタン」との対比のような、縦横無尽かつ重厚な現場での体験や、歴史書との対話などを通じて、カプランはこれまでにないほど生き生きとよみがえらせているのである。

唯一残念なのは、彼自身は日本に対してそれほど関心がないようであり、本書の中でもアメリカ東部のリベラル派にありがちな、日本についての表層的な記述がいくつかあることだ。最近インタビューを行ったときにも、日本についてはすでに多くの専門家が書いており、自分が独自の視点から書ける余地はないと話していた。本書を書き終えて数年たった現在において取り組んでいるテーマが中欧情勢であるため、当分はアジアについて書くことはないと述べていたが、将来チャンスがあれば、ぜひ日本についても分析を書いてもらいたいと願うばかりだ。

少し個人的なことを書くのをお許しいただきたい。実のところ、本書は解説を書かせていただいている私自身が、ここ数年間で最も翻訳したかった本である。というのも、二〇一一年に博士号論文を書き上げてイギリスの大学で提出したのだが、そこで書いた内容が、カプランが記している内容とかなり重なっていたからだ。とにかく驚いたのは、自分が論文を書き上げた一年後に、まさかここまで自分と同じようなテーマを追求し、似たような本を読んで研究し、当然だが、きわめて高度な完成度で国際的なベストセラーにしたということだった。加えて、私よりもはるかに優れた翻訳家である櫻井氏に訳出されたことで、この本自身の運命にとっても、結果的にはこれが幸運であったと確信している。

最後に、本書の企画を提示していただいた朝日新聞出版の須賀氏には、記して感謝する次第である。思いもよらない提案であったが、とても貴重で勉強になる体験をさせていただいた。本当にありがとうございました。

二〇一四年一一月四日

横浜の拙宅にて

新書版　解説

奥山真司（戦略学博士、多摩大学大学院客員教授）

本書の単行本版である『地政学の逆襲「影のＣＩＡ」が予測する覇権の世界地図』はアメリカのジャーナリストであるロバート・Ｄ・カプランの著書の日本語版として二〇一四年に刊行されたものだ。今回、装いも新たに新書版として再販されるにあたって、およそ一〇年ぶりに再び解説を書かせていただくのは個人的にも光栄なことであると感じている。

原著者であるカプランの経歴や、本の内容や特徴については、私が一〇年前に書いた単行本版の「解説」の方をお読みいただければよいが、新たに付け加えることがあるとすれば、その後のカプランは毎年一月に「世界の一〇大リスク」を発表することで有名な、イアン・ブレマー率いる政治リスクの調査・コンサルティング会社である「ユーラシア・グループ」社の上級顧問に二〇一七年に就任し、長年関係のあったフィラデルフィアにある外交シンクタンクである外交政策研究所（Foreign Policy Research Institute：FPRI）では二〇二〇年から特別顧問を務めている。本書の原著が刊行された後も積極的に出版を重ねており、拙訳『南シナ海　中国海洋覇権の野望』の原著を含めて現在まで七冊の本を刊行している。

今回新たに解説を書くために本書を再び読み返して強烈に感じたことは、第一に当時から国際環境が劇的に変わったことであり、本書の中で触れられていることの多くに時代遅れになった部分があることだ。たとえば本書のテーマに関連する安全保障や地政学という分野において原著が刊行された2012年から変化したことといえば、中国に関しては「一帯一路」の推進と習近平への権力集中、そして経済の成長率の低下などが挙げられる。アメリカではトランプ政権の登場や新型コロナの世界的な蔓延《まんえん》、そして大統領選をめぐる騒乱、バイデン政権によるアフガニスタン撤退、そしてなんと言ってもウクライナへのロシアの侵攻や、ハマスのテロ攻撃を契機としたイスラエル軍によるガザ地区への侵攻が挙げられる。いずれも本書が現在書かれていたら含まれるべき国際的な変化ということになり、それについての言及がない点は物足りなさを感じる。

ところが第二の点としては、その割にはこの本の価値はいささかも変わっておらず、むしろ上記の変化の背後にある構造的な事情を理解する上で、当時よりもさらに説得力を増しているという事実がある。とりわけ注目したいのは以下の三点である。

第一に、主に第一〇章で展開されているロシアについての解説である。我々はすでにプーチン大統領がウクライナに侵攻したことを知っているが、カプランは過去のロシアの歴史的な経緯を解説しつつ、ウクライナの東西での宗教的な違いや、それがロシアにとってどのような意味をもっているのか、そしてプーチンが現状維持勢力ではなく攻撃的な勢力であることや、ウクライナの次はポーランドが焦点になることなど、むしろその後の経緯を我々が知っているからこそ気付かされるヒントや興味深い点をいくつも指摘していることがわかる。

第二に、中国について書かれている第一一章の解説だ。ここでは彼の地理をベースとした分析が逆説的で興味深い。やや遠回しな言い方ではあるが、現在の中国は実は歴史的にも地政学的にも恵まれた状態にあり、大陸内部からの脅威がないおかげで海洋進出できていることを指摘している。米中対立の展望から予測される構造的な理由のため、中国は相変わらず海洋進出や海外へのビジネスの拡大を続けることになるとして、南シナ海への中国の進出や台湾統一の可能性を指摘しつつ、アメリカと中国の関係は安定的ながらもその競争は激化しうるとしていて示唆に富む。

第三に、最終章となる第一五章で展開されているアメリカとメキシコとの関係についての考察だ。ここでの本当のテーマは長期的な視点からアメリカの大戦略を考えることなのだが、カプランはその上でアメリカと南部で国境を接するメキシコの存在とその安定が世界政治に大きな影響を与えることを示唆している。もちろんこの本を書いた当時のカプラン自身の関心は、メキシコの安定を含めた南北アメリカの政治的安定こそがアメリカの世界展開における基礎となると分析することにあり、そのためにハーバード大学の教授で『文明の衝突』でも知られている故サミュエル・ハンティントンの『分断されるアメリカ』における議論を援用しつつ、南部からの移民の流入によるアメリカ国内の人口動態の変化が今後のアメリカの国際政治への関与、とりわけユーラシア大陸への介入の度合いという大戦略に影響を与える可能性があることを冷静に見極めている。

ところが現在アメリカ国内で争点になっているのは、カプランが注目していたメキシコの安定そのものではなく、むしろ国境を越えてのラテンアメリカからの不法移民の流入（二〇二三年の一年間だけで一〇〇〇万人が流入したという統計もあるほど）だ。すでに民主党を支持して移民流入を黙認するリベラルな人々と、その規制を主張する共和党を支持する保守的な人々との間での政治的分断が凄まじく、「内戦」も囁《ささや》かれるほどの状態になっているのが、この不法移民への対処問題であり、次期大統領選の最大の争点のひとつとなっている点を忘れてはならない。

カプランのこの章での議論は、南部からの不法移民がアメリカの国内の安定に果たす影響や、ローマ帝国になぞらえたアメリカの覇権国としての存続、そしてそこから類推される日本の今後の安全保障（とりわけ台湾有事におけるアメリカの介入の可能性など）に大きな要素として関わってくることを考える上で、決して見逃すことはできない。

もちろん本書には批判すべき点がないわけではない。彼の他の本にも共通する点ではあるが、たとえばマハンやマッキンダー、そしてスパイクマンなど、あまりに古い時代の古典地政学の議論を重要視している点や、議論が地理や歴史の条件を過剰に重視した決定論的なものに偏りがちなこと、そしてアメリカや西洋中心の帝国主義的な、いわば「オリエンタリズム」的な視点が見えることなどであろう。本書が刊行されてから世界中で使われるようになったSNSなどを通じたプロパガンダ戦や認知戦的な面も、欲をいえば考慮が欲しかったと言える。また、全般的に言えることだが、彼は世界情勢についてかなり悲観的に見ている点も忘れてはならない。ところが本書の単行本版が日本で刊行されてから気になるのは、その後の世界情勢が、彼の悲観的な視点に近づいてきており、逆に彼の見通しが真実味や説得力を増してきているという点だ。

しかしそれを逆手にとって考えることもできる。逆説的な本書の楽しみ方としては、読者である我々が刊行された後の歴史の結果を知っているという意味で、いわば「神の視点」から本書を「答え合わせ」として読むという楽しみ方もできるかもしれない。実際、新たな解説を書くために本書を読み返す中で個人的に楽しめたのは、いわば「後出しジャンケン」としてすでに歴史の答えを知っている自分が、一〇年以上前に今後の国際政治の状況を必死で見通そうとしていたカプランと対話ができるような感覚を味わえたことである。

いずれにせよ、国際情勢が厳しさを増す中で、現場と歴史、具体と抽象を行き来するようなカプランのこの書は、その価値を落とすことなくますます輝きを放っていると言える。

二〇二四年四月二日

横浜駅近くの喫茶店にて

Skerry, *Mexican Americans: The Ambivalent Minority* (Cambridge: Harvard University Press, 1993), pp.21-22, 289.

*24. Huntington, *Who Are We?*, pp.246-47; *The Economist*, London, July 7, 2001.

*25. Ted Galen Carpenter, "Escape from Mexico," *The National Interest Online*, Washington, DC, June 30, 2010.

*26. David Danelo, "How the U.S. and Mexico Can Take Back the Border— Together," Foreign Policy Research Institute, Philadelphia, April 2010.

*27. Arnold J. Toynbee, *A Study of History*, abridgement of vols.7-10 by D. C. Somervell (New York: Oxford University Press, 1957), p.124.

*28. Ibid., pp.15-16, 75.

*29. Kaplan, *An Empire Wilderness*, p.14.（この本の文献目録を参照のこと）

*30. Stratfor.com, "The Geopolitics of the United States, Part 1: The Inevitable Empire," Austin, Texas, August 25, 2011.

*31. Saul B. Cohen, *Geography and Politics in a World Divided* (New York: Random House, 1963), p.95.

*32. James Fairgrieve, *Geography and World Power*, p.329.

*33. Nicholas John Spykman, *The Geography of the Peace*, edited by Helen R. Nicholl (New York: Harcourt, Brace, 1944), p.45.

*34. Robert Strausz- Hupé, *The Zone of Indifference* (New York: G. P. Putnam's Sons, 1952), p.64.

＊8. Bernard DeVoto, *The Course of Empire* (Boston: Houghton Mifflin, 1952), p.xxxii, 1989 American Heritage Library edition.

＊9. David M. Kennedy, "Can We Still Afford to Be a Nation of Immigrants?," *Atlantic Monthly*, November 1996.

＊10. Joel Kotkin, "The Rise of the Third Coast: The Gulf's Ascendancy in U.S.," *Forbes.com*, June 23, 2011.

＊11. Henry Bamford Parkes, *A History of Mexico* (Boston: Houghton Mifflin, 1960), pp.3-4, 11.

＊12. David J. Danelo, "The Many Faces of Mexico," *Orbis*, Philadelphia, Winter 2011.

＊13. Jackson Diehl, "The Crisis Next Door: U.S. Falls Short in Helping Mexico End Its Drug War," *Washington Post*, July 26, 2010.

＊14. Mackubin T. Owens, "Editor's Corner," *Orbis*, Philadelphia, Winter 2011.

＊15. Robert C. Bonner, "The New Cocaine Cowboys: How to Defeat Mexico's Drug Cartels," *Foreign Affairs*, New York, July-August 2010.

＊16. Robert D. Kaplan, "Looking the World in the Eye: Profile of Samuel Huntington," *Atlantic Monthly*, December 2001.

＊17. Samuel P. Huntington, *Who Are We? The Challenges to America's National Identity* (New York: Simon & Schuster, 2004).（ハンティントンの著作では、同様の説を打ち出した私の著作が少しではあるが参照されている。Robert D. Kaplan, *An Empire Wilderness: Travels into America's Future* [New York: Random House, 1998], Chapters 10-13.）

＊18. Huntington, *Who Are We?*, pp.39, 59, 61, 63, 69, 106.

＊19. Ibid., p.221.

＊20. Peter Skerry, "What Are We to Make of Samuel Huntington?," *Society*, New York, November-December 2005.

＊21. Kennedy, "Can We Still Afford to Be a Nation of Immigrants?"

＊22. Carlos Fuentes, *The Buried Mirror: Reflections on Spain and the New World* (Boston: Houghton Mifflin, 1992), p.343.

＊23. Huntington, *Who Are We?*, pp.115-16, 229-30, 232, 238; Peter

＊15. Philip K. Hitti, *History of Syria: Including Lebanon and Palestine* (New York: Macmillan, 1951), pp.3-5.

＊16. Nibraz Kazimi, "Move Assad: Could Jihadists Overthrow the Syrian Government?," *New Republic,* June 25, 2010.

＊17. Michael Young, "On the Eastern Shore," *Wall Street Journal,* April 29, 2011.

＊18. Benjamin Schwarz, "Will Israel Live to 100?," *The Atlantic,* May 2005.

第三部　アメリカの大戦略

第一五章　岐路に立つメキシコ

＊１. Fernand Braudel, *The Mediterranean: And the Mediterranean World in the Age of Philip Ⅱ*, vols.1 and 2, translated by Sian Reynolds (New York: Harper & Row, 1949, 1972, 1973).

＊２. Barry Cunliffe, *Europe Between the Oceans: Themes and Variations: 9000 BC-AD 1000* (New Haven: Yale University Press, 2008), pp.17-18.

＊３. Jakub J. Grygiel, *Great Powers and Geopolitical Change* (Baltimore: Johns Hopkins University Press, 2006), p.17.

＊４. Michael Lind, "America Under the Caesars," *The National Interest,* Washington, DC, July-August 2010.

＊５. Edward N. Luttwak, *The Grand Strategy of the Roman Empire: From the First Century A.D. to the Third* (Baltimore: Johns Hopkins University Press, 1976), pp.192-94.

＊６. Edward N. Luttwak, *The Grand Strategy of the Byzantine Empire* (Cambridge: Harvard University Press, 2009).

＊７. W. H. Parker, *Mackinder: Geography as an Aid to Statecraft* (Oxford: Clarendon Press, 1982), p.127; Robert Strausz- Hupé, *Geopolitics: The Struggle for Space and Power* (New York: G. P. Putnam's Sons, 1942), p.240.

第一四章　旧オスマン帝国

＊1．George Friedman, *The Next 100 Years: A Forecast for the 21st Century* (New York: Doubleday, 2009), p.7.

＊2．William Langer and Robert Blake, "The Rise of the Ottoman Turks and Its Historical Background," *American Historical Review*, 1932; Jakub J. Grygiel, *Great Powers and Geopolitical Change* (Baltimorc: Johns Hopkins University Press, 2006), p.96.

＊3．Herbert Adams Gibbons, *The Foundation of the Ottoman Empire* (New York: Century, 1916); Grygiel, *Great Powers and Geopolitical Change*, pp.96-97, 101.

＊4．Dilip Hiro, *Inside Central Asia: A Political and Cultural History of Uzbekistan, Turkmenistan, Kazakhstan, Kyrgyzstan, Tajikistan, Turkey, and Iran* (New York: Overlook Duckworth, 2009), p.89; Dilip Hiro, "The Islamic Wave Hits Turkey," *The Nation*, June 28, 1986.

＊5．Hiro, *Inside Central Asia*, pp.85-86.

＊6．Samuel P. Huntington, *The Clash of Civilizations and the Remaking of World Order* (New York: Simon & Schuster, 1996), pp.85, 125, 177.

＊7．Marc Champion, "In Risky Deal, Ankara Seeks Security, Trade," *Wall Street Journal*, May 18, 2010.

＊8．Geoffrey Kemp and Robert E. Harkavy, *Strategic Geography and the Changing Middle East* (Washington, DC: Brookings Institution Press, 1997), p.105.

＊9．Freya Stark, "Iraq," in *Islam To- day*, edited by A. J. Arberry and Rom Landau (London: Faber & Faber, 1943).

＊10. Robert D. Kaplan, "Heirs of Sargons," *The National Interest*, Washington, DC, July-August 2009.

＊11. Georges Roux, *Ancient Iraq* (London: Allen & Unwin, 1964).

＊12. Adeed Dawisha, *Iraq: A Political History from Independence to Occupation* (Princeton: Princeton University Press, 2009), p.4.

＊13. Ibid., p.5.

＊14. Ibid., pp.286-87.

＊9. Ibid., p.163.

＊10. W. Barthold, *An Historical Geography of Iran* (Princeton: Princeton University Press, 1903, 1971, 1984), pp.x-xi, 4.

＊11. Nicholas Ostler, *Empires of the Word: A Language History of the World* (New York: HarperCollins, 2005), p.31.

＊12. Michael Axworthy, *A History of Iran: Empire of the Mind* (New York: Basic Books, 2008), p.3.

＊13. Hodgson, *The Classical Age of Islam*, p.125.

＊14. Axworthy, *A History of Iran*, p. 34.

＊15. Brown, *The World of Late Antiquity*, pp.202-3.

＊16. Dilip Hiro, *Inside Central Asia: A Political and Cultural History of Uzbekistan, Turkmenistan, Kazakhstan, Kyrgyzstan, Tajikistan, Turkey, and Iran* (New York: Overlook Duckworth, 2009), p.359.

＊17. Olivier Roy, *The Failure of Political Islam*, translated by Carol Volk (Cambridge: Harvard University Press, 1992, 1994), pp.168-70.

＊18. Marshall G. S. Hodgson, *The Venture of Islam: Conscience and History in a World Civilization*, vol.3: *The Gunpowder Empires and Modern Times* (Chicago: University of Chicago Press, 1974), pp.22-23.

＊19. Roy, *The Failure of Political Islam*, p.168.

＊20. Ibid., p.172.

＊21. Ibid., 174-75.

＊22. Vali Nasr, *Forces of Fortune: The Rise of the New Muslim Middle Class and What It Will Mean for Our World* (New York: Free Press, 2009).

＊23. Roy, *The Future of Political Islam*, p. 193.

＊24. M. K. Bhadrakumar, "Russia, China, Iran Redraw Energy Map," *Asia Times*, 2010.

＊25. Robert Baer, "Iranian Resurrection," *The National Interest*, Washington, DC, November-December 2008.

＊26. Robert D. Kaplan, *The Ends of the Earth: A Journey at the Dawn of the 21st Century* (New York: Random House, 1996), p.242.

*22. André Wink, *Al- Hind: The Making of the Indo- Islamic World, vol.2: The Slave Kings and the Islamic Conquest, 11th-13th Centuries* (Leiden: Brill, 1997), pp.1, 162; Muzaffar Alam, *The Crisis of Empire in Mughal North India: Awadh and the Punjab, 1707-1748* (New Delhi: Oxford University Press, 1986), pp.11, 141, 143.

*23. S. Frederick Starr and Andrew C. Kuchins, with Stephen Benson, Elie Krakowski, Johannes Linn, and Thomas Sanderson, "The Key to Success in Afghanistan: A Modern Silk Road Strategy," Central Asia-Caucasus Institute and the Center for Strategic and International Studies, Washington, DC, 2010.

*24. Friedman, "The Geopolitics of India."

*25. Fairgrieve, *Geography and World Power*, p.253.

第一三章　中軸国家イラン

*１. William H. McNeill, *The Rise of the West: A History of the Human Community* (Chicago: University of Chicago Press, 1963), p.167.

*２. Marshall G. S. Hodgson, *The Venture of Islam: Conscience and History in a World Civilization,* vol.1: *The Classical Age of Islam* (Chicago: University of Chicago Press, 1974), pp.50, 60, 109.

*３. John King Fairbank and Merle Goldman, *China: A New History* (Cambridge: Harvard University Press, 1992, 2006), pp.40-41.

*４. Geoffrey Kemp and Robert E. Harkavy, *Strategic Geography and the Changing Middle East* (Washington, DC: Brookings Institution Press, 1997), pp.15-17.

*５. Ibid., p.xiii.(ただし近年の北アメリカにおけるタールサンドとシェールの発見と開発によって、こうした統計を見直す必要が生じている)

*６. Bruce Riedel, "Brezhnev in the Hejaz," *The National Interest*, Washington, DC, September-October 2011.

*７. Kemp and Harkavy, *Strategic Geography and the Changing Middle East*, map, p.113.

*８. Peter Brown, *The World of Late Antiquity, AD 150-750* (London: Thames & Hudson, 1971), p.160.

分を多く含む水が田園地帯に広まらない」からである）

＊3．Fairgrieve, *Geography and World Power*, pp.253-54.

＊4．Halford. J. Mackinder, *Eight Lectures on India* (London: Visual Instruction Committee of the Colonial Office, 1910), p.114.

＊5．Burton Stein, *A History of India* (Oxford: Blackwell, 1998), pp.6-7.

＊6．ペルシア語は12世紀にインドに文学の言語として伝わり、公用語としての役割が確立したのは16世紀になってからである。

＊7．Panikkar, *Geographical Factors in Indian History*, p.21.

＊8．Nicholas Ostler, *Empires of the Word: A Language History of the World* (New York: HarperCollins, 2005), p.223.

＊9．Stein, *A History of India*, pp.75-76.

＊10. Adam Watson, *The Evolution of International Society: A Comparative Historical Analysis* (London: Routledge, 1992), pp.78-82.

＊11. Stein, *A History of India*, p.121.

＊12. Fairgrieve, *Geography and World Power*, p.261.

＊13. Panikkar, *Geographical Factors in Indian History*, p.43.

＊14. Fairgrieve, *Geography and World Power*, p.262.

＊15. Robert D. Kaplan, *Monsoon: The Indian Ocean and the Future of American Power* (New York: Random House, 2010), pp.119, 121.

＊16. Panikkar, *Geographical Factors in Indian History*, pp.40, 44.

＊17. Kaplan, *Monsoon*, pp.122-23; John F. Richards, *The New Cambridge History of India: The Mughal Empire* (New York: Cambridge University Press, 1993), pp.239, 242.

＊18. Richard M. Eaton, *The Rise of Islam and the Bengal Frontier, 1204-1760* (Berkeley: University of California Press, 1993), pp. xxii-xxiii, 313.

＊19. George Friedman, "The Geopolitics of India: A Shifting, Self-Contained World," Stratfor, December 16, 2008.

＊20. インドとイランもこれと同じくらい地理的・文化的に近い関係にある。

＊21. パンジャブは「5つの川」を意味し、インダス川の支流であるビーアス川、シェナブ川、ジェーラム川、ラーヴィー川、サトレジ川に由来する。

New 'Grand Canals'? Probing the Intersection of Beijing's Naval and Oil Security Policies," *Naval War College Review*, Newport, Rhode Island, Spring 2009.

＊50. Nicholas J. Spykman, *America's Strategy in World Politics: The United States and the Balance of Power* (New York: Harcourt, Brace, 1948), p. xvi. The phrase first appeared in Nicholas J. Spykman and Abbie A. Rollins, "Geographic Objectives in Foreign Policy II," *The American Political Science Review*, August 1939.

＊51. インド洋と太平洋を結ぶ運河と地峡が実現すれば、なおさらである。

＊52. Spykman, *America's Strategy in World Politics*, p.60.

＊53. Andrew S. Erickson and David D. Yang, "On the Verge of a Game-Changer: A Chinese Antiship Ballistic Missile Could Alter the Rules in the Pacific and Place U.S. Navy Carrier Strike Groups in Jeopardy," *Proceedings*, Annapolis, Maryland, May 2009.

＊54. Jacqueline Newmyer, "Oil, Arms, and Influence: The Indirect Strategy Behind Chinese Military Modernization," Orbis, Philadelphia, Spring 2009.

＊55. Howard W. French, "The Next Empire," *The Atlantic*, May 2010.

＊56. Pat Garrett, "Indian Ocean 21," November 2009.

＊57. Julian S. Corbett, *Some Principles of Maritime Strategy* (London: Longmans, Green, 1911), pp.213-214, 2004 Dover edition.

＊58. Robert S. Ross, "The Geography of the Peace: East Asia in the Twenty- First Century," *International Security*, Cambridge, Ma, Spring 1999.

＊59. Mearsheimer, *The Tragedy of Great Power Politics*, pp.386, 401-2.

第一二章　インドのジレンマ

＊１. James Fairgrieve, *Geography and World Power*, p.253.

＊２. K. M. Panikkar, *Geographical Factors in Indian History* (Bombay: Bharatiya Vidya Bhavan, 1955), p.41.（これらの川がそれほど重要でないのは、パニッカルが書いているように、「渓谷ではなく高地を流れるため、栄養

Review, London, 1932; Tregear, *A Geography of China*, p.270.
*36. Hillary Clinton, "America's Pacific Century," *Foreign Policy*, Washington, DC, November 2011.
*37. Dana Dillon and John J. Tkacik Jr., "China's Quest for Asia," *Policy Review*, Washington, DC, December 2005-January 2006.
*38. Robert S. Ross, "The Rise of Chinese Power and the Implications for the Regional Security Order," *Orbis*, Philadelphia, Fall 2010.
*39. John J. Mearsheimer, *The Tragedy of Great Power Politics* (New York: W. W. Norton, 2001), p.135.
*40. M. Taylor Fravel, "Regime Insecurity and International Co-operation: Explaining China's Compromises in Territorial Disputes," *International Security*, Fall 2005.
*41. Grygiel, *Great Powers and Geopolitical Change*, p.170.
*42. Spence, *The Search for Modern China*, p.136.
*43. James Fairgrieve, *Geography and World Power*, pp.242-43.
*44. James Holmes and Toshi Yoshihara, "Command of the Sea with Chinese Characteristics," *Orbis*, Philadelphia, Fall 2005.
*45. Ross, "The Rise of Chinese Power and the Implications for the Regional Security Order"（ロスが引用文に付した脚注を参照）; Andrew F. Krepinevich, "China's 'Finlandization' Strategy in the Pacific," *Wall Street Journal*, September 11, 2010.
*46. Seth Cropsey, "Alternative Maritime Strategies," grant proposal; Robert S. Ross, "China's Naval Nationalism: Sources, Prospects, and the U.S. Response," *International Security*, Cambridge, Ma, Fall 2009; Robert D. Kaplan, "How We Would Fight China," *Atlantic Monthly*, Boston, June 2005; Mark Helprin, "Why the Air Force Needs the F-22," *Wall Street Journal*, February 21, 2010.
*47. Holmes and Yoshihara, "Command of the Sea with Chinese Characteristics."
*48. Ross, "The Rise of Chinese Power and the Implications for the Regional Security Order."
*49. Andrew S. Erickson and Lyle Goldstein, "Gunboats for China's

Pacific (Westport, CT: Praeger, 1996), pp.234-35.

＊23.「水力社会」説を提唱したのは、20世紀のドイツ系アメリカ人の歴史家で中国研究家のカール・ウィットフォーゲルである。水力社会は、大がかりな灌漑工事に必要な莫大で有能な労働人口をもつ、古代の河川流域文明で発達した。

＊24. Fairbank and Goldman, *China: A New History*, p.5.

＊25. イェール大学のジョナサン・D・スペンスは、チベットのダライ・ラマに忠誠を誓ったモンゴル族ジュンガル部の長、ガルダンについて説明している。ガルダンの軍隊は、最終的に1696年に外モンゴルで８万人を超える清の侵略軍によって破られた。Jonathan D. Spence, *The Search for Modern China* (New York: Norton, 1990), p.67.

＊26. David Blair, "Why the Restless Chinese Are Warming to Russia's Frozen East," *Daily Telegraph*, London, July 16, 2009.

＊27. Spence, *The Search for Modern China*, p.97.

＊28. Fitzroy Maclean, *Eastern Approaches* (New York: Little, Brown, 1949), p.120.

＊29. Spence, *The Search for Modern China*, p.13.

＊30. Owen Lattimore, "Inner Asian Frontiers: Chinese and Russian Margins of Expansion," *The Journal of Economic History*, Cambridge, England, May 1947.

＊31. Uttam Kumar Sinha, "Tibet's Watershed Challenge," *Washington Post*, June 14, 2010.

＊32. Edward Wong, "China Quietly Extends Footprints into Central Asia," *New York Times*, January 2, 2011.

＊33. S. Frederick Starr and Andrew C. Kuchins, with Stephen Benson, Elie Krakowski, Johannes Linn, and Thomas Sanderson, "The Key to Success in Afghanistan: A Modern Silk Road Strategy," Central Asia-Caucasus Institute and the Center for Strategic and International Studies, Washington, DC, 2010.

＊34. Dan Twining, "Could China and India Go to War over Tibet?," ForeignPolicy.com, Washington, DC, March 10, 2009.

＊35. Owen Lattimore, "Chinese Colonization in Manchuria," *Geographical*

＊8. M. Taylor Fravel, *Strong Borders, Secure Nation: Cooperation and Conflict in China's Territorial Disputes*（Princeton: Princeton University Press, 2008）, pp.41-42.

＊9. Jakub J. Grygiel, *Great Powers and Geopolitical Change* (Baltimore: Johns Hopkins University Press, 2006), p.133.（加えてオーウェン・ラティモアはこう書いている。「中華帝国に含めることが有利な領土と人民と、そうでないものの間には、明らかに分割の線が存在した。これが、万里の長城が定義しようとした線だった」。Owen Lattimore, "Origins of the Great Wall of China," Geographical Review, vol.27, 1937.）

＊10. Fairbank and Goldman, *China: A New History,* pp.23, 25, 45.

＊11. Ebrey, *China,* p.57.

＊12. Saul B. Cohen, *Geography and Politics in a World Divided*（New York: Random House, 1963）, pp.238-39.

＊13. Keay, *China,* maps pp.8-9, 53.

＊14. Ebrey, *China,* p.164.

＊15. Fairbank and Goldman, *China: A New History,* pp.41-42.

＊16. 地理学者のT・R・トレギアによると、北京の位置は、元、明、清王朝が近代化するうえで、重要な役割を果たしたという。北京は中央部に適度に近かったため、中国全体を統治すると同時に、北方と西方のステップ地帯を防護できた。T. R. Tregear, *A Geography of China*（London: Transaction, 1965, 2008）, pp.94-95.

＊17. 「野蛮人」の侵略という脅威は、今は亡き中国の専門家オーウェン・ラティモアの研究のテーマの一つだった。（Owen Lattimore, "China and the Barbarians," in *Empire in the East,* edited by Joseph Barnes [New York: Doubleday, 1934]）

＊18. Keay, *China,* p.259.

＊19. Fairbank and Goldman, *China: A New History,* p.109.

＊20. Ebrey, *China,* p.227.

＊21. "Map of Nineteenth Century China and Conflicts," www.fordham.edu/halsall, reprinted *in Reshaping Economic Geography*（Washington, DC: The World Bank, 2009）, p.195.

＊22. G. Patrick March, *Eastern Destiny: Russia in Asia and the North*

＊39. Olivier Roy, *The New Central Asia: The Creation of Nations* (New York: New York University Press, 1997, 2000), pp.xiv-xvi, 8-9, 66-69, 178.

＊40. Andres and Kofman, "European Energy Security."

＊41. Olcott, *The Kazakhs*, p.271.

＊42. Dilip Hiro, *Inside Central Asia: A Political and Cultural History of Uzbekistan, Turkmenistan, Kazakhstan, Kyrgyzstan, Tajikistan, Turkey, and Iran* (New York: Overlook Duckworth, 2009), pp.205, 281, 293.

＊43. Martin C. Spechler and Dina R. Spechler, "Is Russia Succeeding in Central Asia?," *Orbis*, Philadelphia, Fall 2010.

＊44. James Brooke, "China Displaces Russia in Central Asia," *Voice of America*, November 15, 2010.

＊45. Olcott, *The Kazakhs*, p.273.

＊46. Parker, *Mackinder*, p.83.

第一一章　大中華圏

＊1. H. J. Mackinder, "The Geographical Pivot of History," *The Geographical Journal*, London, April 1904.

＊2. Halford J. Mackinder, *Democratic Ideals and Reality: A Study in the Politics of Reconstruction* (Washington, DC: National Defense University, 1919, 1942), pp.46-48, 203.

＊3. 温帯域に位置する中国が、13億2000万人の人口を擁し、2008年のGDPが4兆3260億ドルだったのに対し、北極圏と温帯域の間に位置するロシアは、人口1億4100万人、同年のGDPは1兆6010億ドルだった。Simon Saradzhyan, "Russia's Red Herring," ISN Security Watch, Zurich, May 25, 2010.

＊4. John Keay, *China: A History* (London: HarperCollins, 2008), p.13.

＊5. Ibid., p.231.

＊6. Patricia Buckley Ebrey, *China: The Cambridge Illustrated History* (New York: Cambridge University Press, 1996), p.108.

＊7. John King Fairbank and Merle Goldman, *China: A New History* (Cambridge: Harvard University Press, 1992, 2006), p.23.

ロッパ諸国を真ん中寄りにもってくることで、ウクライナやモルドバなどのソ連の共和国を、実質的に新しい東ヨーロッパとして描き出す意図もあった。Jeremy Black, *Maps and History: Constructing Images of the Past*(New Haven: Yale University Press, 1997), p.151.

＊24. March, *Eastern Destiny*, pp.237-38.

＊25. Saradzhyan, "Russia's Red Herring."

＊26. Zbigniew Brzezinski, *The Grand Chessboard: American Primacy and Its Geostrategic Imperative* (New York: Basic Books, 1997), p.98.

＊27. John Erickson, "'Russia Will Not Be Trifled With': Geopolitical Facts and Fantasies," in *Geopolitics, Geography and Strategy*, edited by Colin S. Gray and Geoffrey Sloan (London: Frank Cass, 1999), pp.242-43, 262.

＊28. Brzezinski, *The Grand Chessboard*, p.110.

＊29. Dmitri Trenin, "Russia Reborn: Reimagining Moscow's Foreign Policy," *Foreign Affairs*, New York, November-December 2009.

＊30. Ibid.

＊31. Paul Bracken, *Fire in the East: The Rise of Asian Military Power and the Second Nuclear Age* (New York: HarperCollins, 1999), p.17.

＊32. W. H. Parker, *Mackinder: Geography as an Aid to Statecraft* (Oxford: Clarendon Press, 1982), p.157.

＊33. Philip Stephens, "Putin's Russia: Frozen in Decline," *Financial Times*, London, October 14, 2011.

＊34. Paul Dibb, "The Bear Is Back," *The American Interest*, Washington, DC, November– December 2006.

＊35. Brzezinski, *The Grand Chessboard*, p.46.

＊36. Richard B. Andres and Michael Kofman, "European Energy Security: Reducing Volatility of Ukraine- Russia Natural Gas Pricing Disputes," National Defense University, Washington, DC, February 2011.

＊37. Dibb, "The Bear Is Back."

＊38. Martha Brill Olcott, *The Kazakhs* (Stanford: Hoover Institution Press, 1987, 1995), pp.57-58.

＊5．タタールはテュルク諸語を公用語とするイスラム教スンニ派だが、モンゴル軍の多くを占めていたため、モンゴルと同義で用いられるようになった。

＊6．March, *Eastern Destiny*, p.18.

＊7．James H. Billington, *The Icon and the Axe: An Interpretive History of Russian Culture* (New York: Knopf, 1966), p.11.

＊8．Ibid., pp.18-19, 26.

＊9．Longworth, *Russia*, p.1.

＊10. Longworth, *Russia*, pp. 48, 52-53.

＊11. Robert Strausz- Hupé, *The Zone of Indifference* (New York: G. P. Putnam's Sons, 1952), p.88.

＊12. Longworth, *Russia*, pp.94-95; March, *Eastern Destiny*, p.28.

＊13. Longworth, *Russia*, p.200.

＊14. Denis J. B. Shaw, *Russia in the Modern World: A New Geography* (Oxford: Blackwell, 1999), pp.230-32.

＊15. Ibid., pp.5, 7; D. W. Meinig, "The Macrogeography of Western Imperialism," in *Settlement and Encounter*, edited by F. Gale and G. H. Lawton (Oxford: Oxford University Press, 1968), pp.213-40.

＊16. Lincoln, *The Conquest of a Continent*, p.57.

＊17. Ibid., pp.89, 395.

＊18. ここにも北極圏の温暖化が影響をおよぼす可能性がある。シベリアの河川の激流が流れ込む白海、バレンツ海、カラ海、ラプテフ海、東シベリア海の氷が取り除かれれば、この地域の経済ポテンシャルは飛躍的に高まるだろう。

＊19. March, *Eastern Destiny*, pp.51, 130.

＊20. Simon Saradzhyan, "Russia's Red Herring," ISN Security Watch, Zurich, May 25, 2010.

＊21. March, *Eastern Destiny*, p.194.

＊22. Shaw, *Russia in the Modern World*, p.31.

＊23. これ以降、ソ連のヨーロッパ地図にはヨーロッパ・ロシアの全域が含まれるようになった。このような地図を製作することには、モスクワが外部者と見なされないようにするという意図があった。また東ヨー

＊14. Judt, "Europe: The Grand Illusion."
＊15. Jack A. Goldstone, "The New Population Bomb: The Four Megatrends That Will Change the World," *Foreign Affairs*, New York, January-February 2010.
＊16. Hay, "Geopolitics of Europe."
＊17. Judt, "Europe: The Grand Illusion."
＊18. Zbigniew Brzezinski, *The Grand Chessboard: American Primacy and Its Geostrategic Imperatives* (New York: Basic Books, 1997), pp.69-71.
＊19. Josef Joffe in conversation, Madrid, May 5, 2011, Conference of the Fundación para el Análisis y los Estudios Sociales.
＊20. Geoffrey Sloan, "Sir Halford Mackinder: The Heartland Theory Then and Now," in *Geopolitics: Geography and Strategy*, edited by Colin S. Gray and Geoffrey Sloan (London: Frank Cass, 1999), p.20.
＊21. Steve LeVine, "Pipeline Politics Redux," *Foreign Policy*, Washington, DC, June 10, 2010; "BP Global Statistical Review of World Energy," June 2010.
＊22. Hay, "Geopolitics of Europe."
＊23. Halford J. Mackinder, *Democratic Ideals and Reality: A Study in the Politics of Reconstruction* (Washington, DC: National Defense University, 1919, 1942), p.116.

第一〇章　拡大するロシア

＊１. Saul B. Cohen, *Geography and Politics in a World Divided* (New York: Random House, 1963), p.211.
＊２. G. Patrick March, *Eastern Destiny: Russia in Asia and the North Pacific* (Westport, CT: Praeger, 1996), p.1.
＊３. Philip Longworth, *Russia: The Once and Future Empire from Pre- History to Putin* (New York: St. Martin's Press, 2005), pp.16-17.
＊４. March, *Eastern Destiny*, pp.4-5; W. Bruce Lincoln, *The Conquest of a Continent: Siberia and the Russians* (New York: Random House, 1994), p.xx, 2007 Cornell University Press edition.

Washington, DC, December 16, 2009.

第二部　二一世紀初めの世界地図

第九章　ヨーロッパの統合

＊1．Saul B. Cohen, *Geography and Politics in a World Divided* (New York: Random House, 1963), p.157.

＊2．William Anthony Hay, "Geopolitics of Europe," Orbis, Philadelphia, Spring 2003.

＊3．Claudio Magris, *Danube* (New York: Farrar, Straus and Giroux, 1988, 1989), p.18.

＊4．Barry Cunliffe, *Europe Between the Oceans: Themes and Variations: 9000 BC-AD 1000* (New Haven: Yale University Press, 2008), pp.vii, 31, 38, 40, 60, 318, 477.

＊5．Tony Judt, "Europe: The Grand Illusion," *New York Review of Books*, July 11, 1996.

＊6．Cunliffe, *Europe Between the Oceans*, p.372.

＊7．Hay, "Geopolitics of Europe."

＊8．Peter Brown, *The World of Late Antiquity: AD 150-750* (London: Thames & Hudson, 1971), pp.11, 13, 20.

＊9．Henri Pirenne, *Mohammed and Charlemagne* (ACLS Humanities e-book 1939, 2008).

＊10. Fernand Braudel, *The Mediterranean: And the Mediterranean World in the Age of Philip Ⅱ*, translated by Sian Reynolds (New York: Harper & Row, 1949), p.75.

＊11. Cunliffe, *Europe Between the Oceans*, pp.42-43.

＊12. Robert D. Kaplan, *Eastward to Tartary: Travels in the Balkans, the Middle East, and the Caucasus* (New York: Random House, 2000), p.5.

＊13. Philomila Tsoukala, "A Family Portrait of a Greek Tragedy," *New York Times*, April 24, 2010.

＊11. Julian S. Corbett, Some *Principles of Maritime Strategy* (London: Longmans, Green, 1911), pp.87, 152-53, 213-14, 2004 Dover edition.
＊12. U.S. Navy, U.S. Marine Corps, U.S. Coast Guard, "A Cooperative Strategy for 21st Century Seapower," Washington, DC, and Newport, Rhode Island, October 2007.
＊13. John J. Mearsheimer, *The Tragedy of Great Power Politics* (New York: W. W. Norton, 2001), pp.210, 213, 365.

第八章　空間の危機

＊1. Paul Bracken, *Fire in the East: The Rise of Asian Military Power and the Second Nuclear Age* (New York: HarperCollins, 1999), pp.33-34.
＊2. Ibid., pp xxv-xxvii, 73.
＊3. Ibid., pp.2, 10, 22, 24-25.
＊4. Ibid., pp.26-31.
＊5. Ibid., pp.37-38.
＊6. Ibid., pp.42, 45, 47-49, 63, 97, 113.
＊7. Ibid., p.156.
＊8. Ibid., p.110.
＊9. Ibn Khaldun, *The Muqaddimah: An Introduction to History* (1377), translated by Franz Rosenthal, pp. 93, 109, 133, 136, 140, 1967 Princeton University Press edition.
＊10. R. W. Southern, *The Making of the Middle Ages* (New Haven: Yale University Press, 1953), pp.12-13.
＊11. Thomas Pynchon, foreword to George Orwell, *1984* (New York: Penguin, 2003).
＊12. Bracken, *Fire in the East*, pp.123-24.
＊13. Ibid., pp.89, 91.
＊14. Jakub J. Grygiel, "The Power of Statelessness: The Withering Appeal of Governing," *Policy Review*, Washington, DC, April-May 2009.
＊15. Randall L. Schweller, "Ennui Becomes Us," *The National Interest*,

＊15. Ibid., p.166.

＊16. Ibid., p.178; Albert Wohlstetter, "Illusions of Distance," *Foreign Affairs*, New York, January 1968.

＊17. Parker, *Mackinder*, p.186.

＊18. Geoffrey Kemp and Robert E. Harkavy, *Strategic Geography and the Changing Middle East* (Washington, DC: Brookings Institution Press, 1997), p.5.

第七章　シーパワーの魅惑

＊1. A. T. Mahan, *The Problem of Asia: And Its Effect Upon International Policies* (London: Sampson Low, Marston, 1900), pp.27-28, 42-44, 97, 161; Saul B. Cohen, *Geography and Politics in a World Divided* (New York: Random House, 1963), pp.48-49.

＊2. Robert Strausz- Hupé, *Geopolitics: The Struggle for Space and Power* (New York: G. P. Putnam's Sons, 1942), pp.253-54.

＊3. A. T. Mahan, *The Influence of Sea Power Upon History, 1660-1783* (Boston: Little, Brown, 1890), pp.225-26, 1987 Dover edition.

＊4. Strausz- Hupé, *Geopolitics*, pp.244-45.

＊5. Jon Sumida, "Alfred Thayer Mahan, Geopolitician," in *Geopolitics, Geography and Strategy*, edited by Colin S. Gray and Geoffrey Sloan (London: Frank Cass, 1999), pp.53, 55, 59; Jon Sumida, *Inventing Grand Strategy and Teaching Command: The Classic Works of Alfred Thayer Mahan Reconsidered* (Baltimore: Johns Hopkins University Press, 1997), pp.41, 84.

＊6. Mahan, *The Influence of Sea Power Upon History*, p.25.

＊7. Ibid., pp.iv-vi, 15, 20-21, 329.

＊8. Ibid., pp.29, 138.

＊9. Ibid., pp.29, 31, 33-34, 138; Eric Grove, *The Future of Sea Power* (Annapolis: Naval Institute Press, 1990), pp.224-25.

＊10. James R. Holmes and Toshi Yoshihara, *Chinese Naval Strategy in the 21st Century: The Turn to Mahan* (New York: Routledge, 2008), p.39.

第六章　リムランド理論

＊1. Brian W. Blouet, *Halford Mackinder: A Biography* (College Station: Texas A & M University Press, 1987), p.192.

＊2. Nicholas J. Spykman, "Geography and Foreign Policy I," *The American Political Science Review*, Los Angeles, February 1938; Francis P. Sempa, "The Geopolitical Realism of Nicholas Spykman," introduction to Nicholas J. Spykman, *America's Strategy in World Politics* (New Brunswick: Transaction Publishers, 2007).

＊3. Nicholas J. Spykman, *America's Strategy in World Politics: The United States and the Balance of Power* (New York: Harcourt, Brace, 1942), pp.xvii, xviii, 7, 18, 20-21, 2007 Transaction edition.

＊4. Ibid., pp. 42, 91; Robert Strausz- Hupé, *Geopolitics: The Struggle for Space and Power* (New York: G. P. Putnam's Sons, 1942), p.169; Halford J. Mackinder, *Democratic Ideals and Reality: A Study in the Politics of Reconstruction* (Washington, DC: National Defense University, 1919, 1942), p.202; Daniel J. Boorstin, *Hidden History: Exploring Our Secret Past* (New York: Vintage, 1987, 1989), p.246; James Fairgrieve, *Geography and World Power*, pp.18-19, 326-27.

＊5. Spykman, *America's Strategy in World Politics*, p.89.

＊6. Ibid., p.50.

＊7. Ibid., pp.197, 407.

＊8. Nicholas J. Spykman, *The Geography of the Peace*, edited by Helen R. Nicholl (New York: Harcourt, Brace, 1944), p.43.

＊9. Mackinder, *Democratic Ideals and Reality*, p.51.

＊10. W. H. Parker, *Mackinder: Geography as an Aid to Statecraft* (Oxford: Clarendon Press, 1982), p.195.

＊11. Spykman, *America's Strategy in World Politics*, pp.135-37, 460, 469.

＊12. Ibid., p.466.

＊13. Michael P. Gerace, "Between Mackinder and Spykman: Geopolitics, Containment, and After," *Comparative Strategy*, University of Reading, UK, 1991.

＊14. Spykman, *America's Strategy in World Politics*, p.165.

Cohen, *Geography and Politics in a World Divided*, pp. 85-86; James Fairgrieve, *Geography and World Power* (London: University of London Press, 1915).

＊30. Sloan, "Sir Halford J. Mackinder: The Heartland Theory Then and Now," p.31.

＊31. Arthur Butler Dugan, "Mackinder and His Critics Reconsidered," *The Journal of Politics*, May 1962.

＊32. Brian W. Blouet, *Halford Mackinder: A Biography* (College Station: Texas A & M University Press, 1987), pp.150-51.

＊33. Mackinder, *Democratic Ideals and Reality*, pp.55, 78; Cohen, *Geography and Politics in a World Divided*, pp.42-44.

＊34. Mackinder, *Democratic Ideals and Reality*, pp. 64-65.

＊35. Ibid., p.116.

＊36. Ibid., pp.74, 205.

＊37. Ibid., p.201.

第五章　ナチスによる歪曲

＊１. Robert Strausz- Hupé, *Geopolitics: The Struggle for Space and Power* (New York: G. P. Putnam's Sons, 1942), pp.48-53; W. H. Parker, *Mackinder: Geography as an Aid to Statecraft* (Oxford: Clarendon Press, 1982), pp.178-80.

＊２. Strausz- Hupé, *Geopolitics*, pp.59-60.

＊３. Ibid., pp.60-61, 68-69.

＊４. Ibid., pp.142, 154-55.

＊５. Brian W. Blouet, *Halford Mackinder: A Biography* (College Station: Texas A & M University Press, 1987), pp.190-91.

＊６. Strausz- Hupé, *Geopolitics*, p.264.

＊７. Ibid., p.191.

＊８. Ibid., pp.196, 218.

＊９. Paul Bracken, *Fire in the East: The Rise of Asian Military Power and the Second Nuclear Age* (New York: HarperCollins, 1999), p.30.

＊11. アメリカも同じような経緯をたどった。第二次世界大戦終結時に、ヨーロッパとソ連、中国、日本の社会基盤が大きな損害を被っていたのに対し、アメリカはほとんど無傷だったため、その後何十年にもわたって経済と政治の面で優位に立つことができた。

＊12. Toynbee, *A Study of History*, abridgement of vols.7-10 by D. C. Somervell (New York: Oxford University Press, 1957), pp.151, 168.

＊13. Geoffrey Sloan, "Sir Halford J. Mackinder: The Heartland Theory Then and Now," in *Geopolitics, Geography and Strategy*, edited by Colin S. Gray and Geoffrey Sloan (London: Frank Cass, 1999), p.19.

＊14. Kennedy, "The Pivot of History: The U.S. Needs to Blend Democratic Ideals with Geopolitical Wisdom."

＊15. Parker, *Mackinder*, p.154.

＊16. Gerry Kearns, *Geopolitics and Empire: The Legacy of Halford Mackinder* (New York: Oxford University Press, 2009), p.38.

＊17. Parker, *Mackinder*, p.121.

＊18. Daniel J. Mahoney, "Three Decent Frenchmen," *The National Interest*, Washington, DC, Summer 1999; Franciszek Draus, *History, Truth and Liberty: Selected Writings of Raymond Aron* (Chicago: University of Chicago Press, 1985).

＊19. Grygiel, *Great Powers and Geopolitical Change*, p. 181; Raymond Aron, *Peace and War: A Theory of International Relations* (Garden City: Doubleday, 1966), pp.197-98.

＊20. Mackinder, *Democratic Ideals and Reality*, p.2.

＊21. Ibid., p.1.

＊22. Parker, *Mackinder*, p.160.

＊23. Ibid., p. 163.

＊24. Mackinder, *Democratic Ideals and Reality*, pp.22, 38, 41, 46.

＊25. Ibid., pp.46, 48.

＊26. Brzezinski, *The Grand Chessboard*, p.31.

＊27. Mackinder, *Democratic Ideals and Reality*, pp.41-42, 47.

＊28. Ibid., p.xviii, from introduction by Stephen V. Mladineo.

＊29. Mackinder, *Democratic Ideals and Reality*, pp.95-99, 111-12, 115;

* 35. Robert D. Kaplan, "A Historian for Our Time," *The Atlantic*, January/February 2007.
* 36. Hodgson, *The Classical Age of Islam*, p.25.

第四章　ユーラシア回転軸理論

* 1. Jakub J. Grygiel, *Great Powers and Geopolitical Change* (Baltimore: Johns Hopkins University Press, 2006), pp.2, 24; Mackubin Thomas Owens, "In Defense of Classical Geopolitics," *Naval War College Review*, Newport, Rhode Island, Autumn 1999, pp.60, 73; Saul B. Cohen, *Geography and Politics in a World Divided* (New York: Random House, 1963), p.29.
* 2. Paul Kennedy, "The Pivot of History: The U.S. Needs to Blend Democratic Ideals with Geopolitical Wisdom," *The Guardian*, June 19, 2004; Cohen, *Geography and Politics in a World Divided*, p. xiii.
* 3. Zbigniew Brzezinski, *The Grand Chessboard: American Primacy and Its Geostrategic Imperatives* (New York: Basic Books, 1997), p.37.
* 4. Hans J. Morgenthau, *Politics Among Nations: The Struggle for Power and Peace*, revised by Kenneth W. Thompson and W. David Clinton (New York: McGraw Hill, 1948), pp.170-71.
* 5. Halford J. Mackinder, *Democratic Ideals and Reality: A Study in Politics of Reconstruction* (Washington, DC: National Defense University, 1919, 1942), p.205; W. H. Parker, *Mackinder: Geography as an Aid to Statecraft* (Oxford: Clarendon Press, 1982), pp.211-12.
* 6. Mackinder, *Democratic Ideals and Reality*, p.155.
* 7. H. J. Mackinder, "On the Necessity of Thorough Teaching in General Geography as a Preliminary to the Teaching of Commercial Geography," *Journal of the Manchester Geographical Society*, 1890, vol.6; Parker, *Mackinder*, pp.95-96.
* 8. Ibid., p.421.
* 9. Ibid., p.422.
* 10. Mackinder, *Democratic Ideals and Reality*, p.72; James Fairgrieve, *Geography and World Power* (New York: E. P. Dutton, 1917) p.103.

vol.1, p.75.

*17. McNeill, *The Rise of the West*, pp.565, 724.

*18. Ibid., p.253.

*19. Ibid., pp.722, 724.

*20. Ibid., p.728.

*21. Robert Gilpin, *War and Change in World Politics* (New York: Cambridge University Press, 1981).

*22. Morgenthau, *Politics Among Nations: The Struggle for Power and Peace*, revised by Kenneth W. Thompson and W. David Clinton (New York: McGraw Hill, 2006), pp.354-57.

*23. Ibid., p.357.

*24. McNeill, *The Rise of the West*, p.807.

*25. Ibid, p.352.

*26. Toynbee, *A Study of History*, vols.1-6, p.284.

*27. Toynbee, *A Study of History*, vols.7-10, p.121.

*28. ヨーロッパを中心に据える地図製作上の慣行については、以下がくわしい。Jeremy Black, *Maps and History: Constructing Images of the Past* (New Haven: Yale University Press. 2009) pp.60, 62.

*29. Marshall G. S. Hodgson, *The Venture of Islam: Conscience and History in a World Civilization*, vol. 1: *The Classical Age of Islam* (Chicago: University of Chicago Press, 1974), pp.50, 56, 60-61, 109-11.

*30. Ibid., pp.114, 120-24, 133; Marshall G. S. Hodgson, *The Venture of Islam: Conscience and History in a World Civilization*, vol. 2: *The Expansion of Islam in the Middle Periods* (Chicago: University of Chicago Press, 1974), pp.65, 71.

*31. Hodgson, *The Classical Age of Islam*, pp.154, 156, 158.

*32. Ibid., pp.151, 204-6, 229.

*33. Toynbee, *A Study of History*, vols.1-6, p.271.

*34. Marshall G. S. Hodgson, *The Venture of Islam: Conscience and History in a World Civilization*, vol.3: *The Gunpowder Empires and Modern Times* (Chicago: University of Chicago Press, 1974), pp.114, 116.

Community (Chicago: University of Chicago Press, 1963), pp.22, 27.

＊2. Freya Stark, "Iraq," in *Islam To- day*, edited by A. J. Arberry and Rom Landau (London: Faber & Faber, 1943).

＊3. Georges Roux, *Ancient Iraq* (London: Allen & Unwin, 1964), pp.267, 284, 297, 299.

＊4. McNeill, *The Rise of the West*, pp.32, 41-42, 46, 50, 64.

＊5. James Fairgrieve, *Geography and World Power* (New York: E. P. Dutton, 1917), pp.26-27, 30, 32.

＊6. McNeill, *The Rise of the West*, pp. 69, 71; Roux, *Ancient Iraq*, pp.24-25.

＊7. McNeill, *The Rise of the West*, pp.167, 217, 243.

＊8. Ibid., pp.250, 484, 618.

＊9. Ibid., p.535.

＊10. Arthur Helps, preface to 1991 abridged English- language edition of Oswald Spengler, *The Decline of the West* (Oxford: Oxford University Press).

＊11. Ibid., p.249.

＊12. Ibid., pp.451, 539.

＊13. W. Gordon East, *The Geography Behind History* (New York: Norton, 1965, 1967), p.128.

＊14. Arnold J. Toynbee, *A Study of History*, abridgement of vols.1-6 by D. C. Somervell (New York: Oxford University Press, 1946), pp.123, 237.

＊15. Toynbee, A Study of History, vols.1-6, pp. 146, 164-66; Jared Diamond, *Collapse: How Societies Choose to Fail or Succeed* (New York: Viking, 2005), pp.79, 81, 106-7, 109, 119-20, 136-37, 157, 159, 172, 247, 276.

＊16. トインビーは、アンデス高原の住民が寒冷な気候とやせた土地に苦しめられていたこと、また南米の太平洋岸の住民が厳しい暑さと干ばつに悩まされ、必然的に灌漑工事を行ったことなどを指摘している。しかしトインビーが触れていないヨーロッパと南米の違いとして、ヨーロッパには多くの貿易路や移動経路を横切るような位置に、自然の深海港があった。以下を参照のこと。Toynbee, *A Study of History*,

＊16. Mackubin Thomas Owens, "In Defense of Classical Geopolitics," *Naval War College Review*, Newport, Rhode Island, Autumn 1999, p.72.

＊17. Spykman, *America's Strategy in World Politics*, p.92.

＊18. James Fairgrieve, *Geography and World Power* (New York: E. P. Dutton, 1917), pp. 273-74.

＊19. John Western, Department of Geography, Syracuse University.

＊20. John Gallup and Jeffrey Sachs, "Location, Location: Geography and Economic Development," *Harvard International Review*, Cambridge, Winter 1998-1999.（著者らがこのように推定するのは、ジャレド・ダイアモンドの研究が一つの根拠となっている）

＊21. M. C. Ricklefs, Bruce Lockhart, Albert Lau, Portia Reyes, and Maitrii Aung- Thwin, *A New History of Southeast Asia* (New York: Palgrave Macmillan, 2010), p.21.

＊22. John Adams, *Works* (Boston: Little, Brown, 1850-1856), vol. 4, p.401.

＊23. Robert D. Kaplan, *Warrior Politics: Why Leadership Demands a Pagan Ethos* (New York: Random House, 2002), pp.101-2.

＊24. Spykman, *America's Strategy in World Politics*, p.43.

＊25. Murray, "Some Thoughts on War and Geography," p.213.

＊26. Jakub J. Grygiel, *Great Powers and Geopolitical Change* (Baltimore: Johns Hopkins University Press, 2006), p.15.

＊27. Gray, "The Continued Primacy of Geography"; Murray, "Some Thoughts on War and Geography," p.216.

＊28. Morgenthau, *Politics Among Nations*, p.124.

＊29. Isaiah Berlin, *Four Essays on Liberty* (Oxford: Oxford University Press, 1969).

＊30. Norman Davies, *God's Playground: A History of Poland*, vol.1, *The Origins to 1795* (New York: Columbia University Press, 2005 [1981]), p.viii.

第三章　ヘロドトスとその継承者たち

＊1. William H. McNeill, *The Rise of the West: A History of the Human*

York: G. P. Putnam's Sons, 1922), vol.2, p. 211; John J. Mearsheimer, "The False Promise of International Institutions," International Security, Cambridge, Ma, Winter 1994-1995.

＊4. Thomas Hobbes, *Leviathan*, 1651, Chapter 15.

＊5. Fareed Zakaria, "Is Realism Finished?," *The National Interest*, Winter 1992-1993.

＊6. Raymond Aron, *Peace and War: A Theory of International Relations* (Garden City: Doubleday, 1966), p.321; José Ortega y Gasset, *The Revolt of the Masses* (Notre Dame, IN: University of Notre Dame Press, 1985), p.129.

＊7. Jeremy Black, *Maps and History: Constructing Images of the Past* (New Haven: Yale University Press, 1997), pp.58, 173, 216.

＊8. Halford J. Mackinder, *Democratic Ideals and Reality: A Study in the Politics of Reconstruction* (New York: Henry Holt and Company, 1919), pp.15-16, 1996 National Defense University edition.

＊9. Morgenthau, *Politics Among Nations*, p.165.

＊10. Alfred Thayer Mahan, *The Problem of Asia and Its Effect Upon International Policies* (London: Sampson Low, Marston, 1900), p.56, 2005 Elibron edition.

＊11. W. H. Parker, *Mackinder: Geography as an Aid to Statecraft* (Oxford: Clarendon Press, 1988), pp.93, 130-31.

＊12. W. Gordon East, *The Geography Behind History* (New York: Norton, 1965, 1967), p.120.

＊13. Nicholas J. Spykman, *America's Strategy in World Politics: The United States and the Balance of Power*, with a new introduction by Francis P. Sempa (New York: Harcourt, Brace, 1942), pp.xv, 41. 2007 Transaction edition.

＊14. *Federalist* No.8.

＊15. Williamson Murray, "Some Thoughts on War and Geography," *Journal of Strategic Studies*, Routledge, London, 1999, pp. 212, 214; Colin S. Gray, "The Continued Primacy of Geography," *Orbis*, Philadelphia, Spring 1996, p.2.

＊19. 9.11事件時点でのイスラエルは、頻繁にテロ攻撃を受けていたため、当然ながらアメリカの同情を受ける側にいたが、のちには占領地域での入植活動を凍結すべきだという声がアメリカでも再び高まった。イラク戦争の準備期間中に、私はこう書いている。ブッシュがイラクで成功して再選を果たした暁には、「ヨルダン川西岸とガザ地区の300万人のパレスチナ人に対するイスラエルの支配」をやめさせなくてはならない。この状況は「まったくもって受け入れられない」とも記している。"A Post- Saddam Scenario," *Atlantic Monthly*, Boston, November 2002.

＊20. Robert D. Kaplan, *Warrior Politics: Why Leadership Demands a Pagan Ethos* (New York: Random House, 2002), p.84.

＊21. ホッブズとバーリンの偉大さは、言外の含みにこそある。ホッブズの哲学は人間性に対する厳しい見方を表しているが、彼自身は自由主義的な近代化主義者でもあった。彼の時代に近代化といえば、リヴァイアサンに代表される中央権力の確立を通して、中世の秩序を解体することを意味したからだ。同様にバーリンは、自由主義的ヒューマニズムの旗手ではあったが、現実主義者でもあった。一例として、彼は十分な食料と住まいの追求が、自由の追求に優先されると考えていた。

第二章　地理の逆襲

＊1. Robert D. Kaplan, "Munich Versus Vietnam," *The Atlantic Online*, May 4, 2007.

＊2. Hans J. Morgenthau, *Politics Among Nations: The Struggle for Power and Peace*, revised by Kenneth W. Thompson and W. David Clinton (New York: McGraw Hill, 1948, 2006), pp.3, 6, 7, 12; Thucydides, *The Peloponnesian War*, translated by Thomas Hobbes (1629) (Chicago: University of Chicago Press, 1989); Anastasia Bakolas, "Human Nature in Thucydides," Wellesley College, unpublished; Robert D. Kaplan, *Warrior Politics: Why Leadership Demands a Pagan Ethos* (New York: Random House, 2002).

＊3. Morgenthau, *Politics Among Nations*, pp.xviii-xix, 37, 181, 218-20, 246, 248; William Cabell Bruce, *John Randolph of Roanoke* (New

として刊行された。同じ月に、私は『リーダーズ・ダイジェスト』誌にユーゴスラビアに関する記事を発表し、そのなかでこう書いた。「自決と少数民族の権利を強力に擁護することによって、憎悪と報復の連鎖を断ち切らない限り、冷戦終結から得られる利益は水の泡になるだろう。すべての支援、すべての外交努力、すべての軍事力が、『ユーゴスラビアの人々が自由を手に入れ、暴力から解放されてしかるべきだ』というあたりまえの考えに基づいていなくてはならない」。その後まもなく私はTVにも出演して、バルカン半島への緊急介入を公に呼びかけた。また1994年４月17日付の『ワシントン・ポスト』紙の「アウトルック」欄でも介入の必要を訴えた。これはアメリカが実際に介入を行う、１年以上前のことである。『バルカンの亡霊たち』は、南ヨーロッパの陰鬱な民族関係を描いているが、そもそも介入が必要なのは、人間世界の最も陰鬱な状況においてである。自分たちの利益のために行動を起こすにあたって、人間世界を理想化してはならない。また、のちにイラクで明らかになる教訓として、介入を実行する場合には、幻想をもたずに介入しなくてはならない。たしかに大統領や高官たちは私の手記や著書、記事を読んだが、私は自分の書いたものに関してクリントン政権側からいかなるかたちでも連絡を受けたことはないし、著書刊行後に起こった特定のできごとや政策選択に際して、何ら意見を求められたこともない。

*13. Leon Wieseltier, "Force Without Force: Saving NATO, Losing Kosovo," *New Republic*, Washington, DC, April 26 and May 3, 1999.

*14. Leon Wieseltier, "Winning Ugly: The War Ends, Sort Of. The Peace Begins, Sort Of," *New Republic*, Washington, DC, June 28, 1999.

*15. Ibid.

*16. Leon Wieseltier, "Useless," *New Republic*, Washington, DC, April 17, 2006.

*17. Bob Woodward, *State of Denial: Bush at War,* Part Ⅲ (New York: Simon & Schuster, 2006), pp.84-85.

*18. Stephen M. Walt and John J. Mearsheimer, *The Israel Lobby and U.S. Foreign Policy* (New York: Farrar, Straus and Giroux, 2007).

(Oxford: Clarendon Press, 1982), p. 201; K. A. Sinnhuber, "Central Europe-Mitteleuropa-Europe Centrale: An Analysis of a Geographical Term," *Transactions of the Institute of British Geographers*, vol. 20, 1954; Arthur Butler Dugan, "Mackinder and His Critics Reconsidered," *The Journal of Politics*, May 1962, p.250.

＊7. Saul B. Cohen, *Geography and Politics in a World Divided* (New York: Random House, 1963), pp.79-83.

＊8. Halford J. Mackinder, *Democratic Ideals and Reality: A Study in the Politics of Reconstruction* (Washington, DC: National Defense University, 1919, 1942), p.90.

＊9. Cohen, *Geography and Politics in a World Divided*, p.222.

＊10. Colin S. Gray, *Another Bloody Century: Future Warfare* (London: Weidenfeld & Nicolson, 2005), pp.37, 95, 176-77.

＊11. Timothy Garton Ash, "Cry, the Dismembered Country," *New York Review of Books*, January 14, 1999.

＊12. 私自身にも、このような介入の遅れについての体験談がある。報道によると、私の著書『バルカンの亡霊たち』（宮島直機、門田美鈴訳、NTT出版、1996年）を一つのきっかけとして、ビル・クリントン大統領は1993年に軍事介入をしないことを決定し、そのためにNATO軍のバルカン半島への派遣が２年遅くなったといわれている。『バルカンの亡霊たち』は、私が1980年代にバルカン半島で経験したことを記録したもので、ベルリンの壁崩壊前に、執筆中の作品として『アトランティック・マンスリー』誌に初めて発表された。その後1991年６月に、この本の第３章（マケドニアに関する章）が『アトランティック』誌に掲載された。また、『ワシントン・ポスト』紙（2002年２月21日）が報じた元国務省高官の発言によると、この記事は、「旧ユーゴスラビアでの国連史上最初で最後の平和維持軍による予防展開」のきっかけになったという。1990年のCIA報告書は、ユーゴスラビアの崩壊に警鐘を鳴らしていたが、国務省は「カプランの記事が出るまで……それを認めようとしなかった」。マケドニアには1500人の平和維持要員が派遣されていたおかげで、のちにボスニアとコソボで起こったような暴力が阻止されていた。『バルカンの亡霊たち』は、1993年３月に書籍

原　注

序章　失われた地理感覚を求めて

＊1. Jeremy Black, *Maps and History: Constructing Images of the Past* (New Haven: Yale University Press, 1997), p.85.
＊2. James C. Scott, *The Art of Not Being Governed: An Anarchist History of Upland Southeast Asia* (New Haven: Yale University Press, 2009), p.ix.
＊3. Sugata Bose, *A Hundred Horizons: The Indian Ocean in the Age of Global Empire* (Cambridge: Harvard University Press, 2006), p.56.
＊4. Golo Mann, *The History of Germany Since 1789*, translated by Marian Jackson (London: Chatto & Windus, 1968), pp. 525 and 880, 1987 Peregrine edition.
＊5. Ernest Gellner, *Muslim Society* (New York: Cambridge University Press, 1981), pp.38, 41, 180, 187.

第一部　空間をめぐる競争

第一章　ポスト冷戦の世界

＊1. Francis Fukuyama, "The End of History?," *The National Interest,* Washington, DC, Summer 1989. Book version: The End of History and the Last Man (New York: The Free Press, 1992).
＊2. Jonathan C. Randal, "In Africa, Unrest in One- Party States," *International Herald Tribune*, Paris, March 27, 1990.
＊3. Timothy Garton Ash, "Bosnia in Our Future," *New York Review of Books,* December 21, 1995.
＊4. Michael Ignatieff, *Isaiah Berlin: A Life* (New York: Holt, 1998), p.24.
＊5. Timothy Garton Ash, "Does Central Europe Exist?," *New York Review of Books*, October 9, 1986.
＊6. W. H. Parker, *Mackinder: Geography as an Aid to Statecraft*

ロバート・D・カプラン
1952年、ニューヨークのユダヤ系の家庭に生まれる。コネチカット大学卒業後、地方紙記者を経てチュニジア、イスラエル、東欧、中東、ポルトガル、ギリシアなど数多くの国を旅する。1980年代以降はイラン・イラク戦争、アフガニスタン戦争、アフリカを取材し、国際ジャーナリストとしての地位を築く。2012年より米民間情報機関、ストラテジック・フォーカスティング（ストラトフォー）に所属し、地政学のチーフアナリストとして活躍している。2008〜12年には新アメリカ安全保障センターの上級研究員、2009〜11年には米政権ブレーンとして、国防総省・防衛政策協議会のメンバーを務めた。2011年、『フォーリン・ポリシー』誌の「世界を考える100人」に選出される。国際情勢や旅行記など多数の著作を手がけ、うち訳書に『南シナ海 中国海洋覇権の野望』（講談社）、『インド洋圏が世界を動かす』（インターシフト）、『バルカンの亡霊たち』（NTT出版）がある。

櫻井祐子 さくらい・ゆうこ
翻訳家。京都大学経済学部経済学科卒、オックスフォード大学経営学修士。都市銀行などを経て現職。訳書に『選択の科学』（文春文庫）、『1兆ドルコーチ』（ダイヤモンド社）、『自由の命運』（早川書房）、『THINK BIGGER』（NewsPicksパブリッシング）など多数。

朝日新書
959

地《ち》政《せい》学《がく》の逆襲《ぎゃくしゅう》

「影のCIA」が予測する覇権の世界地図

2024年 6 月30日 第 1 刷発行
2024年 9 月10日 第 2 刷発行

著　者　ロバート・D・カプラン
訳　者　櫻井祐子

発行者　宇都宮健太朗
カバーデザイン　アンスガー・フォルマー　田嶋佳子
印刷所　TOPPANクロレ株式会社
発行所　朝日新聞出版
〒104-8011　東京都中央区築地 5-3-2
電話　03-5541-8832（編集）
　　　03-5540-7793（販売）

Published in Japan by Asahi Shimbun Publications Inc.
ISBN 978-4-02-295270-7
定価はカバーに表示してあります。

落丁・乱丁の場合は弊社業務部(電話03-5540-7800)へご連絡ください。
送料弊社負担にてお取り替えいたします。

平安貴族の心得
「御遺誡」でみる権力者たちの実像

倉本一宏

大河ドラマ「光る君へ」の時代考証者が描く平安時代の天皇・大臣の統治の実態。「御遺誡」と呼ばれる史料には権力の座に君臨した人物たちの帝王学や宮廷政治の心得、人物批評が克明につづられている。嵯峨天皇、宇多天皇、菅原道真、醍醐天皇、藤原師輔の五文書から描く。

仕事が好きで何が悪い！
生涯現役で最高に楽しく働く方法

松本徹三

ソフトバンク元副社長が提案する、定年後の日々新たな生き方。悠々自適なんかつまらない。日本的サラリーマンの生き方は綺麗さっぱりと忘れ、新たな自由人として働いてみよう。82歳で起業した筆者によるシニア＆予備軍への応援の書。丹羽宇一郎、伊東潤推薦！

地政学の逆襲
「影のCIA」が予測する覇権の世界地図

ロバート・D・カプラン／著
櫻井祐子／訳
奥山真司／解説

ウクライナ戦争、パレスチナ紛争、米国分断……。政治的基盤が足元から大きく揺らぐ時代における「地理」の重要性を鮮やかに論じ、縦横無尽かつ重厚な現場の体験と歴史書との対話で世界を映し出す。〝地政学本の決定版〟が待望の新書化。

50代うつよけレッスン

和田秀樹

50代は老いの思春期。先行きの見えない不安からうつ病になる人が多い世代だ。「考え方のクセや行動パターンを変えることでうつは防げる」という著者が、「思考」「生活」「行動」から始める〝自分の変え方〟をリアルに伝授。読むだけでココロの重荷が消える処方箋！